〈善い〉ビジネスが成長を生む

破壊と包摂のイノベーション

Business Propelling Prosperity

Disruptive, Inclusive Innovation

飯塚倫子 編著

慶應義塾大学出版会

はしがき

２０１５年９月、私たちの国際社会は２０３０年に向けた「あるべき社会」の姿として、ＳＤＧｓ（持続可能な開発目標）という高邁な目標を掲げ、すべての人が基本的なニーズを満たし、一人一人の多様な幸せ（Well-being）を実現できる持続可能な未来を目指すことを決めた。しかし、その道筋は現在も依然として不明瞭である。加えて新型コロナウイルス感染拡大による世界的なパンデミックは、私たちの未来がきわめて脆弱な基盤の上にあることを全世界に実感させ、その甚大な被害によって「格差」の深刻度を、その解決のための「科学技術、イノベーション」の重要性を、そして政府や社会の対応による「変革」の必要性を、私たちに思い知らせた。

しかし、このような先の見えない世の中においても、将来に向けて困難な社会課題に取り組む企業・団体がある。彼らは新しい技術やビジネスモデルを駆使し、変化に伴って顕在化した社会課題の中に潜在的需要を見出し、「ビジネス」を通じて基本的な社会サービスから「取り残された」潜在的消費者を包摂している。これらの活動一つ一つはつながりのない点のようだが、このような試みが一つ一つ積み重なることで大きなうねりとなり、社会的変革へとつながるのではないか。ただし、大きな改革にたどり着くためには、同様の目的を掲げて行動する企業や団体を増やすこと、そしてこのような活動を消費者として、ビジネスパートナーとして、投資者として皆が参加できる社会や経済の仕組み（制度や政策）が必要になる。

本書は「あるべき社会」への賛同者を増やすため、先駆的な社会課題に取り組むエキスパート、企業の事例を皆さんに紹介し、その考え方を整理している。本書の目的は、彼らの思想に学び、彼らの行動の特長とその革新的な意義を明らかにすることである。そして、すべての人が包摂され、誰一人取り残されることのない社会を実現するのは可能であること、従来の仕組みや慣行を破壊して新たな価値を創出（disruption）し、多くの人が科学技術やイノベーションの便益を享受できる（inclusion）世の中は、一人一人の日々の行動や意識が変わることによって、より実現に近づくことを、「破壊と包摂のイノベーション（Disruptive, Inclusive Innovation: DII）」によって提唱することである。

本書は大きく2部から構成され、序章と終章がそれを補う。

序章では、「あるべき社会」の実現に向かって同時進行で起こっている出来事とその背景を理解する。

第1部では「破壊と包摂のイノベーション」というコンセプトを整理している。第1章から第3章では、世界の第一線でこうしたアプローチを異なる立ち位置から実践している3名のエキスパートを紹介する。本書のタイトルである「〈善い〉ビジネスが成長を生む」も彼らの思想から着想したものだ。彼らの考え方から、確かに動き始めている国際的な潮流を感じ取ることができるだろう。そして第4章では筆者が「破壊と包摂のイノベーション」のコンセプトを理論的に整理している。

このコンセプトを受けて第2部では、取り残されていた潜在的利用者を取り込み（包摂的イノベーション）、新しいビジネスモデルで市場を創出し、既存の社会やビジネスのあり方を変えている（破壊的イノベーション）実践者たち――起業家・科学者・政策従事者――の話を伺い、その特徴と意義を読み解く。取り上げる事例は社会インパクトファンド、クラウドファンディング、ベンチャーキャピタル、ベンチャー企業、NPO、支援機関（JICA）である。

そして終章では、以上を踏まえたうえで「破壊と包摂のイノベーション」を実践・促進するための政策的アプローチについて考察する。本書に登場する実践者たちから得られた示唆は数多いが、冒頭で3点だけ強調しておこう。

第1に、豊かで持続可能な社会を実現するには、個々のイノベーション以上に「イノベーション・エコシステム」の創出が重要だということである。本書の実践者たちは、社会課題の解決を事業目的とし、かつ評価基準とするがゆえに、目標が十分に達せられないと見るや、柔軟な判断力と迅速な行動力をもって、時に自らが不足するパーツとなり、時に媒体として必要なアクターを招集し、エコシステムを形成している。それが「シリアル（連続的な）・イノベーション」を引き起こし、目標の達成を可能としているのである。

第2に、彼らは単に商品・サービスの供給によって社会課題を量的に充足しているだけでなく、その問題を生み出している構造やシステムの質的変革をも引き起こしているということである。彼らは、新たなビジネスモデルを考案し、市場を変え、ビジネス慣行を変え、消費者行動を変え、やがて制度まで変革していくのである。

そして第3に、社会課題を解決するビジネス活動は、単に市場に委ねられるべきものではなく、政府による直接・間接の政策的関与・支援が不可欠だということである。これは、起業家・政府機関関係者の双方から聞かれた指摘である。政府は、時に資金供給者として、時に初期需要創出者として、またはアクター間をつなぎエコシステムを形成する媒体として、企業・団体の活動を支援しなければならない。そこで重要なのは、自らが実施するのではなく、エコシステムの形成・運営に不足する要素を見つけ出し、柔軟なスキームで連携し、それを補完することである。

近年、日本でもSDGsを経営方針に組み込む企業・団体が増えている。とりわけ、今後の成長が見込まれるアジア・アフリカ市場へとグローバルに展開する企業・団体は、その行動が国際社会の厳しい目に晒されるだろう。もはや営利企業といえども「利潤追求」「雇用創出」「株主貢献」といった従来型の目的だけではその活動を正当化しえず、国際的な社会目標の達成に貢献する「〈善い〉ビジネス」を行わなければ、持続的成長は望めない。

本書の提示する「〈善い〉ビジネスで社会と企業の成長をもたらす」というビジョンが、グローバルに活躍するビジネスパーソンはもとより、政府の経済政策や国際援助政策に従事する人々、またローカルな環境で社会課題の打開に取り組む個人や企業に豊かな示唆を与えることを期待したい。

2021年10月

編著者　飯塚　倫子

目次

〈善い〉ビジネスが成長を生む——破壊と包摂のイノベーション

Business Propelling Prosperity: Disruptive, Inclusive Innovation

序章

第1部　DII思考とは何か?

第1章

「善いビジネス」が成功をもたらす
——CSR2.0と包摂的イノベーション……31

R・A・マシェルカー

第4章 SDGs時代のイノベーション
——DII思考入門…………113

飯塚倫子

第2部 DIIのトップランナーたち

EPISODE 1 インドでBOPビジネスを支援する
——アービシュカール・グループ……141

EPISODE 4

EPISODE 5

EPISODE 6

EPISODE 7

序章

社会課題を解決する新たなアプローチの萌芽

飯塚倫子
（政策研究大学院大学教授）
羽根ジェラルド
（政策研究大学院大学客員研究員／日立製作所）

1　イノベーション[1]を取り巻く環境変化

近年、企業を取り巻く環境変化が強く意識されている。デジタル革命、新興国の企業活動と市場の拡大、製造業のサービス化、消費者需要の多様化、消費と生産のグローバル化、そして気候変動など環境問題の顕在化は、かつての「大量生産、大量消費、大量廃棄」というサプライサイド型経済モデルを完全に過去へ追いやった。

この変化は同時に、豊富な研究開発（R＆D）資金と人材、広範な販売網、グローバル市場への展開を武器に、「規模の経済」効果を活かしながらイノベーションを牽引してきた大企業の優位を揺るがしている。スタートアップ企業や新興国企業が、デジタル革命の潮流に乗って勢力を増し、新しいビジネスモデルと生態系（エコシステム）を生み出しつつあるのだ。大企業がベンチャー企業に投資したり（Corporate venture capital investment）、異業種連携という形でスタートアップ企業と協働したりしているのは、新たな環境に順応すべく新興企業との共存を模索している表れとも言える。そして、2020年からの新型コロナウイルスの世界的な蔓延は、これらの変化を加速こそすれ、後戻りさせる見込みはなさそうだ。

加えて、急速に進行するデジタル化は、市民・個人までもが積極的にイノベーションに参加することを可能にした。市民・個人はこれまで利用者としてイノベーションのプロセスに参加していたが、個人レベルで所有・作成したモノやサービスをより広範に共有し、個人同士がつながることも可能になった。また、起業することで、消費のみならず生産者としてもイノベーションのプロセスに積極的に関与できるようになった。

2 重層的な社会変化の影響

以上のことは、表面上の技術変化だけでなく、背後で起こっている重層的な社会変化によってもたらされている。まず、背景にある変化を説明しよう。

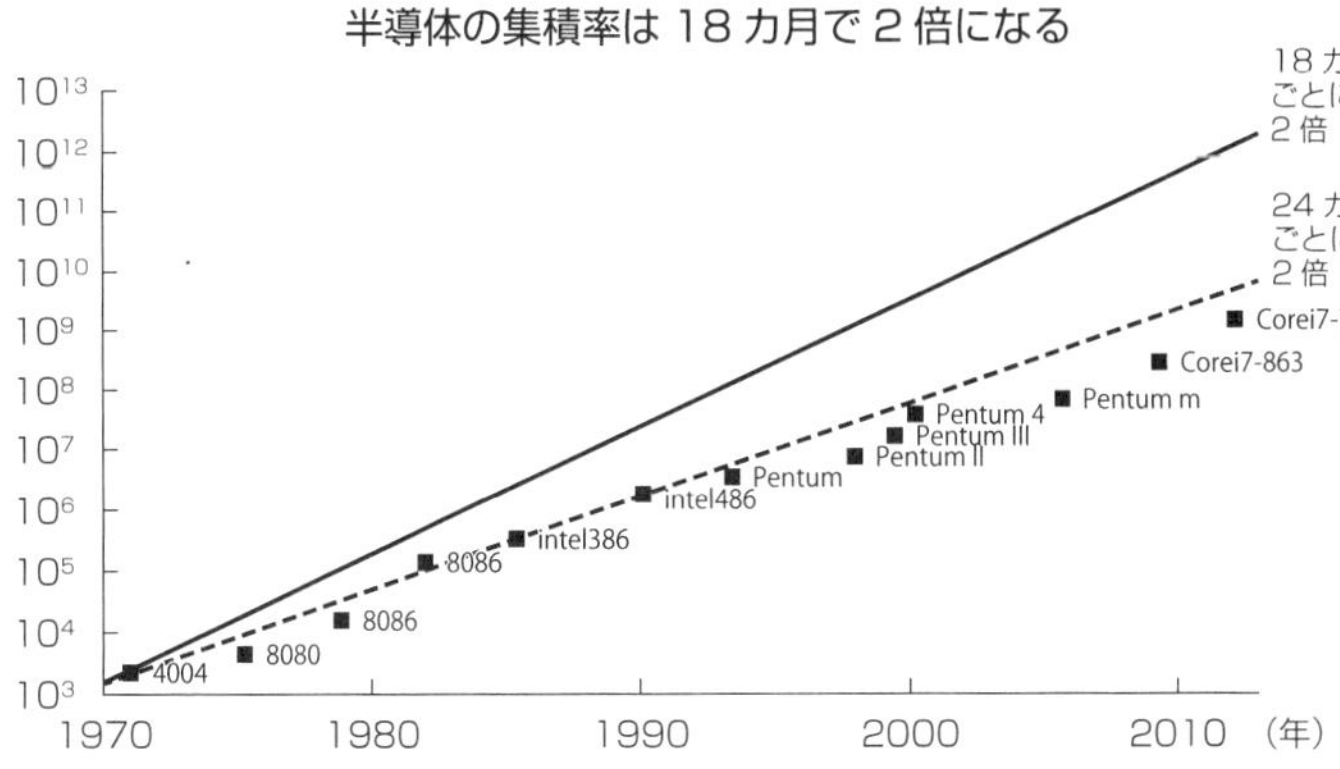

出所：Moore（1965）.

図I.1　ムーアの法則

❖ 加速するデジタル技術の進歩と社会への浸透

ムーアの法則は「半導体の集積率は18カ月で2倍になる」という経験則によって技術が加速度的に進化する状況を表し、将来予測に活用された（図I.1）。これは半導体を例にとっているが、半導体に連なるデジタル技術全般がその影響を受けていると考えられる。

また、こうした技術は、利用者が増えることで現実に社会を変容させていく。イノベーションが社会へ浸透する速度を概観すると、同様に速くなっていることに気づく。図I.2は、アメリカを例にとって、今日では汎用品となっている技術・製品を人口の4分の1が使い始めるまでにかかった年数を時系列で表している。

1873年に発明された電気は、人口の25％が使い始めるまでに46年を費やした。一方、2005年に使われ始めたスマートフォンはわずか5年で25％に達している。つまり、年を追うごとに技術・製品がより短期間で社会に浸透していることが分かる。技術の伝播期間の短縮化には、都市化による人口の集中や通信などインフラ整備

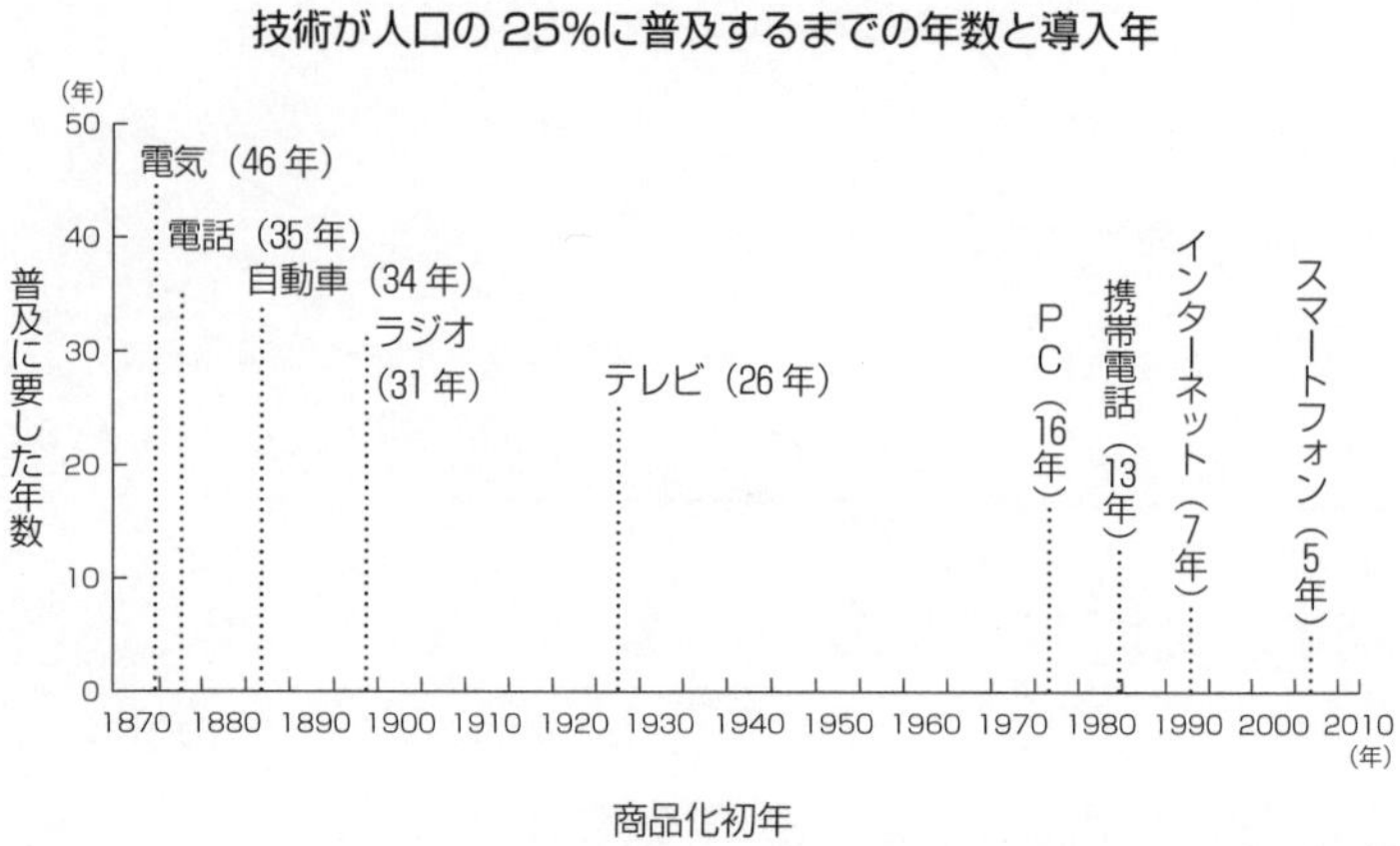

出所：Singularity University のデータを基に筆者加筆。

図I.2　技術の社会実装速度の推移（米国の事例）

の充実などが関与していると考えられる。近年のアフリカをはじめ途上国でも都市化が進み、携帯電話が急速に普及していることなどを考慮すると、この傾向はアメリカだけでなく、世界的に見られる現象であろう。

❖ 産業の変容と新産業の誕生

技術は一つ一つ単体として社会実装される（社会で使われる）のと並行して、組み合わせて利用されるようにもなる。起業家は、技術の新しい組み合わせを考え、そのインパクトは複合的に増大し、社会に与える影響も拡大していく。

多種多様な組み合わせが広がることで、社会経済システムや産業のあり方に変化が起こり始める。表I.1は、近年のデジタル技術によって既存の産業がどのように変わりつつあるかを例示している。技術の影響は狭義の技術分野にとどまらず、時に産業そのものの形態を変えていく。また、この変化は（形態

セクター	既存の媒体	サービス機能	新事業（例）
観光	ホテル、旅行代理店	宿泊・旅券サービス	Airbnb, OYO Rooms, Traveloka, Mafenwo
交通	タクシー、配車業	モビリティ	Uber, Didi Chuxing, Grab, Gojeck, Hellobike, Ola
娯楽	音楽産業、映画制作会社	音楽や映像配信・販売	Shopify, Netflix
教育	専門学校、大学、大学院	職業訓練・高等教育	Yuanfudao, BYJU's, VIPKid, Udemy
金融	銀行、証券会社	金融取引	Kickstarter, Coinbase, Stripe、Robinhood
通信	電話通信会社	通話、コミュニケーション	Zoom, Line, WhatsApp, MicrosoftTeams, WeChat
小売業・食料品	スーパーマーケット、百貨店	e コマース	Amazon, Alibaba, Merukari Laxus, Rent The Runway, Jumia
ヘルスケア	病院、保健所、医療センター、診療所、検査機関、研究所	診断・検査、分析サービス	Editas Medicine, Organovo, Silene Biotech, CrowdMed, 23andMe

出所：筆者作成。

表 I.1　デジタル技術が産業に与えるインパクト

は異なるが）先進国・途上国の双方で同時進行している。

　このように、技術をめぐる変化の加速、伝播期間の短期化、組み合わせの重層化かつ非連続な変化は大きな相乗効果を生み、結果として社会的変革につながっていくだろう。ただし、これらの変化が常に便益をもたらすわけではない。例えば、GAFA(2)の提供するデジタルサービスは利便性を提供する反面、デジタルデバイドや、個人情報の取り扱い、独占的市場の形成による公正な競争の阻害といった問題も孕んでいる。したがって、もしも私たちがデジタル技術をはじめとする新興技術を「誰一人取り残さない」持続可能な社会の実現に向けて活用したいと願ったとしても、これらを「良い方向」に制御していくことは、必ずしも容易ではないのだ。

❖不確実性の増大と政策決定方法の転換

加速化して変化していく現在社会は、変動性（Volatility）、不確実性（Uncertainty）、複雑性（Complexity）、曖昧性（Ambiguity）の高いＶＵＣＡ（ブーカ）時代とも称される（WEF 2016, 粟田２０２０）。この時代には、現在の（直線的）延長線上に未来像を描くことが難しいため、政策・戦略の立案にあたっても、まず「あるべき・ありうる未来（シナリオ）」を想定し、その目標に向かって現在行うべきことを策定する「バックキャスティング」手法がより適していると言われる（図I.3）。

バックキャスティング手法が持つ利点の一つは、既存の制約を離れて変革すべき課題を「探索」できることである。それは同時に、課題解決に向けて探すべきパートナーが誰なのかも明らかにしてくれる。さらに、外部環境を予見し（未来観）、自身のありたい姿（未来像）を描き、そこから独自性のある長期ビジョン・政策を展開することが可能になる。すなわち、バックキャストの効果は、①変革課題の探索、②異分野間での人的交流の促進、③独自性ある政策の立案の3点に要約できる（図I.4）。

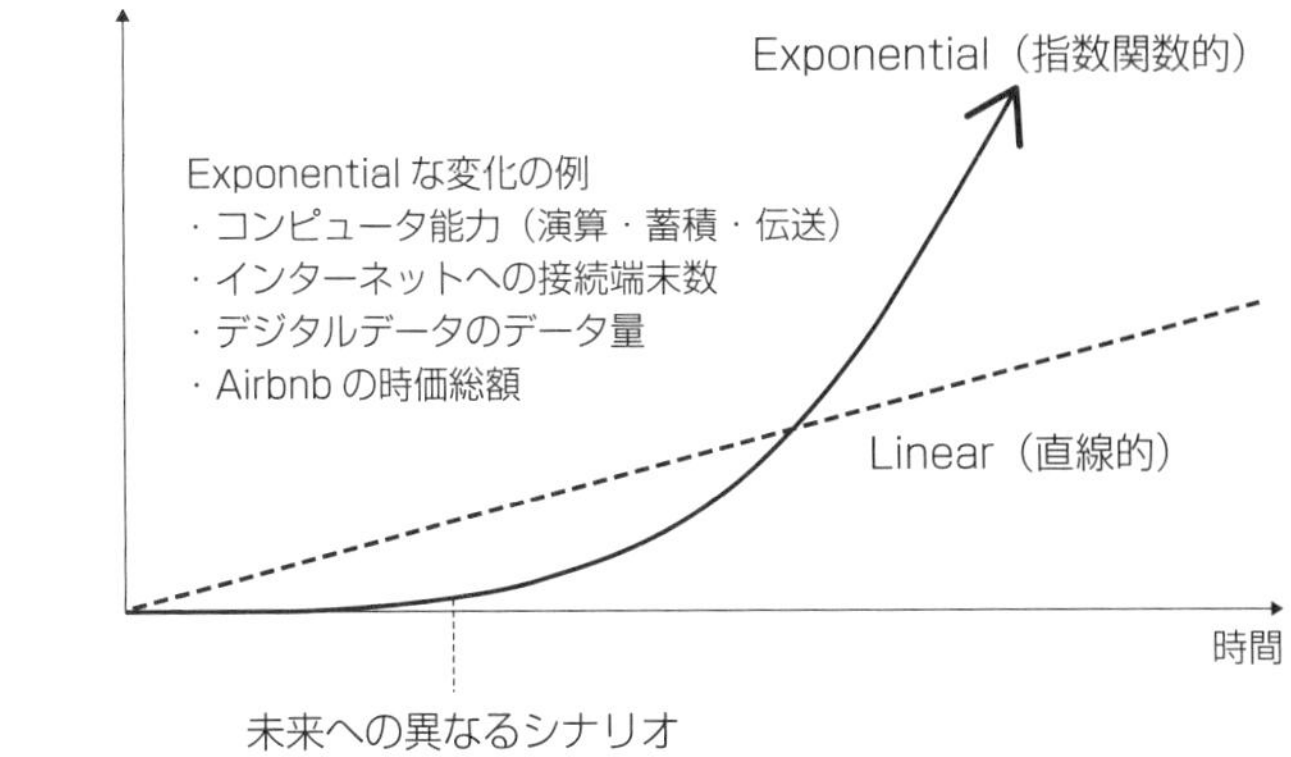

出所：粟田（2020）.

図1.3　バックキャスティングの概念図

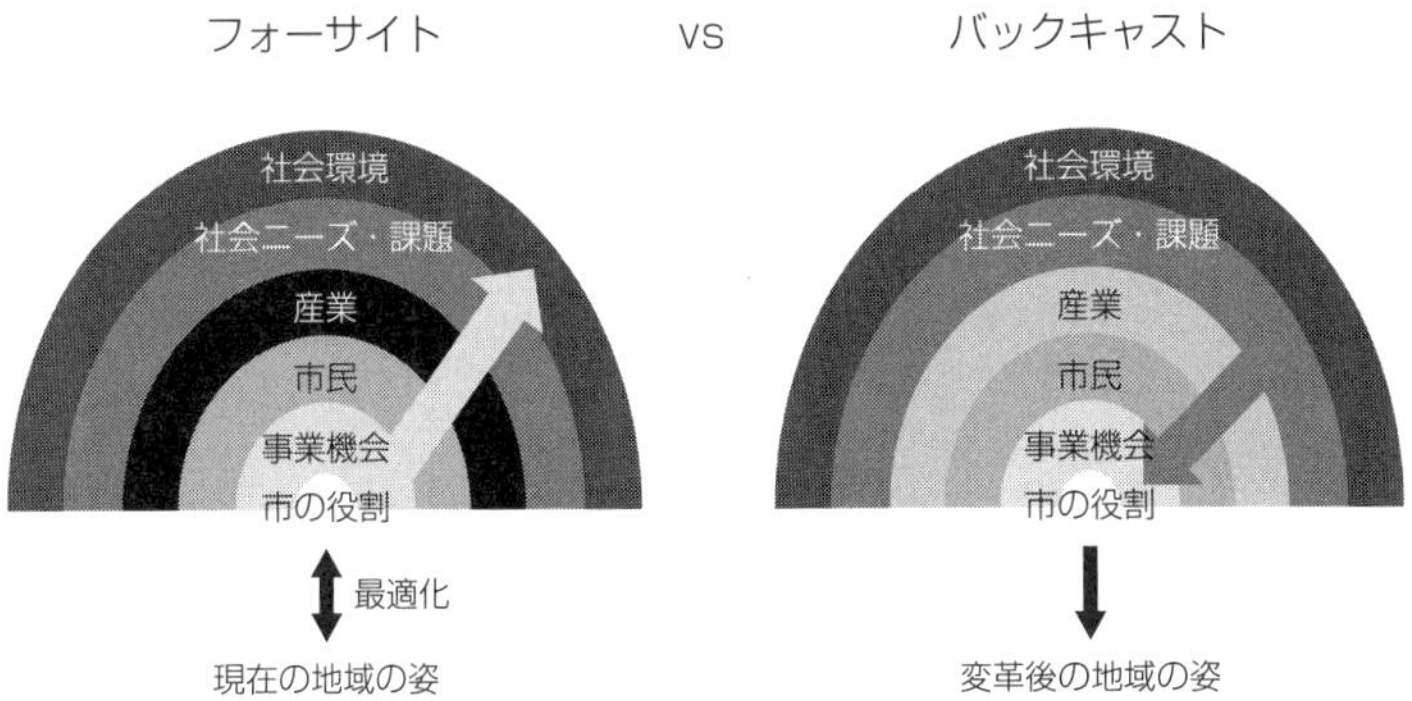

出所：粟田（2020）.

図1.4　バックキャストとフォーサイトの比較

3　持続可能な開発目標（SDGs）と科学技術イノベーション

❖「持続可能な社会」という2030年への目標設定

２０１５年9月の国連総会で「我々の世界を変革するための持続可能な開発のための２０３０年アジェンダ（Transforming our world: the 2030 Agenda for Sustainable Development）」が１９３の加盟国によって採択された。このアジェンダは、２０３０年までに「望ましい未来」に到達するための17の開発目標と１６９の達成基準によって構成される「持続可能な開発目標（Sustainable Development Goals: SDGs）」としてよく知られる(3)。

科学技術イノベーションは、重層的・複合的に組み合わされることによって大きな変化を起こすが、その進化の方向は不確実である。一方、先述のバックキャスティングは、多くの人々の参加のもと、現在の制約条件を認識し、それらを乗り越える形で「あるべき未来」への道筋を各々が目指す手法である。そしてSDGsは、不確実性の高まる今日において私たちが共有すべき「２０３０年までにあるべき世界」という共通の未来イメージを提示するという重要な役割を担っている、と言える。

事実、ＳＤＧｓの達成は、現在の経済社会システムのままでは困難と予想されており（UNCTAD 2014）、科学技術イノベーションを活用し、今までと異なる経路で発展を遂げることが求められている（Schot and Steinmueller 2018, TWI2050 2020）。国連では、ＳＤＧｓ達成に向けて科学技術イノベーションを推進するための「技術促進メカニズム（Technology Facilitation Mechanism: TFM）」が設けられ

（ＢＯＸ１）、その中の国連連携タスクチーム（Inter-Agency Task Team: UN-IATT 2019）によって、ＳＤＧｓ達成のためのＳＴＩ（Science, Technology and Innovation）ロードマップ作成に向けたパイロット事業[4]が２０２０年から開始されている。ロードマップとは、端的に言えば、目的を達成するための行動を時系列に書き出した計画だが、計画を策定する際、課題や優先順位について利害関係者間で合意を形成し、協調を引き出すプロセスにもなりうる。

❖ミッション志向の科学技術イノベーション政策

しかし、実際に経済社会システムが転換されるには時間がかかるだろう。政府は前例主義（経路依存）を、企業や事業体は既得権を、そして個人は今までの習慣を保持する傾向があるため、しばしば変化に抵抗するからである[5]（Mahoney and Thelen 2009）。このため、新しい試みを政策誘導する手法がとられるが、まず既存の仕組みを壊さなければ、新たな政策による効果は限定的だということが、研究結果から明らかになっている（Kivimaa and Kern 2016）。これは長期にわたって社会的課題と目され、対策が進められている案件――例えば海洋プラスチックゴミ問題、気候変動対策――が今日でもなかなか解決できないことからもよく分かる[6]。このように、既存の生活様式や社会のあり方からなる社会経済システムを新しいものに変容する、つまり既存のものを破壊して（Disruption）新しくするには、とてつもないエネルギーが必要となるのである。

そこで、ＥＵでは社会経済システムの変容を促すための「ミッション志向の科学技術イノベーション政策」が採択されている（Mazzucato 2018）。これは大きな目標（使命：ミッション）を打ち立てることによって、社会の構成員がとるべき行動、既存の業界の垣根を越えてつながるべきステークホルダーを特定し、経路依存からの脱却を促すことが目的である。これは何も新しい考え方ではなく、アポロ月面着陸計画など大規模な政府プロジェクトも「ミッション志向の政策」と言われた。ただし、時代とともに「ミッション志向の科学技術イノベーション政策」も変化し、今日ではより多くのステークホルダーとの連携のもと、地球規模の課題に取り組む姿勢が見られる（BOX2）。

4 見えてきた変化の兆し

無論、こうした政府間の取り組みにもかかわらず、地球規模の課題に関わる、多様なステークホルダーの行動変容を促す政策には困難が伴う。それに対して近年、変革プロセスの促進を支援する別の観点からの動きが形成されつつある。これらは独立した出来事のように見えるが、積み重なり、つながっていくことで大きな変化を予感させる。

❖ 続々と登場する社会起業家たち

日本ベンチャーキャピタル協会によるアンケート結果（VEC 2020）によると、日本で起業する人の主な動機は「社会的な課題を解決したい、社会の役に立ちたい」が72・3％、「自分のアイデアや知識・技術を活かしたい」71・5％と、経済的な利益の追求である「経済的な成果を得たい」19・7％

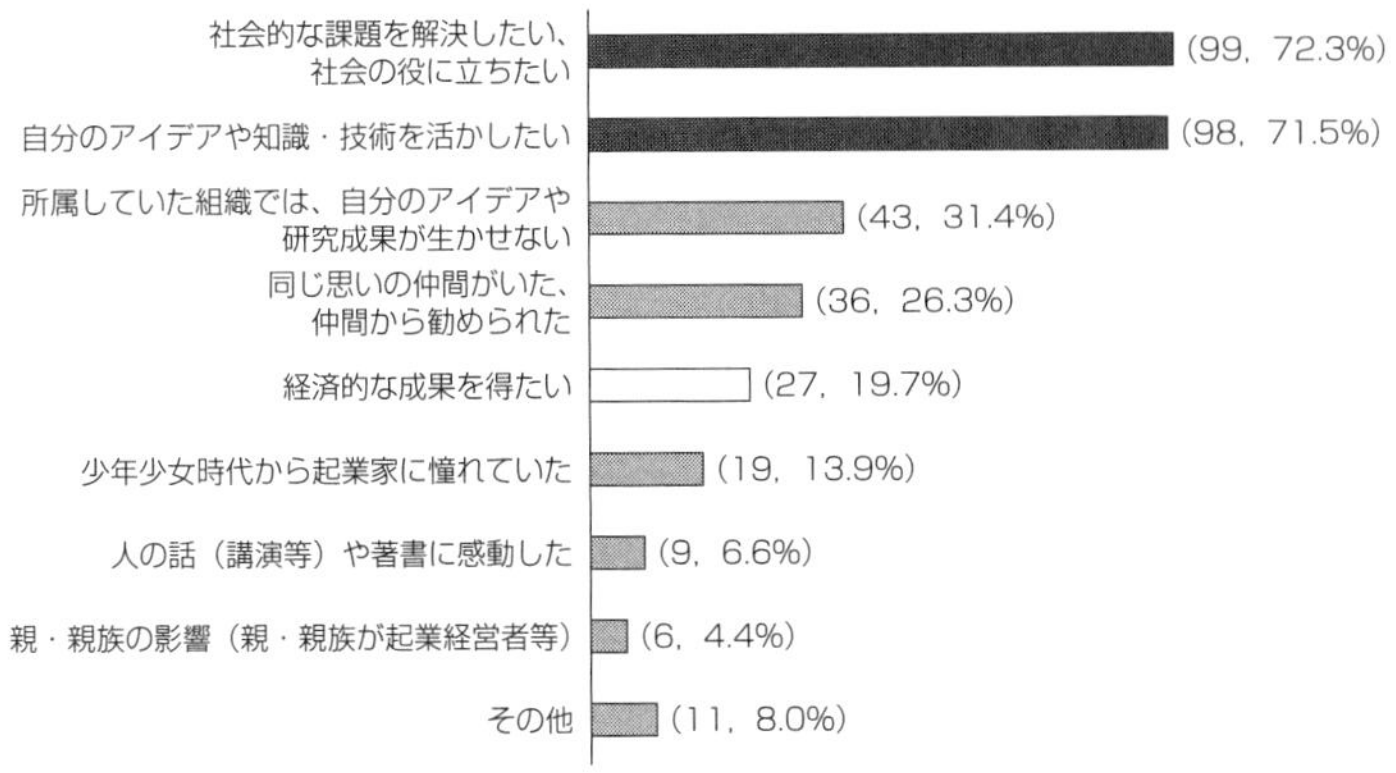

出所：日本ベンチャーキャピタル協会（JVCA） 2020年12月ベンチャー白書説明会報告資料を筆者が加工修正。

図 I.5 ベンチャー企業における起業の動機

を大きく引き離している（図I.5）。

経済的な成功ではなく、社会課題の解決を事業の目的にする起業家が増えているのは、日本に限られた現象ではない。アメリカから広がりつつある「ゼブラ・ユナイト（Zebras Unite）」という運動をご存知だろうか。企業を成長させ利益を増大することが第一目標であるユニコーン企業（企業価値10億米ドル以上の非上場企業）に対し、ゼブラ企業は社会的な使命やあるべき社会像の追求を目的とし、目的の達成に必要な範囲で（目的ではなく手段として）利益の獲得と成長を目指す。このため、ゼブラ企業は持続可能な成長と他者との協働を重視する（表I.2）。

さらに、スタートアップ企業のみならず大企業でも、従来のような株主重視型から利害関係者重視型への移行（shareholders to stakeholders）が謳《うた》われ、企業の社会的役割の再考が進められている（Business Roundtable 2019, Mayer 2019）。

当然ながら、企業の社会的責任（Corporate Social

		ユニコーン企業	ゼブラ企業
なぜ	目的	指数関数的な成長	持続的な繁栄
	ゴール	上場、売却、10倍成長	収益性、持続可能、2倍成長
	結果	独占	複数での共存
どのように	世界観	ゼロサム、勝者と敗者	ウィン-ウィン
	方法論	競争	協力
	自然にたとえると	寄生	相利共生
	資源	隠し持つ	共有する
	スタイル	独断的	参加型
	求め方	常に不足、さらに、もっと	十分だが、より良く
だれが	受益者	限られた個人、株主	公共、コミュニティ
	チーム構成	エンジニア偏重	コミュニティマネージャー、顧客サポート、エンジニアがバランスよく
	ユーザーへの対価	関心惹起に対して（不透明）	価値に対して（透明性がある）
何を	測り方	量的	質的
	優先順位	ユーザー獲得	ユーザーの成功

出所：陶山（2020）.

表1.2　ユニコーン企業とゼブラ企業の相違点

Responsibility: CSR）[7]についての議論は1960年代頃から存在していた。ビジネス倫理に紐づく類似のコンセプトでは、創業のためのソーシャル・ライセンス（社会的許容）（Social License to Operate: SLO）、ソーシャル・フィランソロピー（社会的慈善事業）（Social Philanthropy）などもある。ただし、これらはあくまで経済利益を優先したうえで、企業や投資の立地する地域や自治体に社会的貢献（寄付行為、環境への配慮、地域雇用の創出）を行うことで、企業活動への社会的賛同を得る行動を指している。

こうした「株主重視から利害関係者重視への移行」の背景には、従来型の経済活動の活性化が必ずしもすべての人を幸せにするわけではなく、逆に格差の拡大や環境破壊の一因になっているという認識が広まりつつあることも影響している（例えば、Stiglitz 2019）。経済発展によって生まれた歪み――環境問題、社会的格差の拡大――に対し、政府も企業も対応できていないという認識から、市民社会や消費者・利用者自らが社会課題に取り組もうとしているのである。ただし誤解のないように言えば、このような活動は、決して技術革新やイノベーションを悪と捉えているのではなく、イノベーションを取り巻く社会システムが未整備であることを問題としている（第1章、ＣＳＲの変遷参照）。

❖ 拡大する社会課題への資金の流れ

イノベーターを支えるファイナンスにも大きな変化が見られる。社会課題の解決に向けられる投資が増加しているのである。世界における「ＥＳＧ（環境、社会、企業統治）投資」は約35・3兆米ドル（約３９００兆円）と投資額全体の3分の1を占めるようになった（GSIA 2020）。また、ＥＳＧ投資に比べて規模は小さいが、社会課題への貢献を投資の財務的リターンと同様に重視する「インパクト投資」（ＢＯＸ7）も着実に増加し、市場規模は２０１６年の１１４０億米ドルから２０２０年には７１５０億米ドル（約75兆円）に拡大したと推計されている（GIIN 2020）。

一方、アメリカのクラウドファンディング・プラットフォームであるファンドリー（Fundly）の推計によれば、２０１９年の世界全体のクラウドファンディングの調達額は、３４０億米ドルにのぼる。ＥＳＧや社会インパクトファンドと異なり、クラウドファンディングの用途は商業目的が多いという研究（Laurell et al. 2019）があるように、寄付型を含めた購入型の割合は全体の16％にすぎない。しか

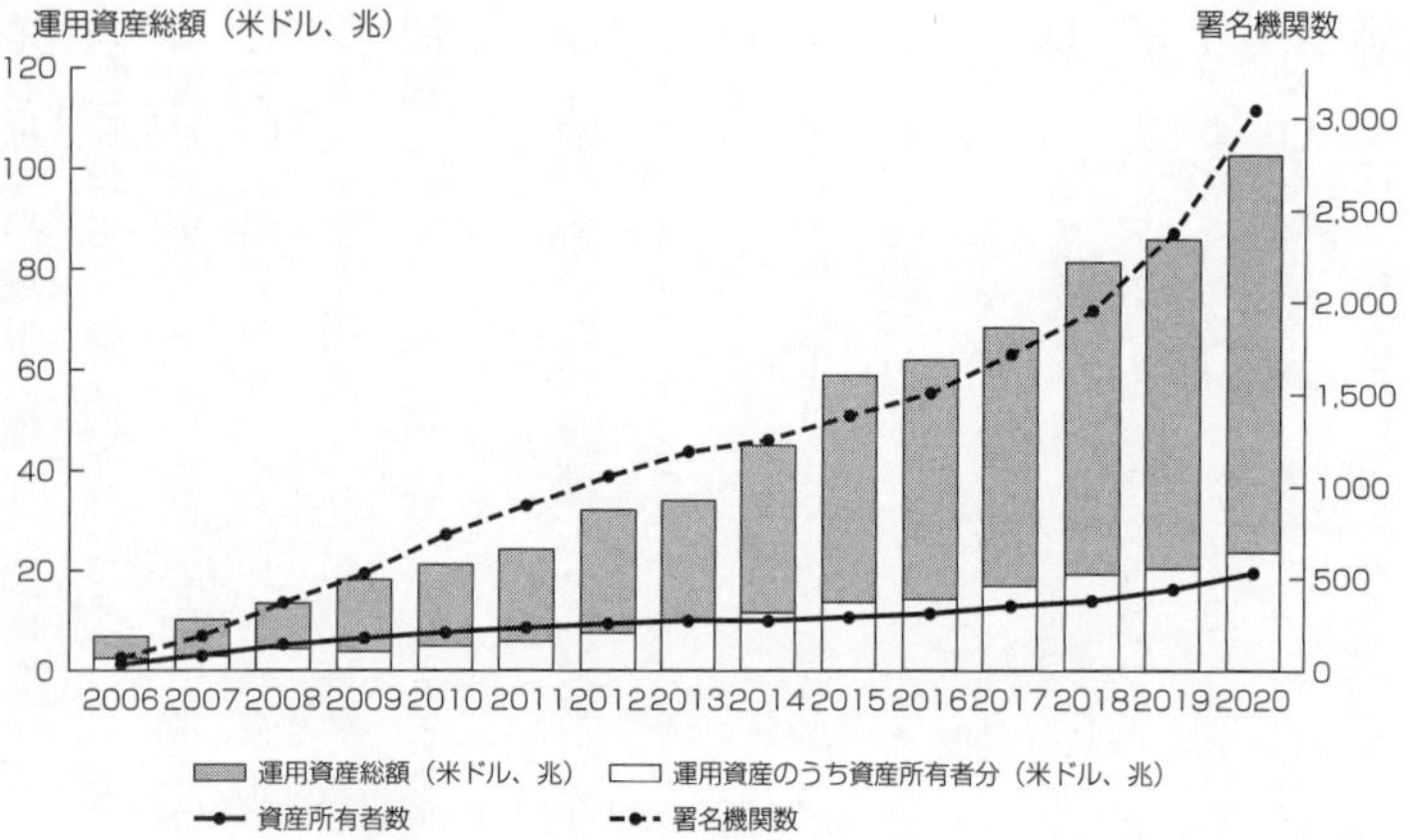

出所 : UN PRI 2021 PRI update（Q2 2021）.

図I.6　責任投資原則（PRI）署名機関数と運用資産総額の推移（2006-2020）

し、社会課題解決のために、より目に見える形で個人からも資金を集められる方法として、これから重要な役割を占めると考えられる（BOX10）。

こうした新たな資金調達手段が登場してきた背景には、企業のより詳しい財務情報の公開を求めるいくつかの運動やガイドラインの存在がある。例えばトリプルボトムラインは、企業を財務パフォーマンスのみではなく、企業活動の環境的側面、社会的側面、経済的側面の3つの側面から評価するものだ。また、機関投資家を対象とした責任投資原則（Principles for Responsible Investment: UN PRI 2006）は、投資の決定過程にESG課題を反映させるべきとした[8]。これらは、あくまで自主的ガイドラインであり、法的な強制力はないが、PRIに賛同する金融機関は増加傾向にある（図I.6）。

また2016年には、気候変動問題に対応すべく、G20から要請を受けた金融安定理事会（FSB[9]）が「気候関連財務情報開示タスクフォース（Task Force

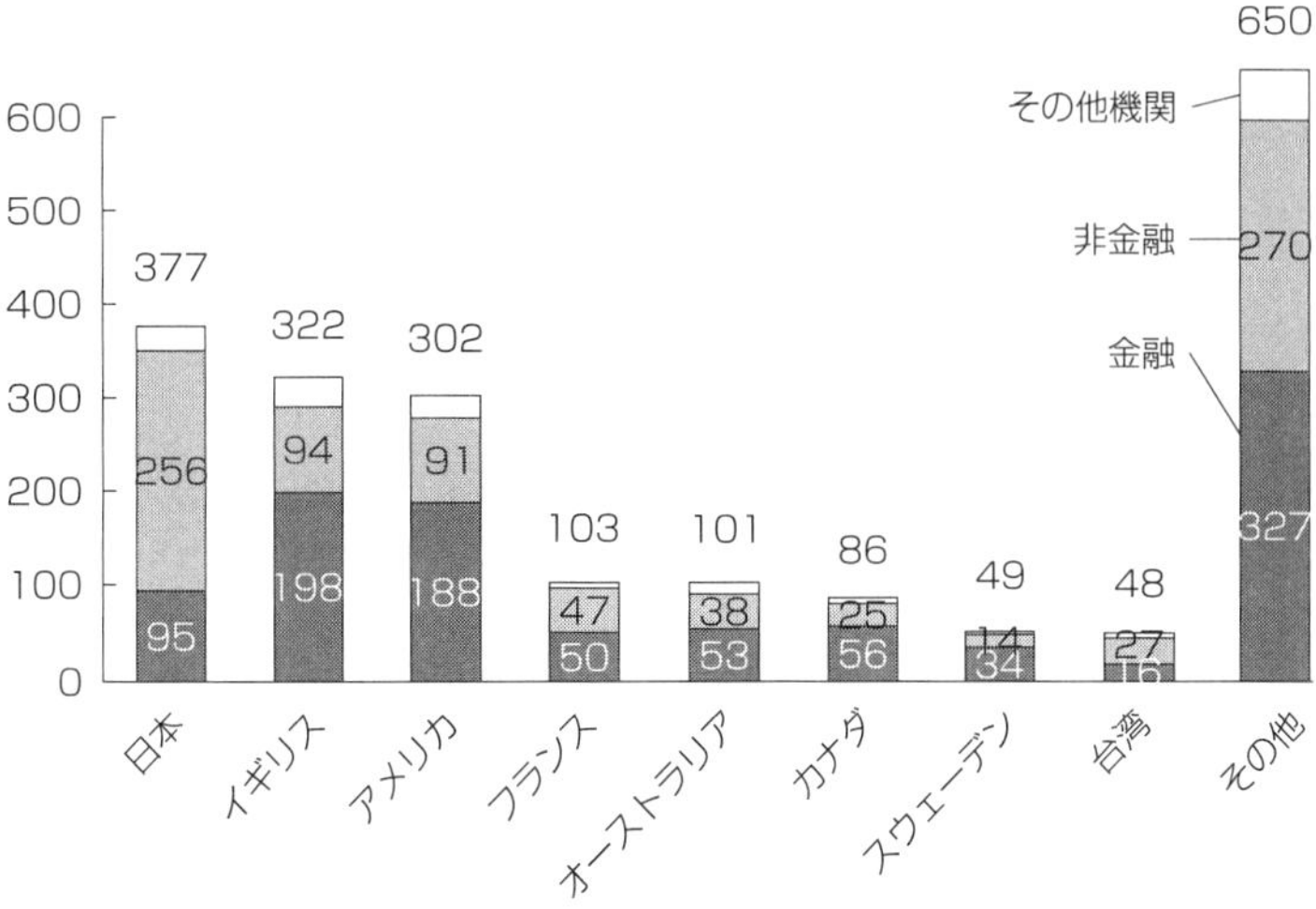

出所：TCFD コンソーシアム（2021）.

図 I.7　各国の TCFD 賛同機関数（2021 年 4 月 26 日時点）

on Climate-related Financial Disclosures: TCFD)」を設置し、企業に対して気候変動関連リスクおよび機会に関してガバナンス（Governance）、戦略（Strategy）、リスク管理（Risk Management）、指標と目標（Metrics and Targets）の4項目[10]について開示することを推奨している（TCFD 2017）。

なお、TCFDは気候変動に関する財務情報開示に賛同する機関名を公表している。賛同企業は金融機関を含めて世界で2038あり、日本企業は377（2021年4月26日時点）と、国単位では最も多い（図I.7[11]）。

同様に、社会的インパクトについての財務情報開示を進めるため、ロナルド・コーエン卿（Sir Ronald Cohen）やハーバード大学が中心となって、社会や環境への影響を加味した会計手法「インパクト（加重）会計（Impact Weighted Accounting）[12]」を構築している。これらは、高まる投資熱に対応できる比較可能な指標を提供し、ファイナンスの流れをより環境・社会へ配慮した形へ進めていくと期待されている。

❖ 知的財産権を柔軟に活用する手段の台頭

知識はその多くの場合、知的財産権（特許、著作権、商標、意匠、種苗）によって一定期間、考案者が占有（管理、保護）する権利を認められている。知識創造への投資はリスクが高いため、投資の見返りを発明・発見者へ一定期間、独占的に認めることで、投資意欲を担保するための制度と言える。一方、知識を商業的目的で独占することを問題視する見方もある。特に、気候変動や伝染病などに関する知識には、地球公共財としての役割があるとされるからである。また、民間セクターから生まれた知識（特許）[13]といえども、公的資金による基礎研究の成果に支えられている場合も多く、知識は公共性を持ち、社会に役立てる使命があるという意見（例えば Mazzucato 2013）や、知識の利用を阻害することで、有効な知識の速やかな発展を妨げるという議論もある。さらに、知識は伝播され、多くの利用者に活用されてこそ広範なインパクトを生み出すため、知識をただ単に管理するのではなく、適正な活用を認めるべきであるという意見は常にあり、そうした考え方に基づくさまざまな運動や制度が生まれている。

例えば、著作権における「コピーレフト」運動は著作権（コピーライト）に対峙する考え方で、著作権を保持したまま、二次的著作物も含めて、すべての者が著作物を利用・再配布・改変する権利を認めるようにしようという働きかけである（図 I.8）。

図I.8　コピーレフトのマーク

クリエイティブ・コモンズ・ライセンス	表示 作品のクレジットを表示すること	継承 元の作品と同じ組み合わせの CC ライセンスで公開すること	改変禁止 元の作品を改変しないこと
表示 作品のクレジットを表示すること	CC BY 表示	CC BY-SA 表示―継承	CC BY-ND 表示―改変禁止
非営利 営利目的での利用をしないこと	CC BY-NC 表示―非営利	CC BY-NC-SA 表示―非営利―継承	CC BY-NC-ND 表示―非営利―改変禁止

クリエイティブ・コモンズ：作者のクレジットを表記することを求める CC BY をベースとして、非営利（NC）、継承（SA）、改変禁止（ND）を組み合わせた 6 種類のライセンスが存在する。
出所：長谷川（2015）.

図I.9　クリエイティブコモンズ・ライセンス

同様に、オープン／フリーソース運動は、ソフトウェアに特化した知的所有権に関する概念で、ソフトウェアの商用・非商用の目的を問わず、利用・修正・頒布することを許し、それを利用する個人や団体の努力や利益を遮らない。この際、著者は自身の著作権を維持するが、二次的著作物の補償責任はないとされる。これら柔軟な知的財産の運用可能性が模索されるなか、クリエイティブコモンズ（CC）は2001年、著作者自らが著作物の再利用の許諾に関して手軽に意思表示できるライセンスを考案した。これが「クリエイティブコモンズ・ライセンス」である（図I.9）。このライセンスによって、考案者が独自の裁量によって知的財産を管理することが可能となった。

以上の取り組みは、知識を広く共有し、著者・考案者の権利を明確にしたうえで、その知識を広く応用・利用することを目的としている。このような活動が「民間」や「市民・利用者」セクターのイニシアティブによって始められていることは注目に値する。

❖ 社会課題志向型ソフトローの台頭

グローバルに活動する企業は、時として活動規範を取り締まる明確な法基準が存在しない、もしくは遵守・執行されていない国でもビジネスを行う。そして近年、企業が特定の活動国における法規制を遵守していても、その基準が国際的な社会規範に則していないと判断された場合、不買運動や訴訟問題へつながるリスクが高まっている。特に、モノや情報の流れがグローバル化するに伴い、個人の消費活動と生産地の環境や社会問題とのつながりが周知され、社会的規範を遵守することが企業の評判や（株価を通しての）業績に多大な影響を及ぼすようになった。このため、企業は消費者や市民へ

	ソフトロー	ハードロー
定義	社会的規範、「あるべき社会」	現行秩序「現行法」
法的拘束力 例：	弱い ガイドライン、公的指針、宣言 実効性のあるもの	強い 国際法、法律、法令、政令、省令、条例、法的指針
対象の性格	短期的、可変的、迅速、柔軟、多様性	長期的、固定的、普遍的
法的位置づけ	具体的指針、法令を補完	抽象的規範
手続き保障	科学的、開放的、協議的	法令が定める
制裁力 例：	弱い 社会的制裁 除名、警告、公表	強い 法的罰則 刑罰、行政処分
根拠	自立、自治、公的、民間（団体）	権力、強制力、法的

出所：澤口（2007）などに基づき筆者作成。

表Ⅰ.3　ソフトローとハードローの対比

の情報提供手段として環境認証（エコ）や社会的ラベリング、業界団体によるガイドライン、自主規制などのいわゆるソフトローを活用している。

ソフトローとは「正当な立法権限に基づき創設された規範ではなく、原則として法的拘束力を持たないが、実践的な効果を有しうる、行動に関わる規範」と国際法の分野で定義されている（澤口 2007）が、近年は企業統治（corporate governance）の観点から、前述のCSRと一緒に議論されることも多い。これらは、政府や国際条約によって制定されるのではなく、独立した第三者機関や民間団体が発行・管理する制度であり、製品の製造方法などを認証し、情報表示することにより、商品の価格以外の差別化を促進するとともに、製品に価値を付加し、倫理的なビジネス行動規範が持続可能な経営方法になることを後押しするものである。

ソフトローはハードローと異なり、環境や人権など多様性に富む「社会的規範」へ柔軟かつ具体的な指針で対応することができる（表I.3）。その反面、法的拘束力が弱いとされるが、法的制裁力の届かない環境下でも、透明性が保たれていれば、社会的な制裁によって活動を制御することが可能である。2011年に承認された国連による企業人権責任イニシアティブ「国連のビジネスと人権に関する指導原則（UNGP）」[14]によって、人権デューデリジェンスの重要性が提言されていることが、その良い例である。このように、企業の国際的サプライチェーンの管理におけるソフトローの利用は、消費者や社会の環境・社会課題への関心の高まりを受け、着実に浸透しつつある。これらは、環境、安全、健康など、国ごとの価値観や法的基準の差異から生じる問題に対し、企業と消費者が協議しながらルールを形成できるという利点もある。

❖ 技術が可能とする新ビジネスモデル

新興技術が広がる過程で、さまざまなビジネスモデルが消費者に新しい可能性を提供している。これらは、多様な消費者の嗜好に対応し、かつイノベーション・プロセスへの参加を促すものである。それらを柔軟に組み合わせることで独自性のある取り組みが促進され、インパクトを生み出すことが可能となる。

例えば、個人間で必要なサービスの交換をデジタルプラットフォーム上で仲介するメルカリのようなピア・ツー・ピア（Peer to Peer）型サービスモデル、そのプラットフォームを介して個人のモノや空間・時間を共有するシェアリング経済モデル、3Dプリンターによる多品種少量生産から可能となるマス・カスタマイゼーションや分散型小ロット生産（メーカースペースとファブラボ[15]）、集約的グリッドに接続されずに発電をすることで、その地域に最適な発電方法を選べる分散型（オン／オフグリッド）の小規模再生可能発電（太陽光、小規模水力）などである。

また、料金徴収モデルでは、技術と装置を買い取るのではなく利用権を購入するサブスクリプション方式、携帯電話を使用した金融包摂（M-Pesa や Go-pay など）とそれに伴うｅコマースサービス、適切な需要と供給バランスを保つために柔軟な価格設定を通じて利用者の消費行動に直接的に働きかける「ダイナミック・プライシング」もある。

❖ アジャイルな制度設計が促進する技術革新

加速する技術革新と伝播を背景に、新業種が構築される過程で生み出される複合的なインパクトやリスクは、予測が難しい[16]。このため、環境、安全、健康など、公共性に関わる技術を正しく評価し、エビデンスに基づいて管理するためのルール（制度）形成が重要になる。つまり、技術開発が加速し、その伝播・発展の範囲が拡大するなかで、リスクと便益のバランスをとりながら制御していくための新しい仕組みである。さらに、加速化する技術変容は関係者間（行政、企業、研究者、市民など）の情報の非対称性を高めるため、関係者間の新しい連携方法も必要となる。

そして、これらを実践に移す試みも徐々に始まっており、例えば規制のサンドボックス[17]、ポリシー・ラボ[18]、アジャイル（agile：俊敏な）・ガバナンス[19]（WEF 2019, 経済産業省 ２０２１）、規制のペーシング[20]（Marchant et al. 2011）、ガバナンス・イノベーション[21]（経済産業省 ２０２０）などが挙げられる。これらの多くは、新興技術に柔軟に対応し、多様なステークホルダー（民・官・学、市民）が参加して制御方法を協議・決定する、よりオープンな政策形成プロセスを創出するための方向と可能性を私たちに示している。

5 次代に求められるDII思考

❖新たな世代が生み出す新たな価値観

こうした新しい技術や仕組みを駆使した経済活動の担い手として注目されているのが「ミレニアル世代[22]」と言われる起業家たちによるスタートアップ企業である。その活動には若い世代の価値観が反映され、「取り残されている人々」の需要に応えるものも多く見受けられる（JVCAインタビュー2020）。これは社会の「あるべき姿」が、国連や政府の政策によってトップダウンで意図的に形成されるだけでなく、新しい世代、新産業・技術によってボトムアップでも有機的に形成されうることを表している。そうならば、下からの動きを上からの動きと揃えることで、社会の根本的な変容をより効果的に実現できるのではないだろうか。多くの利害関係者を取り込んで形成されるこの動きは「包摂的な（Inclusive）」社会のあるべき姿としてSDGｓの到達に資するものとも言えよう。

❖破壊的・包摂的イノベーション思考へ

自然界の生態環境が変わる際に新しい生命が現れるように、今日、日本やアジアの企業生態系（エコシステム）からも、同じような「問い」から行動を起こし、新しいビジネスモデルを実践する多様なアクターが現れている。そして、それら新しい活動を側面から支える取り組みや仕組みが現れ、ビジネスモデルを地域に合致させることが可能となりつつある。

本書では、これからのイノベーションが持続可能な未来に対してどのような役割を担っているのか、インパクトを起こすには何をするべきなのかについて、まず概念を整理したうえで（第1部）、事例（エピソード）を紹介しながら考察したい（第2部）。

今までイノベーションの対象・従事者でなかった人々を包摂（Inclusive）し、従来のやり方を変えていく（破壊：Disruptive）イノベーションとは、一体どのようなものなのか。そして、必要とされるエコシステムを形成する際に、どのようなことを考慮して行動すればよいか。本書では、それらを実践する人々の経験から学びながら考えていきたい。すでに多くの人々が「生活の豊かさや国の繁栄は、経済成長や生産性の向上のみでは達成されない」ということに気づき、行動を起こしている。この新しい価値観を反映した社会を実現するには、包摂的かつ破壊的なイノベーションの考え方（DII思考）がきっと役立つであろう。

BOX 1 国連におけるSTI for SDGsへの取り組み

「持続可能な開発のための2030アジェンダ」(UN 2005)は、SDGsの実現に向けて科学技術イノベーション(Science, Technology and Innovation: STI)の果たす役割を重視しており(STI for SDGs)、その推進を支援するために「技術促進メカニズム」(Technology Facilitation Mechanism: TFM)を設けることが明記されている(para.70)。TFMの目的は、利害関係者(加盟国、市民社会、民間部門、科学界、国連機関、その他)間で情報、経験、ベストプラクティス(成功例)、政策アドバイスを共有し、協力関係を構築することである。

TFMは以下の3つから成り立っている。

- 国連機関間タスクチーム(IATT)……44の国際機関を調整し、市民社会、民間セクター、科学コミュニティの代表からなる「10人委員会」とともにSTIロードマップ策定を推進。
- オンラインプラットフォーム……既存のSTIイニシアティブ、メカニズム、プログラムの情報ゲートウェイ。
- マルチステークホルダーフォーラム……年1回2日間の会期で多様なステークホルダーを招集し、持続可能な開発の実施を巡る科学技術イノベーション協力に関するテーマ別の議論を行う。

図B1.1は、国連内におけるTFMの位置づけを示している。

新型コロナウイルスによるパンデミックは、ワク

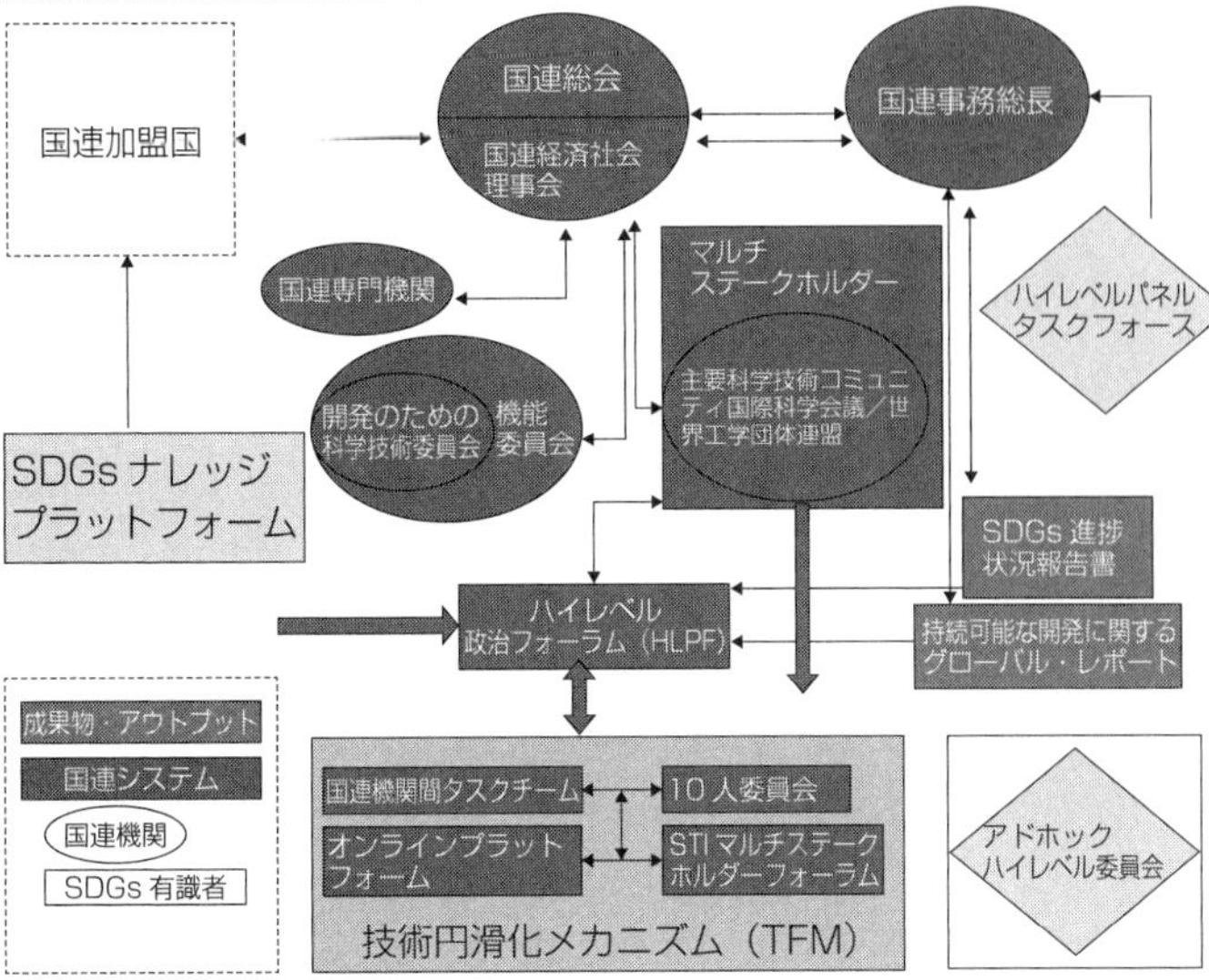

出所：IAP（2019）DESA/DSDG adopted from InterAcademy Partnership（IAP）Report on Improving Scientific Input to Global Policy making with a Focus on the UN Sustainable Development Goals, 2019.（https://www.interacademies.org/50429/SDGs_Report）

図 B1.1　アジェンダ 2030 における科学技術イノベーションの位置づけ

チン開発技術やリモートアクセス技術をはじめ、各国の技術格差がもたらす問題の深刻さと、国際協調によるその是正の重要性を強く認識させた。TFMは、そのためのメカニズムとしても重要な役割を担いつつある。

BOX 2

ミッション志向の科学技術イノベーション政策

ＳＤＧｓをはじめとする社会課題への対策には、社会経済システムの大きな変革が必要となる。「ミッション志向の科学技術イノベーション政策」とは「特定の時間枠内で、野心的かつ具体的な目標を達成するために実施される調整された研究・イノベーション政策の手段の包括的なパッケージ」(Mazzucato 2018) であり、このために政府は現在の科学技術水準では実現が困難な（しかし重要な）政策目標を設定し、研究開発においてはディシプリンの境界を越えて科学技術の知見を結集し、その社会実装にあたっては多様な関係者と協働する。

１９６０年代に実施されたアポロ月面着陸計画は、このミッション志向政策の例としてよく引用される。ミッションの遂行過程で開発された技術は、その後の科学技術の発展に貢献したとされる。近年、このアプローチが再注目されているが、今日のミッション志向政策は、以下の点でアポロ計画とは異なっている (Mazzucato 2018)（表Ｂ2.1）。また、本書の観点からは、とりわけ以下の特徴が重要である。

1　社会との幅広い関連性を持ち、大局的で、人々を鼓舞する。

2　明確な目標があり、計測可能であり、達成期限を持つ。

3　野心的だが現実的な研究・イノベーション活動。

4　分野・部門・関係者の枠を越えたイノベーション。

旧ミッション：第1フェーズ　1950-80年代	新ミッション：第3フェーズ　2010年から
結果の伝播は、それほど重要ではない	結果の伝播が中心的な目標
ミッションは、技術的達成度の観点から定義され、経済的実現可能性はほとんど考慮しない	ミッションは、特定の社会問題に対する経済的に実現可能な技術的解決策の観点から定義される
技術開発の目標と方向性は、専門家の小さなグループによって事前に定義される	技術変化の方向性は、政府、民間企業、消費者団体を含む幅広い関係者の影響を受ける
政府の行政機関による集中管理	多数のエージェントが関与する分散型管理
少数の急進的な技術に重点を置き、参加は少数の企業グループに限定	多数の企業が参加できるようにするための、急進的かつ漸進的なイノベーションの開発に重点を置く
補完的なポリシーと一貫性にほとんど注意を払う必要のない自己完結型プロジェクト	成功のために不可欠な補完的な方針と、他の目標との一貫性に細心の注意を払う

出所：Mazzucato (2018).

表B2.1　ミッション志向の科学技術政策の比較

5　複数のボトムアップ的解決策。

これらミッション志向のイノベーション政策の重点が変わっていることは、本書で紹介するＤＩＩの考え方と相まって興味深い傾向と言える。

第1部

DII思考とは何か？

Disruptive, Inclusive Innovation

序章では、現代の国際社会で断片的に生じている「変化のシグナル」を読み解き、さまざまなステークホルダーが「2030年に向けたありたい未来：SDGs」へと活動を始めていること、またそれらが重層的に積み重なり、将来に向けて大きなインパクトを生み出しつつあることを解説した。

グローバル化は問題の複雑さを増長する要因だが、そこへ脱グローバル化の動きも加わり、課題解決への道筋はこれまで以上に不確かである。一方、問題の解決には国、地域、社会それぞれに異なる環境、歴史、文化への理解と配慮が不可欠であることは、依然として変わりない。

第1部では、途上国でのイノベーションの創発と社会課題の解決に向け、世界の最先端で取り組む3名の専門家を紹介し、彼らの活動と思想とを学ぶ。

第1章のR・A・マシェルカー博士は、著名な科学者であると同時に、フルーガル・イノベーションを推進する実践者でもある。自らが関わったプロジェクトの成功例・失敗例を紹介し、CSRが「企業のフィランソロピー」から「善いビジネス」の指針へと変化していることを解説する。

第2章のA・ワトキンス氏は、グローバル・ソリューションズ・サミットを通じて途上国への技術普及を推進する活動家である。同氏は、課題の解決を阻んでいるのは技術（解決策）の欠如ではなく、それらを必要とする人に届ける仕組み（システム）の欠如であると主張し、具体例を紹介している。

第3章のV・ミュラス氏は、自らが世界銀行で行ったテック・スタートアップ調査を基に、スタートアップを成功に導くために必要な要素（スキル、支援インフラ、資金、コミュニティ）を抽出し、その重要さを指摘する。

以上の知見を受けて第4章では、先行研究を理論的観点から整理し、本書の基本的視座と分析枠組みを提示する。それが、SDGsの実現に向けて変革の原動力となる「破壊と包摂のイノベーション」であり、その定義と構成要素、変革へのメカニズムを論じる。

第1章

「善いビジネス」が成功をもたらす
——ＣＳＲ2.0と包摂的イノベーション

Ｒ・Ａ・マシェルカー
（インド国家研究教授、前インド科学産業研究委員会会長）

はじめに

企業の社会貢献の一つである「企業の社会的責任（ＣＳＲ）[1]」には長い歴史があり、これまでは純粋にフィランソロピー（公益活動）として行われてきました。このフィランソロピーを超えて、ＣＳＲを破壊的・包摂的イノベーション（ＤＩＩ）の推進に活用しようというのが私の考えです。ＣＳＲをイノベーションの推進と投資にうまくつなぐことで、国連の「持続可能な開発目標（ＳＤＧｓ）」をも強く推し進められるでしょう。この章では、幼少期にＣＳＲの受益者として、またインドでの包摂的イノベーションの実践者として、私の経験に基づき、ＣＳＲを通じた破壊的・包摂的イノベーションの実現方法について紹介します。

1 CSR1.0 成功したうえで善いことをする

私は貧しい家に生まれました。私の未来を開いてくれたのは、タタ財団[2]からの毎月60ルピー（97・8円）の奨学金でした。タタ財団は、企業の一つの投資のあり方として奨学金の給付を長きにわたって行ってきました。あまり知られていませんが、世界初の慈善基金は、1892年にジャムシェトジー・タタ（Jamsetji Tata）[3]によって設立されています。これは、アンドリュー・カーネギー・トラスト（1901年）、ロックフェラー財団（1913年）、フォード財団（1936年）、リヴァー・ヒューム・トラスト（1925年）よりも以前のことです。人から受けたものは他の人にも還元するというタタの信念が、こうした基金の設立につながっています。

かつてJ・R・D・タタ[4]は次のように語っています。「ジャムシェトジー・タタとその子どもたちは、半世紀にわたって産業開拓で富を築き上げてきた。しかし、彼と彼の子どもたちは、そのごく一部を使って国家を豊かにした。この富はすべて、人々のための基金であり、人々への恩恵だけのために使われている。そうすることで循環が完結する。人々から受けたものは、何倍にもして人々に還元されたのだ」。

近年、こうしたフィランソロピーの意味は変化しています。かつて企業のトラスティーシップ（人道上の責任）として知られたものは、今では企業の社会的責任（CSR）と呼ばれています。インド政府は2015年、企業が得た純利益の2%をCSRに使うことを義務づけました。私はこうしたことを「CSR1.0」と呼んでいます。ここでは、富の余剰の一部が、慈善や財団の信託といった自由意志、もしくはインドのCSR法[5]のような法的義務によって、社会に還元されています。つまり、CSR1.0とは「成功したうえで善いことをする」ことであり、まず成功して富をなした者が、その後に慈善トラストや財団を設立して善い行いをなす、という意味です。

一方、私が「CSR2.0」として提案するのは、「善いことをして成功する」というものです。つまり、善い行いをなすこと自体が、ビジネスの成功につながるのです。これによって、企業活動がより多くの人の生活に関わり、より大きな影響をもたらします。ただし、これはCSR1.0と置き換えられるものではなく、CSR1.0と相互に補完し合うものです。

では、なぜ「善いこと」が重要なのでしょう。答えは単純です。不平等や格差の拡大が、この時代の最も大きな課題の一つだからです。例えば、所得の格差は財産を増やす機会の不平等を生み出し、そのことが社会の不調和をもたらします。とはいえ、所得の不平等を減らすには、何世代もの年月がかかります。では、所得の格差がありながらも、財産を増やす機会を平等に生み出すことはできないでしょうか。そんな魔法のようなこと……いいえ、それが「CSR2.0」なのです。

2 CSR2.0 善いことをして成功する

では、どうすればCSR2.0を実現できるでしょうか。そのためには、私たちはビジネスのやり方、政治家の考え方、科学のあり方などを変えなければいけません。以下で私は、ＣＳＲ2.0がなぜ必要なのか、何をするのか、どのように実現するのかについて述べます。ＣＳＲ2.0は、包摂的イノベーションと強く結びついているので、まず包摂的イノベーションについて確認しておきます。

❖包摂的イノベーション

「フルーガル（倹約的な）・イノベーション（Frugal Innovation）」と「包摂的イノベーション（Inclusive Innovation）」は同じような意味合いで使われることが多いのですが、厳密に言うとそれぞれの概念は、イノベーションの異なる側面に光を当てています。包摂的イノベーションとは、「低所得者層もしくはベース・オブ・ピラミッド層（ＢＯＰ）のニーズを満たすことを直接の目標とした、知識の創造・獲得・吸収・分配の取り組み」のことです。包摂的イノベーションの重点は、概して「そのニーズにあまり注意を向けられない人々に対して、高性能な製品やサービス、体験を、超低コストで提供すること」にあります。

包摂的イノベーションとフルーガル・イノベーションの違いは、前者が「何が行われたか」に重きを置き、後者が「どのように達成するか」に重きを置いている点です。つまり、包摂的イノベーションは、社会から取り残された人々を包摂する結果を生み出す（技術的・社会的・経済的）イノベーションを指すのに対し、フルーガル・イノベーションはその達成手段を指しており、目指す結果を得るためのコスト削減や、使用する資源量の低減などを含みます。包摂的イノベーションは、技術やサービスのフルーガルさ（質素さ）から生じたアフォーダビリティ（購入しやすさ）によって生じており、安価だからこそ製品やサービスにアクセスできるという点で、ますます多くの人々が包摂されるのです。

❖ CSR2.0を達成するために必要なこと――ASSUREDイノベーション

私は、民間セクターが「ASSURED（保証の意）」なイノベーション戦略を採用し、「善いビジネス」を通して成功する方法を提案しています。ここでASSUREDとは、次の略語です。

A：Affordable（アフォーダブル：購入しやすい）
S：Scalable（スケーラブル：規模を拡大しやすい）
S：Sustainable（サステイナブル：持続可能な）
U：Universal（ユニバーサル：普遍的な）
R：Rapid（ラピッド：迅速な）
E：Excellent（エクセレント：卓越した）
D：Distinctive（ディスティンクティブ：独自の）

アフォーダビリティ（Affordability）は、特に最下層を含む、経済ピラミッドの全員に製品やサービスへのアクセスを提供するために欠かせません。「アフォーダビリティ」とは当然、経済ピラミッドの中でターゲットにする消費者の地位、製品の種類、それが創造する価値と機会によって異なります。とはいえ、1日の所得が2米ドル未満である世界26億の人々にとって、そうした購入しやすい製品はただの「低コスト」では足りず、「超低コスト」でなければなりません。そのような厳しいコスト削減を達成するには、漸進的なイノベーションではなく、破壊的なイノベーションが求められます。

スケーラビリティ（Scalability）は、一部の特権階級だけでなく、社会全体にあまねく届けることで、本物の影響力を発揮するために必要なことです。製品・サービスの種類によって、ターゲットとする人口は数十万か、数百万か、場合によっては何億人にものぼる場合があります。後ほどそれぞれの事例を紹介します。

サステイナビリティ（Sustainability）は、環境面・経済面・社会面など、さまざまな文脈で求められています。ASSUREDイノベーションは、長期的には政府による補助金や調達支援の継続によるのではなく、民間セクターに馴染む市場原理によって推進しなければなりません。市場原理は、生産量を増大させること、健全な競争（政府による仲介ではなく、市場のプレーヤーが促進する競争）を生み出すこと、納税者のコストを下げることなどのために必要です。そして何より、市場は包摂的な製品・サービスが消費者に高い価値を提供しているか、真の社会的な取り組みになっているかをチェックする役割を果たします。ただし注意すべきことは、長期的サステイナビリティの原理は、政府の役割を否定するものではなく、むしろ強調するのに一役買っているということです。政府は、社会に最適なレベルでASSUREDイノベーションを生み出すことができるような、順調に機能するイノベーション・エコシステムを創造・維持しなければなりません。

ユニバーサル（Universal）とは、ユーザーフレンドリーであることです。すなわち、経済ピラミッドのどこに属する人であっても、そのスキルレベルに関係なく、イノベーションを使いこなせるということを意味します。

ラピッド（Rapid）は、頭で考えたことを市場に持ち込むまでのスピードのことです。包摂的な成長の加速は、行動のスピードが革新的な思考のスピードとマッチしていなければ達成できません。

エクセレンス（Excellence）は、技術的および（ビジネスモデルのような）非技術的なイノベーション、製品やサービスが一流の品質を備えていることです。これは決して一部の富裕層だけでなく、その社会のすべての人のために求められています。一方で資源に乏しい人々の高まる願いを満たす必要があるからであり、他方で世界市場への輸出競争力を強化するチャンスを開いてくれるからです。

ディスティンクティブ（Distinctive）も必要です。なぜなら、偽造・模倣された製品やサービスを広めようという人などいないからです。そして、私たちは志を高く掲げ、このDを「ディスラプティブ（disruptive：破壊的）」のDにしなければなりません。そのときこそ、イノベーションは真に画期的なことになるからです。

これらすべての要素を達成することは一見不可能なようですが、これから示すとおり、決して不可能ではありません。

3 インドのASSUREDイノベーション

ここで、皆さんにいくつかの難題を出しましょう。

●私たちは、高速の4Gインターネットを、1ギガバイト当たり10セントで提供し、さらにインドのような広大で多様性のある国で、音声通話を無料にすることができるでしょうか？
●私たちは、女性全員に、1スキャン当たり1ドルというきわめて購入しやすい価格で、高品質かつシンプルな乳がん検診を提供することができるでしょうか？
●私たちは、持ち運び可能かつハイテクで、すぐに結果が分かり、しかも検査1回当たり8セントという心電図計を作ることができるでしょうか？
●私たちは、蚊が媒介するデング熱を初日に検出でき、しかも1回当たり2ドルという低コストの、信頼性の高い検査を提供することができるでしょうか？

驚くべきことに、インドでは、すでにこれらすべてが実現されているのです。

❖ 9億人に無料通話を――ジオのモバイル革命

インドの初期の成功事例の一つに、モバイル革命があります。1995年から2014年までの20年間で、携帯電話の加入者数は9億1000万人も増加しました。その数字だけでも信じられないほどですが、固定電話の加入件数が2006年のピーク時でさえ5000万件だったことを聞けば、さらに驚くのではないでしょうか。長距離電話や、国際電話、県外電話を電話ボックスからかける時代は完全に終わりました。自由化のおかげで民間セクターが底力を発揮し、デバイスや業務プロセス、ビジネスモデルなどでイノベーションが花開きました。公共セクター、民間企業、そして国民が共同でつかんだ勝利でした。

しかし、この時点でデジタル革命のメリットは必ずしも全員に享受されたわけではなく、そこには「デジタル・デバイド（情報格差）」が発生しました。電話と通信接続があっても、多くの人には実際に電話をかける余裕がなかったのです。「ジュガール（jugaad）」というインドの言葉をご存知でしょうか。『オックスフォード辞典』には、「限られた資源を革新的なやり方で活用する、問題解決のための柔軟なアプローチのこと」と定義されています。ここでインドのジュガールが発動し、人々はコミュニケーションをとるために、「不在着信」を利用し始めました。親や配偶者、大切な人が、心配している身内や友人に向けて、不在着信を残すことで目的地に到着した旨の合図を送るのです。また学生向けのレストランは「不在着信注文サービス」を始めました。学生が不在着信を残すと、レストランから電話を返して、食事の注文をとるのです。こうして、不在通信マーケティングという新しいマーケティング分野が誕生したのでした。

そして現在、状況は劇的に変化しました。2016年、インドの通信セクターは、リライアンス・ジオ・インフォコム（ジオ）（Reliance Jio Infocomm Ltd.（Jio.））[6]の参入で大いに盛り上がりました。今日では多くのインド人が、ジオの回線を使って無料通話と手頃な価格の（1ギガバイト当たり10セント！）高速4Gインターネットの恩恵を享受しています。インド中でコミュニケーション行動が変化を遂げており、その中には、発話や聴覚に障害のある方が、手話でのコミュニケーションにビデオ通話を活用しているといった例もあります。こうした変化は、ジオの無数の技術、商品、ビジネスモデルのイノベーションが引き起こしたものです。

ジオの最も重要なイノベーションの一つは、その通信網構成にありました。ジオのグリーンフィールドLTEネットワーク[7]は、インド初のボイスオーバーLTE（VoLTE）[8]として全国展開されています。ジオは後発だったため2Gや3Gはなく、4G LTEネットワークのみで構成された世界で唯一のネットワークです。このユニークな構成により、他の通信会社では通話料が売上の大半を占めていた時代に、ジオは国内のどの電話網への通話も無料で提供できました。ジオはさらに、国内のローミング料金も廃止し、インド史上で初めて、国中を縦横無尽に、本当の意味でつなげたのでした。

続いてジオは、アダール（個人認証基盤）[9]を使ったeKYC[10]（オンラインでの本人確認手続き）を、全国数千の店舗へ急展開しました。それまではSIMを使えるようになるまで、（何日とは言わないまでも）何時間もかかり、通信会社のコストがかさむ要因となっていましたが、ジオの参入によって5分以内に使えるようになったのです！　また、10万カ所以上ある電波塔はプレハブで建てられており、従来型の電波塔に比べて消費電力を3分の1に抑えています。同様に重要なインフラ開発として、25

万ルートキロメートルの光ファイバーケーブルの敷設があります。その開発は、ハイテクの掘削建機を使って、わずか2つの穴を掘りファイバーを地下深くに埋設することで実現されました。それがジオフォン（JioPhone）であり、消費者に事実上無償で提供されています。こうした情報インフラの整備が、国内の高速インターネットへのアクセスを促進し、すべてのインド人に生活の質を向上させる力を与えているのです。

こうした取り組みにより、世界のモバイル・インターネット利用で、インドは1年前の世界155位から1位へと上昇、インドは世界有数の通信ネットワークを持つこととなりました。さらに重要なことは、ジオのおかげでインドは、不在通信からビデオ電話へと、つまりジュガールから体系的なイノベーションへとシフトしました。ジオはＡＳＳＵＲＥＤイノベーションの真の成功事例と言えます。

ここで、「インドの人々にとっては善いことであっても、ジオのビジネスは成功しているのか」と問われるかもしれません。つまり、利益を上げているのでしょうか。答えはイエスです。ジオは創業第2四半期目には、黒字化しています。まさに、善いことをして成功している事例なのです。

4 善いことをして成功している若きイノベーターたち

しかし、リライアンス（Reliance Industries Limited）のような企業には十分な資金がありましたが、小企業、スタートアップ企業ではどうでしょうか。

これについては、アンジャニ・マシェルカー・インクルーシブ・イノベーション賞[11]の受賞企業を紹介するのがよいでしょう。この賞は、一部の特権階級だけでなく、社会全体の役に立つイノベーションを表彰するために、私が母の名前をとって設立したものです。

受賞企業は「ベストプラクティス」のみならず、「ネクストプラクティス」を信条とする企業です。そして最も重要なことは、「手頃な価格」と「一流」は両立しないという神話を覆し、「アフォーダブル・エクセレンス（affordable excellence）」を体現して、ＡＳＳＵＲＥＤという厳しい基準を満たしていることです。正しい志を持った若いスタートアップ企業が、このような両立が可能であることを証明してくれています。

❖すべての女性に乳がん検診を――UEライフサイエンス

インドでは２０１５年に、子宮頸《けい》がんに代わって乳がんが、女性のがんによる死因のトップになりました。乳がん検診を受けていれば助かるかもしれないにもかかわらず、35歳から55歳までで乳がん検診を受けていない女性は、インドだけでほぼ2億人にのぼります。世界全体ではその数はさらに大きくなります。乳がんによる死亡は、末期のステージで発見されることが主な原因になっています。では、どうすればインドの、また世界のすべての女性に、確実に乳がん検診を受診してもらえるでしょうか。

ミヒール・シャー率いるUEライフサイエンス(UE LifeSciences)では、乳がんの初期発見に使われる携帯型のデバイス「アイブレスト・イグザム[12](iBreastExam)」を開発しました。シンプルで、正確で、価格も手頃です。体を傷つけないので痛みはありません。マンモグラフィーと放射線はもう必要ありません。検診は安全で、プライバシーも守られます。同社ではさらに、ダイレクトセールスに代わって利用回数に応じた料金制度を展開、これによりインド全土の医師が直ちに女性向けの乳がん検査を開始できるようになりました。このデバイスはアメリカFDA[13](米食品医薬品局)に認証されており、CEマーク[14]も取得しています。また、このデバイスは地域の医療関係者なら誰でも操作可能で、スキャン1回当たりのコストはわずか65ルピー(1ドル)です。

UEライフサイエンスは、善いことをしているだけでなく、ビジネスとしても成功しています。過去1年間に、デバイスは約100万ドルの収益を上げており、累計で約200万ドル分の発注を受けました。同社ではまた、このデバイスをアフリカ、南アジア、東南アジア25カ国以上で販売・供給するためGEヘルスケア(GE Healthcare)[15]と戦略的パートナーシップを締結し、今では5億人以上の女性に使用されています。さらに近年、同社はボツワナでも現地提携先と拠点を設立しました。

❖ 心臓病のパーソナルケアを――ラフル・ラストギの「サンケット」

別の例も挙げましょう。２０２０年までにインドでは、心臓病による死亡や後遺障害が最大の死亡原因になると予想されており（２０１８年時点）、若い世代でさえも心臓病の症例が増加しています。手頃な価格で、迅速に、そして正確に心臓の状態を測定することが課題となっています。これを実現したのが、携帯型12誘導心電計デバイス「サンケット（Sanket）」を開発したラフル・ラストギです。サンケットはクレジットカード大の心臓モニターで、携帯型の心電計のように動作し、心臓の状態を、まるで体温を測るのと同じくらいシンプルにモニターします。ハイテクな12誘導心電計はワイヤレスでスマートフォンに接続でき、スマホ上で心電図を表示し、記録することができます。心電図は電子メールやブルートゥース（Bluetooth）、メッセージングアプリで医師と即座に共有することが可能です。心電図検査1回当たりのコストはわずか5ルピー（8セント）。このデバイスのおかげで、私たちの心臓病ケアに対するアプローチは大きく変わるでしょう。高価な心電計機器、遠隔地の病院や検査機関、熟練の技術者が不要になるのです。サンケットでは複数の特許を出願しており、心臓病ケアの世界に革命をもたらし、既存の市場を破壊しています。

同社はタタ財団と提携し、心臓病の迅速な検査と診断のため、インド東部にあるトリプラ州のクリニックにデバイス45台を提供しました。僻地の丘陵地であるトリプラ州では、定期検診はこれまで事実上不可能だったのです。

5 ASSUREDイノベーションと公共政策の役割

インドは何十、何百もの、こうしたASSUREDイノベーションの発祥地となっています。研究開発の大義に理解があり、新しい考え方、患者を救いたいという思いやり、それにかける情熱という優れた性質に恵まれた若者がたくさんいます。しかし、A、U、R、E、Dの要素は満たしているのに、SとS、つまり伸びしろと持続可能性を実現できなかった者もいました。そうした失敗例の多くは、実は強力な公共政策の欠如が大きな要因となっています。

◈デング熱検査キットを普及させた「偶然のミス」

インドにおける喫緊の課題の一つがデング熱です[16]。デング熱は蚊を媒介とする伝染病で、世界中へ急速に広がっています。デング熱の症例は過去50年間で30倍以上に増加しており、現在では世界人口の半数がデング熱の危険にさらされています。

インドの遺伝子工学・バイオテクノロジー国際センター（ICGEB）のナビン・カンナ博士は、デング熱を検出する検査キットを開発しました。3種混合の「デング熱1日目テスト」は、感染初日のデング熱を数分でかつ手頃な価格で検出することができ、デングウイルスの初めての感染か二回目の感染かを区別することもできます。この区別はデング熱に感染した人の臨床管理に非常に重要です。さらに、この検査は蚊の体内に存在するウイルスを発見することもできます。

この検査キットを供給するサン・ファーマシューティカル・インダストリーズは現在ではインドの業界大手であり、この検査キットは80％以上の市場シェアを獲得しています。コストは従来の検査キットの3分の1から4分の1で、検査1回当たり2ドルを少し超える程度です。この検査キットは海外へ輸出されるようにもなりました。しかし、同センターにとって、成功への道のりは決して簡単ではありませんでした。

高性能で迅速なデング熱検査機能を持つにもかかわらず、この製品がエンドユーザーに受け入れられるまでは試練の連続でした。2013年、インドの多くの都市でデング熱の症例が増加しました。アメリカ、オーストラリア、韓国の企業3社が、1年分相当のデング熱検査キットの在庫を数週間で売り切ってしまうと、インド市場で検査キットが入手できなくなりました。そこでインド製のキットが売り出されたのですが、多くの人々は新しい国産キットを試したがらず、海外からのデング熱検査キットの到着を待ったのです。

しかし、こうした検査キットの輸入には多くの書類が必要となるため、アメリカとオーストラリアの会社はインド向けの検査キットを出荷できずにいました。一方、韓国企業は追加発送できたものの、ミスによりインドではなくアフリカに届いてしまいました。絶望的な状況のなか、デング熱と思われる症例は増加し、大勢の人がパニック状態に陥りました。この段階になって、人々はようやくインド製のデング熱検査キットを試すようになったのです。そして、多くの利用者がこのキットの入手しやすさ、高い性能、手頃な価格に満足しました。輸入物の検査キットがようやく到着した頃、それを買う人はもはやいませんでした。この事例では、偶然が最も大きな役目を果たしたのでした。

❖ シンピュータはなぜ拡大できなかったか？

次は、シンピュータ（Simputer）[17]の完全な失敗例です。

シンピュータは、視覚・触覚・聴覚によるシンプルで自然なユーザーインターフェイスの共有デバイスを作ろう、というアイデアから生まれ、低コストで携帯可能なパソコンの代替品として設計されました。シンピュータの試作機は、2001年4月25日にシンピュータ基金でお披露目され、その当時から、複数のインド言語を読み取ったり、話したりすることができました。

発表当初、シンピュータは「ユニバーサル・アクセスのための劇的なシンプルさ」が高く評価されました。2003年のスマートフォンの誕生まで、シンピュータは今日のモバイルデバイスでは当たり前になっている画期的な技術を先取りしていました。その一つに、インド以外の世界ではアイフォン（iPhone）で初めて導入された加速度センサーがあります。また、後にサムスンのギャラクシー（Galaxy）の大きな特徴となった、電話で手書きができるドゥードゥル・オン・メール（Doodle on Mail）機能も備えていました。

ジャーナリストのブルース・スターリング（Bruce Sterling）[18]氏は『ニューヨーク・タイムズ・マガジン』で次のように書いています。「2001年の最も重要なイノベーションは、ピカピカのアップルのチタン製パワーブックG4でも、マイクロソフトのウィンドウズ（Windows）XPでもなく、シンピュータである。劇的なまでにシンプルでポータブルなコンピュータは、コンピュータ革命を第三世界にもたらすことを目的としている……」。

しかし、シンピュータにはスケール（S）とサステイナビリティ（S）が欠けていました。地方に特化した多くの実証実験を行ったにもかかわらず失敗した最大の要因は、イノベーションに優しい公共調達政策の欠如だったのです。

❖政府の役割と三つのアプローチ

イノベーションとは、供給側と需要側の創造的な相互作用の産物です。供給側からの働きかけに加えて、需要側にも積極的な取り組みが必要なのです。大きな調達予算を抱えている政府は、公共調達によってこうしたイノベーションの最大の顧客になれるだけでなく、最も影響力があり、厳しい要求をする顧客となって、真のASSUREDなイノベーションを作り上げるのです。

政府のアプローチの根拠には3本の柱がありえます。第1に、政府は革新的な小企業にとっての「最初の顧客」、「初期採用者」としての役割を果たし、結果として生じるリスクに対処します。それによって、彼らが後に世界市場での競争に伍していくことができるよう、生き残って製品やサービスを改善していくために必要な最初の売上と顧客フィードバックを提供することができます。

第2に、政府は規制を設けて市場構造を変え、投資資金に影響を与えることで間接的に、もしくは特定の製品やサービスへの需要を増加させたり抑制したりすることで直接的に、イノベーションをうまく促進することができます。

第3に、政府が標準を定めると、イノベーションへの需要が作り出され、市場が創出されることがあります。合意された標準があれば、初期採用者、イノベーター双方のリスクが減少し、結果的にイノベーションへの投資が増加するのです。なお、標準は高いレベルの機能性を要求しつつ、そのためにとるソリューションを特定しないようにすべきです。具体的な道筋を定めないことにより、イノベーションが開花するからです。

❖ 安く、速く、すべての人を識字者に……できたはずなのに

民間セクターが公共に資する事業を行いたいと考えているのに、公共政策がないために、規模が拡大していかないという場合があります。皆さんご承知のとおり、貧困は負のサイクルを生み出します。人々が貧しいのは、非識字者だからです。人々が非識字者であるのは、貧しいからです。インドでは国家皆識字計画[19]に基づき1988年から成人識字の課題に取り組んでいますが、その進捗は決して芳しくありません。インドにはまだ、成人の非識字者が約3億人もいるのです。

ある企業が、この問題を解決するためのユニークな技法を開発しました。タタ・コンサルタンシー・サービシズ（Tata Consultancy Services）のF・C・コーリ（F. C. Kohli）[20]氏が、認知理論と知覚法則に基づいた革新的な教授法を作り出したのです。コンピュータベースト・ファンクショナルリタラシー（コンピュータに基づく機能的識字：CBFL）と呼ばれる彼らの取り組みでは、非識字者がわずか40時間の訓練で新聞を読むことができるようになるのです！　システムズ・アプローチを採用、マルチメディアを活用し、アルファベットではなく単語を重視しています。この技法は、視覚と聴覚のパターンを調和して読解を可能にし、潜在意識にある認知パターンを保持するのに役立ちます。コストは従来型技法では1人当たり16ドルであるところ、わずか2ドルしかかかりません。

CBFLには認定された教師は必要なく、ヒンドゥー語で励ます人を意味する「プレラク

(Preraks)」と呼ばれる補助教員がいれば実施できます。CBFLの脱落者率は10～12%、従来型の取り組みと比べて著しく低いものです。つまり、学習方法に柔軟性をもたらすとともに教育内容の均一化をも可能としたのです。また、この方法は当初、読解力の習得を目的としていましたが、人々が自らの力で書くことを学ぶきっかけにもなりました。

実証実験は、まずインド中南部の都市ハイデラバード近郊の村メダクで行われ、ある女性は8～10週間でテルーグ語の新聞を読み始めました。これ以降、コーリ氏のチームは80拠点以上で実証実験を実施し、1000人以上の成人が参加しました。結果は素晴らしいものでした。

もしこの技法がインド全域で採用されていれば、わずか5～7年で人口全体の識字化が進んだでしょう。このイノベーションを使えば、世界中の8億人の非識字者を、20億米ドル以下で識字者にすることができるのです。しかし、正しい政策環境がなかったために、CBFLの規模拡大は限定的なものに終わりました。IT担当省や識字担当局がCBFLと提携しなかったのです。ネットワークに対するインフラ支援がなく、通信機器の大量調達は実務上の大きな障壁になりました。加えて、通関手続きや物品入市税その他の税負担もかさみました。インドのみならず、全世界に影響を与えることもできたはずなのに、支援がなかったために規模拡大に失敗したイノベーションの顕著な事例です。

❖ JAM――すべての国民に銀行口座を

その一方、確かで強力な公共政策がいかに有効かを示す事例もあります。つい1年前なら、私は「我々はデジタル革命の入り口にいます」と言ったでしょう。しかし、今日ならはっきりと「我々はその中心にいる」と言い切れます。

インドは2014年に歴史を作りました。国民皆銀行口座スキーム[21]（Pradhan Mantri Jan Dhan Yojan）のもと、わずか1週間でインドに1809万6130件の銀行口座が開設され、ギネス世界記録を達成したのです。これは、これまで金融システムから取り残された人々に、普通預金、当座貸越、送金機能、保険、年金といったさまざまな基本的金融サービスを提供するものです。J（国民皆銀行口座スキーム）、A（アダール個人認証基盤）、M（モバイル・コミュニケーション）を組み合わせたJAMは、世界最速かつ最大の金融包摂を達成、記録的なスピードで3億件強の銀行口座が開設されたのでした。JAMができるまで、社会の恵まれない層は、地方でも都市部でも、貸金業に搾取されていました。こうした大胆な政策イノベーションによって、大規模で、テクノロジーを活用した、福祉サービスのリアルタイム提供が可能となりました。

ちょうどインドが固定電話から携帯電話に一足飛びしたように、JAMは三位一体で、私たちを次のフェーズの金融包摂へと飛躍させてくれました。このことが何億もの人を経済の主流の一部にし、収入の不平等に関係なく財産を増やす機会の平等をもたらすのです。

性能が急激に上昇し、コストが急激に下降する、そんな飛躍的なテクノロジーが、これまで不可能だと思われていたことを、およそ信じられないような方法と時間軸で可能にし、ASSUREDイノベーションの目標達成を容易にしているのです。

6 企業は善いことをして成功できる――しかし、どのように？

根本的な変化をもたらすASSUREDイノベーションの多くには、共通する哲学があります。例えば、消費者ではなかった人たちを消費者に転換する、提供内容を単に見直すのではなく一から考え直す、製品・業務プロセス・ビジネスモデルをまたいで革新する、そして「安さ」の前に「善さ」があることなどです。サプライヤーをパートナーに、従業員をイノベーターに、顧客を「人」として見るように、考え方もシフトしなければなりません。

消費者の側でも、共感力を高めること、共創を模索すること、解決できる問題ではなく解決しなければならない問題に着手することが重要です。社内ではどんなことができるでしょうか。不可能だと思えるような「少し高めの目標」を設定する、根本的なことに挑む、仕事に全力で取り組む、関係のない分野やトップクラスのイノベーターから学ぶといったことが可能です。先端技術を貧しい人のために使うことは重要ですが、より大切なことは、彼らはそれに適応できると信じることです。彼らは常に適応します。彼らの要求度は高く、製品やサービスから得たいことを正確に知っています。

調査・設計・開発チームも考え方を変えなければなりません。技術的に洗練された高性能な製品を目指すだけでなく、機能的にして高品質な包摂的イノベーションに移行すべきです。機能を削ってコストダウンを図るのではなく、製品を根本から作り直す必要があります。「テクノロジープッシュ・プロダクトアウト」アプローチではなく、「顧客中心の市場ベース」アプローチに移行するのです。

先進国の製品を使って既存市場を変えようとするのではなく、新興市場のニーズに根付いた世界的に成長するプラットフォームを新たに作り出さなければなりません。さらに、利益率の高いプレミア価格の商品だけでなく、手頃な価格で市場のボリュームが大きい製品を志すことで、経済ピラミッド全体をまたいだ事業展開を行う必要があります。そして最後に、一定の大きさのパイのシェアを奪い合い続ける既存市場型・既存資産型の考え方から、結果的に新しい市場や投資を生み出し、パイのシェアを増やしていく考え方へと移行しなければなりません。

しかし何よりも根本的に必要なことは、幸福・健康・繁栄・平和が基本的人権であるという考え方を信じることです。カーストや信条・性別・国籍などにかかわらず、人が第一なのです。イノベーションは、買える人だけのものではなく、最も必要とする人のためのものなのです。

最後に、私は誇り高いインド人として、インドは世界中に対して、常に平和と善意のアンバサダーであり続けてきた国だと自負しています。私は、恵まれた一部の人だけでなく、すべての人にとって確かなる（Assured）未来に向けて、インドがＡＳＳＵＲＥＤイノベーションの次のグローバル・アンバサダーになるための有利な位置につけていると確信しています。

7　先進国にとっての包摂的イノベーションの重要性

包摂的イノベーションに関する議論は現在、発展途上国経済および新興国経済、特にインドと中国にルーツを見つけることができます。しかし、ますます多くのビジネスリーダーや研究者が、先進国にとっての重要性を見出すようになっています。

例えばヨーロッパでは、包摂的イノベーションの一つの重要性は「もし包摂的イノベーションの技能を開発しなければ、ヨーロッパ企業はインドや中国といった国の「新興中産階級」市場での成長を逃してしまうのではないか」という懸念から論じられています。こうした企業はさらに、手頃な価格と高まる信頼性を売りにしてヨーロッパ市場に参入してくる新興国企業との競争激化にも直面しています。そして最後に、包摂的イノベーションは、ヨーロッパの技術的専門性を最大限に活用して、ヨーロッパの社会的課題に対処するという新たなチャンスを提供してくれるかもしれません。

難民危機、気候変動、進行中の財政緊縮、さらに高齢化といった広範な社会変動を含む新しい社会的課題は、包摂的イノベーションを求める声をより大きくしています。公共セクター自身が、これらの重要な潜在顧客なのです。

ヨーロッパでは、包摂的イノベーションという言葉自体が広く普及しているわけではありませんが、実装され始めています。最近の研究データは、ヨーロッパのイノベーターたちが、金融サービスから医療・住宅・家庭向けのテクノロジーに至る多様な分野で包摂的イノベーションによるソリューションを作り出していると指摘しています。シーメンスやフィリップスといった多国籍企業でさえも、包摂的イノベーションを新興市場向け戦略の中核に据えています。

包摂的イノベーションは、経済面・社会面・環境面で先進国社会にもメリットを生み出す潜在性があると考えられており、だからこそ政治的にもますます注目を浴びるようになっているのです。

第2章

なぜ科学技術は貧困を解決できないのか？[1]

――問題は「普及」にある

アルフレッド・ワトキンス
（グローバル・ソリューションズ・サミット議長）

はじめに

今日、実用可能で安価な科学技術が次々と生み出されているにもかかわらず、その多くが途上国の問題解決に使われていません。2018年、アフリカ開発銀行（African Development Bank）のアキヌミ・アデシナ総裁は「アフリカの緑の革命を実現する技術はすでに存在するにもかかわらず、大半は手つかずのまま放置されている」[2]と訴えました。

事実、屋上ソーラー発電システムやコミュニティのマイクログリッド（小規模供給網）を使い、電気を安定的かつ安価に供給することは可能です。この技術を用いれば、一極集中型の大規模な発電所を建設したり巨額の費用がかかる送配電システムを作ったりしなくても電力を供給できるのです。また、比較的安価な小型の地域浄水設備に先端技術を用いたフィルターを備えれば、海水、半塩水、汚染された淡水から世界保健機関（World Health Organization: WHO）の基準を満たす飲料水を作り出すことも可能です。建設に何年も何億ドルもかかる大型の発電所や浄水施設とは異なり、こうした小型・分散型の解決策なら普及にかける時間もコストもはるかに少なく済みます。こうした技術は「ベース・オブ・ピラミッド（ＢＯＰ）」と呼ばれる20億人以上の人々のために開発されたわけではありませんが、持続可能な開発目標（Sustainable Development Goals: SDGs）達成には、ますます重要となるでしょう。

では、なぜこれらの技術によってＳＤＧｓ達成への道筋をつけることができないのでしょうか。成果が確証されている安価な技術がすでにあるのなら、それを大規模に拡散するための資金調達はさほど難しくないはずなのに。その問題を解く鍵が「技術の普及」です。技術がないのではなく、必要な人々の手に届かないのです。この現実を我々が正しく認識していないことが、ＳＤＧｓの達成を困難にしています。

1　普及にこそ創造と革新を

「優れた道具を作れば自然と道が開けてくる」[3]。19世紀、科学者やエンジニアが優れた技術を開発すれば、何もしなくてもそれらは普及すると考えられていました。近年では、デジタルエコノミーの浸透によって「技術を必要とする人・コミュニティへの利用の拡大や普及は、オンラインのプラットフォームを通して飛躍的に達成できる」というやや楽観的な考えのもとで、科学技術への投資がなされてきました。

しかし、技術が単純に普及するものではないことは、歴史が示すとおりです。SDGsの達成に向けて、技術の普及は社会課題の解決というパズルの不可欠なピースであり、新技術を開発するのと同等かそれ以上の熱意を普及活動にも注ぐ必要があります。「新しい発明を流通させるプロセスには、発明そのもの以上に創造性と革新性が求められる」[4]のです。

幸い、電力、水、Wi-Fi、農業その他さまざまな分野で、起業家たちが費用対効果の高い技術の普及のためにビジネスモデルを設計・開発し、成功を収めています。新興市場の（数億とはいかないまでも）数千万もの人々にこうした解決策を届けるには、組織、起業、エンジニアリング、財務、運用とメインテナンス、サプライチェーン、事業開発といったさまざまなプロセスが必要になります。しかし、起業家たちの経験から分かるとおり、すべての状況に有効な特効薬はありません。それでも先駆者たちは、成功を収めるビジネスモデルのプロトタイプを作り出し、その経験から貴重な教訓を生み出してきました。

2 「技術の普及」に大切な五つのコンセプト

技術の普及にはいくつかの重要なコンセプトがあります。それらは、ラストマイル、規模の拡大、技術普及のためのエコシステム、資金の経路、所得の創出です。本章では、これらを説明しながら、「技術の普及」について論じます。

❖ラストマイル

当初、「ラストマイル」という言葉は、消費者とその近くにある水、下水、電力、または通信の供給網に対するアクセスという意味で使われていました。当然ながら、供給網がすでに近くにあることが前提で、技術の普及とは基本的に供給網につなげるための管理、物流、金融、エンジニアリングといった一連の作業を指していました。しかし開発途上国では、ラストマイルの概念はより複雑です。なぜなら、アクセスの有無はただ単に供給網からの距離の問題ではなく、しばしば社会・経済・政治的な理由により供給網から疎外・排除されることを意味するからです[5]。

例えば、都市または都市周辺住民の多くは、既存の供給網の比較的近くに住んでいます。特に低所得コミュニティは発電所の隣や、遠方のコミュニティに電力を送るための高圧電線の直下にも居住しています。しかし、こうしたコミュニティの住民が近い将来に供給網とつながる見込みはありません。地理的距離は近くても、このようなコミュニティは供給網から数百マイルも離れているのと同じことです。さらに、実際に最寄りのグリッドから数十、数百マイルも離れた場所に暮らしている「取り残された」消費者も大勢います。このような場合、「ラストマイル」がこうした人々につながるのは20年も30年も先の話になります。

従来、開発途上国において現存する供給網をつなげ、地方のコミュニティまで延長するには多大な費用と時間がかかり、現実的ではないと考えられてきました。しかし近年、「小規模分散型技術」の高い費用対効果が実証され、より低いコストで「ラストマイル」の問題を解決することが可能になりつつあります。この場合、「ラストマイル」とは、供給網につながっておらず近い将来もグリッドにつながらないコミュニティや農場、事業者、家庭に、屋上ソーラー発電、地域ベースの小規模分散型供給網（マイクログリッド）、地域住民用の浄水施設小屋、Ｗｉ－Ｆｉステーションといった分散型（オフグリッド）のインフラを普及させることを意味します。

ただし、こうした「ラストマイル」への対応は、途上国に特有な脆弱性にも対処する必要があります（OECD 2018）。脆弱性とは、コミュニティが抱えるストレスやリスクに対し、敏捷に回復する力が足りない状態を指します。脆弱性には政治、社会、経済、環境、安全という5つの側面があります。また、比較的平和なコミュニティでも、その対応能力を超えるような政治、環境、経済、社会的ストレスを受けることで瞬く間に困難に陥ることがあります。例えば、コミュニティが脆弱であれば、災害などのストレスによって治安がすぐに不安定化することがあります。

途上国でＳＤＧｓを達成するには、この脆弱性についてよく考慮する必要があります。なぜなら、浄水フィルター、干ばつ耐性のある種子、診療所、オフグリッドの食品冷蔵・加工技術、その他小規模分散型技術を普及するだけでは、長期的に脆弱性を改善することができないからです。つまり、これまで行われてきた普及プログラムをより広い社会的な視野のもと、脆弱性を改善する戦略とともに実施する必要があります。以下が、脆弱性の改善に重要な3要素です。

●**ボンディング**（Bonding：絆の形成）：コミュニティ内の社会的結びつきを強化し、自助アプローチを促進し、情報や資産を共有し、資金をプールし、精神的・社会的支援を提供する。

●**ブリッジング**（Bridging：橋渡し）：明白な共通利益がないコミュニティ同士の橋渡しをする。これにより、衝撃やストレスを受けた際に協力する能力や、紛争を回避・収束させる能力が高まる。

●**リンキング**（Linking：連携）：コミュニティや地元ネットワークを公的機関や政府と連携させる。

絆の形成、橋渡し、連携は脆弱なコミュニティで開発策の普及を成功させるための不可欠な要素ですが、もっと普遍的にさまざまなビジネスモデルでも活用されています。例えば、農業、電力、水の普及活動に成功している団体は[6]、社会資本構築や組合設立の名のもとで、技術の普及とともにコミュニティの絆の形成や橋渡しを行っています。名称は異なっても、理念や基本アプローチはおおむね同じです。

同様に、普及プログラムによって家庭やコミュニティを市場と連携させ、インフォーマル経済での苦難を脱して世帯収入を増やすための活動を行っている団体もあります。これらの団体は今日のグローバル化に不可欠な通信ネットワークを普及させることの重要性を強調しています。

最後に、具体的な技術普及のためのパートナーシップやネットワークを構築することが必要です。例えば、アメリカではフルブライト奨学生のシステムを使った連携計画が発表されました。これは20万人を超える元フルブライト奨学生に技術普及の外交員やパートナーとして活動してもらうことを目指したものです。彼らを商業的な意味で動員するのではなく、さまざまな国で活躍している彼らが各国で持つ影響力を、技術提供者、NGO、出資者と、信頼できる地元パートナーとを結びつけるために使うのです。この連携計画では、現在アメリカの大学に在学している年間約3000人のフルブライト外国人奨学生に対して説明会を行い、そこで技術提供・普及の連携役として働くための研修を実施しています。このような試みは、アメリカ国内や海外とのつながりを持つ在外団体のメンバー、例えばアメリカ平和部隊（Peace Corps）ボランティア経験者、シンギュラリティ・ユニバーシティ（Singularity University）卒業生、アショカ（Ashoka）フェローなどにも転用することができます。

❖ 規模の拡大

「規模の拡大」は一見、さほど難しくないように思えます。NGOが、ある村の10世帯に提供していた飲料水や屋上ソーラーパネルを、同じ村の100世帯へ提供するという「規模の拡大」は資源を投資さえすれば実現できそうです。しかし、これを1万の村で500世帯ずつに提供しようとすると、はるかに困難な作業になります。しかも、年間500万世帯に働きかけたとしても、SDGsの目標6が2030年までに目指している「安全な水を安定して入手できていない20億人と、これから入手経路が断たれる可能性のある40億人（現在の人口増加率に基づく）へ飲料水を届ける」には到底及びません。同じことが目標7「エネルギーをみんなに」にも言えます。
各コミュニティは多様であり、一つのコミュニティで有効な解決策が他のコミュニティで有効とは限りません。ビル・クリントン（Bill Clinton）元大統領は在任中に教育改革についてこう語っています。「大概の問題は誰かによって解決されてきた。厄介なのは、（そうした解決策を）他の問題に適用できないことだ」と。つまり、解決策はあってもその規模を拡大することは容易ではないのです。加えて、「規模の拡大」に取り組む企業は、まだわずかしかありません。[7] では、解決策の規模を拡大させるには何が必要なのでしょうか。
まず、「規模の拡大」を最初から技術普及プログラムに組み込む必要があります。一般的にプログラムは小規模な試験的プロジェクトからスタートし、成功した段階で拡大するための資金を集めます。しかし、これでは時間がかかりすぎます。このため、「今後5年で1億人以上に飲料水を提供する」など、具体的かつグローバルな視点からプロジェクトを策定し、その目的には何が必要かを見極め、必要な技術、資金、人材、パートナーシップ、政治的支援、その他の資源を確保するための戦略を立て、実施しなければなりません。[8]
ここで、いくつかの注目すべき「規模の拡大」の実践例を挙げておきましょう。

●ジブ（Jibu）という団体は、ケニア、ルワンダ、ウガンダで安全な飲料水を提供するサービスを行っている。これは、「商店から徒歩圏内に住む、安全な水を定期的に買えない人、通常は煮沸した水か未処理の水を飲んでいる人々」のうち、中間層70％（上位層10％と底辺層20％を除く）に向けては助成金なしで、飲料水をまったく購入できない底辺層20％には助成金ありで提供するものである（ＢＯＸ3）。

●イグナイト・パワー（Ignite Power）は、ルワンダで5万世帯に屋上ソーラーパネルを設置した。同団体は今後の数年でルワンダの50万世帯に屋上発電設備を提供する計画を立てている。

しかし、ある国で「規模の拡大」に成功しても、その事業を隣国、ましてや遠く離れた地域や異なる大陸へ拡大するだけの資金力・経営能力を持つ社会的企業はまだ多くありません。そのため、世界レベルで規模を拡大するには、各国の経験から得たノウハウや教訓を学び合う仕組みが必要です(9)。「規模の拡大」に成功した企業は、指導者や支援者という役割も担わなければならないでしょう。

このため、自分が作ったモデルを体系的かつ実行可能な活動システムとして実施団体に「売る」、つまりフランチャイズ化で「規模の拡大」を可能としている例が多く出てきています。これは、社会的に有益な目的を達成するために商業フランチャイズの概念を応用したものであり、ソーシャルフランチャイズと呼ぶことができるでしょう。

例えばジブは、他国への知識移転を促すために、マスターフランチャイズ契約による規模の拡大を計画しています(10)。また、ウィコネックスやシェアード・インタレストというＮＧＯは、自らが活動していない国から活動の要請があった場合、ビジネスモデルを共有する仕組みになっています。

「規模の拡大」に大きな組織は必要ありません。その代わりに必要なのは、多くの国で規模の拡大を同時進行するための効果的・効率的な「普及のエコシステム」であり、そのためには多くの多様な組織と連携する能力と、世界規模の知的移転システム戦略が求められます。

❖技術の普及エコシステムを構築する

技術の普及は自動的には起こりません。技術の普及に関わるアクター同士が、目的に向かって協力できるよう後押しするエコシステムが必要です。

小規模分散型技術の登場によって、世界銀行などの援助機関が構築してきた基礎インフラ普及システムは転換を迫られています。これまでは、中央集中的な浄水場や発電所を建設し、家庭や工場をそれらにつなげることで飲料水や電力を安定的に供給してきました。開発金融機関は、担当省庁や国有公益企業向けに、そうした大規模な基礎インフラを建築するための融資を行っています[11]。通常、このプロセスには、一つのゼネコン（通常、多くの資金と人的資源を持つ多国籍企業）がシステム設計、ハードおよびソフトな特殊機器の調達、設備の建設、下請け会社の起用、完成後の設備を維持するための現地人材の研修を行い、技術情報やエンジニアリングのノウハウを普及していました。

しかし、建設に何年も何億ドルもかかる大規模な発電所や浄水場ではなく、小規模分散型インフラであれば、少ない時間と費用で導入できるため、基礎インフラの普及がより現実的になります。ただし、これを実施するには、資金を調達し、分散型で安価な設備を、比較的短期間で数千万人に普及させることが課題になります。新技術そのものが低価格であっても、何千もの浄水設備を設置し、何千ものコミュニティにマイクログリッドを建設するのは、決して容易ではありません。普及、資金調達、管理、維持とあらゆる局面で、コミュニティの権利向上から、組織、資金、能力強化、起業と多岐に

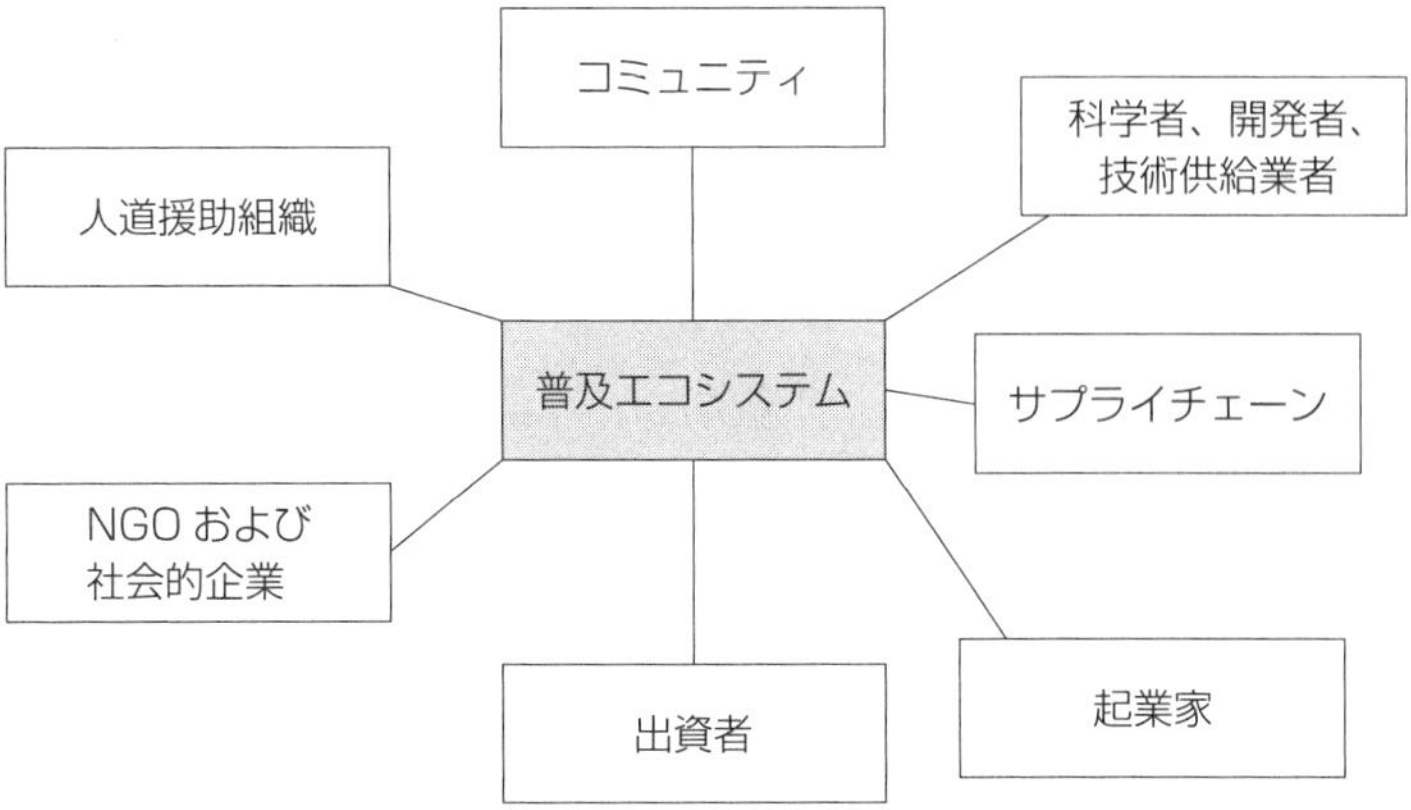

出所：筆者作成。

図 2.1　普及エコシステム

わたる活動に従事する必要があります（図2.1）。

技術の普及エコシステムには以下のようなアクターが存在し、各々に長所と短所があります。

コミュニティ（脆弱・非脆弱を問わず）は、何が必要かは分かっているかもしれませんが、どこでそれが見つかるか、どう探すべきか、競合し合う技術的解決策やＮＧＯ・社会的企業からの提案をどう評価すべきか、現地サプライチェーンをどう構築すべきか、いかに資金を調達し、運用・維持するか、いかに村の企業や協同組合を組織するか、自分たちより経験も知識もはるかにあるパートナー候補といかに交渉するかなどを、必ずしも知っているとは限りません。

科学者、技術者、技術提供者は、科学技術的な解決策を作り出すことはできますが、それらをうまく製品やサービスとして普及させることができません。

例えば、きれいな飲み水を供給するため、効率のよい手頃な価格のナノフィルターによる濾過システムを開発したとします。しかし、飲料水を作り配給するには、ポンプやホース、貯水槽、電力供給（グリッド、太陽光、ディーゼル）、水質検査機器、販売、料金徴収システム、またそれらの実施のためのノウハウや資金調達が必要です。

何千ものコミュニティでこうした科学技術のサプライチェーンを構築し資金を調達できるのは誰でしょうか。先進国では、技術提供者によって商品化やサプライチェーンの構築が進められているかもしれません。しかし、アフリカ、アジア、中米に拠点や人的・資金的リソース、ネットワークを持っているとは限りません。何十カ国にある何千ものコミュニティに住む潜在的顧客について調査する意志を持っているでしょうか。仮にその意志があったとしても、その国やコミュニティの誰に会えばよいか、決定権を持つ人とどうやって話し合えばよいか、信頼できる現地ビジネスパートナーや供給業者をどう見つければよいか、そして一般的には、複数の海外の国と同時にどのようにビジネスをすればよいかなどを知っているとは限りません。

起業家は、新しいプロダクトやサービスを商品化し、採算をとりつつ規模を拡大し、普及させます。例えば、技術者が海水や半塩水や汚染された淡水からＷＨＯの基準を満たす飲料水を作れるナノフィルターを使って清潔な水を提供するには、起業家が資金を調達し、機器を購入し、コミュニティに販売しなければなりません。また、フィルターをポンプ、ホース、貯水槽と組み合わせ、消費者にとって使いやすい形にする必要があります。また、水をコミュニティに配分し、料金を徴収し、運用や維持の方法を考え、浄水機器を修理し、その他必要な顧客サービスも行い、資本コストやさまざまな運用コストをカバーするだけの売上を創出するビジネスモデルを形成しなければなりません。起業家は商品の供給業者かもしれないし、地元または国際ＮＧＯかもしれません。学生かもしれないし、コミュニティメンバー自身かもしれません。誰がそれを手がけるにせよ、こうした諸々の作業は技術の普及に欠かせない要素です。

出資者は、多国間または二国間の公的金融機関、機関投資家、財団、ＮＧＯ、個人の社会貢献投資家、クラウドファンディング、在外団体、年金および政府系基金など多岐にわたります。彼らは、実現可能なプロジェクトの道筋が確実に存在しないかぎり、資本を投じることはできません。また、プロジェクトを成功裏に導くための開発への意図も能力もノウハウも持ち合わせていません。誰か他の人がプロジェクトを計画・開発して、出資者が評価できるように提示しなければなりません。さらに、出資者にはさまざまなタイプがいて、提供する資本のタイプも多様です。銀行貸付、株式、補助金、保証、他の形の資本を「バイダウン（金利引下げ）」するための助成金、ファミリーオフィス[12]、「社会課題と利益の両立」を目指して社会インパクト投資などプロジェクトには異なる供給源からの、多様かつ補完的な条件で組み合わせた資金が必要になることも多々あるでしょう。言い換えれば、出資者は他の資金提供者やプロジェクト開発者とともに共同事業体や連合体を組織する必要もあるのです。また、他の出資者を見つけ、起業家、コミュニティリーダー、技術提供者、特定のプロジェクトに関わるその他のパートナーも見つける必要があります。結局のところ、資本を適切な形と量でラストマイルのために提供できなければ、技術の普及はありえないのです。

NGOと社会的企業（ソーシャルアントレプレナー）は、通常、その分野の専門知識と運営上のノウハウもあり、より広範囲のコミュニティを支援しようという意欲もあります。しかし、状況の異なる別の国で、同様の活動を再現する組織力や人材を備えるのは困難です。

人道支援組織は多くの国に存在しますが、展開している地域のコミュニティで事業を保有し、運営、管理、維持、改善しているとは限りません。

行政は自らの決断を裏付ける技術的知識を必要とするほか、政府の最高レベルでの決定が下位機関も含めた「行政全体」で確実に実行されるように統率する能力も必要です。時には地元の既得権益層の間で地方や国の行政が翻弄されることもあります。善意から下した間違った決断の代償は、政治的にも金銭的にも高くつきます。そのため、行政は誰の要求を受け入れ、誰を拒むのかをよく見極めなければなりません。

二国間および多国間開発機関は、業務実施の際にエコシステムを考慮する必要があります。

国や場所によっては、こうした技術普及エコシステムに必要な要素が完全に欠如している場合があります。エコシステムがまったくない場所では、普及プログラムを始める前に必要なエコシステムをゼロから作り出す必要があります。しかし、NGOや社会企業が普及プログラムを実施するたびに自前でエコシステムを作るのは非効率です。また、それでは普及のコストも大幅に上がってしまい、多くの社会的企業では、数件のパイロットコミュニティ以外に事業を拡大できません。

つまり、エコシステムの断片化または不在は、ＳＤＧｓ達成に向けた技術の普及を非常に困難にします。例えば、ＮＧＯが農業協同組合のようなエコシステムへの支援をあるコミュニティで行うと、他の開発パートナーがそのコミュニティで従量制マイクログリッド、屋上ソーラー、飲料水を手がける社会的企業を設立する機会が生まれるかもしれません。しかし、現状ではパートナー同士が簡単に情報交換できる方法がないため、こうした相乗効果を期待することができません。

❖ ラストマイルのための資金経路

２０１５年7月にエチオピアのアディスアベバで開催された会議で、国連は「年金基金や政府系基金など大規模な資本を運用する長期的機関投資家が、特に開発途上国のインフラにより多くの資金を割り当てる」ことを推奨しました。この声明を受け、世界銀行、国際通貨基金（International Monetary Fund: IMF）、その他の多国間開発銀行は、持続可能な開発への公的・私的投資の流れを数十億ドルから数兆ドル規模に増やす計画を策定しました。

マクロ的視点から、投資の増加は非常によいことです。しかし現実問題として、数兆ドルよりずっと少ない額を必要としている個々の「ラストマイル」コミュニティや世帯に、こうした財源をどのように届けたらよいのでしょうか。つまり、数十億ドルから数兆ドル規模で集めた資金を、数千ドルから数百万ドルといった具体的なプロジェクトに活用しやすい額にしたうえで、必要とする人々に行きわたるような「資金の経路」を作る必要があります。

資金の経路を作るうえで、次の2点が重要です。

第1には、「信用保証の供与」です。南アフリカで活動をしているシェアード・インタレストのようなNGOや中国のクレジット・イーズ（Credit Ease）などの企業は、商業銀行から一般的な貸付を受けるには信用が足りず担保条件も満たさないラストマイルの消費者、生産者、企業が商業銀行から貸付を受けられるように信用保証をしています。

最初、シェアード・インタレストの保証は商業銀行による貸付の最大75%となっていました。しかし、ラストマイル消費者の返済率が一般顧客と同等かそれ以上であることが明らかになると、一部の銀行は保証割合が少なくても融資するようになり、さらに担保や保証金なしで融資する銀行も現れました。これによりシェアード・インタレストは多大な成果を上げました。同団体が2900万ドルを保証した結果、経済的に疎外されていた借り手に商業銀行から1億2200万ドルが貸し付けられたからです。さらにこのプログラムの評判が広がり、参加銀行が増え、商業金融を利用できるラストマイルのコミュニティが増えたのでした。

注目すべきは、その取引状況です。シェアード・インタレストは収益を上げることが可能な非営利金融組織です。保証にあたって手数料をとることで保証損失積立金を維持していますが、その額は保証の要請や、技術的支援の一部を十分にカバーできています。投資家から借りる資金でシェアード・インタレストが購入する債券は同団体の保証の裏付けとなり、投資家に対し常に期日どおりに利息を支払うことを可能にしています。

商業銀行システムの範囲内で活動しているシェアード・インタレストと異なり、クレジット・イーズの場合は商業銀行システムを介さずラストマイルにいる顧客に直接貸付を行っています。顧客は正式な信用スコアも履歴もありませんが、送金履歴や請求書支払い履歴が各自の携帯電話に記録されています。クレジット・イーズはこの情報を使い、信用スコアを割り出します。この方法で算出された信用スコアは、従来の「標準的な」信用スコアと同等かそれ以上に信頼できるようです。

第2には、「ソーシャル・フランチャイズ・システム」です。前述した、安全な水を供給しているジブのモデルでは、現地フランチャイズ加盟者が少額の頭金をジブに支払うことが義務づけられています。この頭金と引き換えに、ジブは加盟者に機器、研修、マーケティング、その他ビジネスサービスを提供します。言い換えれば、ジブがノウハウを提供し、加盟者はその後に売上金から決められた額をジブに返済するのです。また、マスターフランチャイズ契約では、現地の投資家が自前の資金を使ってその国のフランチャイズ加盟者に先行投資費用を提供し、新市場でのフランチャイズ本部になります。ジブはノウハウ、専門知識、経験から得た知識などを提供する役割のみを担います。近い将来、ジブは既存の加盟者の収益と、一連のマスターフランチャイズ契約を組み合わせ、さらなる拡張に資金を投じる予定です。これに加え、700万ドル規模のシリーズBラウンドで調達する資金も組み合わせます。ジブはシリーズBで調達する資金を「2022年までに新たに12カ国以上で飲料水フランチャイズを1000店開設」する計画の加速のために投じる予定です（BOX3）。

ルワンダで活動するイグナイト・パワーは一般住宅用の屋上ソーラーパネルの購入・設置にかかる先行費用をすべて提供します。実際は、その家庭がイグナイトからマイクロファイナンスローンを借り受け、ソーラーパネルはその担保となります。各家庭が1カ月4～5ドルという低料金をイグナイトに支払うことで、家庭用ソーラーパネルが賄えます。2年経つとソーラーパネルはその家庭のものになり、それ以降イグナイトへの支払い義務はありません。大小のグリッドが到達していない農村部の新たな顧客を開拓したり、ルワンダ以外の新市場に進出したりするため、今後イグナイトは外部投資家から資金を募る必要も出てくるでしょう。

これらの例ではいずれも、ラストマイルの顧客にサービスを提供するために、ラストマイル以外の組織に資金を流しています。別の事例、特に最終的な受益者が小規模農家である農業分野でも、資金を農家に直接流すのではなく、ラストマイルである農家に資材やサービスを提供する者に流すことが最善という場合も多くあります。例えば小規模農家と都市部の市場を仲介する役目を担う協同組合や社会的企業に資金を提供して、小規模農家から牛乳を買い上げソーラー発電式の冷蔵庫で冷やし、都市部の市場に高価格で販売する事例があります。農家にサービスを提供する仲介的機関に資金を提供することで、小規模農家をより効果的に支援している一例です。

❖ SDGs達成に向けた所得の創出

多くのラストマイル消費者やコミュニティは、主にお金が払えないという理由で飲料水やオフグリッドの電力を確保できません。低コスト分散型の技術や革新的なビジネスモデルを用いればサービスの提供にかかる費用は少なくなり、お金が払えないという障害の一部は取り除かれるでしょう。しかしそれだけでは、「貧困レベルの所得」と基本的なサービスの代金を支払える「生存所得」との差を埋めるには不十分です。第2の選択肢として考えられるのは、技術の普及活動に加え、利益を上げやすいフォーマルな市場への参加を促すことで、各世帯やコミュニティの所得を向上させることです。こうした収入向上／市場参加プログラムは、技術普及に向けたプログラムやビジネスモデルに最初から組み込まれるべき重要な要素です。なぜなら、技術の普及は必要とされる人々に製品を届けるのみならず、彼らがお金を稼ぐ力を持つ機会を作ることでもあるからです。

飲料水とオフグリッド電力サービスをマダガスカルとネパールの貧しいコミュニティに提供しているウィコネックスという団体は、事業の立ち上げ当時に数々の困難に見舞われ、まず活動地域のコミュニティや家庭の収入改善の道を見つけないことには、普及活動は決して成功しないという結論に至りました。コミュニティや家庭の収入改善に取り組むため、ウィコネックスはコミュニティの農産物・水産物の販売協同組合の設立を支援しました。組合設立の最大の目的は、コミュニティとフォーマルな市場の接点を強化し、魚や農産物をより高い価格で売れるようにすることでした。そうするうち、ウィコネックスは技術提供者という役割から農水産物販売企業になり、また浄水技術やオフグリッド発電技術も販売する会社に変容していきました。

技術普及促進を目的とした販売協同組合の設立は、アメリカやその他の国で古くからあるものです。1962年、アメリカ農業電力協同組合の傘下にあるNRECAインターナショナルは、43カ国で電力協同組合を設立しました。この結果、1億6000万人が電力を使えるようになりました。こうしたプログラムの柱の一つである「電力プログラムの生産的な利用法（Productive use of Electricity Program Initiatives: PEPI）[13]」では農家の生産量を増やし、冷蔵設備を使って腐敗による損失を減らし、加工・貯蔵能力を上げ、効率を改善し、農産物販売の前に付加価値を上げ、農業のバリューチェーンを通して市場シェアを拡大する、というように電力へのアクセスと具体的な所得向上プログラムを組み合わせています。

こうした組合プログラムの成功から言えることは、「技術普及で大切なのは技術ではなく、人である」、より具体的に言うと、大切なのは市場に応じた開発のためにコミュニティの社会資本形成を支援すべき、ということです。これは冒頭に「絆の形成（ボンディング）」、「橋渡し（ブリッジング）」、「連携（リンキング）」という言葉で表したとおりです。

おわりに――技術の普及のために行うべきこと

ＳＤＧｓを達成するために必要な開発課題に対応できる、安価で成果が確立されている小規模な技術は、多くの場合すでに存在しています。今までの議論を基に、私たちがとるべき行動を以下に列挙します。

- 分散型で価格が手頃な開発ソリューションを、必要とする数億人が暮らす数万ものコミュニティへ届ける、普及エコシステムの構築。
- 多様な利害関係者が参加し、協力し合えるプラットフォームを創出。

●技術普及プログラムの経験から得た知見を、NGO、起業家、民間企業、意思決定者に伝わるよう、知識移転システムとネットワークを構築。
●民間企業を含む現地の団体、機関、個人が自ら組織を作り、より積極的に各コミュニティでの技術の普及活動に参加できるよう、技術的能力を向上させ、社会資本を構築する。
●開発途上国の政府、大学、科学機関、民間企業、市民社会の能力を向上させ、競合し合う技術同士に対する評価の実施、および入手した情報から普及に関する技術やビジネスモデル、法的枠組みに関する意思決定を行えるようにする。
●持続可能な開発に対する公的および私的投資を数十億ドルから数兆ドルに増やし、その後こうした資金を数千ドルから数百万ドルというより少額な技術普及プロジェクトやプログラムに流す資金経路を作る。
●コミュニティや家庭の収入向上を支援し、すでにある新しい技術を購入できるようにする。
●技術普及の中でも社会資本／コミュニティ作りという側面にもっと重点を置き、資源を導入する。

それでは、このような行動をとるために、科学、科学者、また国連などの国際機関や援助機関はどのような役割を担うべきなのでしょうか。

❖技術の普及活動における科学および科学者の役割

技術の普及について、科学者は不可欠な役割を担っています。

低コスト分散型のソリューションはどれをとっても、多数の科学者による発見、またそうした発見を製品化させたエンジニアや技術者の業績から生まれたものです。しかし、科学的な新発見やイノベーションはSDGsに向けて科学を活用するという長い旅路の最初の一歩にすぎません。科学上の発見は、大規模に普及させてこそ大きな成果をもたらします。

技術の普及を実現するには、資金の経路やビジネスモデルの構築、普及エコシステムに不足している要素を満たすこと、より優れたコミュニケーションの方法を作り出し、エコシステム内でアクターを見つけやすくしコミュニケーションを容易にすること、知識移転システムを作り、ほかのコミュニティや国で成果が実証されている技術の普及プログラムを別の場所で再現できるようにすること、絆の形成、橋渡し、連携のシステムを開発し、脆弱／非脆弱なコミュニティでの科学技術の普及を支援すること、現地でのさまざまな能力向上活動を後押しすることです。ただし、これらに科学知識は必要とされませんし、多くの科学者はやりたいと思わないでしょう。

❖普及プロセスにおける国連および援助機関の役割

国連技術促進メカニズム、STIフォーラム、開発のための科学技術委員会、10人委員会、国連機関間タスクチームの議論や活動において、技術普及を実現させるために必要な科学以外の要素をもっと重視するべきです（BOX1）。

例えば、２０１５年の国連サミットで採択された「国連の持続可能な開発のための２０３０アジェンダ」では、「既存のＳＴＩ活動、システム、プログラムに関する情報の窓口となるオンライン・プラットフォーム」の開発が求められています。この、国連が支援するオンライン・プラットフォームが設立されれば、社会課題解決策についての情報発信に役立つだけでなく、それぞれの国や地域で技術普及のエコシステムを構築するための有効な手段となるでしょう。また、知識移転メカニズムや技術普及エコシステムの中で現地アクターと海外のアクターを結ぶプラットフォームは、広く地球公共財と言えるでしょう。

国連と世界銀行で開発されつつある科学技術ロードマップ、ＵＮＣＴＡＤとＵＮＥＳＣＯによる「科学技術イノベーション政策評価（Science, Technology and Innovation Policy Reviews）」、新たに発足した「国連後発開発途上国技術銀行（UN Technology Bank for the Least Developed Countries）」では、いずれもＳＤＧｓ達成のための技術の普及について取り上げるべきです。

世界銀行やその他の二国間／多国間開発機関は豊富な資金を持っています。今後の課題は、社会企業、ＮＧＯ、財団などが技術普及プログラムを積極的に行い、２０３０年までにＳＤＧｓを達成できるよう、ある特定の組織を選定し、そのリーダーシップのもとで関係するアクターとの協働作業を束ね、資金調達システムを作り、革新的変化の触媒となることです。これには新たな資金の経路や貸付／保証プログラムが必要になるでしょう。また各組織の受託者責任を尊重し、風評被害を防ぎ、社会的セーフガードを守り、汚職を防ぎ、同時に大型インフラプロジェクトの時代に合わせて作られた規制によって普及／規模拡大活動が損なわれないようにしなければなりません。困難な課題ですが、2030年の開発目標を達成するには欠くことのできない作業でしょう。

BOX 3

ソーシャル・フランチャイズによるスケールアップ——ジブ

水質浄化技術は世界中に存在し、簡易かつ低価格で利用することができる。しかし、飲料に適した水を安定的に確保できない人々が現在でも10億人ほど存在する。これはなぜなのか。飲み水をめぐる問題がいまだに解決されないのは、作り出すための技術的なノウハウを持っていないからではなく、現存の技術が十分な規模で利用されていないからだ。

ジブ（Jibu）は、この飲み水の分野で活動している社会的企業の一つだ。ジブは飲み水やその他の生活必需品を手頃な価格で提供するために、ソーシャル・フランチャイジングというビジネスモデルを使って、アクセスをスケールアップしている。ソーシャル・フランチャイジングは、フランチャイズのビジネスモデルを民間の利益ではなく社会的利益を促進するため利用し、世界中に広がっている。これらは、医療やきれいな水、公衆衛生、クリーンエネルギー、教育など多様な分野に適用され、セクターの成長はもとより一般的に恵まれない人々や社会のために労働の機会と基本的なサービスへのアクセスの機会を提供している。

通常、フランチャイズは調整組織（フランチャイザー）が個々の独立した事業者（フランチャイジー）と契約することで、事業者はフランチャイザーが考案したビジネスモデルに従って、指定された領域にサービスを提供するビジネスモデルである。事業者は、ネットワークに参加することで、専門トレーニング、ブランドまたは広告の使用、助成金付きまたは独自の備品および機器、サポートサービス、専門家の助言へのアクセスへの権利を得るとともに、サービスの品質と価格設定の基準の遵守、サービスの提供に関する義務教育の受講、サービスと販売の統計の報告、場合によっては固定または利益率に応じた料金をフランチャイザーに支払うなどの義務が生じる。なお、フランチャイズネットワークによるブランドの提携は、消費者数の増加や評判の向上などのスピンオフ効果を醸成する。

ジブは東アフリカをはじめとしたさまざまな地域において、フランチャイズネットワークを地方に展開し、手頃な価格で飲み水へのアクセスを永続的に可能にし、経済発展に貢献することを目指している。ジブは地方の経験の浅いフランチャイジーに、水質浄化などに使用する設備、ブランド、トレーニング、および資金を提供している。また、もし木炭で湯を沸かす場合には通常より低い費用で事業を開始できるようにするなど、多様な地方のニーズに対応している。

ジブはヒーリング・ウォーターズ・インターナショナル（Healing Waters International）社と戦略的な提携関係を結び、水質浄化システム（SolarPure Ultrafiltration: UF）を開発している。このシステムは3つのUFプラスフィルターを使って、健康に資するミネラルを維持しながら、有害な不純物や細菌、寄生虫を除去するというものだ。このシステムは、再生可能エネルギーである太陽光を利用し、1分間に30リットルの水を吸い上げることができるグルンドフォス社製のポンプを動力としている。

フランチャイズ実施場所は消費者市場への利便性に基づいて選定され、通常は十分な数の顧客が保証される3万人以上の市場をターゲットとしている。フランチャイジー側は日常業務に全面的な責任を負い、従業員は通常5人である。フランチャイジーはまた、ハブ・アンド・スポーク方式でマイクロフランチャイジーに対する販売を行うこともできるため、ジブの販路が拡大する。

２０１５年以降２０１９年3月までの間に、ジブは6カ国１０８０の小売り拠点で合計75のフランチャイズを立ち上げてきた。この間に、フランチャイジーは、９６００万リットル以上の安全な飲み水を生産し、1日の平均収入が5ドル以下の顧客に水を提供してきた。ジブは経済ピラミッドの中間層70%をターゲットとしており、2022年までに1000のフランチャイジーと3000のマイクロフランチャイジーを実現することを目標としている。

出所：Drew, Ilona, et al., "Local Owners Driving Lasting Solutions," Carsey Perspective, University of New Hampshire, December 21, 2017.

第3章

テクノロジーからビジネスへ
――デジタル時代のスタートアップ・エコシステム

ビクター・ミュラス
（世界銀行東京開発ラーニングセンターチームリーダー）

はじめに――デジタル経済のインパクト

今日、グローバル経済は大規模な再構築の過程にあります。テクノロジー主導の変革はもはやテクノロジー関連セクターに限らず、製造業、卸売・小売業、運輸業、建設など社会構造に直結するセクターにも波及しています。背後には起業家やイノベーターらの細かいネットワークに端を発したビジネスモデルの創造的破壊（disruption）が急激に増加していることがあります。経験の蓄積に基づくスキルからテクノロジー主導の生産活動への置き換えは、開発途上国と先進国の両方で労働力の供給に影響を及ぼしています。それに伴い、創造性とソーシャルスキル（社会関連技能）が、かつてないほど重要になっています。

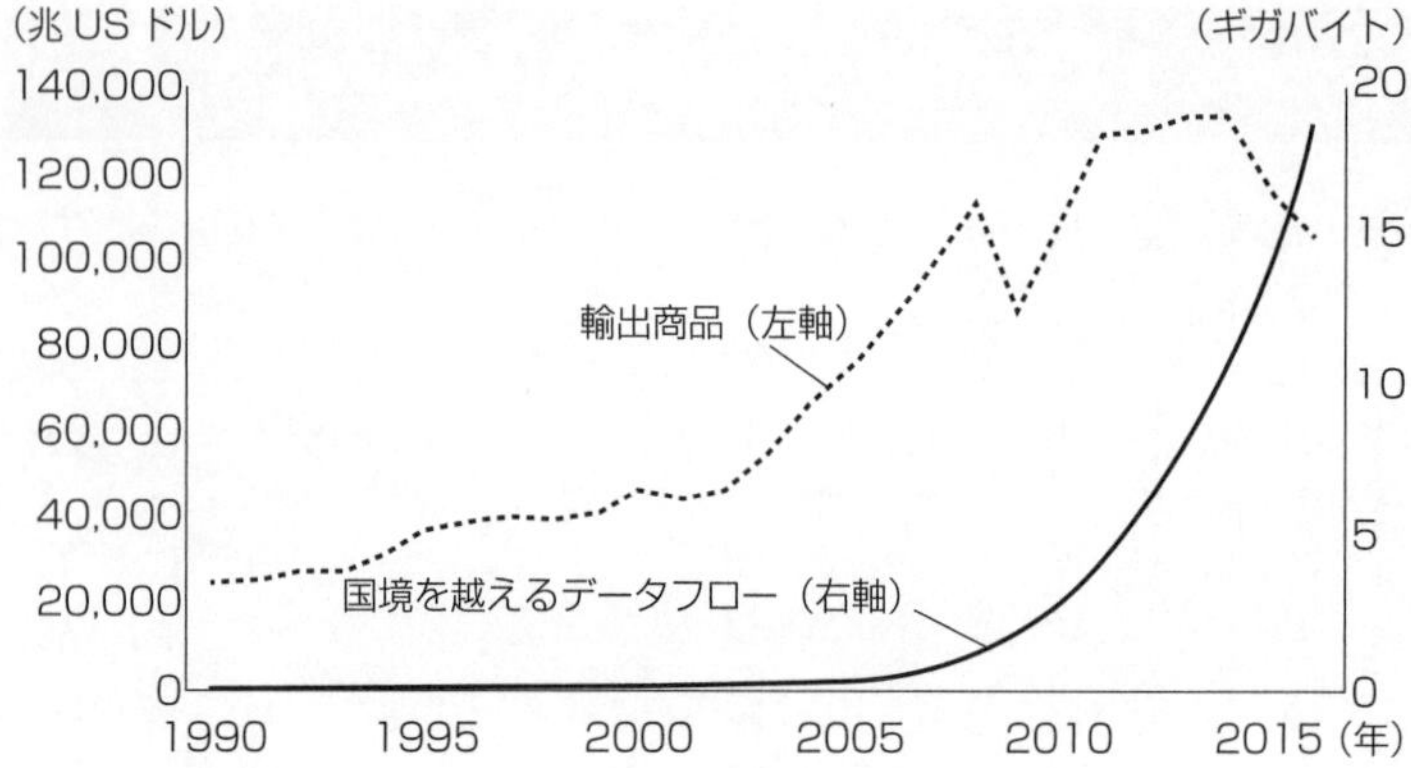

注：2016 年の輸出商品の金額は、2017 年 9 月に報告された WTO の取引高データに基づく推計。2000 ～ 2006 年の国境を越えるデータフローは、インターネット国際帯域幅の年ごとの平均稼働率を利用して推計。

出所：輸出商品の金額に関する世界銀行のデータおよび国境を越えるデータフローに関するテレジオグラフィー（World Bank data for Merchandise Value Exports and Telegeography for Cross Border Data Flows）。

図 3.1　取引される物品の金額と国境を越えるデータフロー

デジタルによる変革は、グローバル経済のマクロレベルとミクロレベルの双方に影響を与えています。マクロレベルでは、デジタル・ビジネスモデルを活用し、新たに生み出された市場で活躍する企業の影響が大きくなり、デジタル経済の価値を高めています。しかし、その価値は伝統的な経済にも同じようなインパクトを与えているわけではありません。過去12年間でデジタルデータのフローが爆発的に増加しましたが、その一方で、グローバル経済における取引額は過去5年間に停滞もしくは下降しています（図3.1）。このことは、（価値の創造という観点において）デジタル経済が伝統的な経済を犠牲にして成長しており、伝統的な経済の一部または大部分と入れ替わる、あるいはそれらを吸収していることを示唆しています。

ミクロレベルでは、デジタル・ビジネスモ

デルを取り入れた企業が、新たな市場・産業を支配し、グローバルな準独占的状態を生み出しつつあります。「ビジネスがデジタル化するほど、スケーラビリティ（拡張性）を獲得できる可能性が大きくなる」という法則に従って、大企業はビジネスのデジタル化を進め、グローバルに事業展開することで経済的価値を獲得しています。そのため、自社が属する業界でのデジタル変革に乗り遅れた企業は、撤退や脱落を余儀なくされています（Dawson et al. 2016）。

1　デジタル時代のスタートアップ

今日、テクノロジーの民主化によって、かつて大企業、研究機関、政府しか利用できなかったテクノロジーを個人が利用できるようになっています。会社の設立コストは大きく下がり、ソフトウェア分野の会社を作るのに、2000年には約500万ドルかかったところ、2011年には約5000ドルにまで下がっていると言われます。テクノロジーの民主化は、個人によるテック・スタートアップの設立をきわめて容易にしているのです。こうしたスタートアップは成長が速く、ローカルとグローバルの双方のレベルで新たな競争をもたらし、競争力と雇用の新たな源を生み出し、次世代のグローバル企業にとって重要な最先端のイノベーションと新たなスキルを生み出します。そして、それに伴って伝統的な企業と産業を破壊するのです（BOX4）。

このように破壊的インパクトを持つスタートアップも、何もないところで成長するわけではありません。たとえ設立コストが低減したとしても、スタートアップには、それらが速いペースで台頭して成長するための知識やアイデア、人材その他のリソースの組み合わせを可能にする構成要素と支援環境から成るエコシステムが必要です。技術的コストが削減され、テック・スタートアップが頼りにできるくらい知識の集約が進めば、活気が生まれ、都市がテック・スタートアップ・エコシステムにとって自然な環境になるのです。それが「都市型テック・スタートアップ・エコシステム」です。

多くのスタートアップ・エコシステムは有機的に出現していますが、それらの大部分は地方、地域、および国家レベルの政策によって支援を受けています。世界的に有力なスタートアップ・エコシステム（ニューヨーク、テルアビブ、ヘルシンキ、ロンドンなど）では、ターゲットを定めた政策プログラムによって、エコシステムの構築が後押しされてきました。こうしたテック・エコシステムを輩出するグローバルなテクノロジー・スタートアップの増加は、自国の競争力および経済成長にとってきわめて重要です。そして、各国がグローバルな競争力の担い手であるテック・スタートアップから恩恵を受けるためには、自国のテック・スタートアップ・エコシステムの長所と短所を適正に評価し、それらを活用できる能力を身につけることが重要です。

2　都市型テック・スタートアップ・エコシステムの形成

❖エコシステム形成のための「ネットワーキング資産」

テック・スタートアップ・エコシステムは、都市部で急増しています。デジタル経済ではビジネスの伝統的な障壁が曖昧になるため、テック・スタートアップのほうが知識やこの分野に特化した資金調達の利用手段への依存度が高くなります。このような知識集約的なテック・ベンチャーに新しい肥沃な地盤を提供するのが、高度に集積し相互接続した都市です。『グローバルなスタートアップ都市の台頭（*Rise of the Global Startup City*）』（Florida and Hathaway 2018）という報告書によれば、初期段階にあるスタートアップ向けの投資ファンド（ベンチャーキャピタルなど）が地球規模で拡大しているのは、高成長のスタートアップ・エコシステムが集中する都市が推進しているためです（Florida and Hathaway 2018）。

私たちは2015年の研究報告書（Mulas et al. 2015）で、この都市型スタートアップ・エコシステムと伝統的なイノベーション・エコシステムとの違いについて考察しており、その中でイノベーションおよびテクノロジー主導のエコシステムが成功するために必要な構成要素として次の四つを挙げています。

●**人材**：イノベーションおよびスタートアップを創出するために必要な人材。

●**経済的資産**：人々がイノベーションを実現したりスタートアップを創業したりするための手段を提供するもの。大学、企業、投資の利用可能性など。
●**インフラ**：輸送、住宅供給、水道・衛生設備、テレコミュニケーション。
●**実現を可能にする環境**：イノベーションおよび起業家精神を促進または制限する状況および政策。

しかし、新たな都市型テック・スタートアップ・エコシステムと以前のモデルとの最も大きな違いは、「社会資本」という新たな要素への依存度の高さだったのです。テック・スタートアップには、創業者同士の交流、専門知識・技術、メンターによる指導、暗黙知、市場へのアクセス、資金調達など、ベンチャーを創出して急成長させるために必要なすべての要素と創業者が相互作用することを可能にする、高度な社会的つながりが必要です。都市型テック・スタートアップ・エコシステムではこうした要素が制度化されており、その主要な機能は社会資本と強力なスタートアップ・コミュニティを創出することです。これらにはミートアップ、コンペティション、ハッカソン、コ・ワーキングスペース、アクセラレーター、およびブートキャンプが含まれています。私たちはこれらの要素を「ネットワーキング資産」(Kats and Wagner 2014) と名付けました (表3.1)。

❖ 社会的ネットワークの役割

私たちはニューヨーク市をはじめ世界各地の9カ所(1)のエコシステムから得たデータに基づいて、社会資本がテック・スタートアップの成功にとって決定的に重要であること、ネットワーキング資産は

コミュニティ構築イベント	スキル・トレーニング・イベント	コラボレーションスペース	コラボレーションスペース／メンターのネットワーク	メンターのネットワーク
ミートアップ	コミュニティ構築とリンクしたブートキャンプおよびテクノロジートレーニング	コラボレーションとコミュニティ構築を行うためのスペース（例：コワーキングスペース、メーカースペース、ファブラボ）	アクセラレーター（ネットワーク価値）	エンジェル投資家（ネットワーク価値）
テック・コミュニティ イベント／カンファレンス	テクニカルスキル、起業スキルの速習プログラム		インキュベーター（ネットワーク価値）	ベンチャーキャピタル（ネットワーク価値）
				メンターのネットワークとスタートアップの「同窓生」ネットワーク（アクセラレーターでない場合は、インキュベーター、エンジェル投資家、およびベンチャーキャピタル）

出所：World Bank（2017b）.

表 3.1　テック・スタートアップ・エコシステムにおけるネットワーキング資産の例

これらのエコシステムにおけるつながりを後押しする要素だということを明らかにしました（Qian et al. 2018）[2]。社会的ネットワークという形態の社会資本は、テック・スタートアップ・エコシステムにとって必要不可欠な要素なのです。

これらの各エコシステムにおける社会的ネットワークをマッピングしたところ、社会的ネットワークがより複雑かつ先進的なものになればなるほど、そのエコシステムも成熟していることが分かりました。ニューヨークやシンガポールのような有力なエコシステムでは、数個のクラスターが相互に接続して、接続のメガ（巨大）クラスターを形作っています。このメガクラスターは、スタートアップの資金提供者（funders）が少ない接続回数（2～3回）でエコシステム全体に迅速にアクセスすることを可能にしています。ダルエスサラームなどのより未発達なエコシステムでは、クラスターの数が少なく、孤立した資金提供者が多く、資金調達やリソースに関する社会的つながりがないために、それらにアクセスできないのです。

図3.2（97頁）は、それぞれのエコシステムにおける社会的つながりの進化段階を示しています。この社会的ネットワーク図では、それぞれの点がエコシステムのステークホルダー（スタートアップ、仲介者、資金提供者など）を表し、点と点を結ぶ線は有意義な社会的つながりを表しています。クラスターは、相互に密接につながっているステークホルダー（点）の大きな集団を表します。

3　テック・スタートアップ・エコシステムを理解する

❖ エコシステムの成熟過程

テック・スタートアップ・エコシステムの構成と成功要因を理解することは、大きな挑戦です。すべてのエコシステムが同じように作られているわけではないからです。しかし、政策立案者が政策プログラムを設計するには、特定のエコシステムが抱えている差異（ギャップ）と、これらのギャップがエコシステムを機能させるにあたってどの程度関連しているのかを明らかにすることが重要です。

そこで、私たちはテック・スタートアップ・エコシステムを評価するにあたって、エコシステムの成熟度を、①発生段階、②発展段階、③成熟段階の3段階に分類しました（表3.2）。実際にはエコシステムは進化し続けるので、完全に成熟しているエコシステムはありません。しかし、この単純な枠組みを利用すれば、ギャップ分析および政策的措置計画の優先順位づけを行う際の指針になるいくつかの基本的特徴を確認できます。

発生段階にあるテック・スタートアップ・エコシステムの典型的な特徴は、そのエコシステム内のスタートアップの数が限定的であり、その大部分が初期段階にあり、創業者、投資家、その他のステークホルダーのつながりの密度が低いことです。通常、創業者はビジネス感覚と経験が全般に不足しており、エコシステムにおけるスキルの基盤を豊かにする能力がある連続起業家（serial entrepreneur）

エコシステムの各分野	段階		
	発生	発達	成熟
コミュニティ	・限られた数のスタートアップ。大部分が初期段階。 ・接続の密度が低い。 ・クラスターの数が少ない。	・スタートアップの数が増える。大部分が初期段階で、スケールアップの数が増えている。 ・数個のクラスター。 ・クラスター内の密度が高い。	・すべての段階のスタートアップが多数存在する。 ・密度が高く、ハイパーコネクテッド（超接続）状態のクラスター。
スキル	・ビジネス感覚と経験が不足。 ・連続起業家が非常に少なく、起業家の世代数が限られている。 ・実質的なイグジットがない。	・ビジネス感覚が限られている。 ・連続起業家の数が増えており、３世代以上にわたっている。 ・イグジットが登場し始める。	・ビジネス感覚と実際的経験。 ・数世代にわたるスタートアップ。 ・イグジットの成功例。
支援インフラ	・メンターが少なく、経験が浅い。 ・国際的なつながりがない。	・メンターを利用でき、メンターが現地の実際的経験を持っている。 ・国際的なつながりの数が増えている。	・しっかりした実際的経験があるメンターが多数いる。 ・国際的な人材を引き付ける国際的ハブ。
投資	・金融パイプラインにギャップがある。 ・民間部門で資金調達をする機会が非常に少ない。	・金融パイプラインに何らかのギャップがある。 ・初期段階での民間投資が存在する。	・金融パイプラインにギャップがない。 ・初期段階での民間投資が持続可能。

出所：World Bank（2017b）.

表 3.2　エコシステムの各成熟段階の解説

の数が少なく、スタートアップの実質的な出口（イグジット）も存在しません。メンターは少なく、経験も浅いので、このエコシステムでは国際的な連携がありません。

発展段階に入ると、エコシステム内により多くのスタートアップが出現します。その大部分はまだ初期段階にありますが、スケールアップの成功例もいくつか存在します。強力な集中的クラスターが数個出現し、エコシステム内のつながりの密度を高めます。このエコシステムでは依然としてビジネス感覚が不足している一方、スタートアップ・イグジットの成功例と連続起業家が登場し始めるとともに、その分野の実際的経験があるメンターも出てきます。金融パイプラインが確立され、効果的に機能しますが、依然として何らかのギャップが存在しています。初期段階で民間投資を利用することが可能で、国際的な連携が強まっているように見えます。

成熟段階のテック・スタートアップ・エコシステムは、すべての段階の多数のスタートアップと、互いに接続された高密度なクラスターで構成されます。このエコシステムには創業者、投資家、およびビジネス感覚と実際的経験があるメンターが豊富に存在し、スタートアップがイグジットを成功させています。国際的なプレイヤーがこのエコシステムを認知しており、創業者、投資家、メンターと強力な連携を築くことに興味を持っています。初期段階で民間の融資を容易に利用でき、持続することが可能です。

❖ エコシステムの成長の4要素

私たちはこれらのエコシステムを分析するため、エコシステムが成長して持続可能になるために必要な四つの要素（スキル、支援インフラ、資金の投資、コミュニティまたは社会資本）を利用して、主な構成要素を分類しました。

スキルは、創業者が持っている教育や仕事の経験と、成功した創業者たちの共通点を理解するための指標です。起業家精神を支援する支援インフラでは、スタートアップの成功を支えるサポートプログラムとリソースの量と質を理解しようとしています。支援インフラの範囲には、アクセラレーターとインキュベーター、メンター、イベント、およびエコシステムやスキルを構築するその他のリソースが含まれます。投資・資金では、スタートアップがそのライフサイクルの間に入手する資金と、そうした資金全般の利用可能性を考察します。コミュニティ／社会資本では、スタートアップが好結果を出せるように（直接的または間接的に）互いにサポートし合うステークホルダーのネットワークとしてのエコシステムの成熟について考察します。

❖ スキル

テクノロジー主導の変化が既存産業の形を変えるのに伴って、新たなスキルが絶えず必要になります。エコシステムを養うスタートアップの創業者および将来ハイテクに精通した労働者になる人々を生み出すためには、労働者がこれらの新たなスキルを学習できる体制を整えることが決定的に重要になります。STEM（Science, Technology, Engineering, and Math）教育およびコーディングや3Dプリンティングといったスキルとともに、創造性もより重要になります。「21世紀のスキル」と呼ばれる批判的思考、問題解決、チームワーク、協調などを提供する教育カリキュラムが役立つでしょう。教師は、学生がこの21世紀のスキルを獲得できるように手助けをするファシリテーターにならなければなりません。テック・スタートアップ・エコシステムにとっては、ビジネスのスキルと起業家としてのスキルの両方が同等に重要になります。私たちが実施した九つのエコシステムに関するアンケート調査によると、スタートアップが成功するには、ビジネスに関する実際的経験とスキルが大きな影響を与えていることが分かりました。

テック・スタートアップ・エコシステムに必要なスキルには、次の三つのタイプがあります。これらのスキルは互いに依存しており、テック・スタートアップ・エコシステムの成長を成功させるためにすべてが同等に貢献します。

ビジネスと起業家精神に関する経験的スキル

批判的思考、チームワーク、および問題解決といった「よりソフトな」起業家精神スキルを指します。またこれらのスキルには、学び方を学ぶ能力、時間管理、フィードバックの提供と受領、プレゼンテーションスキル、および自己査定も含まれます。ビジネスと起業家精神に関するスキルとは、市場を理解し、価値ある効果的な提案を提示し、商品・サービスを効果的に販売するために必要な知識とスキルを指します。これらのスキルの一部（特にビジネススキル）はカリキュラムに基づくプログラムで学習できますが、通常は「実践的学習」方法や、スタートアップに関する過去の経験を通じて開発されます。一般にビジネスと起業家精神に関する教育には、カリキュラムによる座学と実践的学習による実学を混合したアプローチが必要で、これにはビジネスアクセラレーションおよび大学のキャンパスにおけるインキュベーションが含まれます。

最先端の技術的スキル　起業家が自身のベンチャーの基礎となる新たなイノベーションを可能にする、より高度なSTEMスキルを指します。テック・スタートアップを創業する典型的なチームは、ハイテクおよびビジネスのスキルがある人々で構成されます。スタートアップが成長して規模が大きくなると、中核的な創業者グループと創業時からのメンバーが開始した活動を拡大するために、高度なスキルを持たない労働者も必要になります。ビジネスを拡大するために求められる多くのスキルには、それがテック系であれテック系以外であれ、より高等な教育（すなわち、大学の学位以上）は必要ありません。そのため高等教育を受けていない、より基礎的なスキルを持つ労働者が業務を遂行できます。

基礎的な技術的スキル　前記のとおり、スタートアップが成長して規模が大きくなると、高度なスキルを持たない労働者も必要になります。ウェブサイト開発やアプリ開発といった基礎的なテック系スキルは、テック系スキルを学ぶ短期集中型のトレーニングで獲得できます。これがコーディングブートキャンプという、新しい種類のテクニカルトレーニングの出現につながっています。これらは通常、短期集中（3～6カ月）の応用的なトレーニングであり、高度なスキルを持たないテック系人材を訓練するという需要に対し、第三者がクラウドソーシングを通じて提供します。伝統的な職業訓練

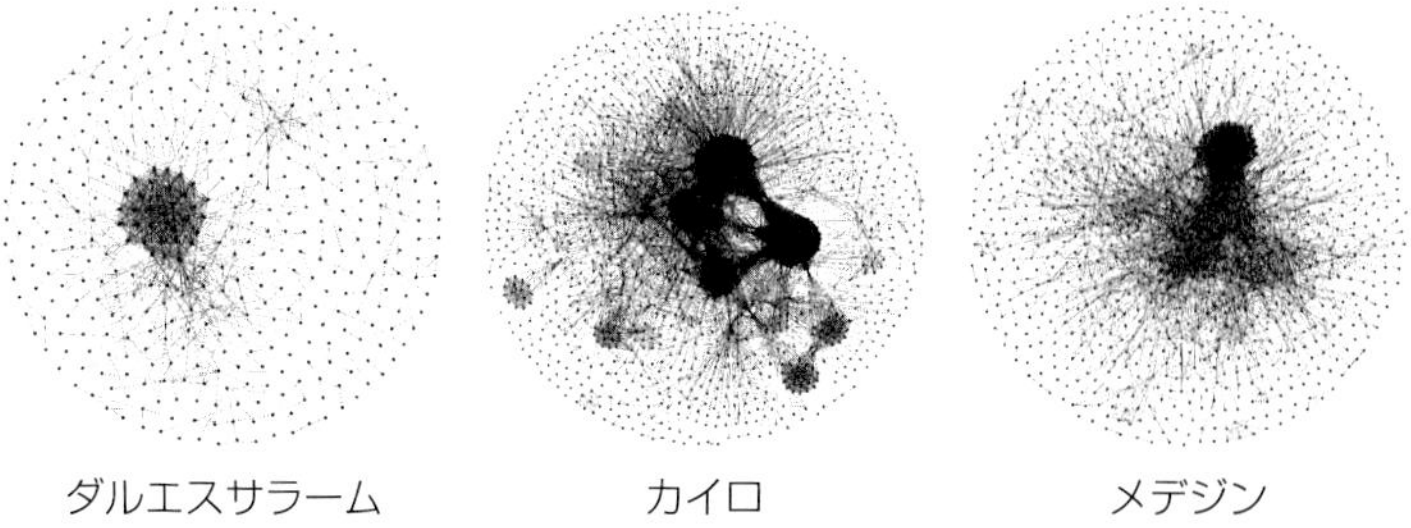

出所：World Bank（2017b）.

図 3.2　成熟段階が異なるエコシステムにおける社会的ネットワークの進化

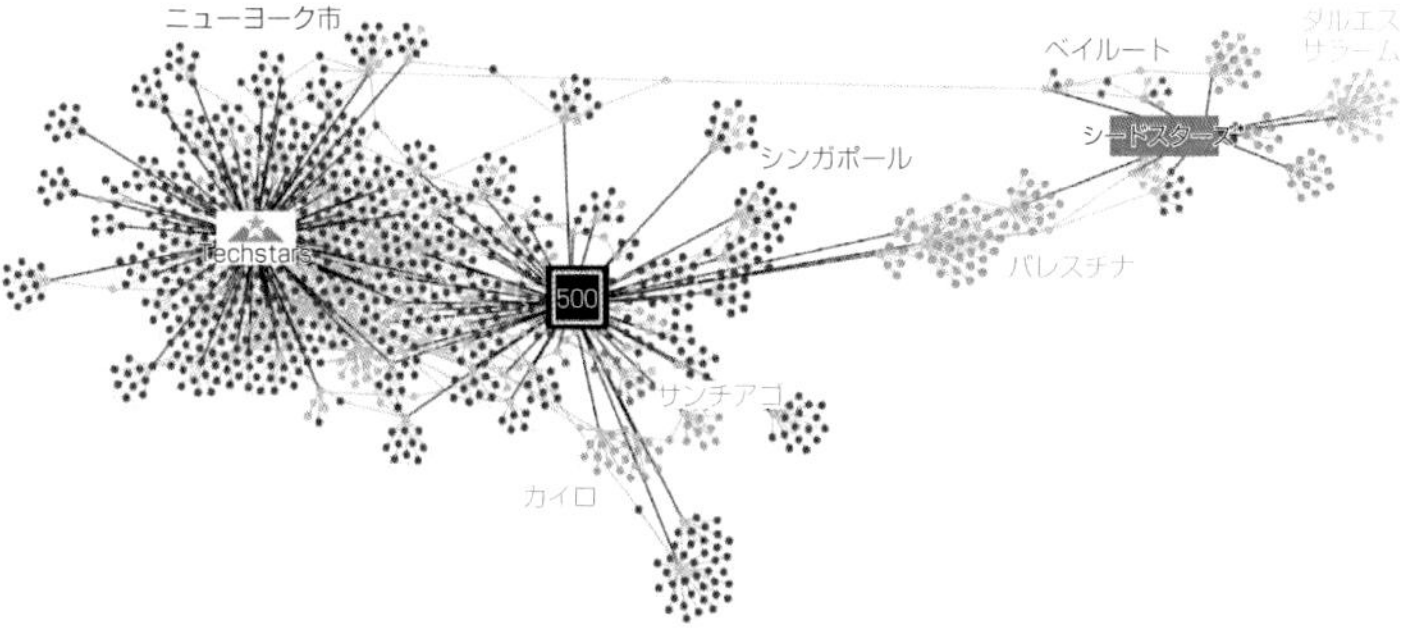

出所：Mulas and Qian（2018）.

図 3.6　複数エコシステム間のスタートアップにより選ばれたアクセラレーション・プログラムの国際的なつながり（Techstars、500 Startups、およびシードスターズ）

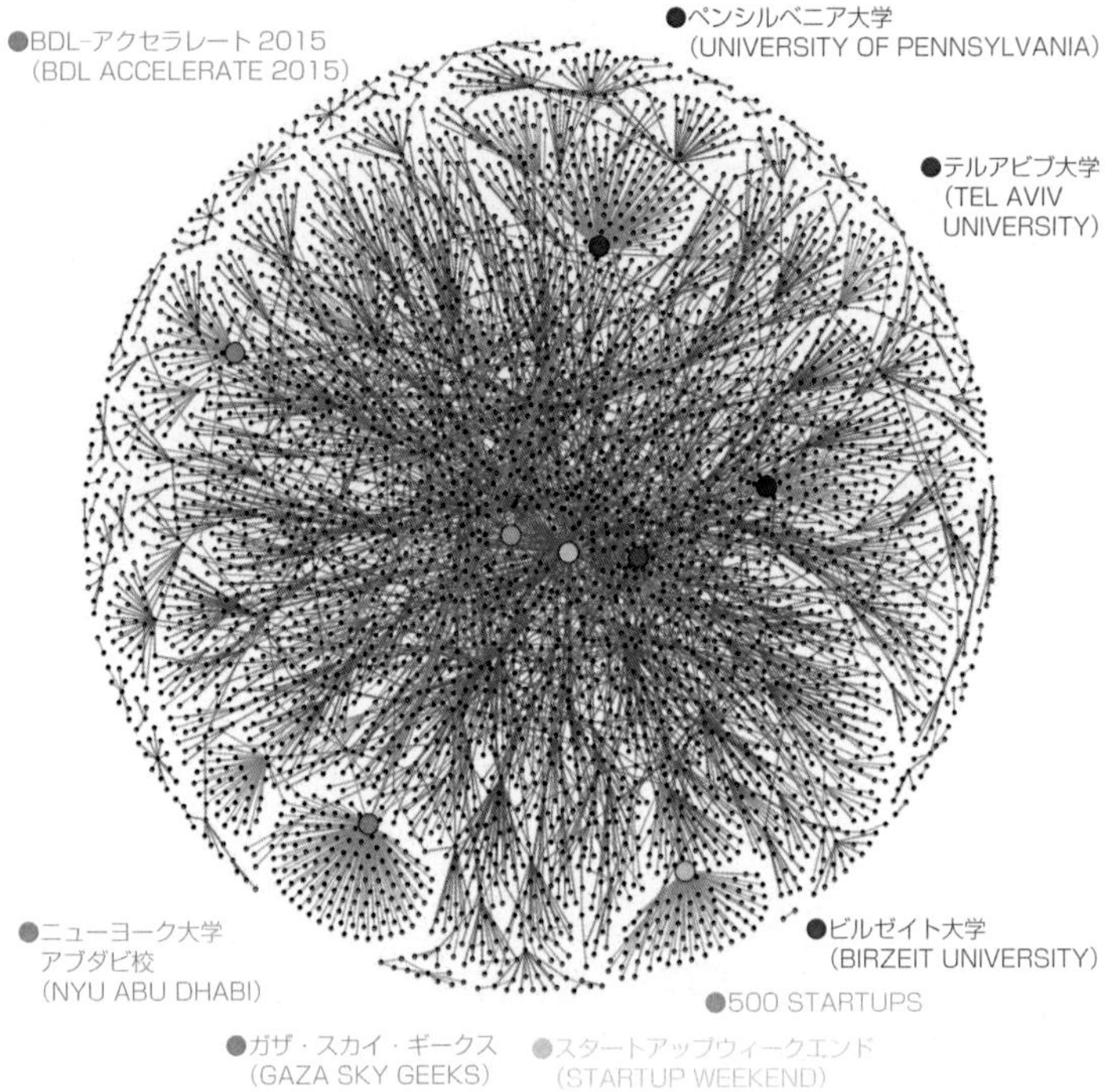

出所：World Bank（2018a）.

図 3.5　ヨルダン川西岸とガザ地区のスタートアップ・エコシステムの社会的ネットワーク

プログラムの特徴と軍隊の新兵訓練ブートキャンプの激しさを組み合わせ、「スキルアクセラレーター」とも呼ばれる集中的なやり方で、ソフトスキルとテック系スキルの学習を取り混ぜて行います。

❖ 支援インフラ

テック・スタートアップを支援するインフラの構成要素には、起業家とそのチームをサポートする機関、制度、プログラム、およびネットワークが挙げられます。これにはインキュベーター、アクセラレーター、メンター、および起業家向けのコーチング、トレーニング、およびワークショップその他の支援プログラムが含まれます。支援インフラが多いほど、そしてそのプログラムの質が高いほど、スタートアップの成功率が高まります。また、グローバルなテック企業に成長する可能性が高く、投資を受ける準備が整ったスタートアップの一群がエコシステムから生み出されるチャンスも高まります。

前記の研究（Qian et al. 2018）から私たちは、アクセラレーション・プログラムが、初期段階で資金を受領するスタートアップに与えるインパクトが最も大きい支援インフラである、ということを明らかにしました。その一方で、インキュベーターその他のより手軽なプログラムには、そのようなプラスの効果を確認できませんでした。また、メンターによる指導にもプラスの効果がありましたが、それはメンターがかつて創業者であった場合に限られていました。このことは、地域の各エコシステムにいるスタートアップ創業者にとって、経験的な暗黙知の獲得が鍵であることを示唆しています。

ここで重要なのは、アクセラレーターのパフォーマンスはエコシステムによって異なり、アクセラレーション・プログラムがスタートアップとエコシステム全体に必ず価値を付加するとは限らない、ということです。アクセラレーション・プログラムが成功するには、経験豊富なメンターによる指導、専門知識・技術や資金に結びつく有意義なネットワークへのつながり、さらに質のよい実際的なトレーニングを行うモデルを提供しなくてはなりません。このレベルの品質を達成しているアクセラレーターは、わずかしかありません。成長が進んでいないエコシステムでは、質のよいアクセラレーション・プログラムの普及がさらに遅れています。これらの国々における国産のプログラムでは、成功するために必要な経験豊富な人材、知識、およびメンターを利用できない場合がしばしばあります（BOX5）。

❖ 投資・資金

起業家精神に関する標準的なビジネス書には、スタートアップが収益を得るまでの進捗状況を表す一連のマイルストーンが記載されています。これらのマイルストーンには、概念実証（PoC）、プロトタイプ、実用最小限の製品（MVP）、プロダクト・マーケット・フィット（PMF）、顧客に売る商品、および収入が含まれ、それぞれがビジネスリスクの低下と企業評価の上昇につながります。ただし、銀行融資、供給業者からの掛け買い、運転資金の調達、およびプライベート・エクイティ（PE）などのより高度な資金調達の場合とは異なり、シード資金やベンチャー資金は、前途有望な企業であれば当初のマイルストーンをすべて達成する前でも与えられます。そのため、特許、従業員、収益などの数的指標がなくても、初期段階から企業の成功と将来の可能性を数値化することができます。

テック・スタートアップ・エコシステムの成功にとって、資金調達はきわめて重要です。資本の供給者には、高成長のスタートアップ、ベンチャーキャピタル（VC）、エンジェル投資家、その他の個人で投資をするすべての組織が含まれます。図3.3はスタートアップの五つの段階と、各段階で利用可能な資金調達のタイプの概要を示しています。例えばアクセラレーターは、初期段階（プレ・シードからシードの段階）の企業にとって最適な資金供給源です。その一方で、エンジェル投資家とベンチャーキャピタル（VC）は、それより後の段階（シード、初期・中期・後期の段階）にある企業への投資に焦点を合わせています。プレ・シードから初期段階に至る「死の谷」は、スタートアップが初期段階から利益を上げるようになるまでの、負のキャッシュフローをもたらす困難な時期を指しています。

エコシステムは地域の投資／資金供給を開発し、スタートアップが発達段階全体を通じてそれらを利用できるようにする必要があります。成長途中にある将来性の高いスタートアップがライフサイクルの中で進化しているときに、成長するための資金を利用できなければ、結果を出せないでしょう。反対に、特定の段階であまり多くの資金が与えられても、質のよいスタートアップになるためのパイプラインが不十分では、かえって有害なことがあります。なぜなら、過大評価されたスタートアップは、拡大・成長するためのさらなる資金を求めるという負の効果を及ぼす可能性があるからです。

グローバルなレベルで見ると、テック・スタートアップへの投資は地球規模で高度に集中しています。前出の報告書『グローバルなスタートアップ都市の台頭』（Florida and Hathaway 2018）によれば、

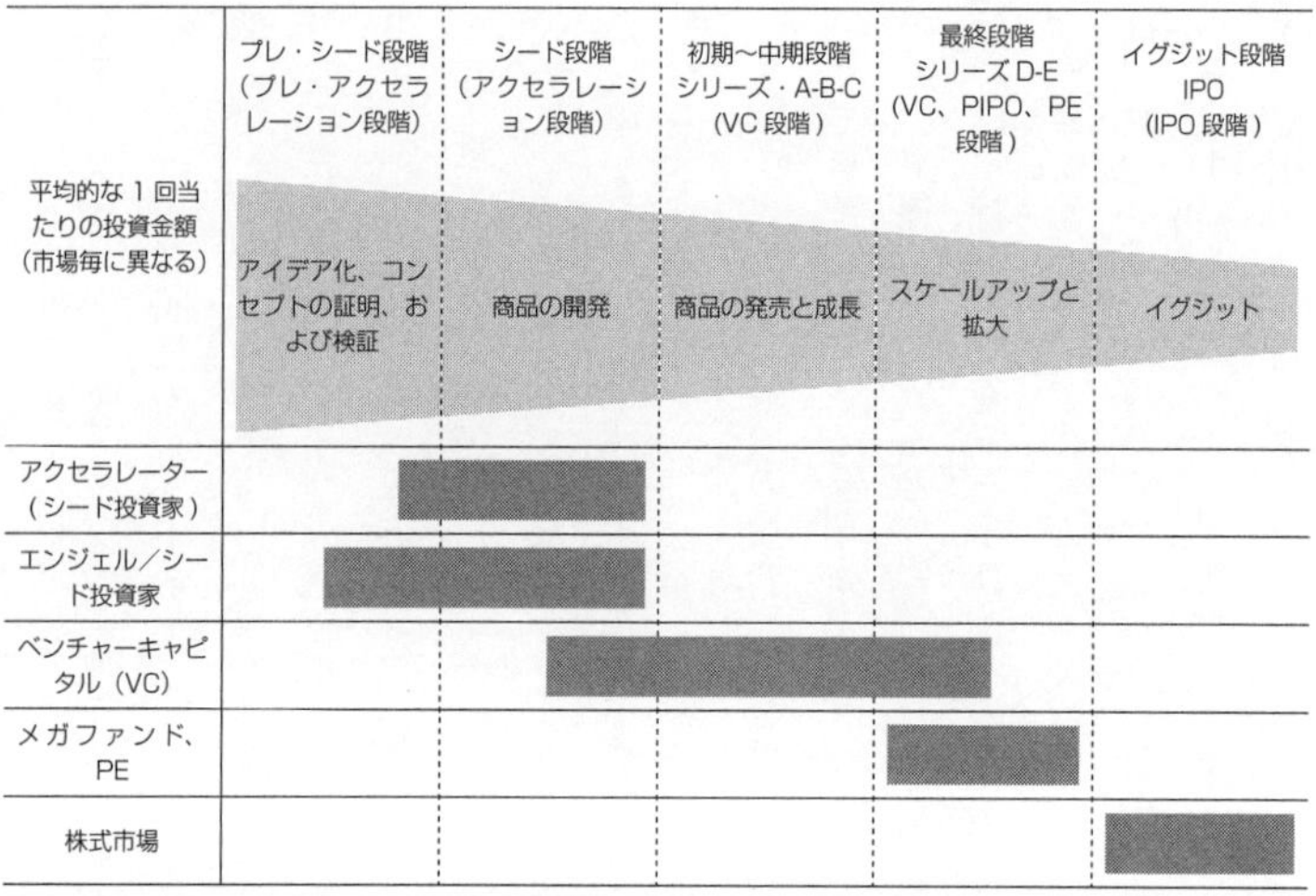

出所：世界銀行の所見に基づいて筆者作成。

図3.3　スタートアップのライフサイクルにおける資金供給エコシステム

24の都市が全世界のベンチャーキャピタル投資の4分の3を占め、上位6都市（サンフランシスコ、北京、ニューヨーク、サンノゼ、ボストン、上海）だけで全世界のベンチャーキャピタル投資の半分以上を集めています（図3.4）。

このような資本の集中は、スタートアップがグローバルに成長するための資金を必要とする、より未成熟なスタートアップ・エコシステムの障壁になります。どの段階にあるスタートアップでも、成長するために決定的に重要なのが資金の利用可能性なのです。エコシステムが地域で十分な資金を調達できない場合は、多額の資金が集中している成長したスタートアップ・エコシステムとグローバルなつながりを持つためのメカニズムを見つける必要があります。

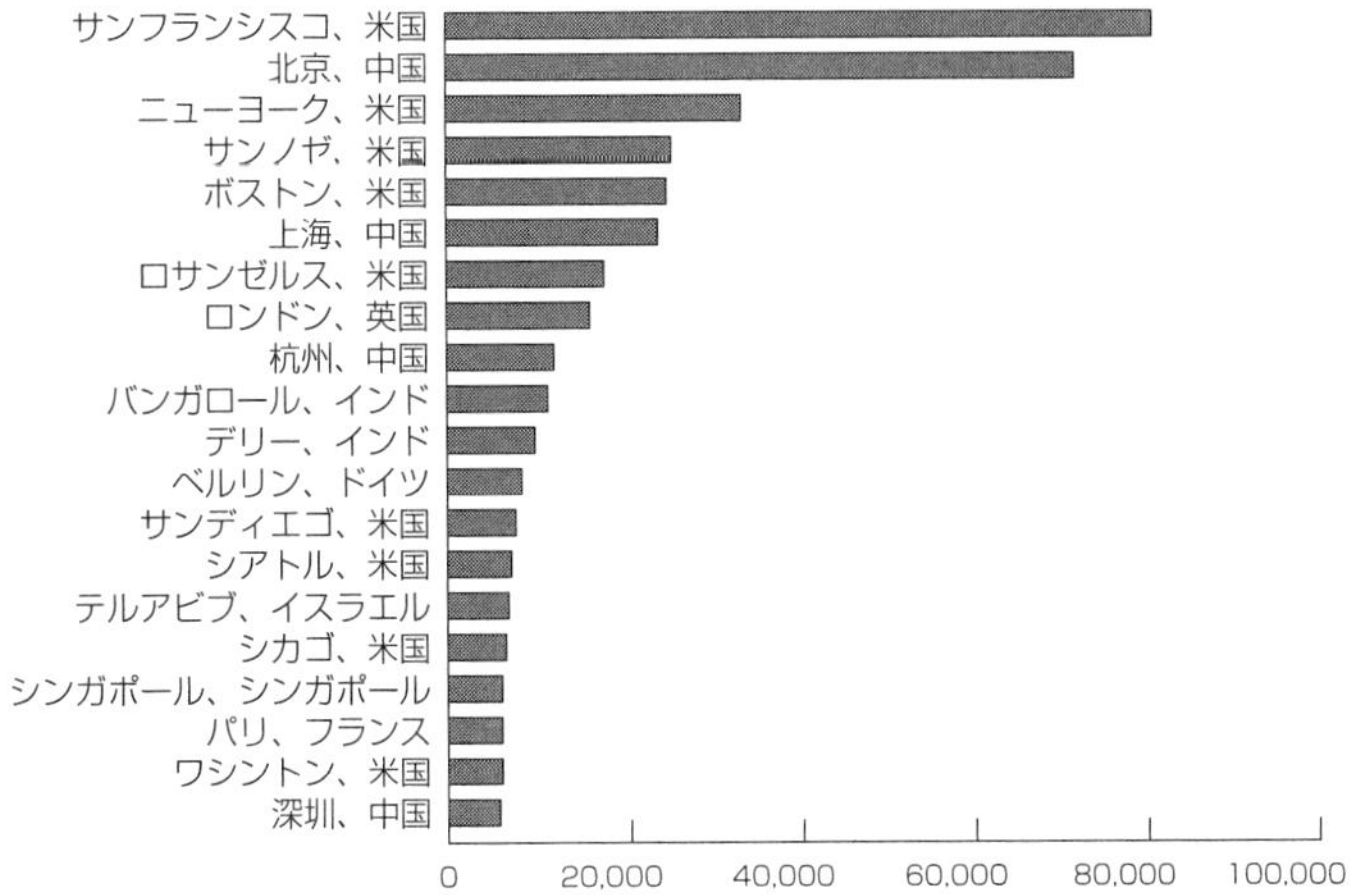

注：数値は、2015 〜 17 年における活動のレベルを百万 US$ で表している。
出所：Florida and Hathaway（2018）.

図 3.4　ベンチャーキャピタルが投資するグローバル都市上位 20

❖ コミュニティ

スタートアップ・エコシステムは一つのコミュニティとして機能します。ここではコミュニティ内部のネットワークを通じて知識のスピルオーバー（波及）が起こり、リソースへのアクセスの流れが形成されます。社会資本へのアクセスとその蓄積は、スタートアップの成功の鍵を握る構成要素です。コミュニティの成熟度、健全性、および持続可能性が、特定のエコシステムにおける社会資本へのアクセスのレベルを決めるのです。エコシステム内のつながりがより密接で強いほど、知識の流れとリソースへのアクセスがより効率的になります。エコシステム内のつながりが弱いほど、人材を発掘し、有望なベンチャーを成功に向けて育成する効果も弱まります。

このつながりという概念を理解するために、ヨルダン川西岸およびガザ地区のエコシステム

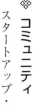

の社会的ネットワークを可視化してみましょう（図3.5、98頁）。これは400人以上の起業家を対象にしたアンケートで私たちが分析したエコシステムの一つです（World Bank 2018b）。

この図で、それぞれの点はスタートアップ、仲介者、メンター、創業者、その他スタートアップの支援者といったエコシステムの各ステークホルダーを表しています。点と点を結ぶ線は、メンターによる指導、投資、アクセラレーションなど、スタートアップの成長に影響を与えたステークホルダー同士の有意義なつながりを表しています。紫色の線はエコシステム内のステークホルダー同士のつながりを表し、灰色の線はヨルダン川西岸およびガザ地区のステークホルダーと海外のステークホルダーとの国際的なつながりを表しています。より大きな色付きの点は、エコシステム内の鍵を握る結合点の役割を果たすステークホルダーです。点の位置がマップの中心に近いほど、エコシステムの社会的つながりにとってより大きな意味があることを示します。また点同士が近いほど、つながりがより強いことを表し、それらがクラスターを形作っています。

このマップから、いくつかの知見を引き出すことができます。第1に、ヨルダン川西岸およびガザ地区のエコシステムにはまだ形成途上のコミュニティがあり、クラスターも数個ありますが、多数のスタートアップは依然としてつながりが少なく、周辺部にあります。第2に、この地域のエコシステムにおけるより重要な結合点は、アクセラレーターや、アクセラレーターが実施する大規模なイベント／コンペティションです。例えば、500スタートアップス（Startups）、スタートアップ・ウィークエンド（Startup Weekend）、ガザ・スカイ・ギークス（Gaza Sky Geeks）などが挙げられます。第3に、このエコシステムは主に海外の大学の同窓生ネットワークを介して、国際的なエコシステムとつながっています。これによって、このエコシステムでは国際的な人材・知識にアクセスしています。このようなエコシステムがなければ、現地の起業家たちはそれらを利用できなかったでしょう。

アクセラレーターは、エコシステムの鍵を握る結合点の役割を演じており、エコシステムにおいて最も大きな影響を与える「ネットワーキング資産」の一つであると言えます。こうした仲介者は、スタートアップ向けのアクセラレーション・プログラムを実施し、起業家同士のネットワークによるコミュニティを構築し、起業家を人材、メンター、資金に結びつけています。これらのネットワークは、アクセラレーターの仲間であるスタートアップの創業者を超えてエコシステム全体に拡大し、エコシステムの土台になる基盤を創り出します。

上位結合点としてのアクセラレーターの役割は、現地のエコシステムに限定されません。アクセラレーターはエコシステム同士をも結びつけて、あまり発達していないエコシステムにいる起業家が内部で利用できない人材やメンター、資金調達ネットワークにアクセスできるようにします。

あまり成熟していないエコシステムは、エコシステム内のスタートアップが国際競争力を持つために必要な上質なメンターによる指導と資金を提供できないため、他のエコシステムと相互につながりを持つことが決定的に重要です。メンターと投資家からなるグローバルなネットワーク（Yコンビネーター（Y Combinator）、500スタートアップス、テクスターズ（Techstars）、NUMA、ロックスターズ（Rock Stars）、シードスターズ（Seedstars）、スタートアップブートキャンプ（Startupbootcamp）など）につながっている有能な国際的アクセラレーターは、あまり発達していないエコシステムが成長して国際競争力のあるスタートアップハブになるための効果的なツールです（図3.6、97頁）。

4　スタートアップ・エコシステムの支援政策

最後に、エコシステム形成に向けた政策介入の重要性についても付言しておきます。地方や地域、国家の政策は、現地のテック・スタートアップ・エコシステムの持続可能な成長と拡大を確保するうえで決定的に重要な役割を果たします。世界的に有力なスタートアップ・エコシステムは、ターゲットを定めた政策プログラムによって後押しされてきました。

特定のエコシステムを支援するためにどんな政策が必要かを判断するには、ギャップおよび市場失敗のアセスメント（評価）を行う必要があります。アセスメントの方法は多数あり、種類もさまざまです。私たちは内部で開発した方法に従い、複数のスタートアップ・エコシステムにそれを適用しています。

ひとたび支援が必要な分野を特定すれば、政策介入を設計することができます。エコシステムの段階や特定したギャップに応じて、個別のニーズに合うように介入を調整することが可能です。表3.3はエコシステムのカテゴリー別・成熟段階別に政策介入のサンプルを示しています。これらのタイプの介入が任意のエコシステムにどのように適用されるのかを例示するため、ダルエスサラーム、ベイルート、そしてヨルダン川西岸およびガザ地区で実施した分析(3)を整理しています。

政策分野	発生段階	発達段階
コミュニティ： 起業家コミュニティの開発と強化。	●コンペティション、ミートアップ、プロモーション。 ●ネットワーク作りのスペース：コワーキング；アクセラレーター。	●スケールアップ。 ●業界ースタートアップのラボ／共同創造ハブ。
スキル： 創業者およびチーム向けのスキルパイプラインを増やす。	●テック＆ビジネススキルの速習トレーニング；ブートキャンプ。 ●大学レベルのテクノロジー＆ビジネススキルを高める／学士を増やす。	●大学ー業界をマッチングする実習生プラットフォーム。 ●先進的 R&D ／先端技術の拠点＆ラボ。
支援インフラ： アクセラレーターとメンターを増やし、質を上げる。	●アクセラレーターの強化。 ●メンターを引き付ける；メンターのネットワークを創造。 ●経験豊富な創業者のリテンション（定着）。	●業界のオープンイノベーションとバーティカル（垂直）アクセラレーター。 ●経験豊富な創業者とメンターの質を上げ、数を増やす。
資金： シードとスケールアップの資金を創出・拡大する。	● VC ファンドとエンジェルのネットワークを創造し、誘致する。 ●コーポレート VC をリダイレクト（出資先を誘導）する。	●投資水準の各段階において競争を促し、額を増やす。 ●スケールアップの資金を増やす；公共／民間の資本市場を拡大する。

出所：以下から例を引用。コロンビア、チリ、エジプト、ケニア、レバノン、そしてヨルダン川西岸およびガザ地区で計画または実施された専門的活動；世界銀行都市イノベーションハブ・ネットワーク（World Bank Network of Cities' Innovation Hubs）メンバーによる実践；および Mulas and Gastelu-Iturri（2016）.

表 3.3　政策介入の例

このように、本章の筆者ミュラス氏はグローバルなネットワークにつながることによって新興国においても、テック・スタートアップ・エコシステムを形成できるとしている。事実、いくつかの新興国のスタートアップ・エコシステムから、革新的なイノベーションが創出されつつある（ＢＯＸ４）。同氏は、エコシステムの形成には、社会的なネットワーク資産・資金がエコシステムの成熟過程や地域性に適した形で段階的に形成されることが重要であると述べている。エコシステム形成に向けた政策介入の事例（表3.3）から共通の示唆を導き出して理解の一般化を進めると同時に、さらなる事例の蓄積と分析により、エコシステムの地域性や発展段階に応じた政策介入のあり方について理解が深まることを期待したい（編者）。

BOX 4

都市型テック・スタートアップ・エコシステムの台頭

テクノロジーは、生産性と経済成長を推進する主要な要因の一つである。開発途上国は伝統的に、テクノロジーの開発と外国のテクノロジーの吸収の両方で苦労してきたが、近年のテック・スタートアップの台頭は新たな機会となっている。インドにはニューデリーとバンガロールに大規模なスタートアップ・エコシステムがあり、それぞれの都市のスタートアップが2016年に15億ドルの資金調達に成功した。サンパウロはスタートアップ・エコシステムの上位20位以内にランクしており、1500以上のスタートアップが活動している。また、ワルシャワには現在活動中のスタートアップが約700存在しており、ナイロビはウシャヒディ（Ushahidi）、エムペサ（M-Pesa）、BRCKといったアフリカの有力スタートアップの本拠地になっている。

テック・スタートアップは、その急速な成長率と知識集約的な環境によってテクノロジーの創出と吸収の両方を行い、グローバルな競争力を持つ新たな企業を創業する、効果的かつ迅速なメカニズムとしての役割も果たしている。開発途上国では多数のテック・ユニコーン[1]が輩出されており、2018年8月までに、インドでは14社のユニコーン企業が生まれ、インドネシアでは3社、南アフリカとコロンビアではそれぞれ2社が生まれている。これとは対照的に、日本とフランスで生まれたユニコーン企業は、それぞれ3社ずつにとどまっている[2]。

テック・スタートアップ・エコシステムは各国内のテクノロジー・スタートアップの数を増やすだけ

ではなく、ビジネスと雇用の新たな分野を創出することにより地域の経済成長をもたらしている。例えばニューヨーク市のテクノロジー・イノベーション・エコシステムは、2006年から2013年にかけて50万件以上の新たな働き口を創出した。ニューヨーク市は収入と競争力の新たな源泉を創出するために、次のような戦略的な政策的措置による積極的な支援を続けてきた。①メンターのネットワークおよびインキュベーターとつながることができるコラボレーションスペース（協働の場）の促進、②起業家ファンドを育成することで、ニューヨークのスタートアップにベンチャーキャピタル（VC）を惹きつける、③工業学校を誘致して市内でプログラムを開発し、図書館など公共の場で基礎的なスキルトレーニングを提供するとともに、ハードウェアツール類を自由に使えるようにする、そして④市が抱える問題解決に挑戦するコンペティションを通じてコミュニティに活力を与える。

ある都市のテクノロジー産業における成長と雇用創出の間に正の相関が存在することは、他の都市でも観察されている。バンコクでは、テクノロジー産業の働き口が年間3000件以上増えている。バルセロナでは、テクノロジーは基幹産業として認識されており、すべての企業の29%、そして被雇用者の48%がこの知識経済に関与している。

経済が、これまでの伝統的な仕事を衰退させる可能性があるとされる「第4次産業革命」へと進化するなかで、競争力を維持し、貧困を減らし、繁栄の共有を増進するためには、雇用と成長の新たな源泉を創出することが最も重要である。

出所：Rasagam and Mulas（2017）, Mulas et al.（2015）.

BOX 5

アクセラレーターとインキュベーター

アクセラレーション・プログラムとは何か?

アクセラレーターは、起業家および発達の初期段階にあるスタートアップにスキルとネットワークを提供することで、スタートアップの成長を支援する。世界銀行による調査は、エコシステムを生み出すスタートアップのコミュニティを支援するうえで鍵になる役割をアクセラレーターが担っており、起業家とエコシステム内のその他のステークホルダーの間に、必要な社会的つながりをもたらしていることを示している。

アクセラレーターは多くの場合、大企業や自治体などによって担われており、彼らの提供する支援プログラムは以下の特徴を備えている。①競争的でオープンな起業家を対象とする応募プロセス、②少額のシード投資の提供、③創業者個人よりもむしろ少人数のチームに焦点を当てる、④積極的なメンターシップ、ネットワーキングを限られた期間（通常3〜6カ月）内、集中的にサポート、⑤同時期に採択された新興企業間の共同作業スタートアップ。

インキュベーターとは何か?

インキュベーターとは、オフィススペースと事務管理支援サービスを提供することでスタートアップを支援するスペースである。最も典型的なサービスは、法務、採用、IT、経理、広報、そして共同仕入れプログラムである。さらに、インキュベーターがコーチング、メンターによる指導を行い、必要に応じて資金調達を手助けする。スタートアップはそのオフィススペースに対して賃料（通常は相場より安い）を支払い、スタートアップがインキュベーターに滞在する期間には制限を設けないのが普通である（平均滞在期間は18カ月～5年と、幅が広い）。インキュベーターが、サービスを利用するための前提条件として、スタートアップが将来生み出す利益の分配や出資を要請する場合もある。

出所：World Bank（2017a）, Mulas et al.（2015）.

第4章

SDGs時代のイノベーション
——DII思考入門

飯塚倫子
（政策研究大学院大学教授）

はじめに

序章で述べたとおり、国際社会は目指すべき「望ましい未来」像としてSDGsを掲げたが、実現に向けた変革は容易ではない。国、地域、セクターごとに特徴があるため、他の国・地域の成功例（ベストプラクティス）を参考にはできても、そのまま移転することは難しい。時代的背景や構成する要素の組み合わせ、その他の外性的な影響によって、望むべき相乗効果を生む条件や目的がダイナミックに変化するからである。

しかし、何もせずに待っていては、望ましいトランスフォーメーションは起こらない。経済社会システムを望ましい形に変容させるには、その実現に必要な人的資本や知識を、時間をかけて構築していかなければならない。これには長期的な目標から現在行うべき活動を導き出すバックキャスティングの手法を用いる必要がある[1]。前述したSDGsのためのSTIロードマップはこのような位置づけから策定が進められている。

経済社会システムは、必要とされる新しいモノ（製品）・サービスを利用者へ提供し、利用されることによって漸進的に日々変化している。しかし、ここで意味する変容（＝トランスフォーメーション）とは、システムを今までとは異なる（「望ましい未来」への）軌道に転換するという意味を持っている。この過程には、意図的に導入された未来志向の政策と有機的に醸成された多様なアクターの活動とが交差し、システムが社会課題の解決に向けて相乗効果を起こすメカニズムが必要である。ここでシステムとは、生態系のように一つ一つの構成員が相互作用することによって形成される集合体である。システムは時として構成要因を単純に足し合わせた和以上（またはそれ以下）の働きを相互作用（ダイナミックス）によって生み出す。

社会課題に取り組み、潜在的な利用者を包摂し、新しい価値ネットワークから経済社会システムを再構築するイノベーションを、ここでは「破壊的で包摂的なイノベーション（Disruptive Inclusive Innovation: DII）」と呼ぶことにしよう。本章では、いくつかの関連する概念から演繹的に、この考え方がどのように「望ましい未来」へ貢献できるかを検討したい。

1　DII思考とは何か？

❖「破壊的で包摂的なイノベーション」という考え方

本書の目的は、国際社会が掲げた「SDGs」という野心的な目標をいかに実現するかを考え、この「望ましい未来」像に向けて社会を変容（トランスフォーメーション）させる原動力として「破壊的で包摂的なイノベーション（DII）」を提唱することである。そこで本節では、このDIIの考え方について説明しよう。まずはDIIを構成する「破壊的」「包摂的」イノベーションそれぞれに関する先行研究を概観したうえで、これら二つのイノベーションが交差する部分（本書の主題）について考察を深めたい。

本書の中では、やや学術的記述が多くなるが、第2部の事例（エピソード）を読み解くための視点と概念を整理しているので、ぜひ読んでいただきたい。

❖破壊的イノベーションとは？

定義と特徴　破壊的（Disruptive）イノベーションは、クレイトン・クリステンセン（Clayton M. Christensen）が1995年にジョセフ・バウアー（Joseph L. Bower）との共著論文で示したコンセプトである。これは、新しい価値ネットワークを形成することで既存の市場・企業・体制を大きく変容させる（既存の価値・市場・制度の破壊を伴う）イノベーション（技術、ビジネスモデル、製品）を指している（Bower and Christensen 1995, Christensen et al. 2015, Markides 2006）。システムのトランスフォーメーションはイノベーション（技術・製品・サービス）とそれによって後発的に構築される価値ネットワークによって完成される（Christensen et al. 2006）。

この現象は、従来と異なる製品・サービスがその周囲のビジネス形態や、それを取り巻く体制をも変えていくことを示している。例えば、iTune のように音楽を配信という形態で販売する場合、既存の店頭販売網や宣伝方法が変わるとともに、消費者はＣＤという媒体ごとではなく、気に入った曲のみを購入できるようになり、音楽業界の利害関係者や業界全体が大きく変わり、新たな需要や仕事が生み出される（Christensen 1997）。

当初、この考え方は、企業が既存商品の改良（高性能化・高付加価値化）に注力するあまり、消費者の潜在的な需要からの乖離に気づかないという企業の「製品開発戦略の罠」に焦点を当てていたが、時を経るにつれ、イノベーションによる「破壊的」なシステム変容、とりわけ新たな市場やシステムの創造という側面を説明する際に活用されるようになった（Christensen et al. 2018, Kilkki et al. 2018）。

破壊的イノベーターの役割　クリステンセンの２００６年の研究では、破壊的イノベーターが次のような触媒的役割を果たすとしている（Christensen et al. 2006：6）。

●製品とサービスの規模を拡大（スケールアップ）すること。

●過剰な（不必要な、複雑な）機能、もしくは提供されていない潜在的な需要に対応策を講じること。

●粗悪廉価品ではなく、シンプルで低コストの（消費者の望む）オプションを提供すること。
●既存のアクターが採用していない従来とは異なる方法（例：マイクロファイナンス、クラウドファンディング）で資金を調達すること。
●今まで非現実的、または不採算と思われていた方法や選択肢（例：社会的インパクトファンド、オンライン医療、教育）など新しいアプローチをもたらすこと。

これらの具体例として、高額な大学教育と比較してより安価な高等教育の選択肢となるオンラインコース（MOOC）、既存の銀行に比べてより少額で喫緊の需要に柔軟に対応できるマイクロファイナンスやクラウドファンディング、従来の病院よりも気軽で必要な時間に診療を受けられるオンライン診療などが挙げられている。これらは、主流の製品・サービスに対して代替手段を提供し、満たされていないニーズを抱える多くの潜在的利用者に解決策を提示し、新しい市場を形成し、大きな影響をもたらす可能性を示唆している（Christensen et al. 2006, Christensen and Raynor 2003）。

市場の革新から社会の革新へ　さらに最近の研究では、「破壊的イノベーション」は国家の繁栄とも結びつけられている（Christensen et al. 2019）。これは、新たな市場を形成することで、①持続可能な雇用の創出、②利益の享受、③社会全体の文化の変化が達成されるからである。特に、達成過程に❶提供されているものを利用するスキル、❷富（リソース）または購入および使用のためのアクセス、および❸アクセスの取得と消費するための時間（例：医師の診察を待つ時間（Delivery time））という生産に関わる重要な要素が生じるため、繁栄につながるとしている。すなわち、「破壊的イノベーション」は、社会課題の解決に貢献すると考えることができるのである。

以上を要約すれば、「破壊的イノベーション」は、単に既存の市場や価値を破壊するにとどまらず、新しい価値のネットワーク生み出し、市場を形成し、よりシンプルで使いやすく低コストでアクセス可能な製品・サービスを提供することにより、満たされていないニーズを持つ「潜在的消費者」を包摂するイノベーションとも言えるだろう。その破壊性は経済社会システムの軌道を転換する（トランスフォーメーション）可能性も示している。

❖包摂的イノベーションとは？

目的と対象　一方、包摂的（Inclusive）イノベーションに単一的な定義はないが、さまざまな形で既存の市場や政府から「取り残された人々」の生活の質の向上に取り組む、社会的な課題に対応するイノベーションであると、広く定義することができる。

イノベーションは通常、企業の生産性向上に関連づけて議論されるが、社会問題を解決し、生活の質を向上することにも貢献する。しかし、近年まで「大量生産、大量消費、規模の経済」に合致しない市場は、その対象として考えられていなかった。[2] ２０００年代頃に登場した「ピラミッドの底辺（ＢＯＰ）」イノベーションも、当初は1日当たり2ドル以下の収入で生活している低所得層を１０億人市場と位置づけ（London and Hart 2004, Prahalad 2004, Prahalad and Hart 2002）、その戦略的価値を論じていた。

概念の拡張と発展　それとは異なり、「草の根レベルのイノベーション」（Gupta et al. 2003, Fessoli et al. 2014）は、低所得層の人々自体を生活の質を向上させるイノベーションの担い手と見なし、彼らの生み出す製品やアイデアを、知的所有権の使用を通じてより幅広く積極的に利用しようとした。なお、「倹約的な（Frugal）イノベーション」は、低所得層をイノベーションの利用者と生産者の両方として扱い、さまざまな制約条件の中で生み出されるイノベーションの可能性について言及している（Prahalad and Mashelkar 2010, Radjou et al. 2012, Tiwari and Herstatt 2012）。例えば、より少ない資源（水、エネルギーなど）で目的を達成できる製品は、その市場のみならず他の市場でも受け入れられるからである。このように、経済活動のみならず、生活の質的向上に取り組むイノベーションの概念が次々と登場し、イノベーションの対象の裾野が広がっていることを確認できる。

生活の質を改善するイノベーションには、「社会イノベーション」もある。このイノベーションは、低所得層ではなく、市民社会が社会問題を解決する過程に焦点を当てる。この場合、市民の抱える潜在的な需要を組織やビジネスモデルで対処するとともに、市民や利用者が自らイノベーションへ参加することも促進する（Edwards-Schachater and Wallace 2017, Nicholls and Murdock 2012, Pol and Ville 2009）。社会イノベーションは通常、先端の科学技術からではなく、既存の製品・サービスや資源を今までと異なる形で組み合わせたビジネスモデルや組織から創出される。ここで技術（ＩＣＴ、携帯電話、再生可能エネルギーなど）は、主に製品・サービスの創出、知識の伝播、または情報交換のプラットフォームなど、イノベーションを社会実装する手段として位置づけられる。

なお、第1章にあった「ASSURED」イノベーションモデルは、包摂的イノベーションの重要な特徴——①手頃な価格、②拡大可能（スケーラブル）、③持続可能、④普遍的（ユニバーサル）、⑤迅速、⑥性能的に優れている、⑦独自性——を共有している。さらに、このようなイノベーションが社会を大きく飛躍させる（Pole vaulting）ことができると述べている（Mashelkar and Pandit 2018）。

イノベーションの担い手　「イノベーションの過程に参加する」という点において、利用者自らがイノベーションの担い手となる利用者主導型（user-led）のイノベーション（von Hippel 1998）と、その延長線にある無償イノベーション（Free innovation）（von Hippel 2018）は、満たされていないニーズを利用者自らが生み出し、経済的な見返りなしで共有するイノベーションであり、類似の考え方と言える。こうしたイノベーションの共通点は、社会的便益を重視し、利用者・市民社会・消費者がイノベーションの担い手となることである。

すなわち、包摂的イノベーションで中心的な役割を担うのは、企業・大学・研究所ではなく、使い手・裨益者である市民や社会である。技術は補完的な存在だが、近年広く浸透しているデジタル技術は従来つながっていなかった異なるドメイン（国境、セクター）のアクター間における知識の伝播・共有・協働を可能とし、イノベーション・システムのインパクトを拡大できるようになった。

具体例として、MITメディアラボから始まった体験型共同作業所（ファブラボ：Fablab）が挙げられる。これは、世界中に広がりつつある3Dプリンターやレーザーカッターなど最新デジタル工作機械を完備し、誰でも自由に利用できる施設である。世界中のファブラボネットワークでは個人の作ったデザインをデジタルプラットフォームで共有し、各拠点に設置されている3Dプリンターで製造することができる。また、ネットワーク間で使い方や作り方を教え合うことも積極的に行っている（Gershenfeld et al. 2017, Woodson et al. 2019）。このようなネットワークは、第3章でも触れたように、さまざまな形で国際的に展開されており、イノベーションによるインパクトを拡大して社会を大きく変容させる可能性を持っている。

包摂的成長の6段階　なお、包摂的イノベーションは、「包摂的成長」の概念から派生すると言われ、開発プロセスに「取り残された」低所得層のニーズにイノベーションを通じて対応することを示している（George et al. 2012, Heeks et al. 2014）。ヒークスら（Heeks et al. 2014）は、包摂的なイノベーションによる新たな経済社会システムの構築とその先の認識の変容を想定し、包摂的イノベーションのレベルを段階的に設定している。すなわち、取り残された人々を包摂する意図がある「包摂の意図（レベル1）」、取り残された人々によって使われる「消費の包摂（レベル2）」、インパクトを取り残された人々に与える「インパクトの包摂（レベル3）」、取り残された人々を過程に包摂する、「過程の包摂（レベル4）」、包摂したシステムを構成する「システムの包摂（レベル5）」、認識と言説（discourse）の一部となる「ポスト・システムの包摂（レベル6）」である。この分類上に、前述の社会的側面を重視したイノベーションを位置づけることができる。また、包摂的イノベーションの最終レベルでは、システムの構築や言説・認識への埋め込みについて言及していることから、社会のトランスフォーメーションを意図していることが窺える。

このように包摂的イノベーションは、社会的な課題を解決し「誰一人取り残す」ことなくその恩恵を享受できる社会を構築する過程で新しい価値を創造し、経済社会システムを変革する可能性を秘めている。

❖ 破壊的かつ包摂的であるということ

破壊的・包摂的なイノベーション（ＤＩＩ）とは、新たな価値ネットワークを構築する（disruption）ことによって、今まで市場からも政府からも対象とされなかった「取り残された」潜在的利用者（多様性）を包摂する（inclusion）イノベーションであり、前述した「破壊的イノベーション」と「包摂的イノベーション」の重複部分にあたる（図4.1）。一見すると、「既存のやり方を破壊することで市場を作り上げる」と「「取り残された」潜在的利用者のニーズに対応する」という2つのイノベーションは、異なる目的を持つ概念のようだ。しかし、破壊的イノベーションは、新しい価値ネットワークを構築することによって新しい（潜在的な）利用者を包摂することができる。逆に「誰一人取り残さない」包摂的イノベーションは、多くの潜在的な利用者を包摂する過程で従来と異なる市場を発掘し、新しい価値のネットワークを構築することができる。

つまり、その双方が重なる部分では、今までイノベーションの担い手として認識されていなかった利用者をイノベーションの担い手として組み入れながら、新しい市場を形成するイノベーションなのである。[(3)] そしてこの重複部分は、既存の経済社会システムを転換するための原動力になりうる。また、

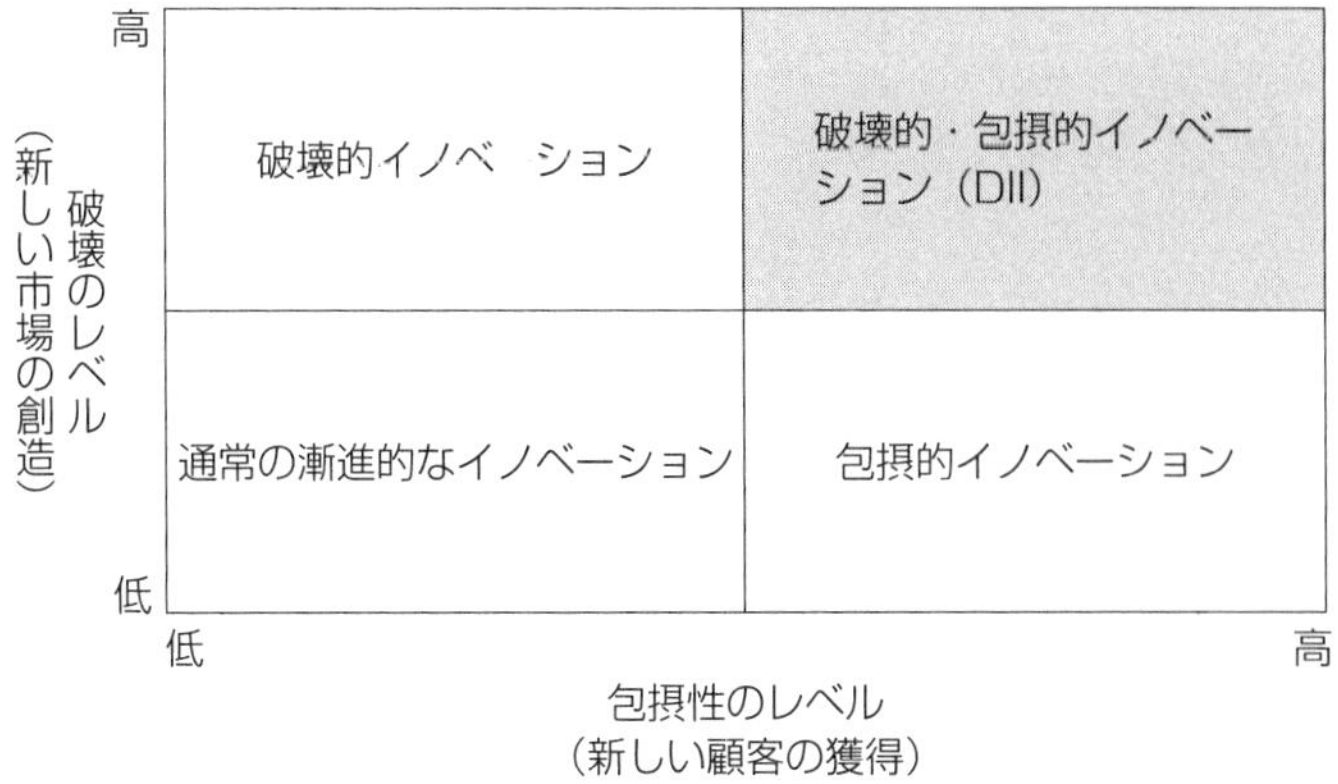

出所：筆者作成。

図 4.1　破壊的・包摂的イノベーションのコンセプト概念図

社会課題に取り組むイノベーションは新しいシステムの構築につながり、社会を繁栄に導くだろう。両者はまったく別の方向を向いているようでいて、重複部分では表裏一体なのである。

ＤＩＩは、新たな市場を形成することで持続可能な雇用を創出し、社会的利益を生み出し、社会全体の変化を達成する。この際、イノベーションの担い手は企業や政府に限定されず、利用者・市民社会・消費者など多様なアクターの参加も視野に入れる。なぜなら、このトランスフォーメーションに包摂される多様性が新産業や市場をより強固（レジリエント）なものへと進化させるからである。ただし、これには諸アクターの連携を促進しイノベーションへとつなげるエコシステムが必要となる。

2 トランスフォーメーションを支えるエコシステム

❖ イノベーション・エコシステムの構成要素

イノベーションを展開し、変革をもたらすには、適切なイノベーション・エコシステムの構築が必須である（Chesbrough and Di Minin 2014, Christensen et al. 2019）。経営学の分野でイノベーション・エコシステムは「共有された価値観を実現するために相互作用を要する多面的かつ詳細な構成要素からなる調整された構造」と定義される（Adner 2016: 40）。エコシステムは企業のイノベーションを活性化し、生産性を高めるうえで重要な役割を果たすと考えられてきた（Adner 2016, Gawer and Cusumano 2013, Jacobides et al. 2018）。

デジタル・トランスフォーメーションの進展によって、企業のさまざまな機能や役割がモジュール化され、共通のプラットフォームを介して多様な組み合わせで利用できるようになり、製品・サービスの質以外にも、つながることによって得られる利便性（外部性）が競争力を左右するようになった。このため、「つながり」の場であるイノベーション・エコシステムは今までと異なる意味で企業の業績に影響を及ぼすようになった。つまり、エコシステムは、単なる製品・サービスを効率よく生産することにとどまらず、多様性を担保し、新しい環境にも柔軟かつ迅速に適応するための役割をも担っているのである。

また、「イノベーション」というと技術が主体のように見なされがちだが、技術はシステムを変容させる要因の一つでしかない。第2章で見たように、イノベーションの成果が大勢の人々に普及するには、相互補完的な要素からなるネットワークが必要なのである。このネットワークは、ただ受動的に提供されるモノ・コトを普及させるだけではなく、資金の流れを確保し、人的能力を開発し、生産者（供給サイド）と利用者（需要サイド）の双方へアクセスを保証し、普遍的かつ多様なニーズに俊敏に適応するという能動的（ダイナミックな）機能（Teece 2018, Teece et al.1997）が必要となる。

エコシステムには、イノベーションをサポートする物理的かつ法的インフラストラクチャーを備えたビジネスモデル（Marchant et al. 2011, Sidney and Glicksman 2002）、補完的サービスと投入材を提供するサプライヤー（Gawer and Cusumano 2013）、主導的・戦略的な仲介または調整媒体（Adner and Kapoor 2010, Gawer and Cusumano 2008, 2013, Iansiti and Levien 2004, Jacobides et al. 2018）などの構成要素が重要だとされる。

さらにエコシステムは、利害関係者間の調整、知識の流れ、ガバナンスの形成、および地域の社会課題を通じた価値ネットワークを形成し（Gawer and Cusumano 2013）、その後の技術とイノベーションの発展方向に大きな影響を及ぼす。これらの研究が示すエコシステムの特徴は、第3章で掲げられたものと共通である。また、技術を利用者に届ける（第2章）のは、利害関係者を加えた組織、資金、能力開発、起業と多岐にわたる活動からなるエコシステムであるという点で、この主張は開発援助の分野にも適用できるだろう。このエコシステムを十分に活かすためには、システム内の価値の共有、多様性、ガバナンスを維持することが重要である。

以上から、イノベーション・エコシステムを構築する主な要素として、以下が挙げられる。

- ビジネスモデル
- 価値を生み出すネットワーク（社会資本、コミュニティ）
- 資金、資源の流れ
- 技術（道具として）
- 能力（人材、制度）
- 市場（顧客）へのアクセス
- 法的および物理的インフラ

◈新興技術と補完性

次に、イノベーション・システムを変容させる原動力としての「新興技術：Emerging Technology」について考えたい（表4.1）。新興技術とは「非常に斬新で比較的急速に成長し、ある程度の一貫性を有しつつ、アクター、制度、およびそれらの間の相互作用のパターンと関連する知識醸成プロセスへ持続的に大きな影響を与える可能性がある技術」と定義される[4]（Rotolo et al. 2015: 1828：強調は筆者）。ここで強調するべきことは、「新興技術」のトランスフォーメーションを推進する影響力はあくまで「可能性」であり、まだ実現できていない、ということである。

新興技術とは対照的に、「汎用技術（General Purpose Technology: GPT）[5]」は、すでに社会へ広範に浸透し多様な用途に使用されている基幹的な技術であり、経済社会技術システムに影響を与えている（Bresnahan and Trajtenberg 1995）。汎用技術はさまざまな分野の基盤（インフラ）としてイノベーショ

	新興技術	実現技術	汎用技術
新規性の所在	新技術	派生技術	経済社会システム
インパクトの範囲	不確実で曖昧	利用者の可能性を拡大	幅広い経済社会領域
技術のインパクト	一貫性／収束性	多様な分野への適応性	幅広い波及効果
技術変化の成果	技術の伝播	派生技術の急速な発展	経済社会システムの転換
補完性の目的	使用法の探索	広範な分野への影響	根本的な変容とその加速

出所：Rotolo et al.（2015), Teece（2018）を基に筆者作成。

表 4.1　技術のタイプ

ンに活用され、波及効果を生み出し、経済社会システムの変容を促進する（Garret 2015）。また、汎用技術はさまざまな形――製品、プロセス、または組織――でイノベーションの一部に埋め込まれているため、もはや単独の技術として認識するのは困難である。

次に「実現技術（Enabling Technology）[6]」を取り上げよう。これは、汎用技術のように明確に定義されていないが、まだ発展段階にある確立された技術であること、派生技術の急速な進展という特徴がある。つまりこの技術は、社会システムの一部になる過程で経済の広範囲に影響を与え、特定のセクターの現状を覆し、経済的利益と社会的余剰を生み出すことを可能にする。そのため、技術が多分野に活用され、利用者の可能性を拡大するものの、この技術自体が基盤になっているわけではない。

汎用技術および実現技術は社会経済への浸透度が異なるものの、リアルタイムで影響が生じる点で新興技術と大きく異なる。ここで重要となるのが「補完性」という概念である。これは、イノベーションの価値が一つ以上の技術の変更もしくは新技術に依存しているとか、補完的な技術が作成・再設計されるまでイノベーションの便益が完全に（もしくはまったく）得られないといった状態を意味する。

例えば、新世代の携帯電話ネットワークを普及させるには、高性能で汎用的なマイクロチップとハンドセットを安価で提供することに加え、潜在的なユーザーがサービスを利用できる、アクセス可能なビジネスモデルも必要となる（Teece 2018: 1374）。補完性は一見、技術の影響を制限する要因のようだが、補完性を担保することで異なる環境に技術を順応させ、レジリエンス（継続的な伝播や発展的利用と適応力）を強化できる。つまり、補完性は技術の可能性を解き放つ鍵のようなものだと考えることができる。この補完性はさまざまな形で存在し、例えばモジュールとなった技術を他の製品・サービスにつなげることによって、2次・3次のトランスフォーメーションを起こすことも可能になる（Garret 2015）。

したがって、新興技術の「可能性」を実質的なインパクト（影響）に変換するために、エコシステムによって多面的な補完性を醸成する必要がある。特にモジュール化された技術がエコシステム上の「場：プラットフォーム」にアクセスすることで、技術を広く迅速に伝播できるだけでなく、多様な派生技術・波及効果が創出されやすくなる。つまり、エコシステムの構築は、新興技術の利用が浸透し、社会への影響を深化・拡大し、実現技術・汎用技術へ進化する過程に伴うものと考えられる。言い換えれば、エコシステムの発展は技術の可能性を拡張し、DIIを促進させ、多様性を包摂した「望ましい未来」へのトランスフォーメーションへの可能性を示唆している。

ただし、これは自然に到達できるわけではない。諸アクターの連携を促進しトランスフォーメーションへとつなげるエコシステムを意図的に形成する必要があり、そのためには政策的な介入が必要になることもある。そこで、次節ではトランスフォーメーションを阻害する要因を確認し、その阻害要因を除去・緩和するための公的機関による政策介入の役割について考えよう。

3 SDGs達成へのトランスフォーメーション促進政策

❖ 人々の行動を変える制度の力

今日、トランスフォーメーションは、科学技術イノベーションの中心的な目標として位置づけられているが（BOX6）、実現はなかなか困難である。序章で述べたように、一般的に政府や国の仕組みは経路依存を、企業は既得権を、個人は今までの習慣を固持し、トランスフォーメーションに抵抗するからである。

社会の変容を左右する要因として経済社会学者が注目するのは、行動の規範を形成する「制度（institutions）」である。制度とは、一般に社会的・政治的・経済的関係を組織するフォーマルあるいはインフォーマルなルールであり（North 1990）、社会構成要員の行動を形成する。例えばスコット（Scott 1995）は制度を、①明文化された強制的な規則、②規範という社会の常識、③認識という潜在的に共有された理解という3形態に分類している（表4.2）。この分類は、各形態の制度が人々の行動に異なる影響を及ぼすことを示しており、政策を実施する際に役立つ。特に、異なるレベルへ同時並行で政策介入することが効果的である。

例えば、プラスチックゴミの規制を導入しても、社会通念や慣習でリサイクルや再利用などを受け入れていなければ、人々に規制を遵守させることは難しいだろう。また、政府が一人一人の行動を見張り、その遵守を強制するにはコストがかかる。そのため、規制を導入すると同時に、あるいはそれ

	強制的（ルール）	規範的（社会通念）	認識―文化的（慣習）
遵守の根拠	功利的、便宜的	社会的義務	共有された理解
秩序の根拠	法律的規則	拘束力を持つ、社会的に期待された行動	文化に裏打ちされたものの見方
遵守のメカニズム	規則による強制	道徳、倫理（社会的通念）	模倣、慣習、伝統
論理	手段	妥当性	正統性
根拠	ルール、法律、制裁措置	認定、承認	共有された信念・行動論理
影響	恐れ、罪悪感	恥、名誉	確実性、混乱

出所：Scott（1995）を基に筆者作成。

表 4.2　行動を決定する制度の 3 形態

以前から、啓蒙活動によって個人の意識を徐々に変えていくことが必要である。また、仕組みやインフラを整備して「リサイクルは当たり前」という社会通念を形成することが効果を生む。つまり、3つのレベルに対し異なる政策手段を用いて介入することで、レベル間の相乗効果が起こり、大きな変化を生み出すことが可能になるのである。

❖ トランスフォーメーションの失敗と政策介入の理由

前述したように、トランスフォーメーションは容易に起こるわけではない。ウェーバーとローラッヘル（Weber and Rohracher 2012）は、その阻害要因を「トランスフォーメーションの失敗」と呼び、以下の4点を挙げる。なお、これらは政策介入が必要とされる理由を端的に示すものでもある。

第1に「方向性の失敗」がある。イノベーション・システムは、生産性を既存のシステム内で高めようとするものの、従来の活動の方向（軌道）や使っている基幹技術を継続しようとする（これを経路依存性という）。つまり、長期的に社会全体が裨益するであろう、新たな方向を探索し、選択する機能は持っていない。このため、「あるべき未来」を提示し、適切な方向に利害関係者の活動を揃えていくために、政府が長期的かつ全体的（holistic）な視点から政策介入を行う必要も生まれる。特に、公共性の伴う、因果関係が複雑で、広範（時間軸、地勢軸）に影響を及ぼす問題（例えば、気候変動や海洋プラスチックゴミ問題）を対処する際に重要となる。

第2に「潜在的需要の明確化（demand articulation）の失敗」がある。革新的なモノ・サービスの需要は、裏を返せば具体化されていない潜在的ユーザーの期待あるいは満たされていない（未解決な）ニーズである。起業家はこの潜在的需要と供給サイドを媒介し、新しいビジネスに挑戦しながらネットワークを築き、新しい市場（ニッチ）を形成し、その過程で新規需要が喚起され、新しい産業が創出され、雇用が生まれ、社会的全体が裨益する。反対に潜在的需要（課題の解決）を放置すると、社会的な便益が損なわれることになる。そこで、より多くの潜在的需要をビジネスシーズへ転換するには、起業しやすい環境づくりを政策的に整える必要がある。しかし、既存のシステムは経路に依存し、存在していないものを新しく生み出す力が弱いため、市場がまだ形成されていないモノ・サービスを作り出し流通させることにはリスクが伴う。このような場合も、政策による介入が一定の正当性を持つ。

第3に「政策調整の失敗」がある。「方向性の失敗」と「潜在的需要の明確化の失敗」の双方に共通するのは、多様なドメインの政策を水平的に、また地域・国・国際社会などマルチレベルで調整する政策の必要性である。例えば海洋プラスチックゴミ問題では、プラスチックゴミの収集、リサイクルの実施は地方自治体が行うが、大枠の法律（政策）は国が策定し、国際的な条約やルールづくりなどの国際協調は多国間レベルで対処される。また、プラスチックゴミの削減・再利用・リサイクルを進めるには、包装などに利用する食品産業や小売業などサプライチェーンに沿った連携が不可欠である。さらに、プラスチックを生分解性に転換させるためには、研究所や大学など研究セクターとの連携が必要となる。そして再利用・リサイクル運動には、地方自治体、学校、町内会などコミュニティの参加と協働が欠かせない。このように、課題の解決に関わるセクターやドメインは多岐にわたり、関係も複雑であるため、効率的な成果を生み出すには公的機関が自ら調整役となるか、参加者が相互に調整しやすい環境を作ることが必要となる。

第4に「再帰性の失敗」がある。再帰性とは、社会そのものが自らの経緯を振り返り、自己修正していくプロセスである。これは自身をモニターし、予測し、すべてのアクターを取り込んでいく過程（例：前提条件の熟議）である。残念ながら、これも政府や第三者による政策評価のような意図的な介入なしに事業主体（政府・企業）が自ら軌道修正することは困難である。しかし、今までと異なる経済社会システムへの転換過程には多くの未確定要因が伴うため、高い透明性と説明責任を伴う再帰性と、定期的な経路の修正とが必要となる。この背後には、今日、いかなる政府も科学技術も「無謬性の原則」（「ある政策を成功させる責任を負った組織は、その政策が失敗したときのことを考えたり議論したりしてはいけない」）から脱却し、自らの正当性を再帰性によって保持しなければならないという認識の広がりが必要である。つまり、「政府は失敗しない」「科学技術は一つの真実である」[7]という主張は、不確実性が高く複雑な今日の経済社会において、多様性のある「望ましい未来」へ到達するためには弊害になりうるのである。

4　望ましい未来に向けて

冒頭で、ＳＤＧｓの示す「望ましい未来に」向けてトランスフォーメーションを起こすために進められているロードマップについて言及した。現在、国際機関や政府が主導して、望ましい数十年先の未来と、そこまでの道筋を描く作業が進められている。これらは、民間企業が現在起こしつつあるＤＩＩの補完的な役割を担い、協働していくことで、より具体的にトランスフォーメーションを進めていくことが可能となる。それには、国や地域で社会課題を解決するためのエコシステムを構築し、多様性のあるネットワークを紡いでいく作業を積み重ねることが、トランスフォーメーションへの一助となるだろう。この大きな流れのなか、ＳＤＧｓは、さまざまなドメインで起こりつつある一つ一つの革新的イニシアティブが目指すべきグローバルな方向を示し、政策的に意図された動きと能動的に起こる変化を結びつける重要な役割を担うのではないだろうか。

BOX 6　科学技術イノベーション政策の歴史と政策手段

科学技術イノベーション政策の歴史

今日、科学技術イノベーション政策の主眼はトランスフォーメーションだと言われる（Schot and Steinmeuller 2018, Diercks et al. 2019, 上山 2020）。その含意を理解するには、科学技術イノベーション政策の歩みを振り返る必要がある。

表B 6.1の時代区分はあくまで便宜的なものだが、第1フェーズを1950年代から80年代、第2フェーズを80年代から2010年代、そして2010年から現在までを第3フェーズとしている。[1] さらに、各フェーズでの科学技術イノベーション政策の特徴を、モデル、目的、プレーヤー、考え方、政策介入の正当化、原動力を比較することから傾向を示している。

第1フェーズの政策は科学技術色の濃いものだと言える。主目的は科学技術の振興と活用であり、政策手段は大学や研究機関に直接的に資金を投じ、政府によって実装されるという前提条件に基づいていた（リニアモデル）。この頃は冷戦下にあったため、軍事産業の科学技術の存在が大きかった。第2フェーズの政策は、研究機関の知識を実装する企業の役割に重点が置かれ、生産性を向上させるために多くのアクター（大学や研究機関を含む）との相互作用やネットワークの構築（イノベーション・システム）が重要であるという考え方に徐々に変わっていった。この頃、科学技術政策の対象に企業のR&D促進が重要な位置を占めるようになっている。第3フェーズでは、多様性に配慮したより良い未来の実

	第1フェーズ	第2フェーズ	第3フェーズ
年代	1950-80	1980-2010	2010-
モデル名称	リニアモデル	イノベーション・システム	トランスフォーマティブ・チェンジ
介入の正当化	市場の失敗	市場の失敗 システムの失敗	トランスフォーメーションの失敗 方向性、調整、多様性、再帰性の失敗
プレーヤー	政府、大学・研究所	企業、政府、大学・研究所	市民、企業、政府、大学・研究所
主目的	科学技術の実用化	生産性の向上	より良い社会の実現
対外的目的	ヘゲモニー	経済的競争力	持続可能な開発課題への取り組み
原動力	基礎研究と研究開発	企業（アクター）、相互作用、ネットワーク	ディスラプション、多様性、方向性
政策（例）	マンハッタン計画 アポロ月面着陸計画	産官学連携 オープンイノベーション	ミッション型イノベーション* STI for SDGs（社会課題解決型）

注：＊ミッション型イノベーションについては、BOX 2 を参照。
出所：Schot and Steinmeuller（2018）、上山（2020）などを基に筆者作成。

表 B6.1　科学技術イノベーション政策の変遷

現に向けて、研究機関や企業のみならず市民をも巻き込み、従来と異なる（disruptive）社会技術システムへの転換を目指す（トランスフォーマティブ・チェンジ）ことが重視されている。

科学技術イノベーションの政策手段

では、こうした政策を実現するために、どのような手段がとられてきたのだろうか（表B6.2）。第1・第2フェーズ（1950年から2010年）では、主たるプレーヤーが知識、モノ、サービスを生み出す供給側――政府、企業、研究所、大学――であったため、供給サイドに働きかける政策が主に講じられてきた。２０００年代後半から需要サイドに働きかける政策手段の重要性が再認識され、さらに需要・供給両サイドへ働きかける政策も採られるようになった。需要サイドに働きかける政策手段は、新しい市場の形成を念頭に置いた公共調達など、第3フェーズのトランスフォーマティブ・チェンジへも適応している。

表B6.2からも分かるように、供給サイド（大学、研究機関、企業）を対象とした政策例の中でも起業家の活動を支援する資金、政策、人材育成、システム内の相互関係や連携支援、知識の循環を働きかけるものなどは「潜在的需要の明確化の失敗」の改善に間接的に資するものと考えられる。起業家が長期的な社会課題の解決に取り組んでいるのであれば、「方向の失敗」の解決にも貢献するだろう。さらに、企業間、産官学連携の支援やプラットフォームへの支援は「政策調整の失敗」の解決に貢献するであろう。

一方、需要サイドへ働きかける政策は、いまだ市場の存在しない製品・サービスへの需要を喚起するための公共調達、社会実験、特区、規制のサンドボックスのように実験的に市場を形成し、試行を経てからスケールアップする、あるいは市民を取り込み特定の製品・サービスへの意識喚起や情報提供といった政策が挙げられている。これらはあるべき未来への方向を示し、需要を明確化するということで「方向性の失敗」「潜在的需要の明確化の失敗」の解決に資すると同時に、市場形成の過程で利害関係者に議論の場を提供することで「政策調整の失敗」、さらには、実験的に市場を形成し、試行することのできる場は、「再帰性の失敗」にも対応している。なお、これらの実験を通して自らの経緯を振り返り自己修正する場を形成する他にも、熟議[2]へのエビデンスの提供を可能にする。

供給と需要サイド双方に働きかける政策は、需要サイドを誘導し供給サイドを喚起させ、より長期的・全体的に介入することで効果を高めることが可能となる。事実、近年、官民連携による競争型研究開発の促進、商業化前の公共調達、規制のサンドボックスによるルール形成などの取り組みが増えつつ

供給側への政策手段の例	供給側＋需要側への政策手段の例	需要側への政策手段の例
●大学や公立研究所への資金配分 ●受託研究 ●産学官共同研究費 ●産業課題に対応した戦略研究の推進 ●施設設備の共用 ●企業の研究開発費補助、共同研究補助、ローン ●研究開発費への税制優遇措置（総額あるいは増加分の控除、研究開発者個人への税制優遇措置、社会保障費の減額） ●官製・官民共同ベンチャーキャピタルファンド ●民間ベンチャーファンド補助、マッチングファンド ●ベンチャーの税制優遇措置 ●人材育成やスキル習得研修の支援 ●アントレプレナー育成 ●セクターを超えた人材異動への助成や支援 ●学生の企業における研究活動支援 ●企業における研究者雇用の支援 ●企業間・産官学間連帯の支援やプラットフォーム（クラスター形式、協会組織等の支援、技術連帯先を探すデータベース、仲介のためのイベント） ●インキュベーション施設、インキュベーターとの連帯 ●サイエンスパーク ●公共研究機関等による技術支援、技術情報流通（アドバイスサービス、国際的な技術動向把握、ベンチマーキング、特許データベース）	●課題設定によるプライズ方式（コンテスト型）の研究開発促進 ●商業化前開発段階での公共調達（PCP） ●標準化 ●規制／規制緩和（製品の性能・安全性への規制、購入企業側への規制、温室効果ガス排出量取引のような市場形式、新技術利用のルール形式） ●フォーサイトとそれに基づく対話形式 ●ユーザーと製造者の対話のプラットフォーム形式	●イノベーションを含む製品の公共調達（PPI。既存製品では実現困難な使用設定等） ●公共調達による触媒効果（公共機関が先行利用することで民間需要を喚起） ●需要側への補助金や税制優遇措置 ●私的需要の明確表現 ●社会実験、特区、規制のサンドボックスによる先行市場の形成 ●市民の意識喚起や訓練（イノベーティブな製品の情報流通や性能や安全性の公的ラベリング）

出所：Edler and Georghiou (2007), Edler et al. (2016) を基に筆者作成。

表 B6.2　科学技術イノベーション政策の政策手段の例

ある。政府や民間の連携・協働を通じて、モノ・コトのあるべき姿（実現可能なガバナンスの仕組み、課題解決に資する公共調達）を利害関係者で合意し、需要を喚起、市場を形成する有効な手段になるのではないかと期待されている。

なお、長期的な政策策定、予見やシナリオ作成のための「予測（Forecast）[3]」、「ロードマップ（Roadmap）[4]」、「ホライゾン・スキャンニング（Horizon Scanning）[5]」、「未来洞察（Foresight）[6]」などの手法は、トランスフォーメーションの観点から重要性が高まるのではないかと考えられる。前述した国連主導のＳＤＧｓのためのＳＴＩロードマップ作成は、その一例と言えるだろう。

第2部

DIIのトップランナーたち

Disruptive, Inclusive Innovation

第1部では「破壊と包摂のイノベーション」の背景を概観したうえで、グローバルに活動する3名の専門家が異なる見地からそれぞれの俯瞰図を提示した。そして第4章では、先行研究に基づく「破壊と包摂のイノベーション」の理論的枠組みを形成した。

第2部では、八つのエピソードから実践者の「現場の声」を拾い、第1部で得た知見と重ね合わせる。

例えば、彼らは、それぞれ新たな形（社会インパクトファンド、ベンチャーキャピタル、クラウドファンディング）で資金を調達する。また、デジタル技術を駆使して多くの消費者・生産者を結びつけるプラットフォーム（先行販売マーケットプレース、デジタル農業プラットフォーム）を提供し、新たな市場を形成する。さらに、科学技術イノベーションで得た知見を、それを必要とする人々に迅速に届ける仕組み（リーン・エクスペリメンテーション、規制のサンドボックス、コ・イノベーション、リバース・イノベーション、技術のプロデュース）を提供している。これらが相俟って、基本的な社会サービスから取り残された人々を包摂するビジネスモデルが形成され、社会変革へと舵が切られる。

一方、新たな課題も浮かび上がる。例えば、社会的インパクトを横断的に評価する方法が未整備である。新しい技術が導入される速さに、制度の形成が追いつかない。公共財であるはずの学術知識を財としてビジネスに活用する際に矛盾が生じる。多くのデータを生成するプラットフォームにはインテグリティの醸成が必要である。これらを解決する明確な答えは、まだない。

終章では、第2部のエピソードを振り返り、「破壊と包摂のイノベーション」の共通項を横断的に整理する。重要な共通項は、エコシステムの構築、プロトタイプの実験的導入、他者との協働から新たに開拓される市場機会や価値の拡大（補完性という正の外部性）、そして補完性を生かした政府・民間・市民の新たな連携方法の確立である。最後に、規制がビジネスに与える影響を重要し、アジャイル（俊敏）な政策と政府の役割について考察した。

EPISODE **1**

インドでＢＯＰビジネスを支援する

――アービシュカール・グループ

■企業の概要■

アービシュカール・キャピタル（Aavishkaar Capital）は２００１年にビニート・ライ（Vineet Rai）氏によって設立されたインパクト投資（ＢＯＸ７）分野のパイオニアである。彼らは見過ごされがちな地域やセクターへベンチャーキャピタルの手法を使って投資を行い、現在では世界最大級の運用資産残高と高い運用パフォーマンスを誇る。「Aavishkaar」とは、ヒンディー語で、「invention（発明、創造）」を意味する。同社は、インドの貧困地域が抱えるさまざまな社会課題の解決に取り組む有能な起業家に資本を提供し、持続可能でスケーラブルな事業を育て、経済発展の恩恵から取り残された人々の機会格差を解消することをビジョンに掲げている。

創業当時、投資リスクの高い社会的起業に資本を提供するという試みは珍しく、以来、同社はインドのみならず世界のインパクト投資の流れを牽引してきた。これまで総額４億米ドル（約４２０

億円）を、6本のファンドを通じて調達し、70件のエクイティ投資を実行し、その約半分のイグジット[1]に成功。同社の投資対象分野は、農業、金融、サプライチェーン、医療、教育、公衆衛生、環境、物流、ITサービス、製造業と多岐にわたっており、投資対象国もインドのみならずバングラデシュ、スリランカ、インドネシアにも拡大している。これらはインドから他の途上国企業に投資する初めてのファンドでもある。投資の成功確率は業界標準を上回っており、同時に投資先事業を通じて約4万人分の雇用を生み出し、受益者数は1億人以上に達する。東西アフリカ[2]へも事業を展開しつつある（Aavishkaar 2018）。

代表的な投資先企業には、2016年にムンバイ証券取引所に上場した金融サービスのエクイタス（Equitas）、インドの中でも特に貧しい東部地域で乳製品を製造・販売するミルク・マントラ（Milk Mantra）、経済成長に伴って大量に発生するゴミ問題に取り組むネプラリソースマネジメント（NEPRA Resource Management）（BOX8）、物流ネットワークから取り残された地域で小口宅配事業を行うコネクトインディア（Connect India）などがある。これらの実績によりアービシュカール・キャピタルは国連やG20などの場で表彰され、ビジネススクールのケーススタディとしても取り上げられている（Aavishkaar 2018）。

■ケースのポイント■

アービシュカール・キャピタルは、投資のリターンとして財務的のみならず社会的なインパクトも求める「社会インパクト投資」を行っている。当社は、一般的に難しいとされている「経済的リターンと社会的インパクトを高いレベルで同時達成する」ことを実現し、これまで投資対象とされていなかった「取り残された」地域や人々を対象とするビジネスに関して、メインストリームの投資家の考え方に変革をもたらしている。[3] また、アービシュカール・キャピタルは、投資先を選ぶ際、解決が難しい、しかしスケール化できる事業を選択し、社会へインパクトを起こすことを重視している。

また、アービシュカール・キャピタルは、2020年よりアービシュカール・グループの一部として活動している。当グループはインテレキャップ、アロハン、アシブという計四つの会社から形成され、それぞれ異なる目的と機能を持ち、業務を相互補完的に行うことで、金融のエコシステムを展開させ、シナジー効果を生み出すことでより広範なインパクトの創出に成功しているのである。この他にも、サンカルプ・フォーラムという、機関投資家や開催地政府、金融機関などとネットワークを広げるイベントを開催し、さらなる外部資金の調達を図っている。

これにより同グループは、機関投資家からの大規模投資を、社会起業家へ融資するインパクト投資（アービシュカール・キャピタル）から、中小企業や個人に融資するマイクロファイナンス（アロハン）までの「資金の経路」（第2章参照）を構築していると言える。グループ内のエコシステムで大きな資金の流れを個々人がアクセスしやすい小さな流れに変えることで、金融包摂を可能にしているのである。

1　起業家ビニート・ライの誕生

アービシュカール・キャピタル（Aavishkaar Capital）はインパクト投資のパイオニアである。インパクト投資は、現在でこそＥＳＧ投資の一種として注目を浴びているが、ビニート・ライ氏が創業した頃は、財務的便益と社会的便益の双方を求める投資は主流ではなかった。社会課題に「善いビジネス」で対応するという考えが明確なビジネス・ビジョンとして形づくられるまでには、さまざまな紆余曲折があった。２００１年の会社設立当初からライ氏は「取り残された貧しい地域の人々が思いつくさまざまなアイデアを実現し、就業機会を与える」ために資金を集め、起業を目指す人々に資金を提供した。しかしこれらは、なかなか成長する事業にはならなかった。２００６～２００７年頃になってようやく、彼は自身にビジネス思考が欠けていることに気づき、事業の方向性がここから大きく変化したのである。

❖救済ではなく、善いビジネスを成功させよ

ライ　私はビジネスを通して人々の生活を改善したかったのですが、実際には「貧しい人々のために何かをしたい」という思いの持ち主を探すばかりで、彼らのビジネス能力を完全に無視していました。私たちは、多くの失敗をしました。貧しい人を救うことばかりに目を奪われ、ビジネスの側面に焦点を当てていなかったからです。

5～6年経った頃、私はビジネスに熟達している人を探すようになりました。必要なのは、貧しい人々の生活を改善する「事業」を立ち上げることなのです。すると、変化が起こり、物事がうまく進み始めました。

2007年には明確な答えに辿り着きました。「私は貧困層に就労機会を与えたり、都会では当たり前のサービスを貧困層に届けたりする起業家に投資をします。これは非常に有望なビジネスであり、必ずや収益を上げ、投資家に還元するでしょう」。このように資金を循環させ始めると、より多くのお金が集まるようになりました。100ドルの元手から100万ドルを得るのに6年かかりましたが、次の6年で1億ドルになりました（図E1.1）。

❖ パートナーをどのように見つけるか？

アービシュカール・キャピタルはどのように「善いビジネス」の投資先企業を選ぶのだろうか。アービシュカールのビジョンがよく現れているのは、この投資プロジェクトを選ぶ基準である（Rai 2019）。

- 解決する価値のある課題に取り組む。スケーラブルな事業であること。
- いまだ取り残されている多くの人々の生活に影響を及ぼす問題の解決であること。

POINT　「善いビジネス」とは？

社会的な責任を果たす「善いビジネス」は1960年代からフィランソロピーやCSR（企業の社会的責任）という言葉で語られてきた。これはあくまでビジネスとしての利益があっての社会貢献であった。今日、ビジネスは収益を上げるだけでなく社会問題や環境問題を市民社会とともに解決する役割をも担うという考え方が広まりつつある（序章参照）。

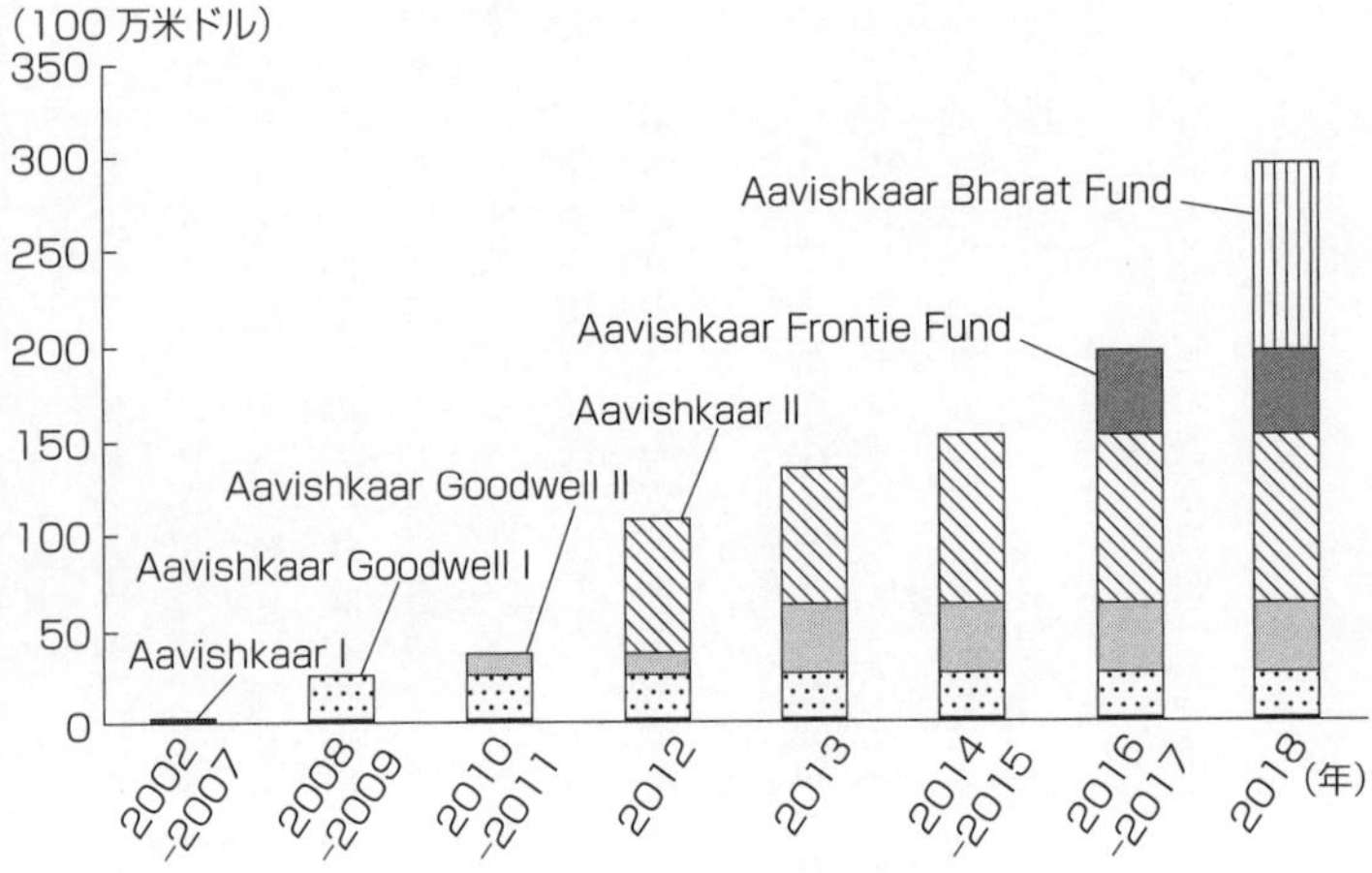

出所：Aavishkaar Impact Report（2018）.

図 E1.1　資金調達額の推移

●資本以外の解決策が必要となる問題であること。

●パラダイムシフトを起こすような解決策を必要とする問題であること。

この4点から分かることは、「善いビジネス」とは、社会に必要とされている、資本以外の解決策が必要な、さらに解決された際のインパクトの大きい、より難しい問題に取り組むビジネスである。では、起業家にはどのような資格が必要なのだろうか。

ライ　例えば、もしゴミ処理事業であれば、彼らは廃棄物や水質、健康、環境問題について知識がなければいけません。また、もし医者であれば、病院経営についてよく知っていることです。その人物は、よいアイデアを持ち、どうすれば低いコストで病院をつくれるかを知っていなければなり

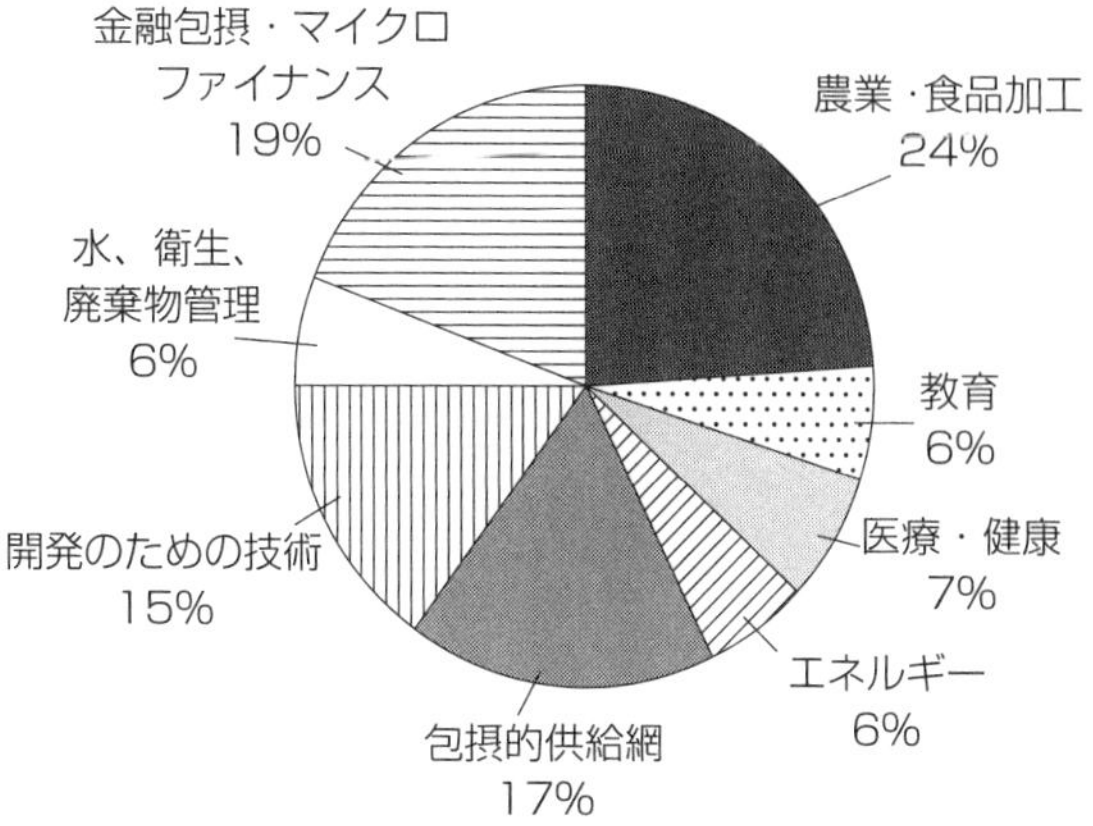

出所：Aavishkaar Impact Report（2018）.

図 E1.2　アービシュカールの投資分野（産業別・企業件数）

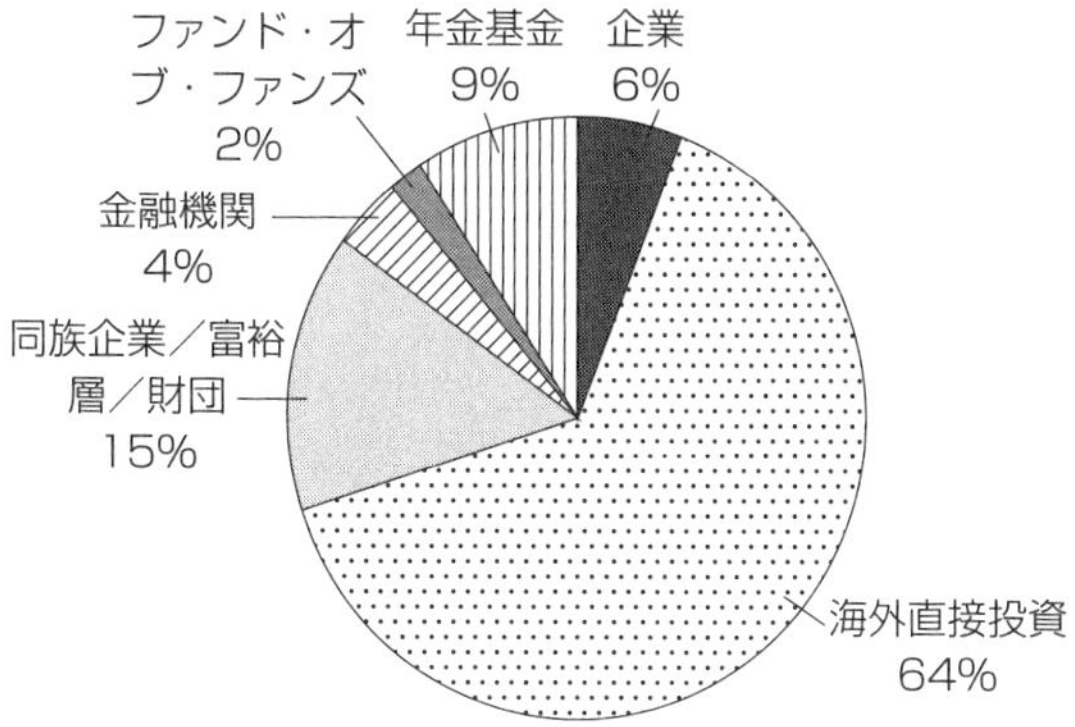

出所：Aavishkaar Impact Report（2018）.

図 E1.3　アービシュカールの投資分野（投資機関別・US ドル建て解散価値）

ません。私が20年に及ぶ投資経験で習得したのは、「一つの病院を10に増やそうとしている人を支援する方法」です。すなわち、「どうやって成長戦略を立てるか、資金をどう調達するか、人々をどう説得するのか、コーポレートガバナンスの設計、事業の拡大、労働者の雇用はどうすればよいか、そして、これらのプロセスをいかに組織化するか」といったことです（図E1.2、図E1.3）。

2　起業家を育てるには？

❖ 起業家育成のための三つの心得

「善いビジネス」を選ぶ際、その事業を取り仕切る起業家はどのような人なのだろうか。社会起業家は社会的な問題を解決するための新しい視点を持つ反面、必ずしも経営経験を持っていない場合も多い。この点は投資を決める際、問題になるのだろうか。どのような起業家をライ氏は求め、育成に向けての支援を行っているのだろうか。

ライ　まず、その起業家の強みを明確にします。次に、マネジメントチームを作ってもらいます。起業家を説得して、彼よりも優れた人材を集めるのです。これこそが、起業家の能力を高める最も強力な方法でしょう。一般にリーダーというのは自分が一番優秀でありたいもので、「自分がいなければ何もできない」と言いたがります。ですので、起業家に次の三つのことを教えるのは、とても難しいのです。

第1に、起業家は忙しすぎてはいけない。往々にして起業家は「忙しくて息をつく暇もない」と言いますが、時間に追われている起業家は、まず失敗しますね。もし彼が最も優秀ならば、みんなから頼られるので、彼は忙しくなります。そんなとき、私たちは彼に言い続けます。「それは、あなたのチームが貧弱だからです。チームが優れていれば、あなたは忙しくないはずです」。

第2に、重要なことは、内省と自己実現です。自分を取り巻く環境をよく理解し、自分が何をすべきかをよく考えなければなりません。

そして第3に、起業家に教えていると悟られることなく、起業家の能力を高めてあげることが大切です。もし私が「左へ行け」などと指図したら、彼らはへそを曲げて右へ行くでしょう。彼らは自らの人生、自らの旅を通して学びたいのです。ですから、私たちは抑制的でなければならず、決してやり過ぎてはいけません。自らの意志で進み、失敗することも良い経験です。時には（致命的でなければ）怪我をさせてあげるのも投資家として必要です。ただし、腕なら骨折しても構いませんが、首の骨を折らないように気をつけてあげなければいけません。

以前、私は廃棄物ビジネスを営む二人の若者と出会いました（BOX8）。彼らはゴミ問題を解決したいと願っており、またゴミの分類方法に詳しく、ゴミ集めをする人々とともに働く術《すべ》を心得ていました。しかし彼らは、資金の活用方法であれ、事業計画の立て方であれ、およそ企業経営については何も知りませんでした。

このゴミ処理工場は（図B8.1）2010年に設立したネプラ（NEPRA）社で、アービシュカール・キャピタルが2013年から投資を開始している。NEPRAは2020年、シリーズCで180万ドルの資金を調達した成功事例である。[4]

そのネプラも、かつてゴミ処理施設で火災事故を起こしたことがある。隣接する工場からのもらい火でゴミの在庫に火がつき、すべてが灰になったのである。この火災の直接の原因は隣接工場の出火だったが、起業家の「ゴミを大規模な工場やホテル、ゴミ拾い業者などから買い取り、収集し、貯めてから処理を行う」という処理方法も間接的な原因だったと言える。ライ氏は火災を予期してはいなかったものの、この処理方法については火災前から起業家に疑問を呈していた。

ライ　廃棄物の価値はゼロなのだから、もし廃棄物を50万ドルで買えば、その50万ドルは直ちに毀損してゼロになる。だから、私は彼らに言いました。「買い集めたゴミには何の価値もない。分別し、リサイクル業者に出荷されて初めて価値を生むんだ」と。要するに、ジャスト・イン・タイム方式で、入ってくる廃棄物と出ていく分別処理された廃棄物との量や速度を最適に制御しなければならない、工場にある未処理の廃棄物（在庫）を必要最小限にせよということです。しかし彼らは「あなたこそ分かっていない。私たちはゴミを安く買い入れているから、蓄積しておいていいんだ」と言って譲りませんでした。

彼らは、すべてが灰になって初めて、蓄積しすぎることの愚かさに気づいた。現在では、1週間分の在庫（収集した廃棄物）しか置いていないという。しかし、どうやって在庫を減らしたのか。

ライ　実は、彼らは火事の後もまた廃棄物を積み上げていました。というのも、ゴミ拾いで生計を立てている人々はゴミを継続的に買わないと売ってくれなくなるため、良質な廃棄物を安定的に仕入れるのは非常に難しいからです。ならば、改善すべきは仕入れではなく、処理能力のほうです。私たちは話し合いました。「こんな小規模では効率的にならない。工場を大きくしなくては」「できませんよ」「必ず方法はある」「ありません」「オーケイ、では私が資金を提供しよう」「え、本当に！」……そして彼らは、改善方法を見つけました。

アービシュカールの担当者は、このような経営に関する話をほぼ毎日起業家と行い、厚い信頼関係を築いているという。ただ、近い関係であるからこそ、起業家へのアドバイスには常に気を遣う。

ライ　私たちは身内のような関係をつくっているだけに、注意深くやらないといけません。出しゃばらず、友人として話しかけます。「手伝えることはあるかい？」「一緒に考えようか？」と。決して「君はこうすべきだ！」なんて言ってはいけないのです。関係づくりは重要で、時間もかかるし、誰にでも同じやり方が通用するわけでもない。人にはそれぞれ異なる個性があるからです。

3　金融エコシステムを築く

❖オンライン・マイクロファイナンスへの挑戦

アービシュカール・キャピタルの設立後、ライ氏はすぐに「資金を提供するだけでは、社会課題は解決されない」ということに気づき、投資先企業に必要な経営上のノウハウ、足りない知識をサポートするインテレキャップ（Intellecap）を設立（２００２年）した。

さらに２０１０年、インドでマイクロファイナンス危機[5]が起こると、２０１２年にアービシュカール・キャピタルはそれまで経営支援をしていたマイクロファイナンス企業のアロハン（Arohan：２００６年設立）の主要経営権を取得した。融資事業はアービシュカールの本来の業務対象ではないが、この事業から得られる地元（地域）コミュニティの細やかな情報がアービシュカールの事業にも有益であると判断したためである。

現在アロハンは、インド北部を中心に1件およそ１００米ドルから最大１５００米ドル規模のマイクロファイナンス融資を行っており、融資残高では常にインドでトップ5以内に位置するほどに急成長を遂げている。通常、マイクロファイナンスは現地に密着し、債務者と付き合い、地方の細かいニーズを捉えて融資し、返済率を高めるというのがビジネスモデルだが、アロハンはデジタル技術（モバイル）を駆使したアルゴリズムで与信審査を行い、融資と返済をキャッシュレスにすることで、審査期間の短縮かつ経費の削減によって、返済利子率を軽減することに成功している[6]。

ライ　この頃、私はこれまでとは異なる人々に起業させる必要を感じていました。つまり、ビジネスマンでない起業家です。例えば、一人のとても貧しい女性がいるとします。彼女は事業を起こしたい。彼女に必要なのは２００ドル。

この機構の目的は、村々に暮らす人たちに必要なお金を届けることです。しかし、どうやって？現金を運んで村々を回るのか？　そこでフィンテックが必要になったのです。私たちはインド政府が発行するアダール（Aadhaar）という個人認証基盤を利用した銀行決済のためのソフトウェアを開発しました。これがあれば、オンラインで口座を開き、個人を認証し、融資を受け、また返済することができます。現金を運ばずとも、地方に暮らす貧しい女性たちに資金を貸し出すことができるのです。こうして私たちは、最先端の技術を用いてオンライン銀行決済サービスを提供するインド唯一の企業になりました。これは、１００％ペーパーレスかつキャッシュレスです。すでに２２０万件の口座が開設されています。

❖ 中小企業向けデジタル無担保融資

２０１９年から20年にかけて、これらの関連事業は「アービシュカール・グループ（The Aavishkaar Group）」持ち株会社（ホールディングカンパニー）に再編成された[7]。この会社の株の過半は創業者（ライ氏）グループが所有し、残りはＦＭＯ、シェル財団、ヌビーン（TIAA-Nuveen）、トリオドス（Triodos）銀行などインパクト投資のリーディングプレイヤーが所有している。

また、この際にグループ内の事業を再編成し、アシュブ（Ashv）という新会社が設立された。この会社は以下の事業を行う。

●マイクロファイナンスや普通の銀行が融資できない規模（1件3000～5000米ドル規模）の融資。

●起業（企業）家精神を持つ積極的な小規模事業者、ビジネスへの展開の可能性を持つ事業への融資。

●融資の判断は基本的に事業性。この事業性が担保に相当する。

●デジタル上のデータをアルゴリズムに基づき、与信審査に活用。

●現金を使わず、融資も返却もデジタルで（アダール利用）行う。

●マイクロファイナンス向けにデジタル技術を使ったアルゴリズムシステム（Digitalized Loan Management System）を外販する。ソフトウェア、メンテナンスのサービスも提供する。これらは特に与信のノウハウや専門人材の不足する地方金融機関への提供が目的。

●NBFC（Non-bank Finance Company）としてファイナンス業務を継続。

このように、アシュブは、既存の金融機関が対応できていない利用者の需要に戦略的に対応している。グループ内の事業として、インド政府が導入したアダールを活用したソフトウェアを開発し、これを活用してオンラインで口座を開き、個人の信用力を審査し、融資を実行し、返済を受ける。このやり方であれば、現金を運ばずとも、100％ペーパーレスかつキャッシュレスで地方に暮らす貧しい女性たちに資金を貸し出せるようになっている。

つまり、注目するべき点は従来のやり方とはまったく異なる新しい技術を用いていること、なるべく簡易に多くの人がファイナンシャルサービスを利用できるような工夫（例えば、与信審査の簡略化、担保なし、キャッシュレス）がされていること、新しい価値を生み出す起業（企業）家へ積極的なサポートを行っていること、地方の金融機関へのソフトウェアの提供を通じて、マイクロファイナンスの受益者数をスケールアップし、インパクトを生み出していることである。

❖ 提供するのは「インパクト投資プラットフォーム」

今回の組織の再編成からは、創立者の考え方のもとで、グループ企業で行っている事業を有機的につなげ、スケールアップし、インパクトの相乗効果を生み出すエコシステムへと転換させていることが読み取れる。

ライ　私たちはカスタマーフォーカス[8]であり、顧客のニーズを探り、必要なサービスを提供するための枠組みを作っているのです。これらの集合体であるアービシュカール・グループを、私たちは「インパクト投資家」ではなく「インパクト投資プラットフォーム」と規定しています。

アービシュカール・グループは非常に興味深いエコシステムを形成している。図E1.4に表すように、グループ内には機能の異なる4企業が存在し、相互補完的な役割を担いながら、独立した活動を行っ

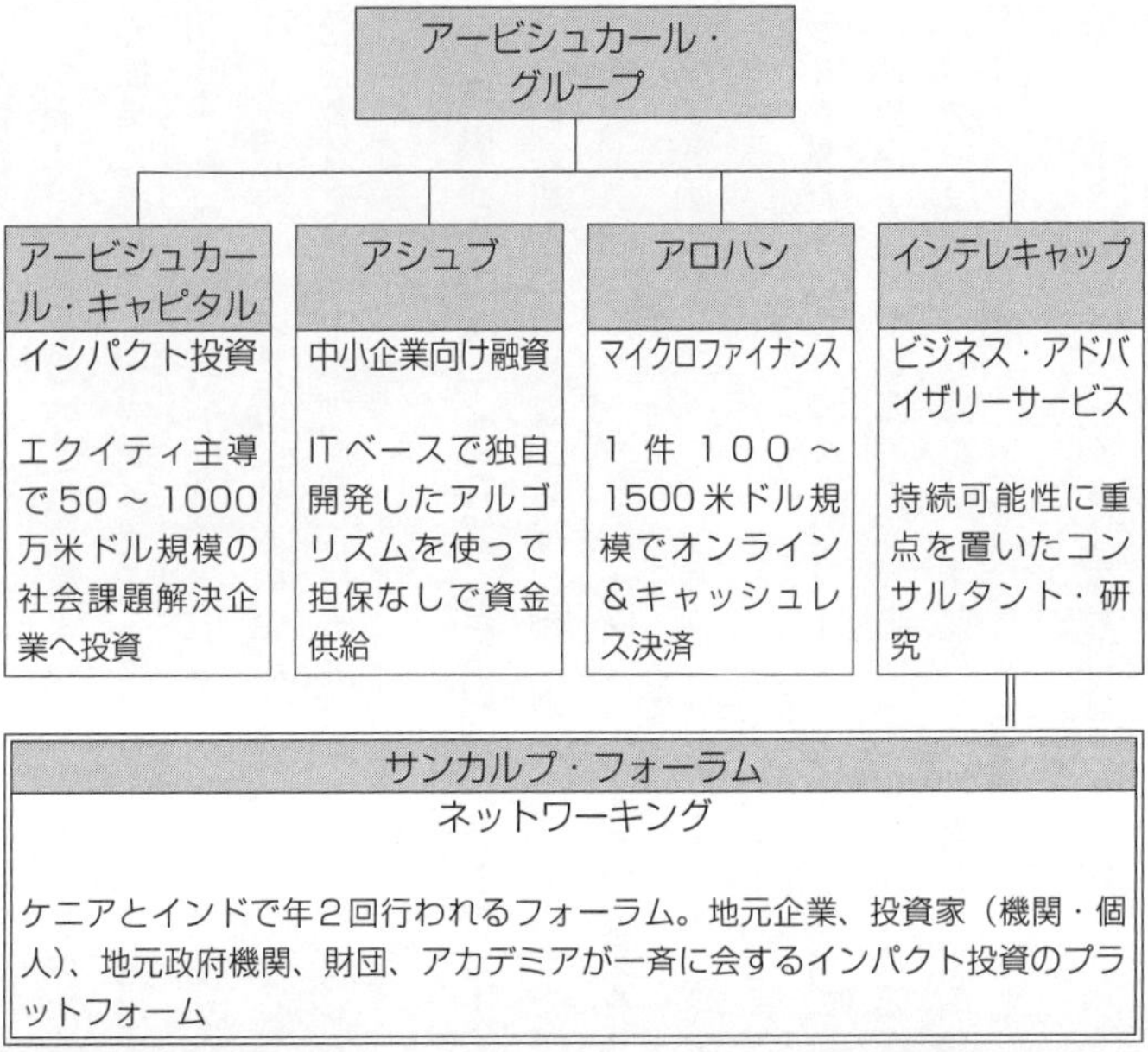

アービシュカール・グループ
アービシュカール・キャピタル
インパクト投資
エクイティ主導で50～1000万米ドル規模の社会課題解決企業へ投資
アシュブ
中小企業向け融資
ITベースで独自開発したアルゴリズムを使って担保なしで資金供給
アロハン
マイクロファイナンス
1件100～1500米ドル規模でオンライン＆キャッシュレス決済
インテレキャップ
ビジネス・アドバイザリーサービス
持続可能性に重点を置いたコンサルタント・研究
サンカルプ・フォーラム
ネットワーキング
ケニアとインドで年2回行われるフォーラム。地元企業、投資家（機関・個人）、地元政府機関、財団、アカデミアが一斉に会するインパクト投資のプラットフォーム

出所：Aavishkaar group website を基に筆者作成。（https://aavishkaargroup.com）

図 E1.4　アービシュカール・グループのエコシステム

ている。

複数のファンドを持ち、インパクト投資を行うアービシュカール・キャピタル。150～1500米ドルというマイクロファイナンスを行うアロハン。アシュブはマイクロファイナンスとインパクト投資の中間規模の融資を埋める。アロハンとアシュブは革新的なフィンテックを駆使して資金の与信審査・キャッシュレス融資を行い、資金のデジタルインフラを提供している。インテレキャップは人材の育成や企業経営に必要な知識や助言を行う一方でエコシステム構築機能も持ち、年に2回インドとケニアでサンカルプ（Sankalp）フォーラムを開催し、潜在的な投資家と投資先企業とのネットワーク作

りを積極的に行っている。

つまり、グループ内の企業群は、社会課題に挑む多様な社会起業家のニーズにグループ全体で補完的に対応しつつ、有望なプロジェクトの発掘から支援まで、その成長段階に合わせて効果的に行える仕組みを形成している。これを通常のイノベーション・エコシステムの役割——①資金の流れ、②人材育成、③顧客へのアクセス、④（道具としての）技術へのアクセス、⑤活動を支えるためのインフラの提供——という点から見ると、アービシュカール・グループは各企業のビジネスモデルが革新的であるというだけでなく、グループ内で強靭（レジリエント）なエコシステムが形成されていることが分かる。これは、この分野の先駆者であるがゆえに、依存できるようなサービス・政府機能が存在しない環境で、顧客の多様なニーズに応えるために必然的に構築されたのであろう。それが結果的にグループ内で正の外部性を生み出し、自律的かつレジリエントなビジネスモデルに進化させたと言える。

このように2001年の創業以来、アービシュカール・グループは社会課題を解決するための事業に次々と挑戦しながら、従来のベンチャーキャピタル投資の常識を覆して新たなエコシステムを構築してきた。これは、本書が提唱する「破壊的かつ包摂的なイノベーション（Disruptive, Inclusive Innovation: DII）」の特徴をよく表すものである。

BOX 7

世界で拡大するインパクト投資

インパクト投資とは？

インパクト投資は「財務的リターンと並行して、ポジティブで測定可能な社会的および環境的インパクトを同時に生み出すことを意図する投資」と定義される（GIIN 2020: 8）。また、インパクト投資の特徴は以下の４点と言われる（GIIN 2020: 8）。

- 明確な意図を持ち、投資を通じて、財務的なリターンと並行して環境や社会にポジティブなインパクトをもたらすことに貢献していること。
- エビデンスやインパクトデータを活用して投資戦略を設計すること。
- インパクトパフォーマンスの把握を通じて投資を管理していること。
- インパクト投資の発展に貢献していること。

以上から分かるように、社会課題の解決を目的としていても、金銭的リターンを期待していない寄付、補助金、助成金、フィランソロピー、ＣＳＲは基本的にインパクト投資には該当しない。なお、インパクト投資には、株式（上場企業、非上場企業）、債券、融資、リースなどさまざまな形態がある。２０１９年の実績では、非上場企業への投資が主であるが、上場企業への投資も増加傾向にある（GIIN 2020）。

アービシュカール（Aavishkaar Capital）やパタマール（Patamar Capital）は、社会課題の解決を目指す非上場株式企業への投資（シードからアーリー

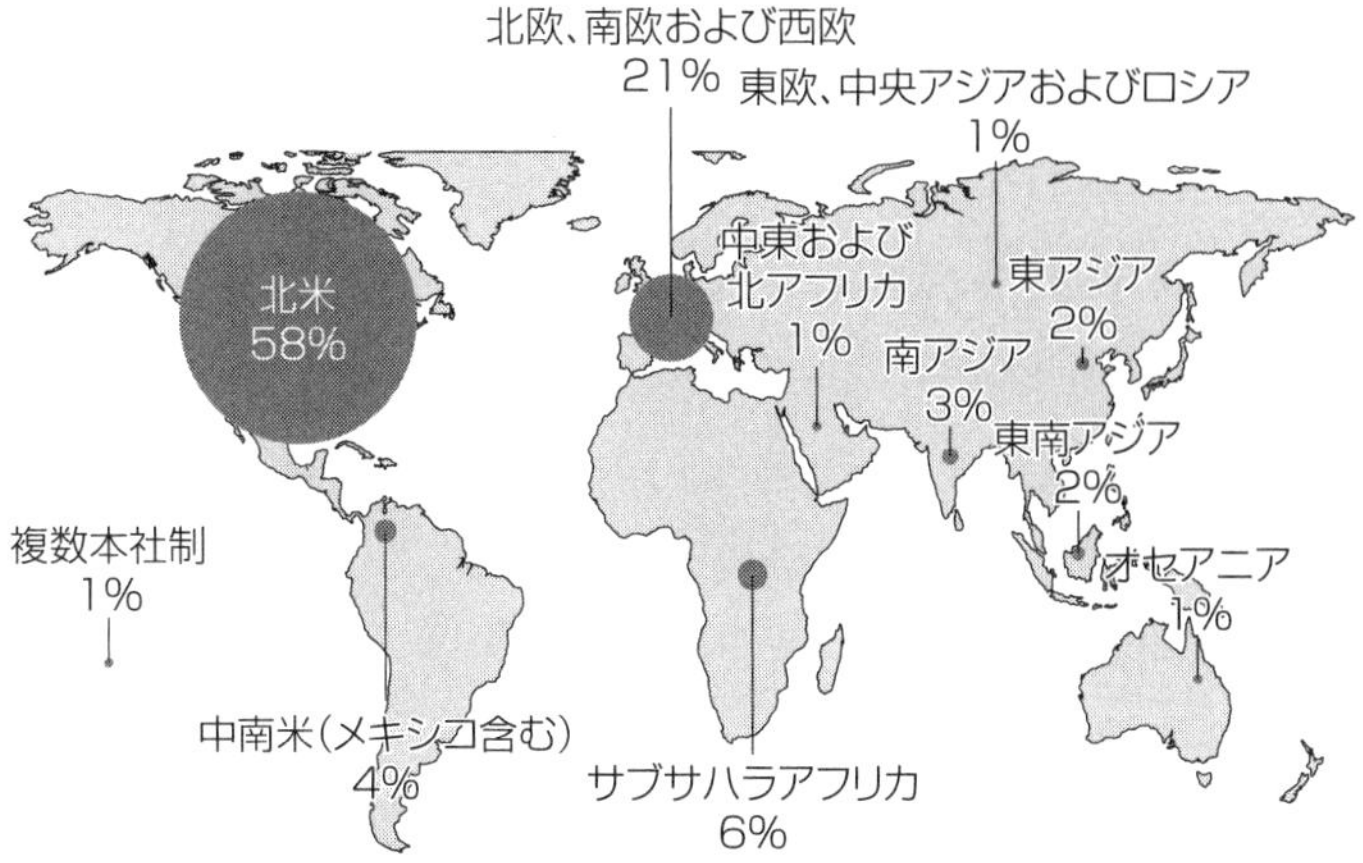

n=1102; 本社所在地が不明な組織を除く

出所：GSG 国内諮問委員会（2020).

図 B7.1　インパクト投資家の分布（組織の本社所在地）

段階）を主に行っているインパクト投資である。非上場株式は伸び代のある初期の社会的企業（社会起業家）への投資であるため、社会的貢献度（インパクト）が大きく、企業価値の上昇率（バリューアップ率）が高いとされる。このような企業は一般的に投資リスクが高くリターン率が低いと考えられがちだが、インパクト投資のリターン率は一般的に通常の投資（ＰＥ）と遜色ないレベル（16％程度）である（GIIN 2020）。

インパクト投資の現状

世界のインパクト投資の市場規模は、２０２０年には７１５０億ドル（約75兆円）と試算され、２０１６年の１１４０億ドルから大きく伸びている（GIIN 2020）。インパクト投資の約８割が欧米（北米58％、欧州21％）に本拠地を置いているが（図Ｂ7.1）、投資先運用資産額（ＡＵＭ額面ベース）は比較的分散されている（GIIN 2020）。資産配分が大きいセクターは、ＳＤＧｓと関連の深いエネルギー、金融（マイクロファイナンス以外）、森林、食料・農業である（ＧＳＧ国内諮問委員会 ２０２１）。国際金融公社（ＩＦＣ）や国連開発計画（ＵＮＤＰ）といった国際機関でも、インパクト投資への積極的な取り組みが広がっている。

日本のインパクト投資は、２０２０年に５１２６億円（ＧＳＧ国内諮問委員会 ２０２１）と世界全体の０・６％にとどまっているが、２０１６年（３３７億円）から10倍以上に規模を拡大している。インパクト投資ファンドの運用機関数も増加しており、60を超える機関がインパクト投資に参加し、１２０を超えるインパクト投資ファンドが誕生している（ＧＳＧ国内諮問委員会 ２０２０）。日本におけるインパクト投資はマイクロファイナンス系の社会開発目的の融資が主で、投資リターンを目的としたエクイティ型投資が少ない。また、投資対象が国内であるケースが多く、途上国向けのインパクト投資はほとんど見られない（有識者懇談会 ２０２０）。

インパクト投資までの歩み

伝統的な金融機関は資金の回収・運用が使命であるため、財務的価値以外のリターン（例えば、環境（Ｅ）、社会（Ｓ）、ガバナンス（Ｇ）：ＥＳＧ）を配慮することは資金提供者に対する「受託者責任」に違反するという考え方が長く存在していた。しかし、２００６年に公表された「責任投資原則：Principle for Responsible Investment: PRI」は金融機関や投資家の「可視化できない資産（Intangible Assets）」に対する意識に大きく影響を与え、ＥＳＧおよびインパクト投資への流れを作ってきた。

ＰＲＩはＥＳＧに配慮した投資の重要性を説き、金融機関による合意形成を働きかけた。この動きは、近年顕著になった気候変動による災害の深刻化、頻繁に発生する感染症問題、経済・社会的格差の拡大による社会の不安定化などと相まって、ＥＳＧ課題への配慮と経済活動の安定化についての意識に変化をもたらした。

なお、最近ではＥＳＧに配慮した経営は企業収益の長期的安定化につながるという学術研究成果も発表され（Campagna et al. 2020など）、現在はＥＳＧに配慮をしない投資が、逆に「受託者責任」違反になるという方向へと意識が変化しつつある。インパクト投資の拡大には、この意識変化も大きく影響していると言えよう（足立　２０２０、ＧＳＧ国内諮問委員会　２０２０）。

インパクト投資のこれから

まず、インパクトの比較可能かつ公正な測定方法とその検証手法の確立・標準化が、ますます進むだろう（GIIN 2020）。国際標準については、ＩＦＣによる「インパクト投資原則」が基本的原則を定めており、その他ロックフェラー財団のもとでのＧＩＩＮ（Global Impact Investing Network）、ＵＮＤＰのもとでの「ＳＤＧｓインパクト」など、検討が重ねられている。

また、大手金融機関の参入も含め、プレーヤーが増加すると考えられる。例えば、米投資ファンドのコールバーグ・クラビス・ロバーツ（ＫＫＲ）は２０２０年に「ＫＫＲグローバル・インパクト・ファンド」を立ち上げ、インパクト投資に参入した。日本でも新生銀行など企業による金融商品として、メインストリーム化が進むという見方もある。

さらに、インパクト投資の実行機関としてベンチャーキャピタル（ＶＣ）の参入が期待されている。投資のノウハウを持ったＶＣがインパクト投資に加わることによって、インパクト投資の裾野の広がりとレベルの底上げが期待される（柿沼　２０２０）。加えて、クラウドファンディングも、２０１１年の東日本大震災を契機に、インパクト投資の手法として注目されている。

２０１９年Ｇ20大阪サミットの首脳宣言に社会的インパクト投資を含む革新的資金調達の重要性が盛り込まれ、休眠預金の活用など政策的な動きもあった。また２０２０年以降、インパクト投資関連の政府研究会（金融庁、環境省、経済産業省など）の動きが活発化している。さらに、日本の大手生命保険会社がインパクト投資に参入、経団連もサステイナブルな資本主義を基本理念に据えた新成長戦略を発表するなど、民間部門にも積極的な動きが見られる。これから政府、金融機関、ベンチャーキャピタルなど多くのアクターによる取り組みが進むだろう。

BOX 8

ネプラのゴミ分別・再資源化事業

今日、世界では年間20億トンのゴミが排出されており、2050年までには40億トンにまで増加する一方、その70%がリサイクルされないと言われている。インドのゴミ排出量は2016年に2・8億トン、2030年には3・9億トンに増加すると予想されており、世界一のゴミ排出国である[1]。

2010年、ネプラ(NEPRA)はインド西部のグジャラート州アフマダーバードにゴミ処理専門の会社として設立された。現在、同社はインドのゴミ処理・リサイクル業界の最大手である。創業者サンディープ・パテル(Sandeep Patel)氏はゴミに関わる利害関係者を結びつけ、新しい価値を生むビジネスモデルを構築し、社会課題の克服に挑戦している。

創業間もない2013年、ネプラはアービシュカール・キャピタルからの出資を受け入れ、まず公正な価格でゴミ拾い人(ウェイスト・ピッカー)からゴミを購入して処理場に集めた。しかし、この行動はゴミを街から処理場に移動させただけに終わった。また、追い討ちをかけるように隣接する別工場からのもらい火でネプラはすべてを失ってしまった。しかし、アービシュカール・キャピタルはネプラの事業の将来性を信じ、処理能力の向上のため1500万米ドルを追加出資し、ビジネスの拡大を支援した。この結果、ゴミを収集・分別し資源として価値を生み出すビジネスモデルが構築されたのである。

ネプラのビジネスモデル

ネプラは現在およそ1日600トンの乾燥ゴミを

処理している。業務はゴミの収集、分別、リサイクル業者への売却と大きく3つに分かれる。まずゴミ（紙、段ボール、プラスチック、ガラス、木材、金属）の収集は、自社が集めるもの以外に、ゴミ拾いを生業とするインフォーマルセクターの労働者と、フリーの運搬業者が集めたゴミを買い取っている。

出所：GRIPSにおけるライ氏の講演資料より。

図 B8.1　ネプラ社の工場内の様子

それまでウェイスト・ピッカーは集めたゴミをゴミ仲介者に安い値段で買い叩かれていたが、ネプラはゴミの定量・定額買取制度を導入し、価格をゴミ仲介者より高く設定した。また、フリーの運搬業者はネプラに登録する事業主（ホテル、デパート、工場、商店、オフィスなど）および世帯（2万5000世帯）から排出されるゴミを決まった時間に収集し、彼らが集めたゴミも定量・定額で買い取った。なお、事業主や世帯から出るゴミは無料で収集している。

また、クラウドを利用したアプリを導入し、どのくらいのゴミがいつどこで出されたかを、ゴミが処理場に届くまで追跡し、事務手続きをバックオフィスで完了できるようにした。このように、ネプラが透明性の高く効率的なシステムを導入したことで、ウェイスト・ピッカーもフリーの運搬業者も搾取されることなく、安定した収入源と雇用を手に入れ、生活の質が改善された。

収集されたゴミはふるいにかけられ、小さいものが取り除かれた後、ベルトコンベアに乗せられ手作業で分別される。ここでも労働者が職を得ることになる。当初、分別作業は手作業で行われていたが、処理されるゴミの量が増加するに従って機械（Optical sorting, Multiple Optical sorting）が導入された。分別されたゴミは細断・圧縮され別々に集積され、90%がリサイクル・再利用業者に売却され、残りの10%はセメント業者に代替エネルギーおよび原料の一部として売却される。

このようにネプラのビジネスモデルは、ゴミをなくすのみならず、利益と価値を生み出し、インフォーマルセクターで働く人々によい労働環境と収入を与え、彼ら・彼女らを社会に包摂することも可能としている。パテル氏はこの成功を「ゴミ処理（静脈）を正規のバリューチェーン（動脈）に入れ込むことによって得られた」と述べる。ネプラはこのモデルを2025年までにインドの25都市で展開する計画を立てている。

行政とのコラボレーションとネプラの社会的インパクト

ネプラの成功の背後には、アフマダーバード自治体や政府の間接的な政策的支援がある。自治体ではゴミの埋立地不足を解消するため、ネプラがゴミ処理場を作る際に土地を提供した。また2016年、ネプラの操業に伴い、住民へのゴミ分別啓蒙活動を行い、プラスチックゴミ管理法を導入し、企業にゴミ処理への責任ある行動を義務づけた。自治体はネプラの成果を基に、2031年までにゴミゼロを達成する目標を掲げている。なお、業務の性格上、自治体の協力を受けてはいるが、ネプラは売上収入を自治体からの助成金や補助金に頼っていない。

またインド政府は2014–19年にかけてクリーンインディア・ミッション（Swatch Bharat Mission）(2)というキャンペーンを実施し、ゴミ処理を政策面から支援した。

ネプラの社会的インパクトとして、雇用の創出、特に女性（ウェイスト・ピッカーは女性が多い）の公正な雇用創出、環境破壊の低減、市街の衛生環境改善などが挙げられる。

参考資料

https://www.youtube.com/watch?v=eqQ_uxIMUuY

https://www.youtube.com/watch?v=9vBjB2Fg5lI

https://timesofindia.indiatimes.com/india/in-30-years-india-tipped-to-double-the-amount-of-waste-it-generates/articleshow/74454382.cms

EPISODE 2

ＳＤＧｓへの投資が東南アジアの成長を生む
――パタマール・キャピタル

■企業の概要■

パタマール・キャピタル（Patamar Capital）[1]はジェフ・ウーリー（Geoff Wooley）、リー・フィッツジェラルド（Lee FitzGerald）およびボウ・シール（Beau Seil）の三氏によって２０１１年に設立されたインパクト投資会社である。本社がシンガポールにあるほか、インド、インドネシア、フィリピン、スリランカ、ベトナム、米国にもオフィスを置き、主に東南アジアと南アジアの初期段階（シリーズＡ）スタートアップ企業を投資対象にしている。

パタマール・キャピタルはユナイタス・ラボという２０００年に設立されたシアトルに本拠地を置くＮＧＯの傘下に集まる、「経済的自己啓発を通じて世界の貧困を削減する企業連合」の一つである。ユナイタス・ラボ[2]は当初マイクロファイナンスを通じての貧困層への支援を進めていたが、２０１０年に方向を転換し、貧困層の生活水準を向上させるベンチャー企業への支援を始め、パタマール・キャピタルが設立された。

同社は貧困と闘う何百万人もの人々のために、新しい生計の機会を創出し、既存の生計の機会を改善することに焦点を当てている。このため、投資は初期段階の起業家を対象とし、２０１４年に設立した第1号ファンド、パタマールⅠではインキュベーターおよびアクセラレーター機能を持つハッチ（Hatch）を併設。農業、eコマース、教育、金融サービス、ヘルスケアの5部門にまたがる14の企業への投資を開始した。２０１９年から第2号ファンド、パタマールⅡを設立し、eコマースとロジスティクス、ＥＤＵテック、ファイナンシャル・サービス、アグリテックの分野で活動する企業への投資が行われている。２０２０年までの運用資産残高（ＡＵＭ）は1億米ドルであり、20企業への投資実績がある（Patamar Capital, website, 2020）。

■ケースのポイント■

パタマール・キャピタルは成長率の高い南アジアおよび東南アジアで、スケールアップしやすいデジタル技術を活用した事業への投資を行っている。そのうえで、対象国ではまだ十分に整備されていない、かつ民間で代替しうる、社会的インフラを提供する案件を対象にしている。社会的インフラとは、教育、保健、農業、金融、流通などの分野である。同社は、社会性の高い事業を投資対象としつつも、入り口の段階で、広範な需要が見込め、スケールアップしやすく、かつ収益性の高い案件に絞ることで、リスクを管理していると言える。

パタマール・キャピタルのもう一つの大きな特徴は、地域の家族資本（同族会社）から資金を調達するとともに彼らとのネットワークを活用していることである。この地域内の家族経営・家族資本とのネットワークを、ポートフォリオ企業の問題解決に活かすことで、大きな市場や規制に関する問題、また市場におけるシナジー効果を生み出すための補完的資産を構築している。これもリスクを管理するための手段であり、比較的小規模なベンチャーキャピタルゆえの戦略とも言える。

さらに、7支店間で市場参入のノウハウを共有することで、ポートフォリオ会社が域内で事業を展開することを支援している。つまり、パタマール・キャピタルはグループ内でのネットワークと地域の資本家ネットワークとクロスさせ、社会起業家へのより良い支援を実現している。

1 政府と民間の狭間で

❖ 社会的インパクトと財務的リターンの両立

パタマール・キャピタル（以下、パタマール）は、「財務的リターンと並行して、ポジティブで測定可能な社会的および環境的インパクトを同時に生み出すことを意図する投資（GIIN 2020: 8）」、すなわちインパクト投資[3]を行っている。この「財務的リターン」と「社会的インパクト」のバランスを保つべく、パタマールは、いくつかの戦略的判断を行っている。

第1に、活動の場をこれからの成長が期待される東南アジア、南アジアに限定していること。これらの地域は、高い成長を遂げた中国・韓国などの歴史的発展経路から勘案し、人口ボーナス、つまり若年人口の増加から起こる可処分所得の上昇とそれに伴う経済成長が期待されている。第2に、投資の対象は、伸び代のある中所得層および低所得層を対象とする企業であること。第3に、対象企業は金融サービスもしくはテクノロジーを駆使したプラットフォームを持つビジネスであること。なお、これらの分野は、デジタルテクノロジーの導入によって事業の規模拡大が容易になったため、波及効果が得やすく、インパクト投資としての大きな効果が期待できる。

このように、投資の対象としている地域・企業・分野は、高い成長が期待でき、新興ビジネスが参入し成長する潜在性の高い市場である。この中でもさらに、基本的なサービスを人口の集中する都市部で提供している企業を投資のターゲットしている。つまり、初期の段階で社会的意義の大きいセクターを選びつつも、ビジネスとして収益面も考慮して対象企業を絞り込んでいるのである。

❖ 公と民の境界でセーフティネットを提供する

この戦略は、インパクト投資の果たす役割の立ち位置を示していると言える。環境や社会へのインパクトを求めることによって公的セクターが担う領域を補完すると同時に、財務的リターンも視野に入れている点で、インパクト投資はこの公と民の境界に立つ。パタマール創業パートナーの一人であるボウ・シール（Beau Seil）氏は、この立ち位置について次のように述べる。

シール　新興国では政府のセーフティネットが脆弱なため、生活の基礎的な側面を民間でカバーする必要があります。私たちは教育や医療などの基本的なサービス需要を満たすための投資を行っていいます。また、他国で発展した民間企業がこのような需要に対処する方法や、民間企業のソリューションによって物事をより早く進める方法についても考えています。このうち、携帯電話などのテクノロジーの供給は大きな可能性を秘めています。個人向け通信端末の普及は、廉価なプラットフォームを形成し、インパクトの規模を拡大させることを容易にしたからです。

この一例として、パタマールはベトナムでオンライン教育の会社に投資している。ベトナムでは若者人口の急増により教育へのニーズが高まっており、彼らにオンライン教育サービスを提供することで、教育を受けた若年層がより良い仕事につき、ベトナムの経済成長に貢献することが期待できる。こうしたデジタル技術を使った教育への支援は、従来の学校建設や教師の育成から始める方法に比べ、より短期間かつ低価格で大きなインパクトを生み出すことができる。

パタマールの活動は、一般的な民間企業とも非営利団体ともやや異なる。非営利団体は、最も困難な問題に対処するために重要な役割を果たすが、その中にはビジネスを利用したほうがより効果的なものがあり、パタマールはそこにエネルギーを注いでいる。反対に、同社は辺境にある農村部のような最貧困層へはサービスを提供しておらず、活動の場は人口密度の高い都市部に限定される。彼らは企業を効果的に支援することを優先しており、その点で対処が最も困難な社会問題・ケースを対象とする政府系や非営利団体系のファンドと棲み分けている。市場ニーズと政府の公共サービスとの間のギャップを埋めることを重視していると言えるだろう。また、近年では中小企業など中間所得層が生計を立て、将来への備えを可能にする学業ローン、中小企業を対象としたデジタル技術を用いた金融分野への起業家支援に力を入れつつある（Muskita 2000）。

では、なぜ都市部の中・低所得層を対象とした事業に絞っているのだろうか。また、パタマールのもう一つの特徴として南アジアと東南アジア（特にインド、インドネシア、フィリピン、ベトナム）に活動を絞っていることが挙げられるが、その理由は何だろうか。

❖成長の担い手たちを支援する

シール　中所得層から低所得層が、その国の成長の大部分を占めると考えるからです。都市部の中・低所得層は人口密度が高く、向こう数十年の経済成長率が高く、一人当たり所得の上昇に大きな影響を与えており、そこではスケールアップしやすいビジネスモデルを構築できます。

東南アジアは、10年前の中国がそうだったように、大きな成長が見込まれ、投資すべき素晴らしい市場です。一人当たりGDPで見ると、中国は２００７年には４６００米ドル（World Bank，２０１８年米ドル基準）になっています。中国がこのような数字になるまでは、中国でテクノロジー企業が成長するとは思いもしませんでした。

今後10年から20年の間に、アフリカでも多くの成長が見込まれています。しかし、私たちは10名程度の小さなチームなので、新たな国に進出する予定は今のところありません。現在、フィリピンに一人、ベトナムに二人、インドネシアに二人、インドには一人、そしてスリランカには二人いますが、バングラデシュとパキスタンも担当しています。

この中で、パキスタンは一人当たりの年間平均所得が約１４００ドル（World Bank 2018b）と比較的高く、インドと同程度のポテンシャルを持つ市場です。そこで人々が何にお金を使うかを分析しながら、どうやって良い製品やサービスを作るか、どうやってコストを削減するか、という観点から投資を検討します。例えば、現段階でパキスタンの人々はニュースのコンテンツにお金を払おうとしません。日本もアメリカもインターネットの普及で紙のジャーナリズムの売上が下がっているように、この分野で新しい商品・サービスを導入しても、それが顧客の核心的なニーズに対応していなければ、人々にお金を支払ってもらうのは難しい。

2　投資案件の選択とファンドの運営方針

シール氏の言葉から、彼らが社会へのインパクトや財政的リターンを熟慮したうえで、活動地域・分野を選択していることが分かる。それでは、戦略的に選定した市場・投資対象から、具体的な案件をどのように絞り込むのだろうか。パタマールは主にアーリーステージ（シリーズA）を投資対象としているが、投資案件の選択にはどのような点を重視しているのか。特に「インパクト」をどのように評価するのか。

ここに、ベンチャーキャピタルとして長く経験を積み重ねた創立パートナーたちと、現地でネットワークを作り情報を収集するスタッフから成る、パタマールの特徴を垣間見ることができる。

❖ 自身の目的を理解しているか?

シール 私たちは、アーリーステージの会社に投資しているので、良し悪しを選ぶ難しさは常にあります。しかし、私たちは案件を選ぶ際に何を尋ねるべきかを熟知しています。重要なのは、プロダクトやサービスが大衆の手の届く価格であるかどうか、どう人を雇うのか、その産業の中でどこに位置するのか、ライセンス・規制はどうなっているのかなどです。消費者は何を求めているか、そのプロダクトの価値は価格に見合っているか、どのように消費者に届けるのか、リソースをどうするのか、アーリーアダプターは誰なのか、そこからどう波及するかなどを熟慮します。

アーリーステージで投資対象を選ぶ際には、起業家とそのビジョンに注目する必要があります。彼らは実行能力があるか、チームメンバーに実力があるか、特に高度なテクノロジーに関して能力があるかなどを参考にします。加えて、市場に参入するタイミングは適切かどうか、携帯電話の市場浸透具合との見極め、モバイルデータが利用可能かどうか、製品が手頃な価格かどうかも合わせて検討します。

現在、私たちはマイクロ保険[4]の可能性を検討していますが、人々は保険に入るだけの経済的余裕があるかどうか、本当に人々が欲しいと思うサービスを提供できているのか、人々のキャッシュフローに合っているか、料金をネット上で支払えるかどうかも加味する必要があります。言い換えるならば、投資の際、鍵となるマーケットを見極め、理解し、カスタマーベースで考えるということです。

そして、彼は最後にこう付け加えた。

シール　私たちは、結局、何をしたいのかが分かっていない会社に投資することはありません。自分たちが何をしたいかを明確に把握している会社にこそ、ファンドを提供したいと考えているのです。この考え方が投資判断の基礎にあります。

❖ インパクトをどう評価するか？

インパクト投資の案件を評価する際、パタマールでは、貧困削減、健康と福祉の向上、幸せ、教育、ジェンダー間の平等、労働基準に基づく仕事、経済成長、不平等の削減が達成されるかを重視しているという。経済的利益の観点からは、その製品を使って、中所得層の人々の生活がどのくらい変化したか、何人に影響があったのか、規模、経済的インパクト、例えば今までは入手が困難だった製品やサービスへのアクセスが可能になったか、収入が向上したか、などが評価指標となる。

ただし、多くの場合、スタートアップ企業には調査レポートなどもなく、新規に調査している余裕もない。そこで、その事業が成功するための鍵となる二～三の基本的な指標を決め、モニターしているという。通常、それらの情報は投資先企業から収集している。

❖ ファンドの運営方針

次に、ファンドの運営局面における特徴を見ていこう。ファンドは通常10年の期間で運営され、最初の4年間にすべての新規投資を行い、その後5年から7年は投資家の一人として企業に投資することを想定している。最初の4年間にこだわるのは、パタマールによる投資の後、多くの投資家に買われることを期待するからである。10年間のファンドの間に買収や株式上場などによるイグジット（投資回収）に時間がかかる場合は、同社が継続投資することもある。また、ファンド終了時に、その会社にその後の明確な目標・計画がある場合には、投資期間を延長することもある。これらの決断は、追加的な資産が会社にあるかなどを踏まえ、各投資責任者が行う。もちろん、（企業のビジネスモデルにもよるが）基本的には確実にイグジットできそうな企業へ投資する。

また、パタマールは基本的にシリーズA（スタートアップ局面）に投資を絞っているが、シリーズB（スケールアップ局面）に投資する場合もある。このシリーズBに投資する際の判断基準は何だろうか。

シール　シリーズAの期間に事業をスケールアップすることは簡単ではないので、より社会的インパクトを重視することになります。シリーズBへの投資を決める際には、これとは異なるダイナミックスがあります。例えば、私たちがシリーズAに出資しており、その会社がシリーズBに移行するために1000万ドル必要だとします。このとき、インパクトよりも利益にこだわる投資家が株式を買い取り、その会社に対する権限が強くなって、マネジメントにも口を出せるようになったとしたら？コントロールポジションをとった利益重視の投資家が、その会社の将来を決めることになるでしょう。私たちがシリーズBへ継続投資するのは、そういった状況で企業が本来やりたいことをできなくなる事態を防ぐためです。高い株式比率を維持していれば、インパクトを与えることに集中できますし、起業家と協力して会社の将来を決定することができます。

ただし、パタマールはコントロールポジションを保持しつつも、投資先の経営に深く関与したり、コンサルタントのように振る舞ったりするわけではない。彼らはあくまで投資のマネジメントチームであり、今まで培ってきた金融サービス、マイクロファイナンス投資などの経験から、核となる戦略や資金調達の手助け、他のマーケット情報の共有を行っている。情報の提供では、例えばある市場から他の市場へ横展開する支援を行う際、市場の情報を彼らのネットワークで入手し提供することも含まれる。多くの場合、チームメンバーが対象の市場にいるため、コアグループの投資家や顧客を紹介することができる。

3 インパクト投資のための触媒になる

シュンペーターはイノベーションを、消費者の潜在的需要に応えるために、新しい製品、生産方法、販路、供給源、組織を組み合わせること、すなわち「何か新しいことを生み出す新結合（New Combination）」の結果であると述べた。パタマールの活動はスタートアップを選別し、投資して、イグジットするというベンチャーキャピタルとは異なり、常にインパクトを増大させるためのさまざまな仕掛けを新しい形で結合させるという触媒的役割を担っている。このことをパタマールによる成功事例の一つであるマパン（Mapan）の例から汲み取ってみよう。

❖ マパン[5]における新結合

パタマールからマパンへの投資は2012年から2017年まで5年間行われ、その後ゴジェック（Gojek）社に買収された。[6] ゴジェックはバイクタクシーの企業でインドネシア版ウーバーとも言える。現在、マパンはゴジェック傘下で20万人のエージェントネットワークを構築している。

マパンは「補助付きのeコマース」と言われる。これは、低所得者がアリサン（Arisan）というローテーション形式の貯蓄（以下グループ金融）を活用しデジタル上（モバイルアプリ上）のカタログから商品が購入できるようにエージェントが支援するビジネスである（BOX9）。

インドネシアにはグループ金融の習慣が根付いており、多くのエージェントはグループ貯蓄のリーダーである。マパンは低所得者のニーズに合った多くの商品をeコマースで購入できるようグループ金融と組み合わせ、利用者が使いやすいようにした。マパン以前は、グループ金

POINT　デジタル技術のプラットフォームと事業のスケールアップ・横展開

シュンペーターは既存の技術や知識が新しく組み合わされること（新結合）によってイノベーションが創出されるとした。ここで触媒機能を果たすのは企業家である。デジタル技術は、セクターや国境を越えたビジネスのみならず、サプライヤー、消費者、利用者間を直接媒介する「プラットフォーム：場」を提供する。そしてここに、企業家が介在し、技術とビジネスモデルの新結合を行う。つまり、プラットフォームに集まる多様なアクターを介してイノベーションの伝播・スケールアップ（拡大展開）が可能となり、インパクトを生み出しやすくなる。その反面、想定外の負の影響も起こりうる。プラットフォーム上で得られたデータによって個人のプライバシーが侵害されるケースなどである。現在、データの取り扱いや利用の権利規定などに関する制度の導入が、国際機関、各国政府、各業界などさまざまなレベルで検討されている。

融で購入できる商品は限られており、また気に入らなかった際の返品も困難だった。マパンは低所得者のニーズに合った多くの商品を、デジタルテクノロジーと、社会に根差したリーダーとメンバー（利用者）との信頼関係を利用してビジネスを展開している。つまり、マパンの成功は多くの部分で人的ネットワークにも支えられており、そこにテクノロジーが入ったことで効率的に拡大展開することが可能となったのである。

マパンは自分たちの価値がこの社会的ネットワークにあると気づいており、エージェントを失わないよう研修に投資している。また、彼らがエージェントを続けるインセンティブを高めるため、より多くの収入を得られるシステムを作った。その結果、エージェントの定着率は上がり、ネットワークはより広範かつ強靭になった。ゴジェックが買収したのは、この強靭な社会的ネットワークであり、双方がつながることで相乗効果が得られている。

パタマールはパキスタンでのグループ金融にもマパンのビジネスモデルを適用して投資しているが、まったく同じモデルを採用しているわけではない。パキスタンでは、メンバーからの集金のリマインダー機能や、残高照会のサービスがついている。異なる形ではあるにせよ、将来的に金融包摂が可能になるサービスを展開することを目指している。

❖ ゴジェックとマパンによる新結合

ゴジェックによるマパンの買収は、インドネシアの消費者の金融・決済ニーズに応えようとしたものである。インドネシアの多くの消費者はクレジットカードや銀行口座を持っておらず、まだ現金べースの経済と言える。しかし、ゴジェックドライバーは何十万人もいる。そこで、ドライバーが動くモバイルウォレットとなり、これまで金融サービスにアクセスできなかった人々の支払いをデジタル空間に移行させたのである。

現在、ゴジェックには「ゴーペイ（Go pay）」という支払いシステムがあり、クレジットカードか銀行口座を持っている人は、ゴーペイに必要な額をチャージ、持っていない人は、ドライバーに現金を渡してチャージすることができる。このネットワークに、マパンのエージェントがつながったのである。現在マパンのエージェントはインドネシア全土に22万人おり、彼ら経由でもゴーペイのチャージができるようになった。各エージェントは、グループ金融リーダーとして30人から40人の顧客を抱えており、各グループの顧客からエージェントへゴーペイにお金をチャージするよう依頼すると、エージェントが銀行口座から代理で払う。一人のエージェントの口座で50人まで預金できる。また、ゴジェックドライバーとエージェント間のお金のやり取りも可能となり、エージェントはグループ金融のネットワークによって築かれた金融仲介業として機能している。

つまり、ゴジェックとマパンがつながることで、辺鄙な村に住む銀行口座を持たない人々にも、金融サービスが身近になったのである。利用者は、マパンのグループ金融を利用して買い物や送金が可能になる。マパンのエージェントがゴーペイを利用することで、小さい店やフードスタンドでもゴーペイを使えるようになった。このように、サービスをつなげていくことで、新たな社会インフラを構築しているとも言える。

❖ エコシステムの構築と政府の役割

パタマールの事例は、インパクト投資のように社会性のある案件でも、財政的リターンとバランスをとりながら実施できる可能性を示している。ただし、こうした事例は、ややもすると政府の役割が不要であるような印象を与えるが、シール氏は政府がより良いエコシステムを形成するための大きな役割を担うと言う。インパクト投資のような革新的ファイナンスに必要な政府の役割とは何だろうか。

シール　良い政策、スマートな政策は必要です。先見性を持ちビジネスに理解のある人が政策策定に関わることは、非常に意味があります。

例えば、フィリピンでは、多くの人がクレジットカードを持てず、銀行口座もないため、デジタル決済ができません。もちろん、途上国でもビザやマスターカードなどは独自の顧客を持っています。しかし、それが閉じられた循環型システムである場合、一番大きな企業がネットワーク効果を発揮して顧客を囲い込み、競争相手を駆逐しようとします。現在、フィリピンのテレコム産業では二大企業がそれぞれ顧客を抱え込み、それぞれ互換性のないモバイルウォレットを持っています。これはエコシステム全体の成長の阻害要因になっています。こうした場合に、政策の介入が必要となります。

多くの途上国では、ルールの不透明性や権力者とビジネス界とのつながりによって、自由な競争が阻害され、逆に規制が設けられたりします。中国は、電子マネーに政策介入し、他行の電子マネーもすべて認めないといけないシステムにしました。その結果として、顧客数に基づく銀行の力関係とは無関係にモバイルウォレットが相互運用され、それぞれの銀行が金融サービスの質で競争する環境が成り立っています。

現在、ゴジェック／マパンは、キャッシングポイントであると同時にeコマース事業も手がけており、人々はゴーペイを使って製品・サービスを買い始めている。人々がゴーペイアカウントを利用するようになり、ここから顧客情報を得ることもでき、マパンを利用して人々が貯蓄できるようにもなった。支払いも簡単になり、また可視化されたことによって政府の徴税も容易になった。これは、インフォーマルエコノミーがデジタルインフラによって包摂されつつあると考えることができる。

4 インパクト投資の立ち位置と効果

パタマールの事例は、インパクト投資の政策的立ち位置に関して興味深い示唆を与えてくれる。

第1に、インパクト投資は公的機関と民間機関の狭間にある活動である。インパクト投資は一般的なベンチャーキャピタルと異なり、財務的リターンに加え、社会的リターンを重視するが、公的セクターや非営利団体の活動とは一線を画す。

第2に、パタマールは地域のニーズを掘り出し、成長させ、より大きな投資機会への流れを作る媒介的役割を担っている。アリサンというインドネシアならではのグループ金融に着目し、そのリーダーをエージェントとして雇用したことによって、利用者との信頼関係がもたらす正の外部性を活用し、より大きな便益を生み出す仕組みを構築した。このような事例は、各地域のオフィスから吸い上げられる他市場の情報と相まって、将来的にいくつもの新しい結合（イノベーション）を可能とするだろう。

第3に、投資先企業が他の投資家から資金を得られるまで、また資金を得た後も当初からの社会的目標を維持できるように、起業家を資金的にサポートし続けている点である。これは社会的企業のスケールアップ、インパクトの拡大に大きな役割を果たしている。

第4に、このような産業を育て、広く知らしめることによって第2の「新しい結合」（テクノロジーによる第2、第3の波）が生まれることを可能にしている。ゴジェックによるマパンの活用はその好例と言える。このような大きな流れを作っていくことで、社会が変容していくと考えられよう。

最後に、公的セクターの重要性も指摘しておきたい。言い換えれば、民間セクターと公的セクターの双方が必要であることがよく理解できる。特に透明性の高い規制・ルールを完備し、質の高い競争が可能な環境（エコシステム）を形成する公的セクターの政策的な役割の重要性が示唆される。

デジタルテクノロジーは能力の遍在性（Ubiquity）を可能とするため、経済活動の活性化はさまざまな場所でエコシステムの形成を促し、それらが相互互換性を持つことでより効率的になり、インパクトを生み出す。ただし、地域の多様性やニーズ・慣習をよく理解し、利用者のアクセスしやすい仕組みを作ることが肝要であり、それはインパクトをより広範に人々の生活へ反映させることにつながる。インパクト投資は、単に資金を投資するだけではなく、関係者（Stakeholder）間に介在するテクノロジーや知識を利用者と生産者間の間でうまく取り持つ触媒的役割を担っていると言えるだろう。

BOX 9

伝統的貯蓄慣行とアプリを結合し金融包摂を図る

マパンは、インドネシアの伝統的なローテーション貯蓄「アリサン（Arisan）」を活用したコミュニティベースの金融サービスである。同社の最高経営責任者で共同設立者のアルディ・ハリオプラトモ（Aldi Haryopratomo）氏は、農村部の金融サービスや教育へのアクセスを向上させるために、この事業を2009年に設立した。

アリサンとマパン

アリサンはインドネシアの伝統的な仕組みであり、日本でいう無尽《むじん》や頼母子講《たのもしこう》に似ている。親戚や友人、同僚、近所同士で定期的に集まる社会的なイベント（食事会など）を行う際、各自から一定の金額を集める。そしてくじ引きをして当選した人にそのお金が渡る。これを参加者全員が当選するまで繰り返す。

マイクロファイナンスの一形態とも言えるが、低所得層に限らずインドネシアで広く一般的に行われている。マパンはこのインドネシア人の誰もが知っているアリサンをオンライン化したサービスであり、次のような使い方をされる。

①リーダー（エージェント）が4～15人のアリサン参加者を集め、マパンアプリに登録する。
②各メンバーがマパンのeコマースカタログから欲しい商品と、積み立ての期間を決める。
③リーダーは毎週（あるいは毎月）参加者からお金を集める。
④毎週（毎月）の当選者はマパンのコンピュータシステムによって決定、リーダーにSNSで

連絡される。

⑤当選者の希望した商品が代金引換でマパンからリーダーもしくは当選者に配達される。参加者が4人であれば4週（もしくは4カ月）、15人であれば15週（もしくは15カ月）で一回りし、全員が購入したところでまた次の商品を選ぶ。

この方法により、参加者は商品を購入する際に、自己資金だけでは買えない、ローンを組めない、分割払いでは利子負担が大きい、貯金には時間がかかる、などの悩みを解消できる。

マパンは3カ月ごとに商品カタログを更新し、購入者の需要に対応している。リーダー（エージェント）は手数料として、電化製品の場合は価格の5％、非電化製品の場合は10％の現金がマパンから支払われる。なお、多くの参加者は生活必需品を購入するだけでなく、ミシン、冷蔵庫、オーブンなど、新規に商売を始めるための投資にもこのサービスを活用している。

補助付きの金融サービス兼eコマース

マパンは、「補助付きの金融サービス兼eコマース」と説明できる。提供されるサービスはモバイルを使ったeコマースとマイクロファイナンスだが、エージェントが利用者との間に介在することで、デジタルテクノロジーを活用する際のさまざまな障壁を軽減している。

マパンの事業は、デジタル技術による金融包摂のみならず、eコマース事業を展開して新しい国産製品に販路を提供している。事実、扱っている製品の70％はインドネシア製であり、その中には地方の小さな工場の製品を独自ブランドで販売しているものを含む。地方の小さな工場は高品質の製品を作っても市場へのアクセスが難しい。彼らをデジタル市場へ参入させることで取引を容易にし、地域の生産活動を活性化することが期待されている。このようにマパンの事業は、高い包摂性と収益性を両立したモデルだと言える。

2012年	パタマール・キャピタルがオミダイアネットワークの資金調達を受け、ファーストラウンドの投資を主導。パタマール・キャピタルのマネージングパートナー、ボー・シール氏がマパンに理事長として参加。
2015年	パタマール・キャピタルがゴールデン・ゲート・ベンチャーズとともにマパンに支援を継続。
2016年	パタマール・キャピタルがシー（SEA：旧ガレナ）とともにマパンへの支援を継続。
2017年	ゴジェックがマパンを買収。

出所：Patamar Capital（2019）.

表 B9.1　マパンの資金調達ステージの推移

ゴジェックによる買収

マパンを、インドネシアの大手デジタルウォレット・プロバイダーであるゴジェックが2017年に買収した。ゴジェックは、地域に根ざしたマパンの金融ネットワークを拡大し、中・低所得者のニーズに応える全国規模のプラットフォームを構築する計画である。

マパンは最初、シリーズAの投資案件としてパタマール（パタマールI）から投資を受け、年を追うごとにその他の投資家（Golden Gate Ventures, Omidyar Network, SEA）からも投資を受けながらシリーズB、シリーズCへ進み、最終的にゴジェックへ売却されるというイグジット（出口）に至った。

参考資料

新多可奈子（2015）「農村部のネット普及と貧困撲滅を同時解決するインドネシアの「Ruma」」C-NET JAPAN、https://japan.cnet.com/article/35075026/

武部洋子（2016）「インドネシアの伝統的「くじ引き」がオンライン化――〝古くて新しい〟ビジネスの形」C-NET JAPAN、https://japan.cnet.com/article/35083325/

Marzuki, Yunnie（2017）Mapan Uses Traditional Financing Method to Aid Rural Communities, Blog, Digital News Asia, October, 19th, 2017. http://endeavorindonesia.org/mapan-uses-traditional-financing-method-to-aid-rural-communities/

EPISODE **3**

アフリカでデジタル農業プラットフォームを

――日本植物燃料

■企業の概要■

日本植物燃料（NBF）は、2000年に東南アジアを中心にジャトロファ[1]という植物由来の燃料を輸入販売する会社として設立された。代表取締役社長は創業者である合田真氏が務める。2012年、モザンビークにADM（Agro-Negócio para o Desenvolvimento de Moçambique）という現地法人を設立し、無電化の農村地域でバイオディーゼル、ソーラーパネルを用いた発電、電子マネーの導入、マイクロファイナンス、アフリカにおけるデジタル農業プラットフォーム構想への参加など幅広く活動している。また、さまざまな事業上の課題を解決していくなかで、キオスクの設立、電子マネーの導入、マイクロファイナンスへの参入、農業デジタルプラットフォーム構想への参入など、さらに事業を拡大している。

■ケースのポイント■

日本植物燃料は常に新しい課題に挑戦しているベンチャー企業である。無電化地域への電子マネーの導入はハードルの高い事業だが、デジタル技術の特徴も相まって広く普及し、同社の提供するシステムが困難な地域で活動するＦＡＯ（国連食糧農業機関）やＷＦＰ（国連世界食糧計画）に相次いで採用されている。さらに現在、日本植物燃料はアフリカで農産品や農業投入材を取引する電子市場「Ｅ－Ａｇｒｉプラットフォーム」（仮称）を立ち上げようとしている。これは、電子マネー事業の延長線上にあり、農業従事者のエンパワーメントと飢餓撲滅に貢献することを目的としている。

注目すべき点は、バイオ燃料事業者として出発しながら現場でのニーズをうまく汲み取って適応し、隙間市場（niche）を見つけ、デジタルプラットフォームの運営事業に展開させた柔軟でアジャイル（機敏）な行動力（ダイナミックケイパビリティ：動的能力）である。この背後には、置かれた状況で的確な情報収集を可能とする現地のパートナー、アイデアやプロトタイプを素早く実験し実装に移す能力があると言える。時と場合に応じて最善の利害関係者のラインアップを作り、価値を創造・循環させるエコシステムを形成し、持続的なインパクトを生み出しスケールアップへとつなげている。

日本植物燃料は、これまでの経験・実績をデジタルプラットフォーム構想に最大限に生かし、アフリカに新しい「デジタル農協」を構築し、日本とアフリカを結び効果や成果を可視化できるインフラに育てようとしている。

1　日本植物燃料の立ち上げ[2]

日本植物燃料（ＮＢＦ）は常に新しい課題に挑戦し、活動を展開させているベンチャー企業である。ＮＢＦは、イラク戦争の影響で石油価格が高騰し、多くのベンチャー企業がバイオ燃料であるジャトロファの生産に乗り出した２０００年に設立された。しかし、バイオ燃料ブームは２００８年のリーマンショック、２０１０年のＥＵ金融危機を受けて下火となる。このためバイオ燃料事業を継続するには、生産性の低さと油を取った後の残渣物処理という二つの課題を解決する必要があった。ＮＢＦは２０１２年まで東南アジアを中心に植物燃料の輸入販売と燃料の研究開発に専念していた。

❖ 技術の確立とターゲットの選定

ジャトロファを燃料に利用するには、その生産性の向上が課題であった。そこで２００８年、ＮＢＦは地球革新技術研究所（Research Institute of Innovative Technology for the Earth: RITE）から補助金を受け、生産性の高い品種を確立することを目指す。2年間で世界中から2万個体以上を収集し、ジャトロファの育種・精製技術に関する研究を重ね、従来種より３００％以上も効率の良い品種を開発することに成功した。[3] また、もう一つの課題であった残渣物処理については、これらを飼料化・肥料化する技術を確立した。[4]

２０１２年、ジャトロファ生産に適した生産条件と、電力普及率が低い（プロジェクト当時全国17％、プロジェクトサイト1・4％）モザンビーク北部の農村部（カボデルガド州）を事業拠点に選定し、概念実証（Proof of Concept: POC）を開始した。

それと並行して、２０１１年から2年間にわたり、独立法人新エネルギー産業技術総合開発機構（ＮＥＤＯ）[5]から支援を得て、「モザンビーク国の無電化地域におけるバイオディーゼル発電及び太陽光発電のハイブリッドシステムによる電化プロジェクト発掘調査・案件組成調査」を他社と共同で実施。これは、モザンビークの無電化地域内のジャトロファ栽培農家の農民組合を対象に、バイオディーゼルと太陽光による発電をハイブリッド制御して配電するシステムを構築し、合わせてディーゼル発電燃料に必要なジャトロファの油製造施設を建設するものである。

また２０１１年から２０１６年には、前記プロジェクトとほぼ並行してＪＩＣＡ－ＪＳＴの研究プログラムＳＡＴＲＥＰＳ（地球規模課題対応国際科学技術協力）[6]の一環で実施された「モザンビークにおけるジャトロファバイオ燃料の持続的生産」プロジェクトに参画し、日本およびモザンビークの大学とともにモザンビークの乾燥地域でジャトロファの栽培、搾油からバイオディーゼル燃料の製造、燃料普及に関する研究に従事した。

❖ビジネスモデルの構築

ＮＢＦは、２０１２年にモザンビークに現地法人ＡＤＭを設立し、ジャトロファを原料としたバイオ燃料（商品名 JAT-FUEL）の生産・販売、および発電事業を担った。ＡＤＭは、まず地域の異なる2村をモデル村として選定し、ジャトロファの栽培を委託するとともに、間接的な電力サービスを提供するコミュニティセンター事業（キオスクの設立。以下、CC事業）をパイロット形式で実施し、事業の採算性を検討した。しかし、電力サービス事業に対する住民の期待は強い半面、現地の収入レベル、電力消費量が低いため、CC事業単体で採算を確保することは困難であった。そこで、電力を栽培ネットワーク強化のためのインセンティブや村へのサービスとして販売した。具体的には、村のキオスクで製粉所や携帯電話業者への発電機のレンタルや、冷蔵庫によって冷えたビールなど飲料、製氷の販売、充電した電気ランタンの貸し出し、ジャトロファの苗や農業に必要な資材を販売した。

2　電子事業への転換

❖ なぜ電子マネーだったのか？

このように、ADMはモザンビーク北部の無電化農村地帯の農家を対象として、ジャトロファの委託生産を開始した。[7] これは農民への説明から始まり、苗木の増産・配布、農業技術支援、収穫されたジャトロファの買い取り、そして搾油・精製を経てバイオ燃料を製品として農村へ流通させる循環的なビジネスである。さらに、その副産物で生産する肥料などの販売、またバイオ燃料と太陽光のハイブリッド発電機による売電も開始した。また販売所として村々にキオスクを設置し、冷蔵庫で冷やした飲料・氷の販売、充電した電気ランタンの貸し出し、携帯電話事業者や製粉所などへの電力の個別売買、さらにジャトロファの買い取り、その他関連製品の販売もそこで行った。

ところが、しばらくして問題が発生する。キオスクの売上が経常的に30％ほど「なくなる」のだ。[8] 店舗の現地スタッフは「妖精の仕業」と本気で言い、問題を解決するために「いい魔術師を紹介する」[9]と言われる始末。まるで冗談のような話だが、これが電子マネー導入のきっかけになった。当時、ケニアで「M–PESA」という電子マネーによる送金システムのシェアが拡大していたことから、携帯電話による支払いシステムが検討された。

2013年、ADMは携帯電話事業会社のモビテル（Movitel）[10]と提携し、携帯電話の電波塔に電力を供給するバイオ燃料発電機の利用実験を開始した。[11] しかし、携帯電話は村に浸透したものの、地方の村では電波塔が大雨などで壊れると復旧まで時間がかかり、商売の利用に支障を来たした。そこで、ネットワークの分断にも耐えうるシステムを探したところ、NECが途上国向けに開発した電子マネーシステム（POSアプリケーション）、NFC（Near Field Communication：近距離無線通信）カード[12]に行き着いた。

そして2013年11月、NECとNBFのプレ・パイロット事業として二つの村でNFCカードの運用を開始し、利用者の活用状況に関する基礎データを収集した。2015年から2017年にはJICAのBOPビジネス連携促進調査支援を受け、「電子マネー技術を用いた金融・情報インフラ事業準備調査」[13]のための本格的なパイロット事業を開始した。

このNFCカードシステムの特徴は、ネットワークが分断されても、カードと店舗に置かれたタブレットに取引の記録が残り、ネットワークが復旧した後に利用履歴が上書きされることで情報を正確に管理できることである。つまり、急な停電や災害時にクレジットがなくなるなどの問題がないことが確認されたのである。

このICカードはキオスクで農家のジャトロファを買い取る際の支払いにも使用され始めた。幸い、利用者とは取引における信頼関係が築かれており、キオスクで買い物ができるようになっていたので、導入に大きなトラブルはなかった。そして、電子カードシステムの導入により、懸案だった「売上の30%がなくなる」問題が解消された。

❖ フィンテック事業へ

ここで、想定外の効果が生じる。第1に、利用者がICカードへ自分の持つ現金をチャージし、貯蓄を始めたこと。第2に、利用者の経済活動（消費行動、収入）がデータとして把握できるようになったことだ。

まず、貯蓄という農家の潜在的ニーズが顕在化された。通常、農家は収穫の際に1年分の収入全額を受け取り、1年を通じて少しずつ消費していく。NBFの活動地域はそもそも金融機関がなかったため、各世帯は現金を埋めたり隠したりするなど保管に苦心していた。この潜在的な金融サービスへのニーズが、決済に続いて貯蓄という新しい電子マネーの使い方（可能性）を生み出した。

次に、お金の履歴を可視化したことで、利用者とサービス提供者の双方にできることが広がった。これまで農家は「たくさん穫れた」という漠然とした印象で収穫を認識していたが、電子マネーの履歴によって、いくらで種子を買い、どのくらい収穫できて、いくら売り上げたかというデータを可視化できるようになった。このため、農家は収益改善に向けて行動しやすくなった。一方、サービス提供者は、利用者のお金の流れを把握することで信用供与が可能となり、少額ローンのような金融サービスを提供し始めた。

2015年、ADM、モビテル（Movitel）、NECの3社が共同で金融情報インフラを構築するパイロット・プロジェクトを実施すると同時に、金融サービスを提供する新会社を設立した。(14) NECは引き続き非接触型ICカードを用いた金融サービス管理・POS・商品買取システムを提供し、モビテルが送金ネットワーク網を担当、NBFはフィンテック（Fintech）を用いたマイクロファイナンス事業を開始した。

◈モザンビークの無電化農村から世界へ

NBFの無電化地域に電子マネーを導入する試みは、徐々に世界から注目を集め始める。2014年、NBFはアフリカにおける革新的ビジネスモデルを支援するファンドAECF（The Africa Enterprise Challenge Fund）より資金提供（150万米ドル：約1億5000万円）を受ける。これはAECFが日本企業を採択した初めてのケースであった。この資金により、NBFは活動規模を拡大する。

2015年、NBF・ADMの活動を国連食糧農業機関（FAO）が聞きつけ、FAOが農民向けに配布している種子、肥料、農薬の引換券（バウチャー）を紙から電子媒体へ移行するパイロット事業をADMに依頼する。(15) このプロジェクトでADMは、モザンビーク国内4州を対象に2万5000人の農民へEバウチャーの提供を開始した。この後、FAOが実施している条件付き現金給付

(Conditional Cash Transfer: CCT)(16)を現金から電子マネーに代えるパイロット・プロジェクト、災害時における緊急支援を電子マネーで行うプロジェクトにも次々と関与する。紙のバウチャーは現地通貨よりも配布システムとしては効率的であったが、破損や偽造の恐れがあったうえ、お釣りをもらえない、複数の店舗で使えない、清算・集計に手間がかかるという問題があった。電子媒体を利用することで、そうした問題を解決できるのみならず、お金の流れが可視化されてプロジェクトの効果をより正確に把握・評価し、ドナーに対しても報告できるようになった。また、無電化農村でも使えるシステムは、災害時に適したシステムでもあった。

NBF(ADM)は、さらに国連世界食糧計画(WFP)が行う30万人規模の最貧困層向け補助金配布を電子化するプロジェクトにも参画し、2019年春、世界銀行にもこの電子マネー・システムが利用される。

NBFの事業展開を整理すると、①課題の認識、②解決案の提示、③解決案(POC)の検証、④検証された解決案の実装、⑤スケールアップというステップを踏んでいることが分かる。特筆すべきは、NBFが③のPOCに必要な資金として、外部公的資金をうまく活用し、その都度最適なパートナーと協働してきたことである(表E3.1)。

年	内容	実施国	成果	協働パートナー	資金源
2008	ジャトロファの育種と精製技術研究	フィリピン	300％以上効率よい品種開発	かずさDNA研究所、出光興産	地球環境産業技術機構(RITE)
2011-17	バイオディーゼルの国際共同研究	モザンビーク	育種、試験的実装	東京大学、金沢工業大学、久留米大学、日本植物燃料、アフリカ開発協会、ドアルド・モンドラーネ大学、モザンビーク石油公社	STAREPS(JST-JICA)
2012	バイオ燃料・太陽光で無電化地域の電力化事業	モザンビーク	事業の実装、POC	エックス都市研究所、沖縄エネテック	NEDO
2015	地域キオスクにPOSシステム電子マネー設置	モザンビーク	事業の実装、POC	JICA, NEC	JICA
2016-18	紙のバウチャーを電子マネーで代替するパイロット事業	モザンビーク	事業の実装、POC	FAO	FAO
2016-18	CCT（条件付現金給付）を現金から電子マネーに代替するパイロット事業	モザンビーク	事業の実装、POC	WFP	WFP
2019	電子農協プラットフォーム（スマホアプリベース）の事業	モザンビークテテ州、ナンプラ州	事業の実装	携帯大手３社、銀行、WFP	WFP
2019	E-Agri デジタルプラットフォーム構築パイロット事業	アフリカ地域	パイロット事業準備	JICA、農水省、民間企業（複数）	農水省とアフリカビジネス評議会、JICA

出所：筆者入手資料による分析に基づく。

表E3.1　日本植物燃料がPOCのために得た外部（公的）資金の一部

3　デジタル農協プラットフォームの構築へ

❖ つながり始めた農家たち

　こうした一連の活動は、WFPとともに農協のサービスをスマートフォンアプリで提供する「電子農協プラットフォーム」事業に発展する[17]。これは、学校給食の支援事業を通じて農家から農作物を買い付け、農家の生産効率化を図るプロジェクトである。

　この新事業では、農家を数十人単位のグループにまとめ、農作物を購入したいバイヤーと農家、また肥料や種子を販売したい農業資材メーカーと農家とをマッチングするスマホアプリを各農家グループの代表者に提供した。これにより、スマホを通じて農家の購入履歴や与信情報も収集でき、少額融資事業も可能となった。

　これまでは、地方農家が野菜を植えたくても近隣で種子や肥料を入手できなかったり、農業資材メーカーが農家のニーズや需要を予測できず、市場を開拓できなかったりした。デジタル媒体は、需要と供給をつなぎ、さらに共同出荷・購入を可能にして郵送費などの流通コストを低下させた[18]。もちろん、コストの削減と生産性の向上は商品価格の低下をもたらし、また適正価格が明らかになったことで、さらなる生産性向上を目指すことも容易になった。

　この延長線上に、第7回アフリカ開発会議（TICAD）における日本政府の「アフリカ農業イノベーション・プラットフォーム構想（AIPA）」がある[19]（図E3.1）。

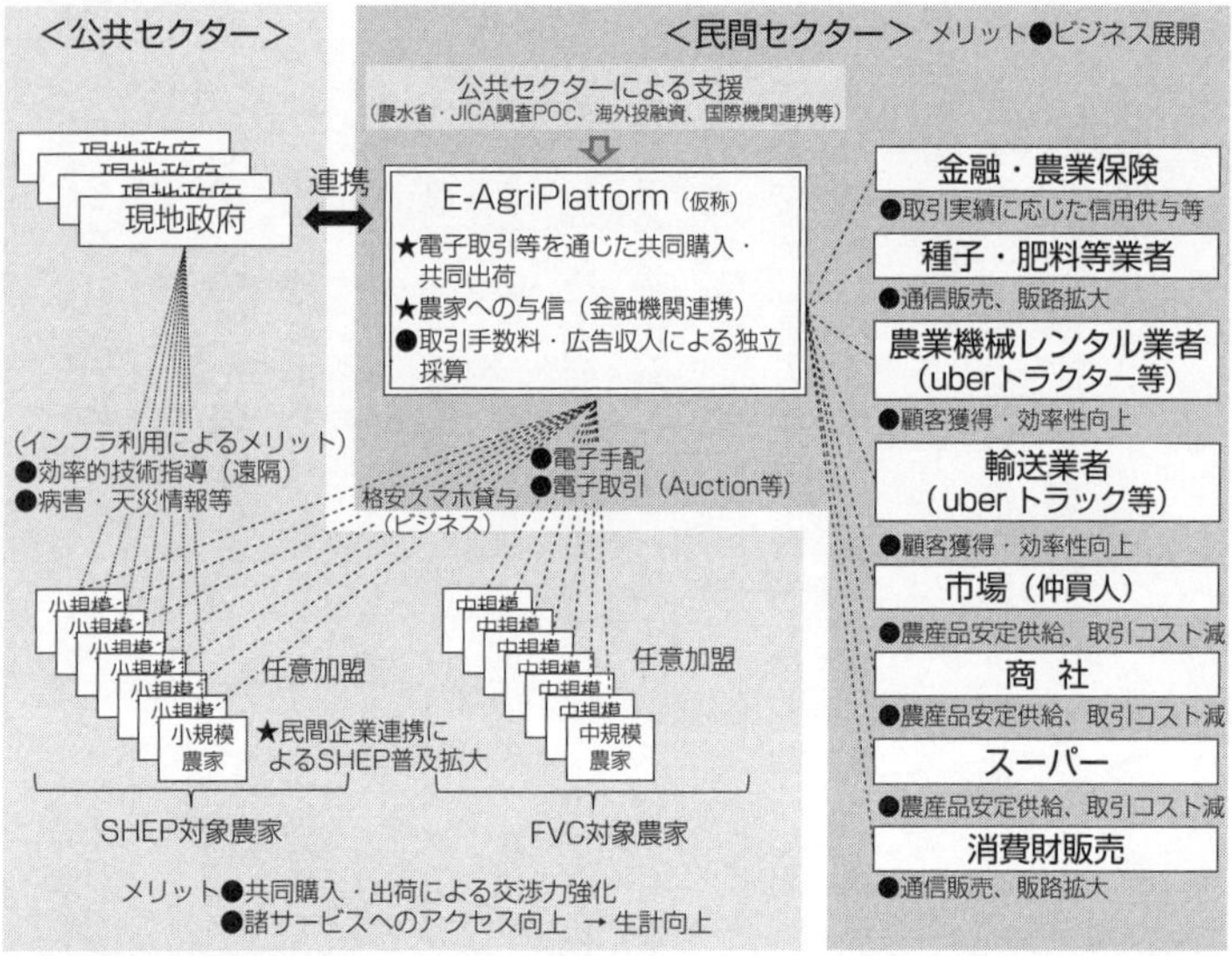

出所：アフリカビジネス協議会アフリカ農業ワーキンググループ（2019）。

図 E3.1　アフリカ農業デジタル化基盤構築

NBF代表取締役社長を務める合田真氏によれば、「アフリカ農業イノベーション・プラットフォーム構想」の具体的な構想は、農水省とJICA、NBFの話し合いの中で固まっていった[20]。このうち、上図におけるSHEP（Smallholder Horticulture Empowerment & Promotion）[21]はJICAが実施していた。SHEPとAIPAの狙いを、合田氏は次のように語る。

合田　SHEPは、現地の農家をマーケットに連れていき、バイヤーやリセラー、最終消費者であるお客さんと話をして、市場で高く売れるものは何か、自分は何を作ればいいかを見つけてもらう活動です。これまで、彼らはただ自分が食べるために作物を作っていて、「市場はその余りを売る場所」というくらいの認識でした。でも、消費者の需要をつかめば、どの季節にトマトを作ればいいか、緑がいいか、赤いのがいいか、買う人を想定して生産活動を行うようになる。これがSHEPの基本的な目的です。

僕たちは、AIPAでそれを一歩進めてデジタル化しようとしています。マーケットを歩くだけでは3、4人のバイヤーにしか会えませんが、デジタル空間ならもっと幅広い選択肢を持てるようになる。だから、従来からあるSHEPの取り組みと、僕たちのデジタル化基盤をつなごうとしているのです。

❖ 農業のデジタル化

AIPAのロードマップは、「農業のデジタル化」「農業の機械化」「金融」「IDプラットフォーム」「教育」「ヘルスケア」の6分野からなるが、NBFが関わるのは主に「農業のデジタル化」である（図E3.2）。これまでにセネガル、エチオピア、南アフリカ、ケニア、モザンビークの5カ国を調査しており、これからデジタル化の対象国を選定する。それが決まると参加企業を公募し、「実証実験」に入ることになる。

農業をデジタル化する効果は、農家（供給）とバイヤーやリセラー（需要）をつなぐことだけではない。デジタル化が進めば、特定の農業組合や個々の農家の取引データが蓄積され、それを基に与信できるようになる。これまでの「ODAで耕耘機を50台購入した」という話が、信用供与できるようになれば、「組合が自分たちのクレジットで耕耘機を1台買えるようになる」のである。[22]

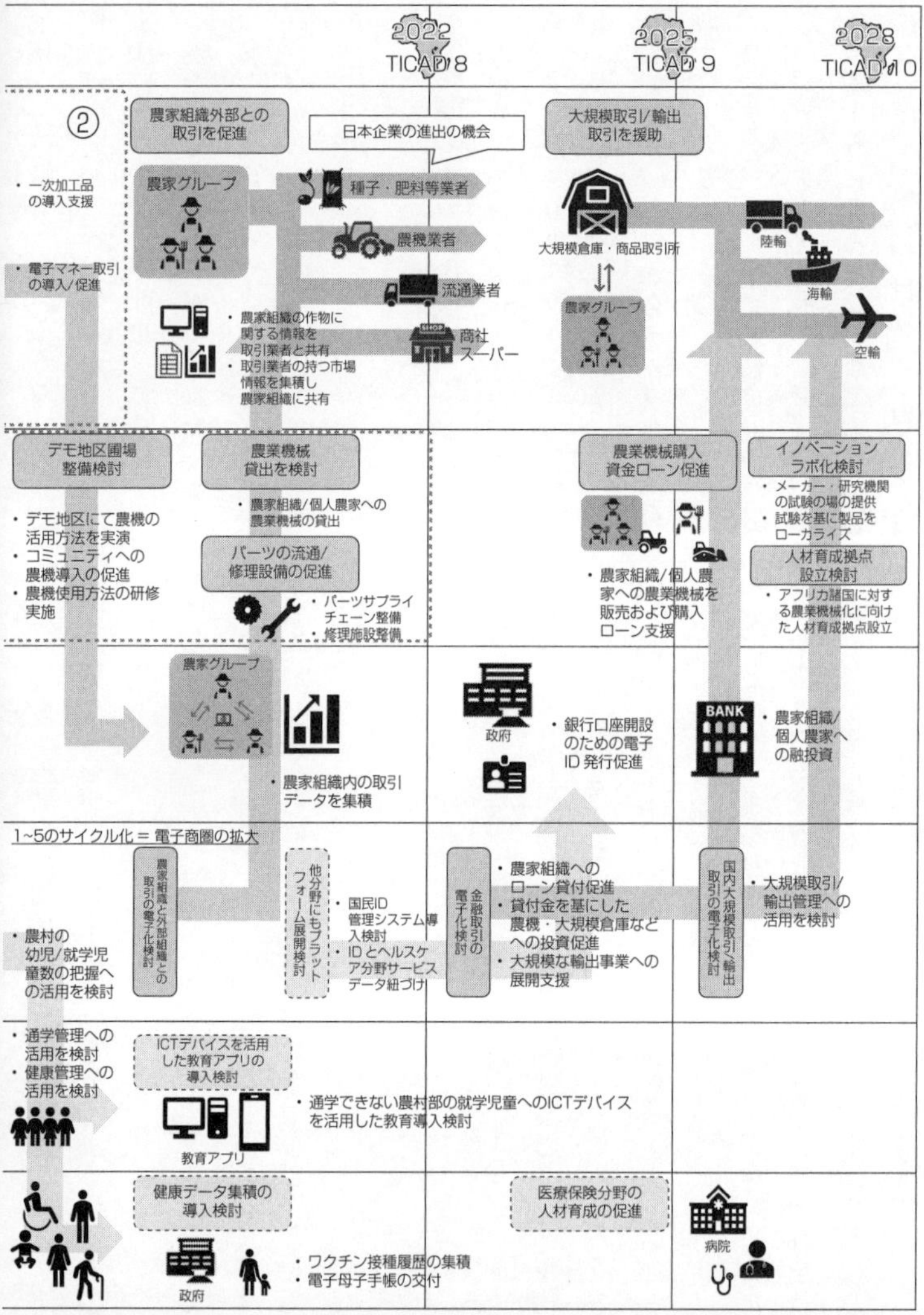

なお、新型コロナウイルスの感染拡大により、計画が見直されている。

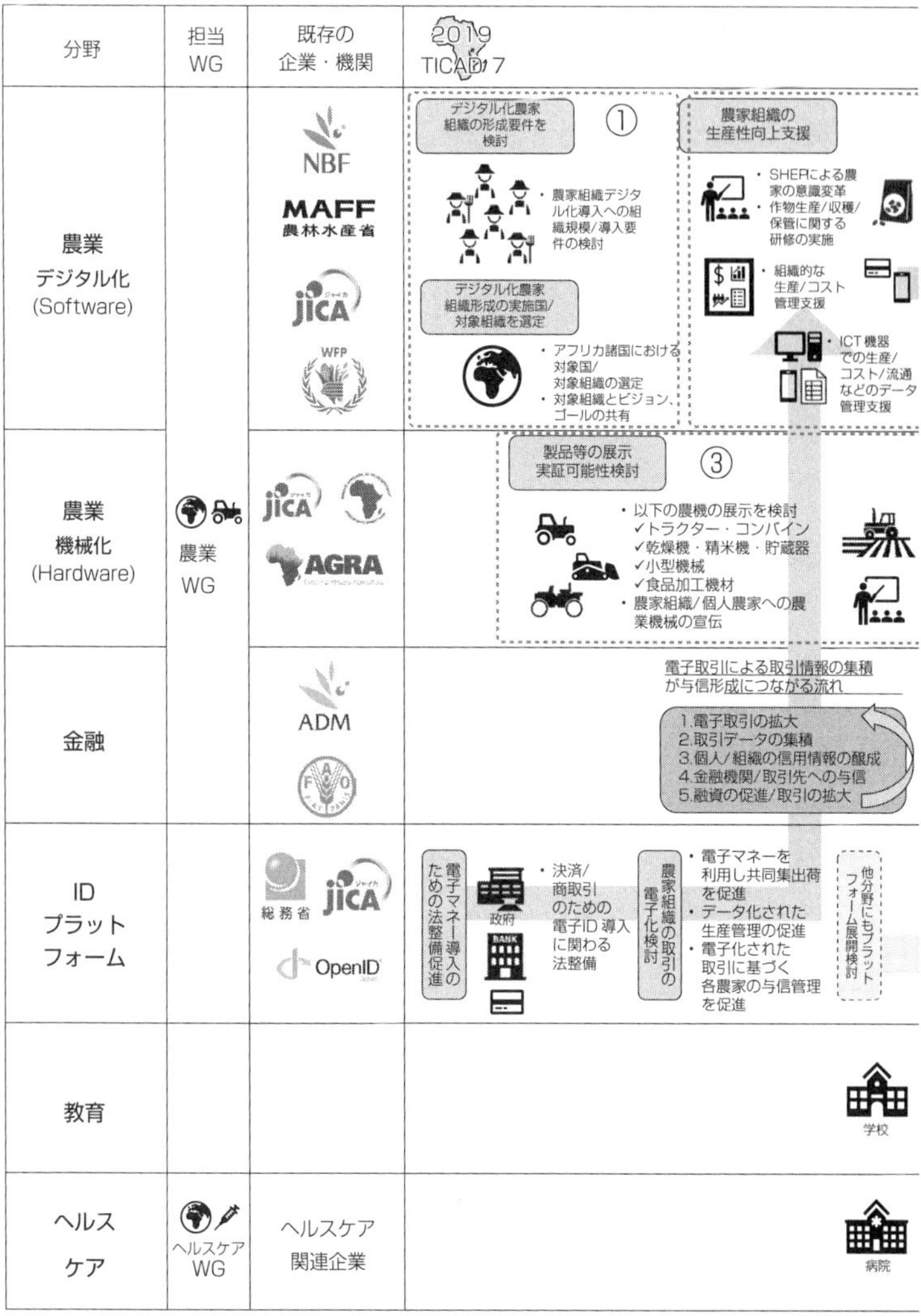

出所：アフリカビジネス協議会アフリカ農業ワーキンググループ（2019）。

図 E3.2　アフリカ農業イノベーション・プラットフォーム構想のロードマップ

4　Eプラットフォームを制する者がビジネスを制する

❖ 中立的ポジションをとる

現在、このEプラットフォーム構想には、農機・投入材メーカー、農作物の輸入企業、さらにNBFのようにEプラットフォームの構築自体に関わろうとする企業など、多様な企業が参加の意思を表明している。現時点ではすべて日本企業だが、現地企業や第三国の企業が入ることも排除しない方針だという。

なお、実際にはすでに多くの大手商社が現地の農業商社に投資しており、投資先の農業商社を活用して現地と取引している。そもそも、自らがバイヤーである大手商社がプラットフォームを運営するのは難しい。その理由を合田氏は次のように述べている。

合田　ある商社が現地の農業商社にEプラットフォームを作らせたとして、他のバイヤーが参加するでしょうか。その商社にとって一番使いやすいプラットフォームに、他のバイヤーはそう簡単に入りません。

同じような失敗は、WFP（国連世界食糧計画）が旗を振ったFtMA（Farm to Market Alliance）でも見られました。プラットフォームを目指すと言いながら、結局、一部の大手企業にとって商売しやすい形になっています。純粋にバイヤーである企業なら問題ないかもしれませんが、例えば農作物の買い付けと同時に農業資材の販売を行っている場合、「おたくは買うだけでお願いします」と言われると、使いにくい。市場に立ち位置がある組織は自分たちに有利なプラットフォームを作るので、他の企業が使う際、そこがボトルネックになってしまいます。つまり、いくら大企業でも、みんなに有利なプラットフォームを作ると、自分たちの首を絞めることになる。その点、僕らNBFは市場の立ち位置がないので、プラットフォーム全体の最適化を考えられるわけです。

また、政府やJICAが直接このプラットフォームを運営すると、他のプレーヤーが入ってきにくい。このプラットフォームを日本企業に限定しないというのは、日本企業に限ると、ユーザーである現地の農家にとってプラットフォームの魅力が落ちるからです。日本企業も中国企業もインド企業も競争して、プラットフォームの魅力を高めることで、優れた農家が集まってきて、それが企業にとっても魅力的なプラットフォームを構築できることになる。

❖ プラットフォームを制する戦略的な意味

一方、国益の観点から見ても、日本の政府系機関がプラットフォームを主導する場合、そこへ外国企業を入れることが日本の国益に適うかどうかという葛藤が生じうるだろう。ただし、政府系か民間かの如何にかかわらず、合田氏は別の視点から問題を提起する。

合田 例えばアリババは、自分の作ったプラットフォームで「日本企業も来ていいですよ。どんどん売ってください」とやる。そのプラットフォーム上では、日本企業は丸裸です。どういう戦略で、どこで何をどれだけ売っているのかが、プラットフォーム側から丸見えだから。一番重要なポイントは、このプラットフォームを他国に握られるのか、日本が持つのかという点だと、僕は思っています。

例えば、ここを押さえていれば、今、インド系の企業がどの分野で商売を伸ばしているかといったことが分かります。もちろん、データの扱いには慎重さが求められますし、その情報を持ったうえで各日本企業がどこまで努力するかは企業次第です。しかし、少なくともトランザクションフィー（送付手数料）は日本に還流しうる。

逆に、プラットフォームを取られたらどうなるか。例えばＳＨＥＰの対象農家は、マーケットを意識して、何を作り、どう稼ごうかと考えているわけで、個人事業主的な存在に成長しうる。彼らは、民間企業側から見れば高いポテン

POINT　プラットフォームのインテグリティ

近年、「インテグリティ」には規範的に「科学」や「研究」のあるべき姿（不正／利益相反・責務相反しない）という意味だけでなく、「知識の安全保障」を担保するという意味が加わっている。具体的には、研究成果の共有や研究の協働に際し、「価値を共有し、尊重し合える」関係に基づいているかを確認するためのプロトコルや基準の設置を指している。

折しもビジネスの場において、デジタルプラットフォームから入手されるビッグデータが AI に活用され価値を生むことから、その取り扱いが国際的に議論されている。デジタルプラットフォームの利用から大量に生み出される個人データは、科学技術における「研究成果」と同様、ビジネスにとって潜在的な需要や消費傾向を知るうえで重要な「知」である。このため、信頼関係に基づいたビッグデータの適切な管理や活用がビジネスの成功を占う。

つまり、プラットフォーム管理者と利用者が「価値を共有し、尊重し合える」関係を担保するための基準やプロトコルの設置など、デジタルプラットフォームの「インテグリティ」も近い将来に議論されるようになるのではないだろうか。

シャルを持った将来の優良顧客候補です。これまでSHEPはアナログでやってきました。そこへ、アリババがプラットフォームを作ったら、せっかく日本がODAを投入してキャパビル（capacity building）[23]した農家がそのプラットフォームに移ってしまう。それこそ国益に反しているでしょう。

その意味で、SHEPのデジタル化は重要です。SHEPは過去20年ほどかけて進めてきたものですが、国際的に成功事例として認められ、日本の資金だけではなくIFAD（International Fund for Agricultural Development：国際農業開発基金）などを通じて他国の資本がSHEPに入り始めています。新しいフェーズに入ってきているわけです。今「SHEPプラスデジタル」という事例をきちんと作り、他国によるSHEPのイニシアティブも日本主導のデジタルプラットフォームに誘導することで、日本の将来に役立つ形につながると思っています。

❖プラットフォームは量より質——価値を共有するコミュニティを作る

ただし、合田氏はプラットフォームの急速な拡大には慎重だ。彼には「誰でもいいから、○○万人を入れるんだ」といった発想はない。むしろ、彼が重視するのは、プラットフォームに参加している人たちが、例えば「約束を守る」といったコミュニティの文化を作れるかどうかだ。最終的に規模を追求するためにも、まず望ましい「文化」を作ることが重要だと言う。

合田　例えば、参加者が100人いて、その中の誰かが約束を破ったとします。品質が悪いものを出した、あるいは石を混ぜたとか。そのとき、他の参加者は、「そういうものだよね」と無反応なのか、

「それはよくない」と声をあげるのか。僕は、そこに参加している人々の95%が「それはよくない。彼は排除されるべきだ」という価値観を共有しているようなプラットフォームを作りたいわけです。

❖努力の見える化、課題の見える化

合田氏がこのプラットフォームのキーワードにしているのが「二つの見える化」、すなわちビジネスサイドにおける「努力の見える化」、そして政策サイドに対しては「課題の見える化」である。

例えば、いくら勉強しても役所にコネがないと就職できないなら、努力して勉強しようとはしないだろう。自分がグループに対して貢献したことや、約束を守って取引したことの積み重ねが見える化されるシステムが整えられれば、誰も「ズル」しようとはしない。反対に、個々の行動が見える化されていないと「ズルした者勝ち」となり、誰もがエゴイスティックに振る舞うようになる。つまり、努力が見える化できる「仕掛け」が必要であり、それが人々の行動変容を促す。プラットフォームの立ち上げにあたっては、それを当たり前だと思う人たちを最初に参加させることが大切であり、人数を追求して「何でもあり」の人たちを参加させると、コミュニティに必要な「文化」が育たないのだと合田氏は指摘する。

合田　だから、最初は面と向き合って話をして「こういうルールでなければいけない」とか、何か問題が起こったらフォローアップして「あれはよくないことなんだよ」と指摘することを丁寧にやらないと、文化は育たない。仮に、事業目標として「2年間で10万人を集めてくれ」と言われたとして、その10万人は妥当な数字なのか。それを実現するには相応のリソースを投入しなければいけない。中核がしっかり育てば次のステップも見えてきますが、それをないがしろにしたらプラットフォームは機能しなくなる。こちらも、数字競争に巻き込まれないよう注意しながらやっています。

5 プラットフォームを駆使する

❖ プラットフォームからEBPMへ

しかし、「努力の見える化」が浸透し、市場が透明で公平になるほど、それまで不正や「ちょろまかし」で稼いでいた人は稼げなくなってしまう。現状の仕組みで利益を得ている現地の人たちは、いわゆる既得権益を侵されるため、ルールの変更には強く抵抗するだろう。彼らを説得し、積極的に参加してもらうために、合田氏は何を心がけているのだろうか。

合田　まだ説得してません（笑）。今は「誰を説得するか」を考えているところです。おっしゃるとおり、既得権を剝ぎ取ることも起こりうる。では、そのときに、誰にとっての利益を最大化するか。僕は、悪いけれど仲買人ではなくて、農家の利益を考えています。だから、例えば仲卸の親分みたいな人と組んだ結果、無数にいた他の仲買人は仕事を失うかもしれない。今までは安く買って高く売って利益を出していた人が、市場の取引価格が透明化することで「運送」に見合った利益しか得られなくなるかもしれない。

合田氏はまた、別の「見える化」として、政策形成・政策評価への効果を強調する。つまり、データを集積することで課題を数量的に検出し、それに対する政策の効果も客観的に測定できる。いわゆるＥＢＰＭ（Evidence Based Policy Making：証拠に基づく政策立案）が可能になるということだ。

合田　例えばセネガルでは、国内でジャガイモや玉ねぎが採れる季節には関税を上げてヨーロッパから入らないようにして、国内産がなくなってくると関税を下げてヨーロッパから輸入するんですよね。そのタイミングは農業省がコントロールしているんですが、あるとき、その判断を誤って市中から商品が消えてしまったのだそうです。もしプラットフォーム上で国内産のジャガイモや玉ねぎの流通動向を追いかけられれば、「今、ピークの半分くらいまで落ちていますね」といったことが見えるようになります。

また、たいていの国では政府なり国際機関なりが、農業部門に補助金を出していますよね。そのとき、誰にいくら支給するかを、誰がどうやって決めるのか。今までは、フィールドにいるＮＧＯや地方の行政機関が大まかにリストを作っていた。しかし、日常のデータが溜まってくると、所得階層別にＡ層、Ｂ層、Ｃ層と区分して、Ａの層に対して肥料を購入するための補助金を出したら、生産量がこれだけ増えて、収入がこれだけ増えて、消費の傾向はこう変わって……という具合に、費用対効果を含めた政策評価ができるようになります。

あとは、例えば一方の地域は作物のヘクタール当たりの生産性が高いけれども、保管倉庫がないから、ポストハーベスト・ロスが多い。他方、倉庫はあるけれども、農薬がないから作物の品質が悪いという地域もある。そうした各地域の課題を具体的に可視化することも、政府に対して価値があるかなと。

こうした取り組みは、すでにいくつかの団体・機関で行われてきましたが、それらの全体を包摂できるようなプラットフォームがなかった。一口に「農業のデジタル化に取り組む」と言っても、農作物系と農業資材系とに分かれるのですが、多くは農業資材屋さんなら農業資材の販売をデジタル化している。それは自社の業務効率化を目的としていて、僕が考えるプラットフォームとしての機能は果たしていない。つまり、そこで得られた数字が政策として社会全体の改善に利用されていない。ＰＰＰ（Public Private Partnership）[24]のよさは、日本政府と相手国政府と民間組織とが全体的な構想を共有し、それを一緒に実現できることです。単に民間の商売だけではなくて、プラットフォームで得られた情報を政府・公的機関の施策にも使えるものにする。もちろん、そのことを政府間の協定で合意しておかなければなりませんが。

❖ プラットフォームからデータへ、農業ＩＤから国民ＩＤへ

プラットフォームから入手された購入者データは、個人のＩＤとしてさまざまな形で政策やビジネスに役立てることができる。そうしたデータの活用について、どのような可能性があるのだろうか。

合田　われわれもビジネスなので、お金を払ってくれる人が望む形でデータを解析し、提供することになります。例えば、全体の解析データを見たいのか、自分個人の履歴を見たいのか。個人が昨年どれだけ作付けして、収量がこれだけで、収入がいくらで、そのお金をどのように使ったかといった履歴は、その個人のものです。だから、IDで管理していくわけですね。

農業のデジタル化のためには、個々のデータが誰のものかが分からないとお話にならないので、IDはもちろん作ります。では、どうやって作るかというと、一番いいのは国民IDですが、一民間組織に国民IDを委ねるというのは、あまり現実的ではない。その点、農業から入ることのメリットは、国民の大多数が農業に関わっているので、結果的にその農業プラットフォームのIDで国民の相当な割合をカバーできるということです。場合によっては、それを国民IDとして使えるようにするというのも、ありうるかもしれない。また、セネガルとザンビアに関しては、JICAの社会基盤部が国民ID作りを支援しているので、政府とJICAで作った国民IDに紐づける形で、この農業系アプリケーションを展開することができるかもしれません。

6　30年後の日本を見据えて

❖ 戦略は現場に従う?

NBFはジャトロファ由来のバイオ燃料を作る事業から始まり、デジタルプラットフォーム事業へ行きついた。その時々で資金を調達し、成果を出し、また新しい活動へと大胆かつ機敏に展開している。必要に応じて新しいパートナーと組み、活動のスケールも次々に拡大している。いったい、どうすればこのような事業展開が可能になるのだろうか。

合田 現場の仕事が変化するんですよ。何かのきっかけで電子マネーを使うようになったとします。すると、FAOと組むことになり、次の事業展開としてデジタル基盤があって、「ここが当社にとっても、わが国にとっても、重要なポイントになるだろう」と僕が思った。

次に僕が考えなければいけないのは、いざプラットフォームを作るときに、どういう人たちが入ってきてくれるか、ということです。例えば、僕ら単独だったらせいぜい10億円しか調達できないところを、JA、農林中金などの農業系金融機関が入ってくることで100億円規模まで広がる。

❖ 中国のアフリカ戦略とNBF

NBFは現場の変化と同時に他の競合相手の動向も把握したうえで、何をすべきか、誰と仕事をすべきかを決めている。つまり、規模の大きさだけを見て市場に参入するのではなく、長期的な競争優位について熟慮している。

合田 エチオピアは中国とつながりが深く、すでに中国とMOU（了解覚書）を結んで進んでいるeWTP（World Trade Platform：世界電子貿易プラットフォーム）とアリババグループがプラットフォームを取りに入っています。農業分野でも、FAO[25]とITU（国際電気通信連合）が各国政府に提供する「E-Agriculture Strategy」のガイドライン作りをしています。

彼らは戦略的に国と民間の顔を使い分けています。その意味で、エチオピアは今回の調査対象国でしたが、そこで最初から中国とバッティングするのもしんどいなと、個人的には思っています。

アフリカの多くの国にとって、中国はナンバー1かナンバー2の取引先ですので、貿易決済のプラットフォームから都市部の企業と結びついています。同時に、農村部の重要性も分かっていて――何しろ中国での農村金融はアリババが一番成功したわけですから――、当然そこまで見据えて両側から攻めるという戦略が、彼らの頭の中に絶対にあります。

❖ 30年後に向けて

合田　今プラットフォーム事業を行っているのは、20年後、30年後に日本が食べていけるようにするために、今そこを取っておかなければいけないと思っているからです。

AIPAでできることはたくさんあると思いますが、僕らは「あったらいいな」というところまでは手を出さないように努めています。こっちはAPI（Application Programming Interface）を公開するから、自由につなげてもらって、それが使われるかどうかはお客さん次第。アップルストアとかグーグルプレイと一緒です。例えばCIAT（国際熱帯農業センター）は、カメラで病気の植物を写せば、自動的にAIで病気診断や処方を示す。そういうアプリケーションを持っている人たちが、いっぱいいるんですね。だから、「ウチは場を提供します。いいアプリケーションをいっぱい作ってくださいね」と。

要は、よりよいアプリケーションやツールが増え、このプラットフォームとつないで何かをしたいという人たちが増えれば増えるほど、プラットフォームがお客さんに提供できる価値も大きくなっていくので、そこは基本的にオープンです。ただし、どういうルールと目的を持って、何を排除するかというのは、われわれが方針を示さなければいけないと思っています。

NBFは柔軟、大胆かつ敏捷に行動し、無電化地帯の農村で求められているものを察知し、提供した。目的を達成するために多様なパートナーと組み、資金を調達し、新しいアイデアを素早く実験してプロトタイプを作り出し、それをスケールアップしていくという戦略・ビジネスモデルは、破壊的であり包摂的そのものである。俊敏（agile）に目の前にあるニーズを捉え適切に環境に適応しているが、同時に30年先にある日本の将来も見据えて現在の活動を繰り広げている。モザンビークの無電化農村へ電力を供給するという非常に困難なターゲットからビジネスを展開したNBFは、すぐ手に届く都市部中間層をターゲットにした「貧困」ビジネスとは大きく異なる。そして、農村のニーズに応えるところから新しい可能性へと次々に事業を展開し、エコシステムを螺旋状に世界へ広げている。

また、日本の競争優位性を常に考えている。いろいろ非難されてはいるが、日本の農協の共同出荷、購買、販売ルートの確保、農村のベーシックニーズ（病院、金融、ガソリンステーションなど）を自前で揃え、農家のニーズに応えてきたという良い点を生かし、「努力」と「課題」の見える、価値を共有するプラットフォームを「アフリカ農業イノベーション・プラットフォーム構想（AIPA）」として構築しようとしている。合田氏は著書やその他のインタビューで、「日本の未来はアフリカにある」と指摘する。少子高齢化、地方の過疎化、インフラの老朽化が進むなかで従来のシステムから抜け出しきれない日本に、モザンビークの農村で生まれたソリューションが役立つ未来が待っているのかもしれない。

EPISODE 4

流通と製造を参加型にする新型先行販売マーケットプレイス

——マクアケ

■企業の概要■

株式会社マクアケは、2013年に株式会社サイバーエージェント内の新規事業として当初はクラウドファンディング事業として設立され、その後サービスコンセプトの路線を変更し、外部投資家やサイバーエージェントの経営陣から資金を調達して、2019年12月、マクアケは東証マザーズに上場した。中山亮太郎氏は創立当初からの代表取締役社長である。

通常、クラウドファンディング（CF）は、資金が必要な事業者と事業に「共感する」支援者の間に立ち、資金調達の仲介を行うが、マクアケは事業者の操業、新製品開発、飲食店の開業支援やコンテンツ開発・制作など多岐にわたる事業全般のプロデュースまで行い、支援者を募るだけではなく、事業者の新商品・新サービスのテスト販売や消費者リサーチを目的とし、一般のCFの概念とは異なる形に事業モデルを転換していった。対象とする事業者は、新興企業から大企業、地方自治体と幅広い。新商品・新サービスのテスト販売や消費者リサーチ機能を持つことから「0次流通市場」とも位置づけられ、他の購入型ＣＦとも一線を画し、より先行販売に特化したＥＣモールに近いと言える。

マクアケの代表的なプロジェクト例として、最高額３９００万円を調達した映画「この世界の片隅に」や、折り畳み式電動ハイブリッドバイク「グラフィット（glafit）バイク」がある。また、２０２０年からは新型コロナウイルス感染拡大の影響を受けて事業継続方法を模索する事業者のオンラインシフトを後押しする取り組みが始められている。

また、同社はマクアケのプラットフォーム利用を目的とした、マクアケ・インキュベーションスタジオ（Makuake Incubation Studio）[1]と呼ばれる大企業との新規事業開発も手がけており、イノベーションの創出プラットフォームとしての役割も期待される。

その他にも、マクアケ・グローバルプラン（Makuake Global Plan）[2]やＭａｋｕａｋｅガバメント[3]など地域とグローバル、官と民、事業規模の大小を問わずさまざまな事業者を包摂するプラットフォーム事業を展開している。このように、マクアケは生産拠点の分散と消費者ニーズの多様化が進む市場に、独自の先行販売プラットフォームとしての流通の仕組みを形成しつつ、そこから見出されたビジネスの可能性をより深く掘り下げ、多様な事業者へ特化したサービスを展開している。将来的に、マクアケはプラットフォームというポジションから入手できるデータと、異なる能力を持つ利害関係者のネットワークをつなぎ合わせ、マーケットトレンドを先読みし、新しいビジネスのプロデュースをより的確に展開しようと模索している。

■ケースのポイント■

マクアケは、新商品・新サービスのテスト販売や消費者リサーチができる「場」とともに、最初の顧客を得る「場」をも提供するという、マーケットプレイスの役割を担っている。これは、製造業企業がイノベーションに踏み切れない背後には、従来型の大手流通に依存したビジネス手法が機能不全に陥ったことがあると、中山氏は言う。

そこでマクアケは、最小のリスクで新商品・新サービスのテスト販売や消費者リサーチを行う「0次流通市場」をプラットフォーム上に構築した。このプラットフォームを通じて、マクアケは、多様な事業者（製造業、輸出入企業、金融業、レストランやイベントのサービス提供者、アニメ、漫画、書籍などのコンテンツ提供者）や補完的資産の提供者（地方銀行、信用金庫、地域PR媒体、マスコミ、新製品バイヤー、多岐にわたる販売媒体）、そして潜在的消費者（サポーター）など、大小さまざまな利害関係者のネットワークを新規に組み合わせ、新しいモノ・サービスの創造を支援している。つまり、今までバラバラだった利害関係者が、マクアケを通してつながり、今までと異なる一つのダイナミック（動的）な生態系（エコシステム）を形成しつつあると言える。

マクアケは、消費者と製造者をつなげることで消費者の潜在的なニーズを明確化し、新商品・サービスを生み出すとともに、今までさまざまな理由で市場参入を阻まれていた個人イノベーター、零細・中小企業・団体を市場へと包摂している。

1　テストマーケティングのためのマーケットプレイス

❖募金ツールから業界の異端児へ

クラウドファンディング（ＣＦ）は、多くの人（crowd：群衆）から資金調達（funding）をする方法である。設立当初、マクアケはＣＦによって広く一般の人々から資金を集め、イノベーター（メーカーや研究者）によるモノの創造を促進することを目的としていた。しかし、資金を集めるだけでは、新しいモノが生まれる環境を形成できなかった。創業者の中山氏は、イノベーションが生まれる過程で資金以外にも満たされていないニーズが数多くあることに気づき、「クラウドファンディング」という固定観念から解放され、自ら「０次流通市場」の創出へと舵を切った。

中山　イノベーティブな商品をダイレクトに顧客に届ける。しかも、企業がリスクをとる前、企画の段階で顧客に直接アプローチして「先に進むか、やめるか」を判断する手段が必要だった。中小メーカーとソニーが同じことを言ってくれたんですよ。「マクアケは、テストマーケティングのツールだ」って。そう言われたときは「何を言ってるんだろう」と思ったんですけどね。

これをきっかけに、マクアケは先行テストや販売ツールをその中心的な活動に位置づけ、新製品を世に送り出すための新しい形の先行販売マーケットプレイスへと転換した。

現在、マクアケは試作品（プロトタイプ）をテストし、かつ最初の顧客を得る「場」を提供するという、CFのコンセプトから進化したきわめて特異な役割を担っている。これは、アメリカのキックスターターやインディーゴーゴーなど企業のインキュベーションを支援するCFに近いが、マーケティングに特化している点で非常にユニークな存在である。以下、マクアケのユニークな事業スタイルを確認しながら、そこに通底する視座を探っていこう。

2 マクアケはデビューまでの伴走者

❖ アイデア選択とスクリーニング

マクアケには、事業提案者から多種多様なアイデアが寄せられる。彼らは、それをどのようにスクリーニングするのだろうか。中山氏に訊ねると、意外にも「作れるかどうかだけ」を見ているという。

中山 例えば、学生が「どこでもドアを作ります」と。ドアを開けたらどこでも行ける。確かにグッドアイデアです。でも、本当に作れるのか。こ

POINT　0次流通市場

新たなプロダクトの試験販売を行い、消費者のリサーチと最初の顧客獲得を目的とする、完成品市場の前段階に位置するプロトタイプ市場。これまでのアンテナショップなど地域を限定するテストマーケティングとも、デジタルプラットフォーム上のｅコマースのような「1次流通市場」、メルカリのような中古品売買を目的とした「2次流通市場」とも異なる形で、消費者の潜在的ニーズと生産者の可能性を顕在化・実現する(4)。

れが実は超天才児で、大学生ながら「トヨタの製造ラインの部長をやってます」という話なら考えますが、まあ基本的にそんなことはないので、それは駄目だよと。やはり、過去の実績なり作ったものを見るなりして、ケイパビリティを判断します。

より具体的には、プロジェクトごとに担当者（キュレーターと呼ばれる）[5]が置かれ、そのキュレーターと審査法務（会社）で一定のルール・確認ポイントを設定し、各企画の実現可能性を判断しているという。

❖ マーケットデビューまで伴走するキュレーター

各事業者のマーケットデビューに関し、キュレーターの果たす役割は非常に大きい。彼らは通常、事業を市場に送り出すまで向き合い続ける。実は、たとえ先行販売の目標金額に到達しなくても製品化することを決めているケースが多い。事業者は「どの程度の購入者が存在しうるか」を判断するためにマクアケを使っていると言える。そのため、一応は目標金額を設定するものの、一人でも買ってくれる人がいるなら作る。これを「オールイン（All in）型」と呼び、そうしたケースが8割を超える。要するに、「最初の顧客」を獲得する場になっているのである。

さらに、大企業を担当するキュレーターは、クリエイティブ・ディレクターとしての役割も果たしている。キュレーターは事前に生産体制まであるような案件については、一人で月に10件から15件も担当する。それを、掲載までの準備に1カ月、掲載期間が2カ月から3カ月、全体で1ターム半年程度のスケジュールで回すという。

3　マクアケの五つの独自性

❖ リスクをとりにくい時代

マクアケの現在の成功の背景には流通の機能不全がある。マクアケが提供している試作品試験（プロトタイプの実証実験）、すなわち先行テスト販売の仕組みは、決して新しい試みではなく、アンテナショップなどで試作品のニーズを調査する手法はあった。しかし、従来の方法では、中小規模の量産をして試験を行うため、事業者は販売実績を作るために、すでに小さくないリスクをとっている。これは、大量生産・大量消費を前提とした大企業の大規模な生産力と量販流通という構造が存在していればこそ可能な方法だ。

しかし、もはや「みんなが欲しがるものを作れば、大量に売れた」時代は終わった。「巨額の開発費を投じて新商品を開発し、大量に販売して利益を上げる」ことが難しくなり、イノベーションに伴うリスクをとりにくくなっているのである。

中山　20世紀後半から21世紀初め頃までは、流通構造がシンプルで画一的だった。大手流通機関が大量に仕入れてくれて、消費者が見ているメディアも一緒だったから、テレビでＣＭを打てば、みんなが見てくれる。しかも、世の中はまだ不便なことだらけだったから、便利なモノを作れば売れる。その文脈に乗る形で生産すれば、売上が増える時代だったんです。だから、企業も「買ってくれる人」より「売ってくれる人（大手流通機関）」の顔を見てモノを作るのが、「ゲームのルール」になっていた。

ところが、今はメディアも多様だし、世の中の枯渇感・不便さも少ない。流通に乗りさえすれば売れる時代は終わり、多様性に即応しなければならないとなると、流通大手も慎重に仕入れざるを得なくなってきた。それなのに、作る側はかつての名残がまだ残っていて、相変わらず消費者ではなく流通の顔を気にしている。メーカーの人に「お客さんは誰ですか」と聞くと、「流通」って答えるんですよ。それ、最たるものかなと思います。

❖ 消費者ニーズの変化

こうした変化は消費者にも起こっている。不便が少なくなれば、欲しいものもなくなる。「自己表現のための消費」や「こだわりのあるモノにお金を注ぎ込む」、「便利かつイノベーティブ」といったように商品の難易度が上がっている。中山氏は、２０１０年を過ぎてからマーケットトレンドが明らかに変わってきたと言う。

それに対して、既存の（モノ・情報）流通の構造が、かつての画一的なマーケットニーズに対応したままで、機能不全を起こしている。そのため、今まで大量に売りさばいてくれていた流通・小売が売ってくれない。売り場がなければ、思い切ってイノベーティブなモノを作れない。イノベーティブな商品・サービスが生まれなければ……。中山氏の指摘する「負のサイクル」は、低迷する日本市場の問題点を的確に突いているように見える。

中山　卸売り業者ではなく、本当にユーザーのニーズと向き合わなければ、買ってもらえない。だから、「作る側が生み出した新しい価値を、どうやって直接に消費者に認めてもらうか」が現在の勝負どころなのですが、その仕組みが整っていない。つまり、顧客にリーチする手段がないので、作っても売れないわけです。

さらに今、顧客を獲得する手段が欠けています。一言で言えば「マーケティング力」になるのでしょうが、これまで卸売り業者が担ってきた販売力とプロモーション力が大きく低下した現在、この部分をどうやって補うのかが課題です。

例えば家電メーカーが全自動の洗濯機を作れば、かつては量販店が年間1000億円も売ってくれた。だけど今、それだけ売ってくれる小売企業は存在しない。メーカーは、流通の力が大きく低下しているときに、リスクをとって新しい商品を作れるか。顧客に商品を届ける流通機能の低下こそが、実はイノベーションのボトルネックになっている。そのことに、みんな、気づいてないですね。

要するに、「集客力がある」「顧客にリーチできる」「先行販売」「テストマーケティング」などの流通と製造業のイノベーションをつなぐソリューションを提供する必要があったんです。

❖独自性1：テストマーケティングで顧客のソリューションを見つける

しかし、消費者に新たな価値を直接認めさせることが可能だろうか。消費者は自らが欲しいもの（ニーズ）を的確に明示できるだろうか。

中山　無理でしょうね。ヘンリー・フォードの有名な話があるじゃないですか。「もし顧客に彼らの望むものを聞いていたら、彼らは『もっと速い馬が欲しい』と答えていただろう」。しかし、消費者が買ったのは自動車だった。（「○○をしたい」という）欲求は消費者から掘り起こせるけど、ソリューションまで消費者から得られるとは限らない。例えば、僕は運転するのが面倒臭くて、昨日も渋滞にはまって「誰だよ、この文化を作ったやつ。何で、人間が自分で運転しなきゃいけないの」と思うわけです。でも、一人のユーザーとして不満や欲求を言うことはできるけど、僕の中にそのソリューションはない。

つまり、マクアケは、流通システムが消費者ニーズの多様化に対応できていない現状に対し、メーカーが消費者に直接「この製品を欲しいですか」と問いかけ、ソリューションを見つける場を提供しているのだ。

❖独自性2：顧客ニーズを具体的に把握する

顧客を獲得するには「欲しい、欲しくない」という二択ではなく、買うという行動の背後に潜む具体性のあるニーズを正確に掘り起こす必要がある。

中山　売れる額だけでなく「なぜ買ったか」というコメントが重要で、それがターゲットに刺さっているかどうか。例えば、「そうそう、釣り人として、こういう魚をさばくだけの包丁が欲しかったんだよ」なら良好、「なんか新しくて面白い」だとあまり良くない。つまり、具体的なターゲットが、具体的な理由で買っていて、それが仮説どおりだったら売れます。

❖ 独自性3：新しいモノをダイレクトに顧客に届ける

多品種・少量生産が技術的に可能となった現在、多様なニーズを持つ消費者へ効率よくアプローチする流通が必要になっている。それには、特定のニーズを持つ顧客がどこにいるのかを把握し、直接届ける手段を見つけなければならない。近年のｅコマースや電子決済の普及、ビッグデータを利用したウェブ上のターゲット広告などはその一例である。

マクアケは、それらとは異なる方法で新しいモノを直接顧客に届ける方法を提示している。これまでは、「製造手段を持っている者が強い」と言われたが、今や「販売手段を持っている者が強い」という方向にシフトしているのだろうか。

中山　消費者を相手としたビジネスでは、ある程度マス・カスタマイゼーションできないとキツイ時代かもしれませんね。

ただ、今までも企業は販売手段を持っていたんですよ、中間流通という形で。しかし、現在は顧客へダイレクトにリーチできないと、B to Cビジネスは難しいですね。そこをサポートするビジネスが、今チャンスを迎えている。マクアケが時流に乗れたのは、「顧客に新しいモノをダイレクトに届ける」というのがマーケットトレンドだったからだと思います。

❖独自性4：オンリーワンの集客力

しかし、テストマーケティングだけなら、大企業は自身で行うこともできる。それなのに、なぜマクアケに依頼するのだろうか。中山氏はその理由を「集客力」と即答する。例えばソニーならば独自のファンをたくさん抱えており、そのファンに向けてテストマーケティングを行えばよい。しかし、ソニー1社で出せるプロダクトは数が限られる。それに対し、マクアケでは年間に何千という多種多様なプロダクトが提案されている。

中山　マクアケは、日本で一番早く新製品が出てくる場なんです。オンラインにおける新商品デビューの場で言えば、もう「ナンバーワン」じゃなくて「オンリーワン」になっている。イノベーティブなプロダクトが世の中に流通する前に、最初にお披露目される場所。まだ世の中にないものが最初に買える場所。それがマクアケであり、実はものすごいブルーオーシャン（未開拓の新しい市場）なんです。企業から見ると、イノベーティブなプロダクトを作る前に顧客を最初に獲得できる（先行販売の）場所になっているので、見たことのない製品が次々と出てきます。

すると、メディアの情報収集源にもなってきます。あるテレビ番組のディレクターも「ニュースソースのナンバーワン、ナンバーツーはマクアケと『日経ＭＪ』です」と明言しています。メディアが取り上げてくれると、企業にとってもますますマクアケがお披露目の場所になり、するとマクアケは面白いモノが毎日次々と出てくる場になるので、ユーザーも楽しい体験ができる。だからリピーターが増え、さらに多くの企業が集まり、ニュースになり、それを見た新しいユーザーが訪れ……というプラスのスパイラルができています。

❖ 独自性５：技術のショーケースとなり、新たな可能性をキュレートする

日本における研究開発費（R＆D）は年間約19兆円（OECD 2017）で、その大部分は民間部門（同、78・８％）が支出している。しかし、開発された多くの新技術は使われずに企業の棚に残されていると言われる。特に、大企業には使われていない技術が多く存在する。また、高い技術を持つ中小企業が全国に存在するにもかかわらず、大企業の下請けであるため、その存在はあまり知られていない。

マクアケはこの状況を打開すべく、R＆Dプロデューサーという新しいポジションを作り、技術と潜在的ニーズを結びつけ、商品化に近づけるサポートをしている。技術の意外な組み合わせを探し出し、ビジネス（商品）ストーリーを作り、企業の持つ技術の存在を知らしめ（ショーケース）、新しい用途を開拓するためのマーケティングに一役買っているのだ。これは、さまざまな企業を仲介しているプラットフォーマーだからこそ果たせる役割と言える（注1参照）。

中山　僕らがサポートしたシャープの蓄熱技術では、「マイナス２度で日本酒がおいしく飲める」という日本酒専用の保冷バッグを作った（ＢＯＸ11）。これはビジネスストーリーまで一緒に考えさせていただいたんです。もともとはシャープの液晶技術ですが、それを表示技術ではなく蓄熱技術として研究開発をしていた。しかし、それをどうやったらマーケットにフィットできるかが見つからなかった。

もちろん、物流にも使えるし、新興国のように電力が少ないところでも保冷状態で長時間の管理ができる。用途はたくさんあって、最終的にはＢ to Ｂスケールで展開するストーリーを描いていましたが、その前にこの技術をマーケットに知らしめる必要があった。

あるとき、温度管理をしたいものについてアイデア出しをしていて、日本酒には温度帯によって名前があるっていう話が出て。その中で、マイナス２度のお酒を「雪どけ酒」と呼ぶそうなんですが、日本酒の概念の中には温度帯があるのに、日本酒マーケットにはそれがないことに気づいた。理由は簡単で、運ぶときにマイナス２度にできる技術がなかったから。だから、その場で出されてすぐに飲むしかなかったんです。でも、この技術があれば、雪どけ酒を自宅で飲める。

そこで、石井酒造とコラボしてマイナス温度で飲むとおいしい日本酒を作ってもらい、シャープが液晶技術を使って保冷バッグを作り、それをマクアケに載せて話題作りをした。

そうすると、ロジスティクスをはじめいろいろな会社から、この液晶技術を使わせてくれという話が来て、Ｂ to Ｂに展開していきました。

これはつまり、マクアケの商品デザイン力で技術がショーケース化された事例と言える。話題性のある商品で技術力をアピールしたことが、本業の拡大につながっている。これは大企業だけでなく、中小企業にも共通している。

一例を紹介しよう。岐阜県関市のツカダは、もともと金型の金属加工メーカーで、金属加工技術では海外からも注文が来るような会社だったが、B to B、つまり下請けが中心で一般には知られていなかった。しかし、その技術力を生かしてB to Cの便利な商品を作ろうとしていた。それが「キークエスト（Key-Quest）」という鍵型の便利ツールだ（BOX12）。カッター、ドライバー、六角レンチ、栓抜きにもなり、普段はキーホルダーにぶら下げて持ち運べるので、必要なときにいつでも使える。たしかに便利だが、しかし、誰にどう売ればよいのか。

中山　そんなとき、ある銀行から紹介されたんです。「この会社はこんなものを作ろうとしています」、「銀行としては判断しかねますが、マクアケでマーケットニーズを見てみませんか」と。それでテストしてみたら、買い手がいることが分かって「じゃあ、この事業単体での融資額を増加させましょう」と。マクアケでのテスト結果が、銀行の融資判断へダイレクトに響いた事例でした。それから、この「キークエスト」が会社の技術力のアピールになって、B to Bビジネスにも好影響が出たそうです。

当然ながら、テストの結果は生産量や価格にも影響する。生産量が多くなるほど、製品単位当たりに配賦される金型の製造コストが下がり、製造原価比率が下がるからだ。実際、テスト結果によって価格設定が変わることも多いという。

中山　ちなみに、「キークエスト」自体はご本人たちが考えたアイデアでしたが、「この商品はここが特長だからアピールしましょう」というのは、マクアケがサポートに入りました。モノ作りは得意だけれど、それを表現するのは苦手だという企業は多くて、そこが僕らの仕事です。

例えば、カッターの機能。段ボール箱をよく開封する人……だったら、アマゾンをよく利用する人、つまりEコマースを頻繁にやる人だねと。ならば、その便利さをしっかり訴求しましょうと。そんな難しいことは言ってませんけど。

❖オープンイノベーションとマクアケの違い

一般に、「技術はあるけど、用途が分からない」というときには、いわゆるオープンイノベーションの手法が使われる。それとマクアケとの違いは何だろうか。

中山　僕らが（最後の流通・消費まで）コミットしているということです。R&Dプロデューサーという役割がファシリテーション役になってアレンジしますし、出口までコミットするので製品化・事業化につながる可能性が高い。ここが企業独自のオープンイノベーションや一般のマッチングサイトとの大きな違いじゃないですかね。僕らは、その商品がマーケットでいくら売れたかをKPI（重要業績評価指標）にしているので。

　プラットフォームとしては手がかかるので効率が悪くなりますけど、企業からすれば確実性が高い。大企業とベンチャーの協業だとか、オープンイノベーションだとかのマッチングイベントはあちこちで開かれていますが、マクアケの打率はそれより高いはずです。出会いだけでなく、事業化まで進んだケースで比べれば、もう断然高いですね。

　興味深いのは、ショーケースだから、1対1のマッチングだけではなくて、それを見ている他の企業にもアピールできる。技術を切り取って多方面に売れるので研究開発費の回収も早まる。さらに、先ほどの「雪どけ酒」の例では、シャープの技術だけではなく、コラボ相手のお酒も商品としてマクアケで売られている。マクアケというネットワークの中の顧客をうまくクロスさせている。従来型とは大きく異なるオープンイノベーションですね。

4　新たなエコシステムを作る

「流通革命」を巻き起こしているマクアケの躍進の背景には何があるのだろうか。エアビーアンドビー（Airbnb）やウーバー（Uber）のようなプラットフォームビジネスと同様、マクアケは自社のプラットフォームを介して多様な利害関係者の持つ能力をクロスさせ、補完的な関係を築くことで、商品化を促進するエコシステムを形成している。

❖大企業こそリーン・アプローチを求めていた

マクアケのビジネスを特徴づける一つの重要なアクターが大手製造業である。大企業はこれまでもマーケットリサーチを行ってきたが、それは具体的な顧客を想定してなかったのではないか。また、大企業であっても、新製品の企画チームが自力で製造パートナーを見つけるのは難しい。大企業ゆえに、事業になるかどうか分からないものに自社の製造ラインを動かせないからだ。大きく始めて大きく展開するという体質ゆえに、リーン（少サンプル、敏速、短期間：エピソード6参照）に始める仕組みが弱い。

本当に顧客が買うかどうか、買った顧客はどんな思いで買ったのか。この二つの問いに対するリーンなアプローチこそ今日の大企業に必要なものであり、そこにマクアケのソリューションが「刺さった」と言えよう。つまり、成熟社会におけるイノベーションに必要だったのは、巨額のR＆D費ではなく、顧客ニーズの掘り起こしとマーケットフィットの実証を低コスト・低リスクで実現するシステムだったのである。

❖多様な販売網をつなぐプラットフォームの拡散パワー

一方、先述の「雪どけ酒」の事例は、大手メーカー（シャープ）と地場産業（石井酒造）をマクアケが結びつけ、商品をデザインし、デジタルネットワークで消費者とつなぎ、そして消費者が購入力で「応援」している。この「一般消費者の購入力」がイノベーションを支えており、その消費者と商品とをつないでいるのがデジタルネットワークを活用したプラットフォームであるという点が重要である。

同時に、マクアケは東急ハンズやツタヤ、伊勢丹といった従来型の流通・小売業とも連携しており、彼らにとってマクアケはいわば「ネタ帳」となっている。さらに、ＥＣサイト上で販売する個人もいれば、地方の小さな店舗では商品を二つ、三つだけ仕入れたいというニーズもある。現在のところ、小規模の小売店は個人消費者と同じ枠組みで購入しているが、彼らが「仕入れ」やすい仕組みも検討しているという。地方の小売店一つ一つは少量の取引でしかないが、それらが無数に集まることによって「販売のイノベーション」を促進しうる。まさに、「流通革命」が起ころうとしている。


中山 そうなんです。新しい入り口を押さえたことで、流通のあり方がどんどん変わってくる。先ほども言った、リテールが自社の販売力を活かして売ることで応援し、消費者が購入することで応援し、そうしてイノベーションがマーケットに出やすくなるんだと思います。

このリーン・スタートの座組みは、インターネットビジネス以外でも有効だと思います。リーン・スタートを切って、市場性を証明できれば、販売パワーを持っている人、拡散パワーを持っている人、資金的パワーを持っている人が集まってきて、次のステップに引き上げることができる。イノベーションの方法として、リーン・スタートはあらゆる産業で必要になってくるだろうと思います。

何かが変わったわけじゃないんです。すでにあったんだけど、つながっていなかった。インターネットというツールによって、そこにリソースがあることが分かり、リーチできるようになった。

❖ 地域データバンクとしての地方金融機関

マクアケがつなぐ重要アクターとして、地方金融機関も忘れるわけにはいかない。現在、多くの製造業が「デジタル」「AI」を標榜するが、技術の方向性はあまりに千差万別でトレンドまでを見通すのは難しい。そのようなとき、地方の銀行は、地元の融資先にどんなケイパビリティがあるかを細かく把握しており、彼らとの連携はその顧客データベースを活用できることを意味する。

中山　地銀のデータベースには、例えば「金属加工」と検索すると、該当する融資先がバッと出てきて、そこが何を作っていて、子どもが何歳か、社長の趣味は何かまで全部入ってるんですよ。「大阪の工場で、こういう金属の削り出しで評価の高いところはありませんか」と訊くと、「ちょっと待っててください」、ガチャガチャガチャ、「いくつかあります」と。そういったネットワークを生かして、企業向け技術のマッチングをサポートしています。

大事なのは、（クライアントである事業体が）単にプロトタイプを作るだけでは駄目で、小ロット生産ができる座組みを作ってあげなければならないということです。ある程度の数をマーケットに出してユーザーが「買う」という行為が生まれないと、事業化・商品化の意思決定ができないんです。昔は、大規模流通が売ってくれるから、意思決定しやすかったんですけど、今は目に見えるマーケットニーズがなければ企業はリスクをとれない。だから、マクアケのリレーションのデータベースを活用して、低リスクの小ロット生産体制を作ってあげることで、さらなる価値が生まれる。

具体的には、大企業がマクアケを介して中小企業に小ロットの生産を依頼することになる。中小企業ならそれでも採算がとれるし、単なる下請けではなく、共同事業の形態をとるケースもあるという。

中山　これ、実はヒントになったのが、ＮＥＣとアマダナという中小企業が提携して作ったアマダナフォンという中小事業所向けのオフィス用電話機のケースなんです。販売はＮＥＣの流通網を活用したんですが、販売主体はアマダナが担ったと聞いています。

こうした大手と中小企業の組み合わせは本当に多種多様で、主体を中小企業に委ねて、大手は「サポーテッドバイ○○」といった形で出していたりします。その規模や組み方をマクアケがアレンジしているわけです。

◈ 垣根を越えて広がる補完的資産のネットワーク

いかに優れた製品が存在していても、それを効率的に生産する手段や販売する経路がなければ、その製品が消費者の手に渡ることはない。製品に付属する生産手段や販売網を経営学では「補完的資産(Complementary Assets)」と呼ぶ。マクアケはこの補完的資産のネットワークに大小異なる多くの利害関係者をつなぐことで、事業者のビジネス展開を促進している。

ここで、マクアケのネットワークに参加するパートナーを整理してみよう。まず、メディアがマクアケを新しい情報のネタ元としており、何百というメディアと良好な関係を結んでいる。次に、流通業者はかつてと比べて販売力が低下したとはいえ、やはり大きな販売チャネルであり、彼らにとって

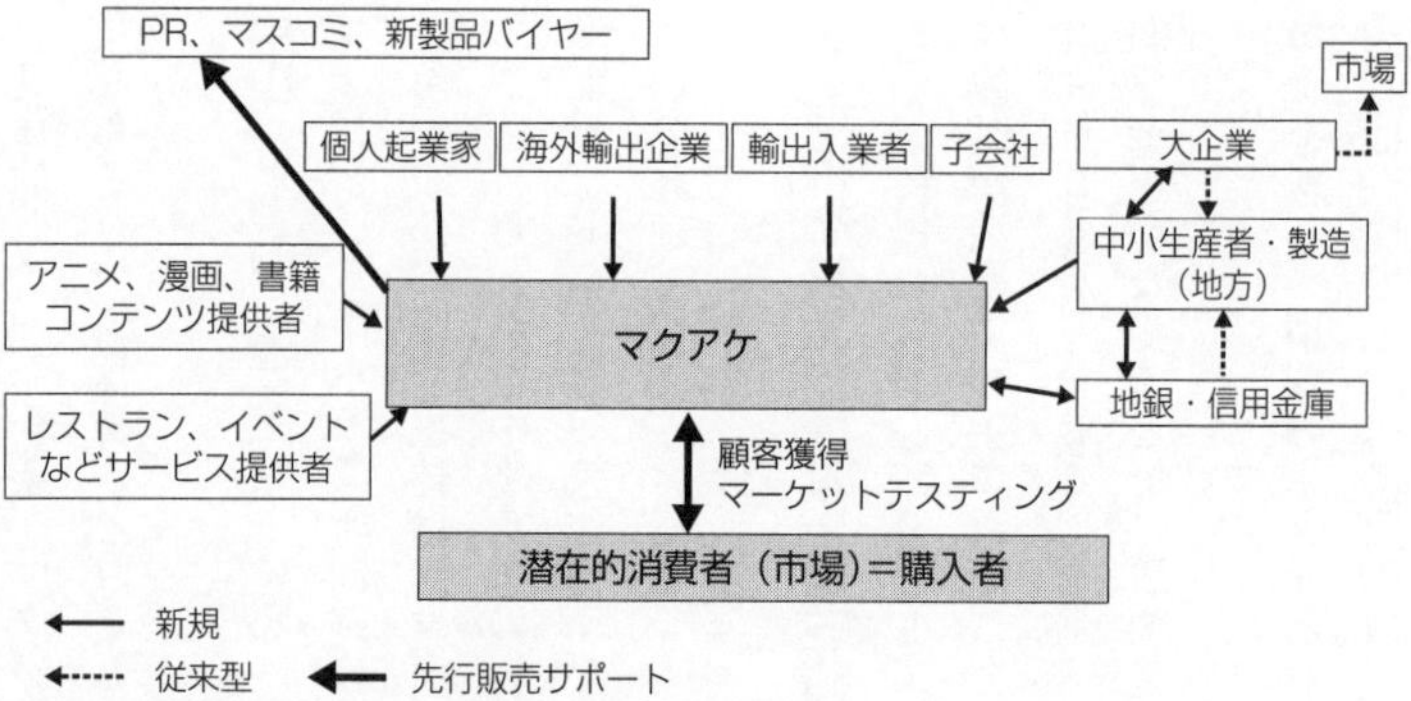

出所：ヒヤリングに基づき筆者作成。

図 E4.1　マクアケのイノベーションエコシステム概念図

もマクアケは売れ筋の商品をいち早く見つけて仕入れるための場になっている。

さらに、金融機関も重要なパートナーであり、大手都市銀行から信金・地銀までを合わせて全国約１００行の銀行と連携している。技術力の高い企業が新製品を作ろうと銀行に融資を求めても、マーケティング力が弱いと銀行は融資しにくい。また、流通業の力が落ちている現状では、単に取引先との関係が良好というだけでは不十分だ。そこで、銀行は企業にマクアケを紹介する。企業がマクアケに商品を出して、売れると証明されれば、銀行はその事業に融資することができる。

つまり、かつては営業力、販路、パートナーを見れば事業性を評価できたが、現在は商品そのものを評価しないと事業性も評価できない。しかし、銀行には商品性評価は難しい。そこで、その評価をマクアケにアウトソーシングしているという構図になる。

以上から、マクアケはデジタルネットワークを通して製造業のイノベーションを潜在的な利用者につなぎ、流通ソリューションを提供していることが分かる。これが0次流通市場であり、そのネットワークが図E4.1に示されている。図のとおり、従来のアクターは点線の矢印でしか結ばれておらず、バラバラであったが、マクアケが加わることによって実線の矢印で結ばれ、一つのダイナミックな生態系（エコシステム）に転換しつつある。

5　アイデアとケイパビリティを包摂する

❖ アイデア創出のエコシステム

近い将来、マクアケは「場」の提供者という役割から、新たなポジションへと移行するかもしれない。現在、マクアケは年間で数千件という新製品デビューの場になっており、それによってトレンドデータが大量に蓄積されつつある。どんなモノが、どんな消費者に、どんな理由で売れていくのか。それがメディアに、どのような切り口で取り上げられるのか。そうすると、そのデータからいわゆる「ネクストトレンド」が浮かび上がり、マクアケが商品化の「応援者」を超えてアイデア創出の「トリガー」になりうるからだ。

マクアケの活動から生まれるモノ、サービス、そして関係者についてのデータは、トレンドを先取りする、示唆に富んだデータソースとなりうる。中山氏は、次にそれをビジネスに結びつけていくと言う。

中山　「マクアケ的ビッグデータ」というほどじゃないんですが、そのデータベースを他のデータベースと統合できると面白いんじゃないかなと。データの価値を高めるために、どういった会社と連携すれば、より精度の高いマーケットトレンドを見える化できるかというのは、すごく興味があります。

　例えば、セブン-イレブンは自社の売れ筋動向を見て、「朝ご飯を時短したい」というニーズに応えて「レンジでチンする鯖の味噌煮」などをプライベートブランドで出したりしていますが、そこで僕らと組んだときに、どんな結果が出るか。

　もちろん、GDPR（EU一般データ保護規則）のような個人情報保護規定との整合性も保ちながら、AIなども活用して市場のトレンドデータを横でつなぐと、未来に何が流行《はや》るのかが見える。

　そこに、顧客データを加えて、仮説的なストーリー作りまでできると思います。データを持っている会社が相互に連携することで、アイデアを創出する新しい仕組みができるのではないか。

❖ アビリティ・シェアリング社会へ

　現在のマクアケは、「新商品の顧客を獲得する場所」から「イノベーションに必要な全要素が揃う場」へと生まれ変わろうとしている。個人であれ、組織であれ、何か新しいことに貢献できる能力（ability）を持っている。それなのに、現在の社会はそれを活用できていない。社会を構成する全員のアビリティを活用できる社会の創出。中山氏が口にした「イデオロギー」という言葉は、そうした彼の社会ビジョンを表現しているようにも思える。

中山　イノベーションを促進させるためには、このアビリティをシェアしたほうがいいと思ってて。だから、概念としては、クラウドファンディングではなく、「アビリティ・シェアリング」。それだけのケイパビリティを、人はみんな持っている。自分が「これは、この社会に生まれるべきだ」と思うもの、「この社会に広がるべきだ」と思うものに対して、自分のアビリティを投入していける社会になれば、イノベーションは今とは比べものにならないぐらい促進されていくと思っているんです。

個人だけではなくて、例えば家電量販店は「売る」という力を投入できる。メディアは「広げる」という力を投入する。マクアケでは、図らずも今、そういう生態系になってるんです。個人も法人も関係なく、販売力なり、拡散力なり、持てるアビリティを投入しやすいようにできれば、今はお蔵入りしちゃってるようなものも前に進められるというのが、僕のイデオロギーなので。それらが全部つながるようなプラットフォームを作りたい。

この見方に倣《なら》えば、確かにマクアケは製造業の「作る力」、流通・小売業の「売る力」、メディアの「広げる力」など多様な「ケイパビリティ（能力）のシェアリングサイト」と呼ぶことができる。特に着目すべきは、消費者の「買う力」というケイパビリティを投入しやすくしたことであり、それが他のケイパビリティの決定的な促進力となっている。これを本書の視点から読み替えれば、イノベーションプロセスへの消費者（購買力）の包摂（inclusion）となり、そこでは消費者が多様なアクターと協働しながら自らのニーズを掘り起こし、そして実現していく主体的な役割を担っている。

マクアケは資金提供者と事業者をつなぐクラウドファンディングから始まったが、今日の活動は多様な利害関係者を包摂し、そこから新しいつながりをプロデュースするプラットフォーマーへと大きく展開している。事業者が多大なリスクをとらずとも試作品の試験、最初の顧客を得る「場：プラットフォーム」を提供し、ものづくりをサポートし、成功を収めてきた。これらの事業から蓄積された情報や、さまざまな能力を持つ利害関係者とのネットワークを駆使し、今度はマーケットトレンドや補完的資産を組み合わせて、さらなるビジネス創造を可能とする生態系を作り上げつつある。

マクアケの活動は新しい「ものづくり」への破壊的挑戦であるとともに、多くの消費者の持つ不満や欲求を具体化し、新しいモノやサービスを提供できる人とその事業をサポートする人（資金、製造手段、販売網、広報）とをつなぐことで、多くの取り残されている多様なニーズに応えるものであると言える。

BOX 10 クラウドファンディングの仕組み

クラウドファンディング（ＣＦ）とは、多くの人（crowd：群衆）から資金調達（funding）をする方法を指す。多くの人から資金（寄付）を募って大きなプロジェクトを進めることは歴史的に行われてきたが、近年、インターネットの整備に伴うデジタル経済の拡大や、ＣＦ専用のプラットフォームが設立されたこともあり、個人が資金調達・投資を行いやすい環境が整い、ＣＦ市場は拡大傾向にある。特に新型コロナの発生は、ＣＦの利用を促進しているとの報告もある（MUFG 2020）。

クラウドファンディングの仕組みと種類

クラウドファンディングの仕組みを示すと図B 10.1のようになる。

ＣＦ会社は、資金を出す支援者と資金を必要とする起案者の間をプラットフォームによって仲介するサービスを提供する。

一般的に、出資に対するリターンの形態に基づいて、ＣＦは寄付型、購入型、投資型の3つに分かれる。寄付型は基本的にリターンがない（ニュースレターなどを除く）。購入型は事業起案者から金銭以外のモノ・サービスを受け取る。投資型は融資・株式・投資などに対する利益を出資に対するリターンとして受け取る。

プラットフォームとなるＣＦも、用途に応じて行う仲介サービスの内容が異なる。特に投資型は、運営業者を介して、投資家と事業者との間で匿名組合契約を締結し、出資を行うなどの業務を担う。一方、

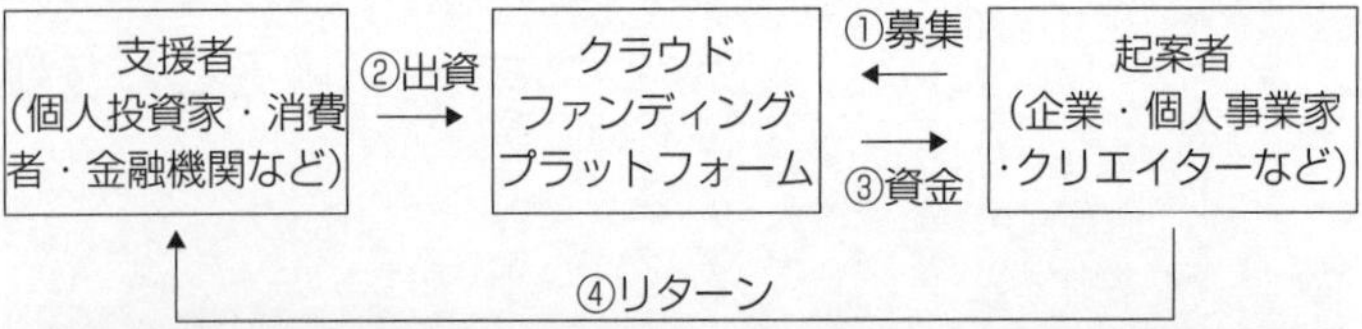

図B10.1　クラウドファンディングの仕組み

購入型は支援者から集めた資金を事業起案者に渡すとともにリターンが支援者に提供されるまでの事業の進行情報などをプラットフォーム上に掲載するといった業務を行う。寄付型でも、リターンではないが、支援された事業の情報を支援者にフィードバックするという点においては同様の仲介作業が生じる。

購入型（寄付型を含む）の市場規模は年々拡大傾向にあり、２０１７年77億円であった市場が２０１９年では１６９億円となった。新型コロナの影響でクラウドファンディングの利用は増加傾向にある

現在、日本でも約１００社がＣＦのサイト運営に参入している。代表的な購入型（寄付型も含む）プラットフォームとして、レディフォー（READYFOR）、マクアケ（Makuake）、キャンプファイヤー（CAMPFIRE）、ファーボ（FAAVO）などが挙げられる。この中でもマクアケは製造業、モノづくり、新製品の実装に向けた試作品の実証実験的役割に特化しており、現在は先行販売マーケットプレイスとして他のＣＦとは一線を画すとされる。

支援者の動機

一般的に、ＣＦを利用する支援者と事業者のメリットは表Ｂ10.1のように整理できる。支援者のメリットは、提供リターンに関する実利的なものと社会貢献的な動機の二つがある。

アンケート調査によると、支援の理由は「社会的リターン重視」の傾向が強い（表Ｂ10.2）。この傾向は年齢層が上がるほど強く現れる。一方、比較的若い世代では「実利的リターン重視」が他の世代よりもやや高い。

支援者	●市場で販売されていない新しいモノやサービスをいち早く利用できる ●早期に支援することにより安価な価格で入手できる ●政策や開発の過程に支援者として参加することで当事者意識が得られる ●応援したい、共感する企業、団体、製品、事業へ直接支援することができる
事業者	●アイデアを基に資金調達が行える ●提供するモノやサービスに社会性・事業性があるかどうかを、CF を通じて投資を行う前に確認することができる ●支援者などとの交流を通じて事業への利用者ニーズや反応などを把握し、開発に活用できる ●目標金額を達成することで事業に対する知名度を向上させ、PR、実績作りに活用できる ●モノ、サービスへ投資する前に市場規模を把握し、あるいは新市場を開拓することができる

出所：インタビュー、MUFG、2020 年 9 月 30 日。

表 B10.1　クラウドファンディングのメリット

		社会的リターン重視(%)	実利的リターン重視(%)
n=520	全体	62.6	32.2
n=104	20 代	55.9	38.5
n=104	30 代	60.4	33.7
n=104	40 代	61.1	33.7
n=104	50 代	67.2	28.5
n=104	60 代以上	69.6	25.3

注 1：MUFG アンケート調査を基に集計。総サンプル数 520。複数回答あり。
2：「社会的リターンとは、社会的貢献と、必要とされている人に直接支援することなどを指す。「実利的リターン」とは、新しい製品やサービスをいち早く、安く、手に入れられる、協力者として名前が公表される、実行者と直接コミュニケーションがとれるなどを指す。

出所：MUFG リサーチアンドコンサルティング「クラウドファンディング（購入型）の動向整理」2020 年 9 月 30 日。

表 B10.2　クラウドファンディングにおける支援理由

BOX 11

大企業の使われていない技術をプロデュース
――シャープ×石井酒造「雪どけ酒」[1]

シャープは、フラットTV用の液晶を製造する過程で「蓄熱技術」を開発した。「蓄熱技術」は、熱をエネルギーとして蓄える技術であり、エネルギーを使わずに設定温度を長期間維持できるというメリットがある。この「蓄熱技術」は、特定の温度に達すると材料が相を変化させる相転移の論理に基づいている（例えば、水は0℃で熱を放出すると氷になる）。相転移温度の異なる材料を組み合わせることで、物質が凍結する温度（凝固点）と融解する温度（融点）を自由に制御することができ、その結果、シャープは冷却機能における技術を確立した(https://corporate.jp.sharp/challenge/vol16/)。

この技術を利用した商品を開発するため、同社は社内にスタートアップ部門を設立し、マクアケとの小型プロジェクトを立ち上げた。プロジェクトの目的は、技術的特徴をより多くの人々に紹介し、将来の需要を生み出すことである。試行錯誤の末に生まれたのが、マイナス2度の温度で美味しく飲める日本酒「雪どけ酒　冬単衣」（石井酒造）と、「蓄熱技術」を使用してマイナス2度に保つ冷却パッケージ（シャープ）であった。

日本酒は伝統的にさまざまな温度で消費されており、マイナス2度で提供される日本酒も従来からあった。しかし、これまではマイナス2度を維持しつつ低コストで流通させる技術がなかったため、広く商品化されておらず、地域限定かつ季節限定で提供されていた。シャープの「蓄熱技術」を使用した冷却パッケージが商品化されたことで、マイナス2度

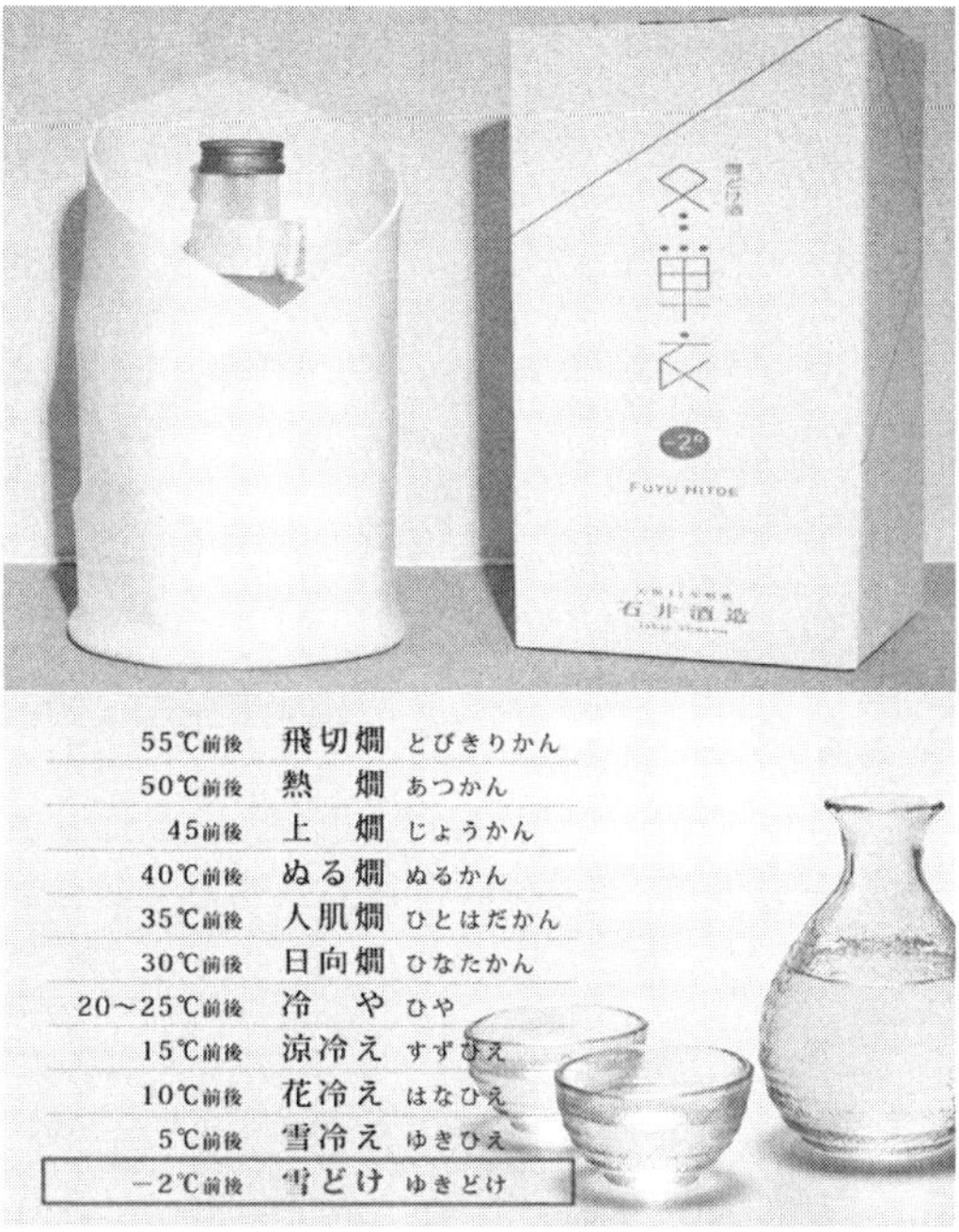

「雪どけ酒　冬単衣」（石井酒造）と蓄熱技術を活用した冷却パッケージ（シャープ）
出所：マクアケ（https://www.makuake.com/project/fuyuhitoe/）

で一番美味しいとされる石井酒造の「雪どけ酒　冬単衣」を全国に流通させることが可能となった。

　この商品が期間限定でマクアケのプラットフォーム上で宣伝されると、大きな反響と注目を集めた。この商品の成功により、シャープは今までとはまったく異なる顧客へ「蓄熱技術」の可能性を知らしめることができた。

BOX 12

地方企業と金融機関とのコラボレーション

——ツカダ「キークエスト」

　岐阜県関市は、伝統的に刃物を製造する金属細工で知られている。同地域にある金属加工下請け企業であるツカダは、自社の金属加工技術を活用し、消費者を対象とした「キークエスト（Key-Quest）」[1]と呼ばれる多目的キーチェーンツールを作成した。この製品は、ナット回し、栓抜き、マイナスドライバー、カートンオープナー、プルタブ起こし、糸切という六つの機能を備えたキーサイズの多目的ツールだ。

　同社はもともとB to B専門の企業であったため、自社の製品に需要があるのか、市場がどこにあるかが分からなかった。また、試作品を製造したものの、市場の需要と事業計画を明示しないことには、地域の金融機関（信用金庫）がこのプロジェクトに融資することはできなかった。

　そのため、ツカダはマクアケのプラットフォームで先行テスト販売することにし、短期間で目標額を超える応援購入額を獲得した。マクアケでの成功は、製品の市場性さらに具体的な顧客の存在を明確に示したため、同社は岐阜信用金庫から融資を受けることもできた。さらに、B to C製品で収益を上げる道も拓かれ、同社の金属加工技術に対する外部の評価を得たことで、バイヤーとの交渉力も向上した。

　加えて、この成功事例は地方金融機関（銀行や信用金庫）にも変革をもたらした。大量生産・大量消費というモデルが成立しない今日、地方銀行や信用金庫も融資の審査をする際に市場の需要や消費者のニーズを読みあぐねていた。マクアケのプラットフ

出所：マクアケ（https://www.makuake.com/project/keyquest/）

ォームにおける支援者の反応は、投資プロジェクトを評価する際のエビデンスとして活用されたのである。

地方銀行や信用金庫には、多品種・少量生産が可能で、小規模だが技術水準の高い地域企業に関する情報が蓄積されている。このため、マクアケも地域の信用金庫と協力することで、地域のビジネス情報を収集し、新しいプロジェクトを展開できるようになった。

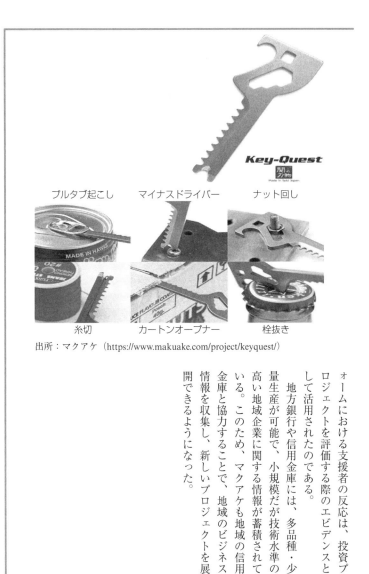

EPISODE 5

インドネシアでユニコーン企業を生む
――イーストベンチャーズ

■企業の概要■

イーストベンチャーズは、2009年にウィルソン・クアカ（Wilson Cuaca）氏、松山太河氏、衛藤バタラ氏が設立したインドネシアと日本のベンチャーキャピタル（VC）であり、日本・東南アジア・アメリカを中心にアーリーシード投資を行っている。同社は、インドネシアにおけるVCのパイオニアであり、これまで同国のeコマース、トコペディア（Tokopedia）や旅行サービスのトラベロカ（Traveloka）、日本のオンラインマーケットであるメルカリ（Mercari）という三つのユニコーン企業を含め、インドネシア、シンガポール、日本、マレーシア、タイ、ベトナムで展開するスタートアップ170社以上に支援を行ってきた。

会社の使命は「地元の中小企業に力を与え、地域のエコシステムを構築することで国の成長をサポートすること」である。同社は2019年までに、インドネシア国内で130のスタートアップへ投資し、インドネシアのGDP（2019年）の1・5%以上に貢献したとしている。[1]

また、2019年には6番目のファンドを設立し、7500万米ドルを調達し、ビジネスをさらに拡大しつつある。過去10年間において、同社は東南アジアの資産を成長させ、初期段階のファンドと成長ファンドの総計は12億米ドルに達した。ポートフォリオ企業のクド（Kudo）ロケット（Loket）、ブライドストーリー（Bridestory）が各々グラブ（Grab）、ゴジェック（Gojek）、トコペディアに買収されたのをはじめ、20のイグジットを達成している。2019年、インドネシアのデジタル経済の成長を促進する追加資金として、地元や地域のビジネスグループから合計40億米ドルの資金を調達している。[2]

■ケースのポイント■

イーストベンチャーズはインドネシアにおけるVCの先駆者である。先駆者であるがゆえに、投資を始めた当初、インドネシアにはベンチャー企業の成長に必要なエコシステム——スキル（最先端・基礎技術、ビジネス、経験）、支援インフラ（アクセラレーター、インキュベーター、メンター）、資金（VCなど）、コミュニティ（社会的ネットワーク）——が大きく欠如していた（第3章参照）。この環境を改善するために、イーストベンチャーズのネットワークや資産を活用し、ポートフォリオ企業間の相互依存性（シナジー）効果を起こし、足りない部分を補っていった。この環境の改善が、インドネシア発のユニコーン企業の誕生や、後続ベンチャーの成長、ひいては自己の資産価値、ネットワーク価値の向上につながったとも言える。

このポートフォリオ企業間に構築されたエコシステムは、社会的インパクトを生み出し始めている。また、イーストベンチャーズのポートフォリオ企業間で製品やサービスに補完性のある事業へ共同投資が行われつつあり、さらなるビジネス展開・拡大への足がかりとなっている。社会性に富む活動にも投資が行われ始め、スタートアップにとどまらず、インドネシアのリッポーグループ（Lippo Group）など大企業や政府と協働し、事業をますます拡大しつつある。

1　成長するインドネシアのデジタル経済

❖可能性に満ちたインドネシア経済

インドネシアは人口2億6400万人（世界第4位）、このうち経済活動を牽引する生産年齢人口（15～64歳：2020年）が1億7910万人、さらに年齢の中央値が28歳とデジタル経済の担い手となる若い世代が多く、今後の成長が大いに期待される国である（UN 2019）。また、インドネシアの位置する東南アジア地域は、これからデジタル経済がますます成長すると言われる。事実、ASEAN6諸国のデジタル経済の規模は2015年の320億米ドル（同地域GDP比1・7％）から、2019年には1000億米ドル（同3・7％）にまで増加し、2025年には3000億米ドル（同8・5％）に達すると予測される。なかでもインドネシアは、2015年にわずか80億米ドルであったデジタル経済の規模が、2019年には400億米ドルとなり、2025年には1330億米ドルに達

すると予測されている。これはASEAN地域で最大の規模であり、最も急速に成長している市場と言える。(3)

❖デジタル経済の牽引役に

イーストベンチャーズは、デジタル技術を推進する起業家のプラットフォームになることを目的として、2009年に設立された。当時、インドネシアのインターネット利用者はわずか3000万人であり、その多くがパソコンを利用していた。しかし今日、利用者は1億7100万人にまで増加し、プライマリーデバイスはスマートフォンに変わった。

このような変化を遂げつつも、インドネシアのデジタル関連セクターはいまだに経済全体の小さな部分を占めるにすぎない（EV-DCI 2020）。例えば、情報通信部門と金融サービス部門は、インドネシアの国内総生産（GDP）に対してそれぞれ3・77%と4・15%を占めるにとどまっている（2018年）。さらに倉庫保管とロジスティクスは0・88%のみである。しかし、これら3部門をはじめデジタル経済関連セクターの平均成長率は、過去5年間、一貫して他の部門のそれを上回っている。

翻ってイーストベンチャーズの投資先を見ると、デジタル経済の柱となる分野に向けられていることが分かる。例えばeコマースへのインフラストラクチャーとなるウェアシックス（Waresix：倉庫、ロジスティクス、物流）、エクセンディット（Xendit：オンライン決済）、クド（Kudo：オンライン決済）、ショップバック（Shopback：eコマースサポート）、サークロ（Sirclo：同）、デジタルを媒体としたメディア、IDNメディア（IDN Media：ミレニアルおよびZ世代を対象）、テックインアジア（Tech in

Asia：テック関係対象)、カタデータ（Katadata：ビジネスおよび経済を対象)、小売業や零細企業を対象としたデジタルサービス、ソシオラ（Sociolla：新しい小売美容)、メカリ（Mekari：会計、税、給与)、モカ（Moka：販売時点情報管理システム)、コハイブ（CoHive：シェア空間ビジネス)、ワルンピンタ（Warung Pintar：デジタル・キオスク）やフォアコーヒー（Fore Coffee：オンデマンド・コーヒーチェーン）そしてデジタル変革に向けた企業予測・分析を行うアドボティクス（Advotics：サプライチェーン分析）やノードフラックス（Nodeflux：コンピュータービジョンとＡＩ）など、同社は広い分野の起業家を支援している。

イーストベンチャーズは、デジタル経済を形成する起業家への投資・助言を通じてデジタル関連企業の育成・支援を行ってきた。ただし、同社の活動は企業支援にとどまらず、より広いエコシステムの構築にも貢献している。その活動は、デジタル経済化の進む東南アジアに位置するインドネシアにとって、非常にタイムリーな存在であったとも言えよう。

とはいえ、一民間企業が政府のサポートもなく始めた事業が、デジタル経済の構築といった広範なインパクトを生み出すまでにスケールアップするには、さまざまな工夫があったはずである。この鍵を握るのが、イーストベンチャーズの戦略であった。

2　なぜベンチャーキャピタルだったのか？

❖SNSからベンチャーキャピタル投資へ

イーストベンチャーズの共同創立者・衛藤バタラ氏は日系インドネシア人であり、日本留学中の2003年、ソーシャル・ネットワーキング・サービス（SNS）のミクシィ（Mixi）を設立したことでも知られる。これは、衛藤氏が当時アルバイトをしていたイー・マーキュリー（E-Mercury）社でのプロジェクトの一つであった。その後ミクシィは急成長を遂げ、2004年に大学を卒業した衛藤氏は、取締役を経て同社のCTO（最高技術責任者）に就任。ミクシィのさらなる成長を受けて、2006年に株式会社ミクシィへ社名変更したうえ、東証マザーズに上場を果たす。当時の時価総額は1092億円、今日のユニコーン（後述）に相当する規模であったと言える。

自らスタートアップとして事業を興し、株式上場してからは事業の拡大に取り組んでいた衛藤氏であったが、むしろ事業をゼロから起こすことに魅力を感じ、2008年にミクシィを退社、その成功で得た資産を基にベンチャー投資に目を向ける。シード期から企業を育ててきた自身の経験を、シードベンチャーの育成に活かしたいと考えたのだという。

衛藤　企業の成長をステージ0の創業期とステージ10以降の商業的成功期とで見た場合、私は、「1→10」よりもむしろ「0→1」のフェーズに携わりたいと考えました。「0→1」のフェーズは製品に焦点を当てることができますが、「1→10」のフェーズでは「どうやって人や製品を管理するか」ということに焦点が移るのです。

私が人生の中で最も時間を割くべきは「0→1」のフェーズで、会社の立ち上げに関わることだと思いました。つまり、アーリーステージのベンチャー企業へ投資することです。会社がある程度の規模になれば、他のベンチャーキャピタルも気にかけてくれますが、アーリーステージの企業ではそうはいきません。私は、そこに向き合いたいと考えました。

2009年、衛藤氏はウィルソン・クアカ氏、松山大河氏の二人をパートナーに加え、三人でイーストベンチャーズを東京で設立し、その後、活動の拠点をインドネシアへ移す。

❖ なぜインドネシアに移ったのか？

イーストベンチャーズがインドネシアで活動を始めた2009年、同国で特にデジタル産業の強い成長の兆しがあったわけではない。今日から見れば非常に先見性のある判断だったと言えるが、衛藤氏はその後のインドネシアのデジタル経済の成長をどこまで予見していたのだろうか。

衛藤　私たちは、インドネシアで最初のベンチャーキャピタル（VC）でした。インドネシアを選んだ理由の一つは、当時の日本はベンチャーキャピタルが競合しており、いい仕事ができないと思ったからです。私には投資の経験がありませんでした。日本で投資を始めても、すでに実績のあるVCと差別化することは難しい。そこで、何か違うことから始める必要があると考え、インドネシアを最初の投資先に選びました。また、私自身がインドネシアで育ったこともあり、現地には信頼できる友人がいて、資金調達面でも人材面でも大丈夫だと思いました。

このように、インドネシア市場への進出の主な理由は、日本の既存VCとの差別化だった。ただし、一方で経済規模と成長可能性についても考慮していた。

衛藤　アジア諸国の経済規模を見たとき、当時は日本が1位で、2位が中国、3位がインド、4位が韓国、そして5位がインドネシアでした。しかし、日本の問題は経済成長率でした。インドも良い市場だと思ったのですが、文化的に日本・東アジアとの違いが大きい。また、インドはGDPで3位ですが、一人当たりGDPではインドネシアを下回ります。一人当たりの所得が少ないと、まずはインフラなどのビジネスが必要になり、ITビジネスを行うのは難しい。当時、インドネシアは経済成長を遂げつつありましたが、ベンチャーキャピタルの産業システムが確立されていなかったため、「ブルーオーシャン」があると考えたのです。

衛藤氏は、日本市場よりも成長のポテンシャルがあり、地縁もあって自身がよく知り、未開拓のニッチ市場を戦略的に選んだと言える。

❖スプレッド・プレイ戦略

イーストベンチャーズは、インドネシアのユニコーンであるeコマースのトコペディアへ最初に投資をしたベンチャーとしてよく知られる。また、やはりユニコーンである、オンライン旅行サービスのトラベロカにも早い段階で出資している[4]。

イーストベンチャーズの投資戦略は「スプレッド・プレイ」と呼ばれ、成功事例としてVC界で[5]参照されている。スプレッド・プレイは別名「ノールック投資」とも呼ばれ、伸び代の多い市場に1件当たり比較的少額の投資をたくさん蒔《ま》いて、ポートフォリオ全体としての成功確率を高める投資方法と言われる。その際、起業に関する現地の情報が成功の鍵となる。すなわち、多くの案件を抱えることで、ある程度軌道に乗ると、その規模の大きさゆえに市場からの情報量が自ずと増え、より良い投資案件に巡り会う頻度が高くなる。そして、長期的には投資効率が良好になり、資金を回収できると考えられている。

ただし、同社にも、障害がなかったわけではない。インドネシアで活動するにあたり、そもそもベンチャーキャピタルの役割を起業家たちに知らしめる必要があった。

衛藤　設立当初、インドネシアの多くの起業家、特にアメリカから帰国した起業家は、ベンチャー投資家からの資金を受け入れることに消極的でした。彼らは、裕福な親戚から5万ドルや10万ドルのシードマネーを受け取ることができるので、ベンチャーキャピタルは必要ないと考えていたのです。しかし、スタートアップの成功に必要なのは資金だけではなく、顧客、パートナー、サポートなどから形成されるエコシステムであり、イーストベンチャーズのようなプロのベンチャーキャピタリストが、これらにアクセスする手段を提供できるのです。幸い、多くの起業家がこの価値に早く気づいてくれました。

2009年、イーストベンチャーズは、ファンドマネジャーとしての最初の投資をトコペディアに行う。トコペディアは大きく成長し、やがてインドネシア初のユニコーンとなる。2018年、同社はソフトバンクとアリババから11億ドルの投資を受け、その評価額は約70億ドルにのぼった。

こうして、投資したeコマース企業は比較的順調なスタートを切ったが、ベンチャー企業の成長に必要なリソースやビジネスコネクションを提供するためのエコシステムが存在しないため、多くの課題があった。すなわち、初期投資以降の資金調達、顧客へのアクセス、サプライチェーンのサポート、オフィススペースなどである。スタートアップ企業の成長過程で必要なサービスを順次提供する企業群が存在しなければ、さらなる拡大・展開は困難となる。自然界における生態系（エコシステム）と同様に、アーリースタートアップ企業が生き残るには、デジタル産業内や他形態のビジネスとの相乗効果を生む土壌が不可欠だからである。

そこで、イーストベンチャーズは投資ポートフォリオ企業を支援しつつ、これら企業群を支援するベンチャー・エコシステムの構築に着手することとなる。

◈エコシステム構築への五つの難題

第1の課題は、財務面であった。イーストベンチャーズがシード段階の投資を行うのに対し、ベンチャー企業の成長を確実にする「その後」をフォローアップする投資が必要であった。しかし、当時のインドネシアには、そのような投資家が乏しかった。そのため、衛藤氏らはサイバーエージェントキャピタルやグリー・ベンチャーズなど、日本の代表的なVCにインドネシアのベンチャー市場を紹介した。この結果、多くのVCが後に続き、インドネシアのベンチャー企業に投資を始めた。

第2に、投資先企業の顧客（市場）を見つけるという課題があった。一般的に、若い起業家は限られたビジネスネットワークしか持っていない。一方、潜在的な顧客にとって、新興のベンチャーは情報・実績が不足しリスクも高いため、サービスの利用に対して慎重になってしまう。これに対してイーストベンチャーズは、投資先（ポートフォリオ）企業間の取引を促すことで顧客の獲得・拡大を可能にした。例えば、オンライン・オフラインフィンテックのクドーへの投資はインドネシアにおける金融アクセスを大幅に改善し（後述）、トコペディア[6]のeコマース事業を拡大する基盤を作った。またクドーの支払いシステムを活用し、オンラインベースのトラベルエージェントであるトラベロカの利用層を広げた。さらに街角の電子キオスクであるワルンピンタにクドーを導入することで顧客が購入できる商品・サービスを拡大した。イーストベンチャーズは基本的に同じビジネスモデルの企業へは投資しない主義をとっていたため、投資先企業内の競合を避けつつ、協働による相乗効果（シナジー）が生み出された。

第3に、サプライヤー、サポートサービス、配送パートナーなど事業を展開するためのインフラとなるべきネットワークがないという課題があった。そこで、先述のように、イーストベンチャーズは投資先企業間でビジネスネットワークを構築していった（ＢＯＸ13）。

第4に、経営（マネージメント）能力を持つ人材が欠如していた。当初はビジネス経験のあるインドネシア人がアメリカから戻ってきたことで対処した。例えば、トラベロカの創業者デリアント・クスマ（Derianto Kusuma）やフェリー・ウナルディ（Ferry Unardi）、アルバート・ザング（Albert Zhang）はアメリカでＩＴビジネスを経験していた。また、トコペディアの創業者ウィリアム・タヌウィジャヤ（William Tanuwijaya）は、ハーバード大学ケネディスクールの大学院を修了している。しかし、これらは限定された事例であり、一般的に高成長を目指すベンチャーの企画・運営に必要なスキルはインドネシアではまだよく知られておらず、人材も希薄だった。

第5に、多くのベンチャーがリスクを避けるため直接・間接に大手企業の傘下で活動しており、独自の経営判断が難しく、成長志向というよりは往々にして現状維持的な経営方針をとっていた。このため、イーストベンチャーズのスタッフは、投資先企業の経営者に対して、資本構成や取引関係の見直しを含めて独自経営の余地を広げ、積極的に成長戦略をとるよう、助言・説得に多くの時間を費やす必要があった。

このように、インドネシアには市場の可能性とそれを担う起業家のシーズはあったものの、事業を成長させるためのエコシステムが不足していたため、イーストベンチャーズはその形成に尽力せざるを得なかった。

3　なぜユニコーンが必要なのか？

❖ インドネシアはユニコーン産出国

イーストベンチャーズは10年以上の活動の中で、インドネシアに必要と考えられるさまざまな業種で投資を行い、それらのいくつかはユニコーンと呼ばれるほどの規模に成長し、そのユニコーンがさらにイーストベンチャーズのポートフォリオ企業を買収する過程で新しい産業が生まれる原動力となっていった。

表Ｅ5.1は、２０２０年時点における各国のユニコーン企業数である。ユニコーン企業とは、①企業評価額が10億ドル以上、②起業10年以内、③非上場企業という三つの条件を備えた企業である。これを見ると、アメリカや中国には百を超えるユニコーンが存在し、インド、イギリス、ドイツ、韓国がそれに続いている。この中でインドネシアは5社のユニコーンを持ち、9位に位置している。日本は12位である。経済規模（ＧＤＰ：２０１９年）ではアメリカ、中国、日本の順になることを踏まえると、日本のユニコーンの数は比較的少なく、逆にインドネシアのユニコーンの数は比較的多いと言ってよいだろう(7)。

次に、表Ｅ5.2は東南アジアのユニコーン企業の概要を示している。ここからも、インドネシアのユニコーンは比較的早い時期（２０１６年）から出現し、資産価値を拡大していることが見てとれる。ここでもう一つ興味深いのは、比較的新しいユニコーンであるオボに、トコペディアやグラブという

順位	国名	企業数	経済規模順位*
1	アメリカ	276	1
2	中国	119	2
3	インド	25	5
4	イギリス	23	6
5	ドイツ	11	4
6	韓国	10	12
7	ブラジル	8	9
8	フランス	7	7
9	**インドネシア**	5	16
10	イスラエル	5	33
11	香港	4	36
12	**日本**	4	3
13	オランダ	3	17
14	シンガポール	3	35
15	スウェーデン	3	25

注：* IMF による 2019 年の GDP 総額順位。
出所：CBinsight（2020）.

表 E5.1　国別ユニコーン数（2020 年）

ユニコーンが投資していることである。ここにも、ユニコーンによる経済波及効果が現れているとも言えよう。

4　エコシステムの構築へ

❖ベンチャー系列エコシステムの構築

イーストベンチャーズが投資し育成した多くの企業は、現在、さらに新しいビジネスを構築しつつある（BOX13）。例えば、イーストベンチャーズは、投資先企業への支援の一環として自社オフィスの一部を貸し出していた。しかし2019年、このサービスを「オフィススペース

国名	会社名	市場価値（10億米ドル）	ユニコーンになった日	産業	主な投資者
インドネシア					
ゴジェック		10	8/4/2016	サプライチェーン、ロジスティック、デリバリー	Formation Group, Sequoia Capital India, Warburg Pincus
トコペディア		7	4/8/2016	e コマースと直接販売	Soft Bank Group, Alibaba Group, Sequoia Capital India, East Ventures
ブカラパク		3.5	11/16/2017	e コマースと直接販売	500 Startups, Batavia Incubator, Emtek Group
トラベロカ		3	1/1/2017	オンライン旅行	Global Founders Capital, East Ventures, Expedia Inc.
オボ		2.9	3/14/2019	フィンテック	Grab, Tokopedia, Tokyo Century Corporation
シンガポール					
グラブ		14.3	12/4/2014	Auto & 交通	GGV Capital, Vertex Venture Holdings, Softbank Group
ヒュアルト		3.5	5/26/2020	携帯、コミュニケーション	Kuang-Chi
トラックス		1.3	7/22/2019	AI	Hopu Investment Management, Boyu Capital, DC Thomson Ventures
フィリピン					
レボリューション・プレクラフテット		1	10/23/2017	建設業、不動産	K2 Global, 500 Startups

出所：CBinsight（2020）.

表 E5.2　東南アジアのユニコーン

を貸し出すシェアオフィス企業」として別会社化し、その資金を同社はじめ投資先企業から調達した。こうして生まれたのがコハイブ（CoHive）である。同社のサービスは、交通渋滞を緩和させようというインドネシア政府の政策と相まって、より良い住環境の提供にも貢献している。現在、コハイブは日本のウィーワーク（WeWork）よりも大きい、インドネシア最大のシェアリングオフィス企業へ成長している。

ワルンピンタ（Warung Pintar）というスマートキオスク会社の設立も興味深い。もともとは、イーストベンチャーズのオフィス前にあるキオスクで働く高齢の女性を支援するため、一種の社会事業として「デジタル機能を持たせたキオスク」を作ろうと、投資先企業の支援を募ったものである。その後、スマートキオスクは、投資先企業のサービスや製品の販売網としても、また零細企業向けのサービス拡充にも活用できることから、ビジネスとして起業された。

この他にも、オンライン／オフラインでの決済を可能

POINT　なぜユニコーンが重要なのか？

経済産業省が運営している「J-Startup」プログラムでは、2023年までに日本発のユニコーン企業を20社まで増やすことが目標とされている。これは、ユニコーンが新産業を創出する起爆剤になると期待されているためで、メルカリに続くユニコーン企業をどのように増やすかは、日本の重要な課題である[(8)]。

日本のベンチャーキャピタルへの投資は純粋なキャピタルゲイン、もしくは連携先の開拓を目的として行われていた[(9)]。ユニコーンは単に経済的収入のために必要なのだろうか。それとも、オープン・イノベーションの一環として、日本企業が新しい事業を展開する際に必要な手段と考えられているのだろうか。アーリーシード起業家支援の先にはユニコーン育成があり、ユニコーンによって新しい経済インフラが形成され、その先に新産業があるのではないだろうか。

とするクド（Kudo）、物流の効率性を上げるためのシェア倉庫サービスを提供するウェアシックス（WareSix）など、投資先企業のインフラになりうる企業へ投資している。クドはすでにグラブに売却されているが、衛藤氏はクド社の設立理由について次のように説明している。

衛藤　インドネシアでは、銀行口座を持っている人が20％くらい[10]しかいません。トコペディアで物を買いたいと思っても、クレジットカードを持っていないし、銀行口座も持っていないので買うことができません。そこで、彼らから現金を集めるための流通ポイントが必要になります。クドは、流通ポイントとして信用保証を提供しています。顧客は、トコペディアから直接購入することはできませんが、クドから購入することができます。つまり、クドが金融決済の仲介をしているということですね。

イーストベンチャーズはベンチャー企業が成長するためのサービスを提供する企業群を育成し、それがエコシステムとなってユニコーンを生み出し、そのユニコーンが企業群のサービスを受容することによってエコシステム全体も成長する。まさに「鶏と卵」の関係と言うべきベンチャー系列エコシステムがうまく構築されてきたことが窺える。

また近年、イーストベンチャーズはいくつかの事業でインドネシア政府とも連携している。例えば、同社が外国人投資家にインドネシアへの投資の魅力を説明する際、イベントに政府関係者が参加したり、中小企業家支援のプログラムを政府と協働で行ったりしている。

さらに、新型コロナウイルスによるパンデミックが発生した際、イーストベンチャーズは独自のネットワークとエコシステムを使用して、新型コロナウイルス検査キットを開発するための国内初の民間イニシアティブを開始した。「Indonesia PASTI BISA（Indonesia Surely Can）」と呼ばれるこのイニシアティブは、10万個の新型コロナウイルス検査キットの開発と製造を目的とした。イーストベンチャーズは、コーディネーターとして政府と協力し、ポートフォリオ企業群を効果的に活用した。まず、高度なゲノムの専門知識を備えたディープテックの新興企業であるヌサンティクス（Nusantics）は、インドネシア政府の技術評価応用庁（ＢＰＰＴ）と協力して検査キットの開発を主導し、コインワークス（KoinWorks）は、クラウドファンディングで資金を調達し、ＩＤＮメディア（IDN Media）は、広報活動を行い、調達された資金にタイムスタンプすることで透明性を確保した。この協働作業の結果、１００億インドネシアルピー（62万米ドル）の資金が２１０１のドナーから得られ、検査キットの生産が国営企業バイオファーマ（BioFarma）によって開始された。プロジェクトの開始から生産開始までほぼ2カ月間という短期間であった（Mulia 2020）。

このように、イーストベンチャーズは一民間企業でありながら、デジタル経済の黎明期にあったインドネシアでデジタル産業が創業できるエコシステムの構築に貢献してきた。それは新しい産業を構築し（disruption：第4章参照）、多くの潜在的利用者に新しいサービスを届ける（inclusion）ための活動であり、同時にこれら一連の行動はイーストベンチャーズの投資先企業の成長とともに同社自身の企業価値を高めることとも合致していたと言えよう。

BOX 13 イーストベンチャーズの投資事例

金融包摂を可能にする──クド

クド（Kudo）はオンラインとオフラインをつなぐことによって、より多くの人々に金融サービスを提供する「オンライン・ツー・オフライン」の電子商取引システムとして2014年に設立された。設立当時、インドネシアでは約64％の人がインフォーマルな金融サービスへのアクセスしか持っていなかった（World Bank 2014）。人口の多くが簡単に金融サービスへアクセスできない状況でeコマースが普及することは、格差を拡大する一因となる。クドは、システムを広く国内に浸透させることによって金融包摂を目指している。

クドは、銀行口座を持つ個人・企業をハブポイント（代理店：エージェント）として指定し、銀行口座を持たない個人（顧客）はこのエージェントに必要額を払い込み、その口座内に自身の口座を設定することで、クドシステムを介して電子商取引ができるようになる。顧客はクドの口座に入金し、払い込まれた額を上限として取引できる。

エージェントは、スマートフォンまたはタブレットを用いて、クドのプラットフォーム上の商品リストを顧客に提供する。顧客は購入したいものを選択し、現金をエージェントに支払う。エージェントは、販売された製品カテゴリに基づいて3％から20％の手数料を得ることができる。

また、このシステムは小規模業者によって商売にも活用されている。例えば、小規模業者は売上から得た資金をクドに預けることができる。クドを金融仲介業者として活用することで、業者はその預金を使用して製品やサービスを購入することもできる。

クドは、カリフォルニア大学バークレー校のハース・スクール・オブ・ビジネスの卒業生であるアルバート・ルイカス氏とアグン・ヌグロホ氏によって設立された。ルイカス氏は、既存のeコマース企業が、銀行口座やインターネットにつながっていない人々に対応していないことに着目し、この問題に対処するビジネスとしてクドを創業した。

このサービスの需要は高く、クドは2016年までにインドネシアで最大のオンライン／オフラインビジネスに成長するとともに、インドネシアの労働者と農村部の家族にとって最大のeコマースプラットフォームとなった。また、エージェントは、手数料収入のみで月150ドル以上を稼いだという（国民の平均収入は月300ドル程度）。

2017年、クドはシンガポールの自動車配車サービス企業グラブに推定8000万ドルから1億ドルの株式交換で買収された。2019年、クドのエージェントはインドネシアで200万人以上に達し、これらエージェントを通して銀行口座を持たない多くの人々が金融サービスにアクセスできるようになった。

交通渋滞を緩和する分散型シェアオフィス――コハイブ

新興ベンチャーに共通する悩みの一つに、ワーキングスペースの確保がある。そこでイーストベンチャーズは、2015年に投資先企業の社内事業としてオフィスシェアリング事業「イーブイハイブ（EV Hive）」を立ち上げ、これが需要の高い未開拓の市場であることを確信した。

当時、インドネシア政府はジャカルタ市中心部の交通渋滞を緩和するために、同市の中心部以外、つまり市内の軌道エリアに企業を立地させることを奨励していた。そこで、彼らはコワーキングスペースを提供するイーブイハイブが郊外へ進出することを発表し、政策との相乗効果を強調した。政府もまた、この流れを加速させるために、企業の事業所移転を支援したり、未利用の行政スペースをイーブイハイブの事業に転用できるよう提供したり、同社に職員を配置して企業登録を迅速化したりといった支援を行った。

2019年、イーブイハイブは生活空間向けサービス（CoLiving）や小売店向けサービス（CoRetail）など事業を多角化するためコハイブ（CoHive）へとリブランドした。この進歩は、ユーザーの通勤データのフィードバックと、ジャカルタでの通勤課題を反映したものでもあった。今日、多くの人々は交通渋滞を避け、職住隣接の魅力的な環境で仕事をしたいと考えている。現在、コハイブは9000人以上の個人会員と800社以上の法人会員を擁するインドネシア最大のコワーキングスペースへと成長している。

零細企業を支援する電子キオスク
——ワルンピンタ

ワルンピンタ（Warung Pintar）は、イーストベンチャーズと投資先企業間のコラボレーションによって生み出された新ビジネスである。きっかけは、イーストベンチャーズの本社前にある、キオスクスタンドで商売をしている高齢の女性を手助けしようと始めたことであった。インドネシアでは、キオスクは街頭で日用消費財[1]を購入するためのインフラと言える。彼らは、本社前にあるキオスクの体裁を良くし、またこの女性の収益を向上させるためのビジネスモデルを考案したのである。

まず彼らは、このキオスクが急速に普及しているデジタルサービスを活用していないことに気づき、通常のサービスに加え、CCTV、LCDスクリーン、Wi-Fiと携帯電話の充電サービスと一緒にコーヒーやスナック提供した。この試みは休憩するゴジェック（ライドシェア）バイクのドライバーを引きつけることに成功し、キオスクの収入は7倍になった。この結果からイーストベンチャーズはビジネスチャンスを見出し、2017年にキオスクビジネスを自らの事業ポートフォリオに加えた。

現在は当初のモデルに、イーストベンチャーズのポートフォリオ企業で扱っている会計サポート・デジタル決済機能、クドの周辺コミュニティに金融サービスを提供できるエージェント機能、また発注・在庫管理が効果的に行えるウェアシックスの物流・在庫管理サービスを提供している。この結果、ワルンピンタは、2017年の起業からわずか3年間で、キオスク設置数を2000店にまで増加させた。また、同社は2019年までにイーストベンチャーズを含む多くの投資家から3500万米ドルの資金を調達した[2]。2021年には、卸売のサプライチェーンプラットフォームであるビジー・デジタル(BizzyDigital)を買収し、今まで幾層にも連なっていた中間業者を通さずにキオスクが商品を購入できるようにした[3]。また、関係企業であるイルカン・ピンタ(Ilkan Pintar)の電子広告サービスによって、キオスクがメーカーの広告を掲載することで広告収入を得ることを可能とした。これにより、今まで流通業界でプレーヤーとして認識されなかったキオスク事業者は収益を大きく改善させ、日用消費財(Fast Moving Consumer Goods: FMCG)セクターにおいて変革の目になりつつある。

衛藤氏は、これは単なるビジネスではなく、社会的インパクトのあるイニシアティブであると述べている。キオスクをアップグレードして設置することで、金融包摂、社会保障、行動分析、コミュニティエンゲージメント、インパクトモニタリングなどが可能になるからである。

物流(ロジスティクス)を最適化する
——ウェアシックス

インドネシアは1万7000以上の群島から成っており、この地理的特性から、物流は経済の重要な役割(GDPの20~30%)を担っている。一方で、物流のパフォーマンスは2018年世界銀行のロジスティクス・パフォーマンス・インデックス(LPI)で46位にとどまり、以前より改善されつつあるものの、他のASEAN諸国(シンガポール7位、タイ32位、ベトナム39位、マレーシア41位)と比較しても改善の余地があった。そこで2017年、イーストベンチャーズは物流の質的改善が産業全体の成長を左右すると考え、ウェアシックス(Waresix)に投資した。

ウェアシックスは、倉庫の所有者をオンラインプラットフォームでつなぎ、小売・流通・製造の各業者と消費者から得られた多様な需要データを分析することにより、倉庫の需要と供給をマッチングさせ、物流の効率化を図る。荷物を送る顧客は、このサービスによって荷物の追跡がシステム上で可能になるなど透明性が高まり、トラック運送業者にとっては、より効率的な運搬が可能になる。また、中間業者が介在しないため、コスト削減にも寄与する。このように、ウェアシックスは倉庫を「スマート倉庫」に変換するソフトウェアを提供し、物流の効率性とアクセスを向上させた。このソフトウェアは、物流サービスのバックボーンである倉庫業務の最適化に焦点を当て、「ラストワンマイル」物流ではなく、都市間の物流の最適化を促している。

同社は、カリフォルニア大学バークレー校の工学部を卒業したエドウィン・ウィボウォ氏とアンドリー・スサント氏によって設立され、2018年にイーストベンチャーズとSMDV、Monk's Hillが160万米ドルを投資した。これらの投資により、ウェアシックスは倉庫業のネットワークを主要都市へ拡大するとともに、デジタルオペレーションを強化した。この結果、2019年には事業規模を1450万米ドルにまで拡大し、2020年1月までに3万台以上のトラックと300以上の倉庫パートナーを有し、インドネシアの26都市にサービスを提供している。

近年、物流の重要性に注目が集まり、ウェアシックスの他にもカーゴ（Kargo）やリタセ（Ritase）などの競合企業が登場してきた。カーゴは、元ウーバー（Uber）アジア幹部が立ち上げた会社で、ウーバーの共同出資者であるトラビス・カラニック（Travis Kalanick）氏の10100のファンドから支援を受けている。リタセもベンチャー企業であり、2019年7月に850万米ドルの資金調達に成功している。ウェアシックスに刺激されて競合他社が次々と参入したことは、インドネシアにデジタルプラットフォームを駆使した物流サービス（スマート倉庫）という新産業が勃興しつつあることを意味している。

名称	クド (Kudo)	コハイブ (CoHive)	ワルンピンタ (Warung Pintar)	ウェアシックス (Waresix)
業種	金融サービス	シェア空間サービス	小売業	物流
問題解決	金融包摂、雇用創出、地方や低所得者層	渋滞緩和 スタートアップのオフィススペース不足	デジタル包摂と雇用の創出	物流の最適化
設立年	2014	2015	2017	2017
インパクト	e コマース利用者拡大（包摂）	シェア空間サービス	零細企業向けサービス	物流デジタル産業の構築
協働	地方の零細企業、利用者	政府との共同	投資先系列企業	物流に関わる関係者間
エコシステム	e コマースのバックボーン	系列間＆政策コラボ	系列間のコラボとマーケティング	物流インフラ

出所：筆者作成。

表 B13.1　イーストベンチャーズによる投資企業（抜粋）

EPISODE 6

ラストマイルをつなぐファーストペンギン
――コペルニク

■企業の概要■

コペルニク（Kopernik）は2010年に設立され、途上国の貧困削減につながる革新的なテクノロジーを必要な人に届けるまでの最後の行程「ラストマイル」問題の解決に取り組んでおり、特に開発・検証・普及という観点から支援を行っている。現在、①技術普及（Technology Distribution）、②アドバイザリーサービス（Last Mile Consulting）、③実証実験（Experimentation）という三つの活動を実施している。

技術普及は、革新的でシンプルな技術・製品を、今まで取り残されていた人々に届け、持続的に活用できるように支援するものである。アドバイザリーサービスでは、民間企業や公的機関が新興国・途上国市場の人々のニーズに応える革新的な製品やサービスを開発し普及させる活動を支援している。実証実験は、ランダム化比較試験の考え方をベースに、人々の生活向上に効果が期待される解決策を検証し、適切な解決策を人々に届けることを目指す。三つの活動の種類は異なるが、それぞれの観点から適切な解決策を、必要とする人に届ける「ラストマイル」に貢献していることで一貫している。

代表および創立者は中村俊裕氏とエヴァ・ヴォイコフスカ氏。現在コペルニクは、アメリカ、インドネシア、日本に計四つの法人格[1]を持ち、それぞれが需要に応じた活動を行っている。

■ケースのポイント■

第2章で述べたように、多くの社会課題には、技術的な解決策がすでに存在する。しかし、問題の大半は「適切な解決策」を必要とする人々に「届けられない」ことにある。コペルニクは2010年に設立されて以来、途上国の困窮している人々へ、ただモノを届けるだけでなく、「持続可能」で「効果的（インパクト）」かつ「タイムリー」な解決策、すなわち現地にとって実際に役立つ解決策を届ける触媒の役割を担ってきた。

また、コペルニクはもともと①技術普及によるコミュニティ支援から活動を始めたが、近年は③実証実験に活動の軸足をシフトしつつある。この変化は、常に他の団体が行っていない、かつ必要とされる分野に先駆けて参入する姿勢と、インパクトを重視する方針を示している。

コペルニクの特長は、異なる性質を持つネットワークを巧みに接続・触媒し、事業を推進している点にある。例えば、国際的ネットワークと（インドネシアの）地域ネットワーク、あるいは大学・研究所のような学術・理論的ネットワークとNGO・財団・民間企業・市民団体からなる実践的ネットワーク、といった具合である。またコペルニク自体も、民間企業としての活動と非営利団体としての活動をうまく併用することで、新しいニーズを掬い上げている。

常に率先して新境地（ニッチ）に参入する同社の姿勢は、イノベーションのラストマイルにおける「ファーストペンギン」(2)と言える。彼らが新しい方向をいち早く察知し参入できるのは、アメリカ、インドネシア、日本3国にまたがる計四つの営利・非営利法人格と、支援者をも巻き込み国際的あるいは地域社会に張り巡らされたネットワーク、理論と実践を橋渡しできる専門性のあるスタッフを擁しているからであろう。

1　モノを届けるのではなく「仕組み」を作る

コペルニクは、電気や清潔な水を利用できず、教育を受ける機会もない、困難な環境で生活している世界の多くの人々へ、そうした課題を解決できる革新的かつ安価で壊れにくいテクノロジーを届けることを目的としている。共同創設者である中村俊裕氏とエヴァ・ヴォイコフスカ氏は10年に及ぶ国連での勤務経験を通してテクノロジーのラストマイル問題に取り組む必要を実感し、２０１０年にコペルニクを創設した。本部はインドネシアのバリ島にあり、現在70人のスタッフを抱えている。スタッフの9割はインドネシア人である。現在コペルニクでは、①技術普及（Technology Distribution）、②アドバイザリーサービス（Last Mile Consulting）、③実証実験（Experimentation）という三つの活動を行っており、近年は③が活動の大きな部分を占めている。

❖技術普及

コペルニクが設立当時から行っている活動は、技術普及（Technology Distribution）である。これは、途上国向けのシンプルなテクノロジーを、最も必要とされているところに届ける活動である。例えば、廉価かつ性能が安定しているソーラーライトや浄水機器は、2010年頃からベンチャー企業が製造し販売しているものの、それらを本当に必要とする人々には届いていなかった。中村氏はこの状況を国連勤務時代に実感し、コペルニク設立に至った（中村　2014）。

コペルニクが技術・製品をラストマイルへ届ける活動には、いくつかの新しい工夫がある。第1に、現地に導入するテクノロジーを選択する際、ニーズとソリューションのマッチング・プロセスを重視し、現地ですでに活動しニーズをよく把握している団体と連携し、ボトムアップでマッチングを行うことである。具体的には、どのような生活必需品あるいはエネルギー・水を供給する技術がいくつ必要か、どのように普及させるのかを現地団体に提案書で説明してもらう。例えば「東ティモールのアタウロ島の三つの村に対して、ソーラーライトを250個普及させる。一つ当たり12・5ドルで販売する」といった具合である。

第2に、さまざまな人に支援へ参加してもらうことである。現地団体が作成した提案書をコペルニクのウェブサイト上にアップし、クラウドファンディングで個人から小規模の寄付を集める。寄付者はどのプロジェクトに寄付するかを選べるようになっている。

第3に、技術の導入事業の持続可能性を段階的に高めていくことである。具体的には、コペルニクは、必要とされる物資を無料で配布することはせず、使用者に支払い能力に見合った対価を支払ってもらうことを基本方針としている（自然災害などの緊急事態の場合を除く）。もちろん、対価の設定は最貧困層の人々が無理なく買える価格を、現地パートナーとともに柔軟に決定していく。ここで、一般から集める寄付は「スマート・サブシティ（補助金）」として、貧困層の購買力に応じて価格を下げるための助成金として使われ、受益者が本当に必要とするものを普及させるのに役立てられている。技術の導入に関わる現地団体へは寄付を含めた活動の対価（売上）を得て追加投資を行う。つまり、受益者の将来的な所得の向上が見込まれる場合には、現地団体が事業拡大することで、さらなる雇用と経済活動を生み出すことができる。

❖ 価格設定とビジネスモデル

コペルニクによるアプローチの「妙」は、寄付や各種の補助金を組み込むことで、実際に普及させられる価格帯（現地の貧困層が実際に購入できる価格）を柔軟に設定していることだろう。

中村　以前は、基本的に製品の製造コストと輸送費に、販売員のマージンを乗せていました。売り始めは大きく割引して、最終的に製造コストと輸送費をカバーするようにして、販売員の女性たちのマージンは15〜20%ぐらいです。いわゆるマーケティング・コストはまったく入っていません。

当然ながら、それでは利益が出ない。そこで、補助金を獲得することが必要となる。

中村　例えば、インドネシアでソーラーライトを普及させるプログラムは、エナジア（ENARGIA）というオランダのコンソーシアムから資金提供を受けました。エナジアはエネルギー関連の事業体で、北欧諸国からの資本が多く入っています。一番のドナー国（援助国）はスウェーデンです。ODAからも多くの資金提供を受けていますただし、ビジネスの原則も取り入れているので、一種のハイブリッドモデルと言えるでしょう。

現在、コペルニクは活動資金の半分以上を補助金に依存しているが、その多くは人材育成や情報収集にも費やされている。ドナー国はプロジェクトの効果について大量のデータを求めるため、専門性のあるデータチームを組まなければならない。しかも、現地は人口密度が低く、村落から村落への移動は島々を渡ることになるため、その移動コストもかさむという。

しかし、ODAからの補助金はやがて減少するかもしれない。実際、前出の普及プログラムでは、ドナーの関心が低下しており、向こう10年にわたり現在のスケールで活動を続けるのは資金的に難しいという。さらに、他の組織が同様の活動を始めると、支援がそちらに回るという問題もある。

こうしたなか、彼らは販売グループを立ち上げ、より多くの商品を扱おうとしている。「ラストマイルにモノを届ける」という戦略で商品を売るための流通網を作り上げたのだから、次はそれを活用して他の製品を投入するのは定石と言える。そこで利益を出せば、援助への依存度を下げることもできるはずだ。ただし、ここにも課題はある。現在の人員では、扱う製品が五つ以上になるとキャパシティを越えてしまうというのである。

◈「スマート補助金」という発想

ここで、「スマート・サブシティ（補助金）」という手法についても説明しておこう。これは中村氏が著書の中で紹介しているものだが、コペルニクのアプローチをよく特徴づけている。「スマート・サブシティ」とは、社会的に意義の高い事業に対して、事業の採算性を補完するために民間企業、財団、機関投資家から提供される寄付、支援をいう。

中村　実際、エンドユーザーへの寄付は徐々に減ってきています。最初は売上で全コストの半分しか賄えなかったものが、最終的には製品コストも輸送コストも［エンドユーザーが］すべて払えるようになりましたから。その意味で、補助金の割合を下げることには成功したのですが、オペレーションコストはまだかなりかかっていました。

２０１５年から２０１７年頃、事業そのものは最高潮に達していたんですが、我々は店じまいすることにしました。だから、２０１８年には２０１７年の約20％から30％しか資金を受けなかったのです。人員をカットし、組織運営も規模を縮小して、当然、売上も大幅に落ちました。そして、２０１８年末には完全に事業を終了したわけです。しかし、今年［２０１９年］に至っても、現地販売員の女性たちから引き続き注文を受けていて、今も増え続けているんです。

撤退に際し、中村氏らは販売員を商品のサプライヤーに直接つないだのだが、彼女らはコペルニクとの取引に慣れているため、戻ってくるのだという。そこで現在は、商品の提供だけを行っている。つまり、補助金もなく、人材トレーニングも行っておらず、通常の市場取引と同じように製品の売買を行っているだけなのだが、それでも取引が増えているのである。

中村　つくづく感じたんですが、ＯＤＡの援助は永久に続くわけじゃないけれど、ひとたび仕組みを作り出せば、そして動き始めれば、死なないんですよ。

コペルニクの活動は、技術を創出する企業や団体、現地で支援活動を行う団体、そして活動を支援する寄付者の三者をつなぐことによって、単に必要とされているモノを届けるだけではなく、対象地域の生活の質を向上させるための持続可能な「仕組み」を構築している。またコペルニクは、必要に応じて技術の普及に関わる人材育成も行っている。

さらに、コペルニクは経済的な利益でなく貧困層の生活改善を最終的な目的とし、かつドナーへの説明責任も負っているため、彼らの活動がもたらしたインパクトを計測することは非常に重要な意味を持っていた。このため、コペルニクは活動当初から、テクノロジーが届く前と後で人々の生活の変化を調査・記録し、そのインパクトをデータで示してきた。

❖ 現地のネットワークとノウハウを生かす

コペルニクは、現地のニーズを掴み、ラストマイルへ解決策を届け、活動の持続性を保つ「仕組み」を構築してきた。そのアプローチにはいくつもの特長を見出せるが、ここでは特に次の2点を強調しておきたい。

その第1は、現地ネットワークの活用である。貧困地域で必要なものとは生活を支える最低限のものであるため、どの地域でもある程度は似通ったものとなる。コペルニクの活動も当初は浄水器、ソーラーライト、調理用コンロが需要の8割以上を占めていた。しかし、場所や条件が似ていても細かな需要は地域によって異なるため、現地ネットワークからの情報収集は欠かせない。特に、地元の人々は多様なグループやコミュニティを作っており、この既存のネットワークを活用することが成功のカギとなる。

インドネシアのプロジェクトでは、15～20人ほどの女性たちによる貯金のグループ（「講」のような組織）を基盤に販売員をリクルートした。一方、ミャンマーの場合は、UNDP（国連開発計画）が村単位で形成したグループを経由して人を集めた。具体的な方法は違っても基本的な考え方は同じで、その土地にすでにあるネットワークを取り込んで人を雇い、そのネットワークに乗って販売もしていくのである。また、持ち込む技術・製品が異なっても「ラストマイルに届ける」方法は同様なので、例えば販売員のトレーニング・プログラムなどは他地域で培ったノウハウを生かすことができる。

❖ 供給と生産のフィードバック・ループ

こうして築いた販売網はまた、普及させた技術・製品に関する使い勝手や効果などの情報をユーザーから集めて企業の製品改良に役立てる、いわばフィードバック・ループの仕組みにもなっている。これが、第2の特長である。このフィードバックの情報は、可能な範囲でウェブサイトでも公開されている。そして、この一連の情報は、現地パートナーが製品を選択する際の判断材料にもなり、また製品の改良に携わる現地パートナーの育成にも貢献している。

したがって、コペルニクのウェブサイトは、製品・サービスの利用者、現地パートナー、企業、そして寄付者がつながり、情報を共有する場となっており、ここに連携が循環するシステムが構築されていると言える。

ちなみに、出来上がった現地のネットワークは2020年の新型コロナウイルスによるパンデミックでも機能を発揮した。パンデミックの初期、インドネシアのバリ島ではさまざまな医療物資が不足したが、手指の消毒剤もその一つであった。そこで、コペルニクのネットワーク数社が協働し、アラックという蒸留酒[3]の生産者と協力し、アラックを原料にした手指消毒剤1万6000リットル超を製造し、医療関係機関に配布した。これはパンデミックによって観光需要が失われたアラック製造者にとっても雇用を維持し収入をもたらす事業であった。[4]

2　営利・非営利の枠組みを越える

❖ アドバイザリーサービス

コペルニクの行っている二つ目の事業はアドバイザリーサービス（Last Mile Consulting）である。サービスの対象は公的機関と民間企業の双方であり、事業スタイルも従来どおりの非営利団体（NPO）としてだけでなく、一部で営利組織として収益を上げているものもある。このため、コペルニクはアメリカ、インドネシア、日本3国にまたがる計四つの法人格を持っている。コペルニクは、営利・非営利活動をどのように使い分けているのだろうか。また、将来的には完全に企業形態へ移行する可能性もあるのだろうか。

中村　今のところ、いくつかのドナーは非営利での活動を求める傾向にありますね、部分的にビジネス手法を取り入れているものでも。営利事業でも問題ないというところもありますが、インドネシアの監査人で、問題視する人もいました。「どうして収益を得るの？　使い切りなさい。非営利とはそういうものでしょ」と。少しでも収益を生み出すと問題視され、「あなたの団体から非営利の資格を剝奪しますよ」と言われたこともあります。これが現実です。それで、インドネシアでは別個に営利企業を設立して、製品の販売を行っています。

ただし、そのために営利企業を作ったわけではなくて、他の会社から貧困層向けの新製品を共同開発しようという提案を受けたからです。2014年ぐらいでしたか、私たちが貧困集落向けに製品を販売していた頃、彼らはそこにはっきりとビジネス機会を見つけていました。彼らは私たちに質問するところから始めました。「どんなニーズがありますか」「我が社の製品は、あの集落で売れると思いますか」「適正価格はいくらですか」などなど。その会社はいくつかのアイデアや試作品を――時には改良版も――持ってきました。それで、我々は協力して試験販売を行い、結果をフィードバックして、さらに改良し、いくつかのケースでは商業ベースに乗りました。

❖「手頃な値段」と「ほどよい機能」を見つけ出す

コペルニクはこのように途上国で活動をしてきた経験を生かし、民間企業へのサービスも行っている。発展途上国向けの商品を開発したい企業がクライアントの場合、消費者の反応を企業側にフィードバックしており、特にインドネシアでは、ローカルパートナーを紹介するサービスなども行っている。

そうした民間企業向けサービスの中でも特に重要な点の一つは、現地での「手頃な値段」を見つけることである。今日、韓国や中国などからの競合製品が数多く存在するなか、日本製品が高性能・高品質だからといって高い価格で売れるとはかぎらない。

日本企業もようやくこの点に気づき、「手頃な値段」「ほどよく必要な機能」という現地のニーズに合わせようと努力し始めている。これは価格レベルのみならず、支払い方法は分割払いか、一括払いか、もし分割で支払うとするとどのくらいの期間を設定するのか、あるいはサブスクリプションかなど、現地のネットワークを持つコペルニクと協働で実証実験を行い、最適な組み合わせを探していく。この実証実験は、製品のデザインについても同様に行われる。

3　競合せず協働し、次のラストマイルへ

◈ 実証実験

近年のコペルニクは、活動の中心を①技術普及から、③実証実験（Experimentation）に移しつつある。その背後には、技術普及活動に参入する団体が増えたことと、次に必要とされる新規分野へ参入するという戦略的理由がある。

中村　我々は、商品・サービスを発展途上国の消費者・利用者に届ける最後の1マイルを担う仕事、いわゆる「ラストマイル・ディストリビューション」を行ってきたわけですが、活動を続けているうち、他の団体から「一緒にやりたい」「自分たちもやってみたい」といった声をいただくようになって、それを我々がお手伝いしたんです。それから、他の団体でも同じような活動をやり始めたり、同じような言葉で自分たちの活動を表現したり、つまり似たような団体が増えてきた。では、我々はどうするか。先頭を走ってきた団体として、それを突き進めていくのか、それとも舵を切るのか。そこでメンバーで話し合って、他の方法にしようと。

何かを始めたとき、他の人々がそれを真似するということ――彼らも我々に話してくれながら、また我々も彼らを手伝いながら、同じモデルを使い、それが普及していくという現象は、社会セクターでこそ起こるべきことだと思っていたんです。積極的に普及させようと思ったわけではなかったのですが、なんとなく、結果的にそういうことが起こって、「インパクトというのは、こういうことなんじゃないかな」と。よく「コレクティブ・インパクト（collective impact）」といった言葉も使われますけど、何か効果がありそうなことをしたら、他の団体も乗ってきて、それが大きな流れになっていく。

現在、コペルニクで注力しているのが、実証実験（Experimentation）である。実証実験は実際にインパクトのある適切なテクノロジーを選択するという重要な役割を果たす。一般によく知られているのは、「ランダム化比較試験（RCT: Randomized Controlled Trial）[5]」である。コペルニクではこの考え方を応用し、より現場のニーズに合致する初期段階のR&D（プロトタイプ）製品（解決策）の効果（インパクト）に特化したリーンな実証実験を目指している。

❖ コペルニクのリーンな実証実験[6]

リーンな実証実験（Lean Experimentation）とは、開発初期段階の技術や製品を対象に、小さいサンプル数で、速く短い期間で対象技術・製品の効果（インパクト）を検証する実験であり、これにより開発の方向などを早期に修正できるというメリットがある。これは、規制のサンドボックス制度[7]との親和性が高いと言えるかもしれない。リーンな実証実験は、開発援助の現場で行われてきたプロジェ

	ランダム化比較試験	リーンな実証実験
目的	介入によるインパクトを計測	開発初期段階の製品（プロトタイプ）の有効性
ゴール	インパクトの証明→スケールアップ	有効性→開発方向性の修正・選択、次の段階へ
比較対象	無作為割り当てしたグループの比較	コントロールと介入グループの比較
実施時期	プロジェクト終了後、完成品の効果	プロトタイプ完成・フィールド実験時
規模	大規模（サンプル数100～1000単位）	小―中規模（サンプル数100未満）
期間	数カ月から数年	数日・数週間、数カ月
コスト	高い	低い
頻度	低い	高い

出所：中村（2021）をベースに筆者作成。

表E6.1　ランダム化比較試験とリーンな実証実験の比較

クトの事後評価や、主に学術分野で行われているRCTとは異なるアプローチである（表E6.1）。

コペルニクは国際的なRCTにも関わっており、要望に応じてさまざまな実証実験を行っているが、彼らの「リーンな実証実験」はRCTとシンプルな事前・事後評価との中間に当たる（図E6.1）。これは、より現実の社会問題に根付いた開発途中の解決策（製品やサービス）を、小規模ながらエビデンスを用いて次の開発段階に移行させる（試作品のテスト）過程と位置づけられる。この部分を担う事業体が少ないため、実証実験のラストマイルと言えるかもしれない（この点は次節で考察する）。

また彼らは、「学び」と「改良」を進める段階で、現場から生まれる解決策を試しながら絞り込んでいく、より実用的な作業に貢献することを目指している（図E6.2）。なお、コペルニ

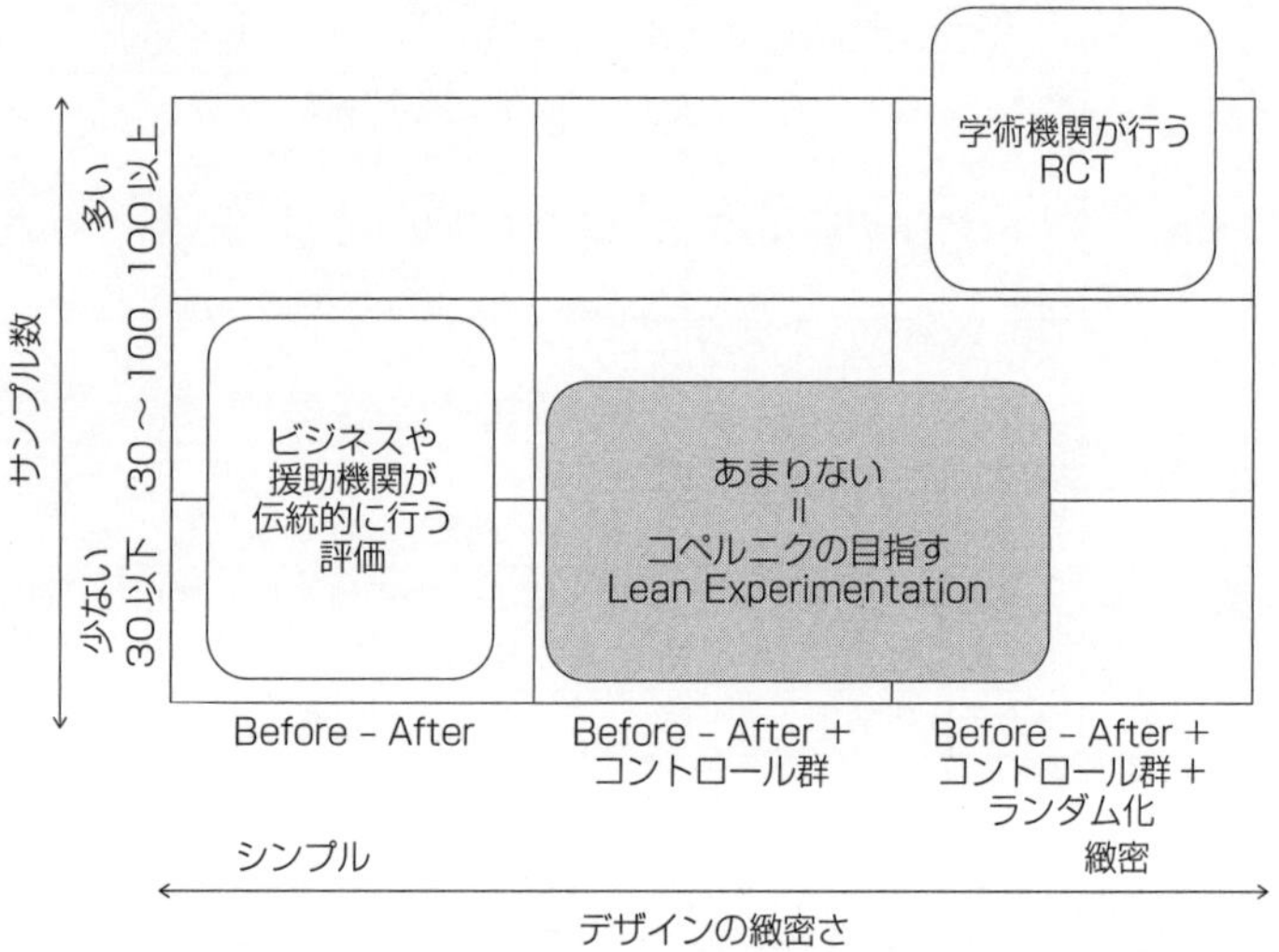

出所：中村（2021）。

図 E6.1　リーン実証実験の市場でのポジション

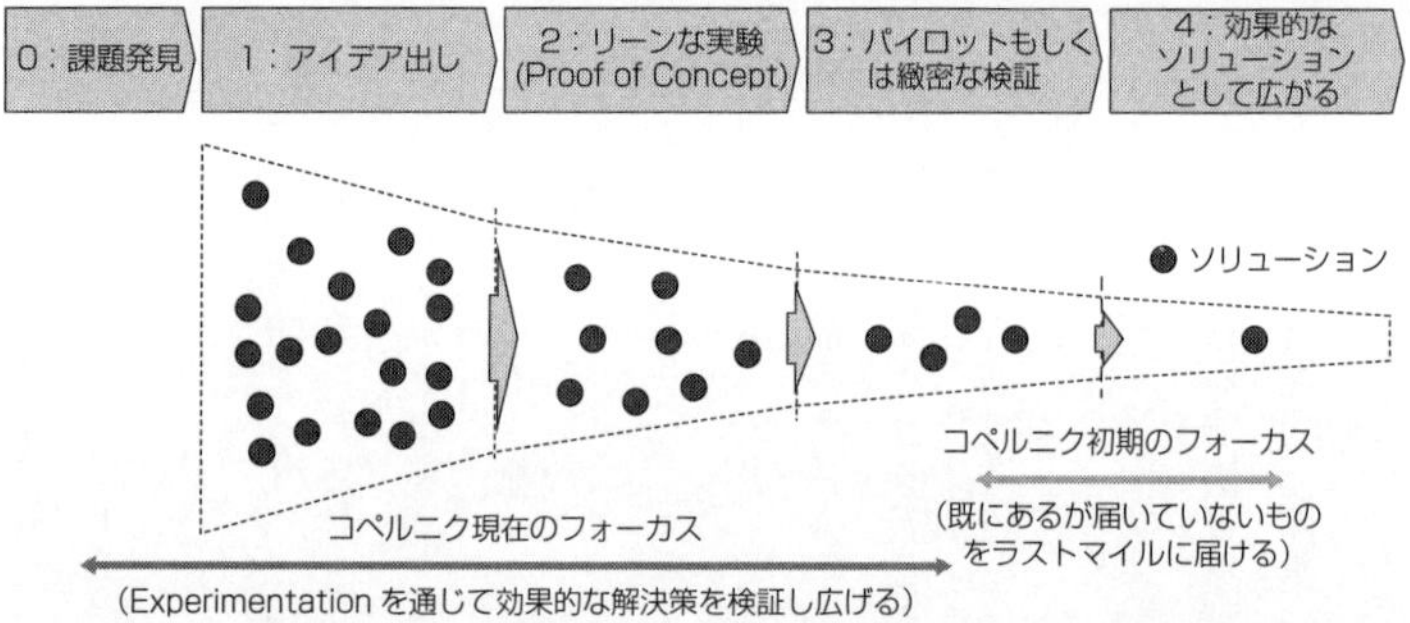

出所：中村（2021）。

図 E6.2　コペルニクのフォーカスポイント

リーン実証実験の事例。ソーラー乾燥機によるコーヒー豆の天日干し。
写真提供：コペルニク

クの実証実験は、①インハウス型と、②クライアント型とがある。インハウス型は独自で、クライアント型はクライアントと一緒に課題を設定し現場のニーズを探す方法であり、いずれのケースも前段階での課題発見、解決策のアイデア出し、適切な規模の実証実験を行い、製品が市場のニーズに対応できるためのプロダクトマーケットフィットが可能になる。

◈ リーンな実証実験の目指すもの

リーンな実証実験には多くの利点がある一方、サンプル数が少ないために信頼性に欠けるという弱点もある。したがって、重要なのは、得られた知見をどう解釈し、次のステップに向けてどう組み立てていくかという点にあると、中村氏は言う。

中村　だから、この結果を「エビデンス」と呼ばずに、「シグナル」と呼ぶのが適切ではないかと。「シグナル」は、あまり学術的ではないですし、印象にすぎないと思われるかもしれませんが、現場ではこうした印象がとても重要なのです。データもない最早期において問題の解決に取り組んでいるとき、１００以上のサンプルを扱うようなお金も時間もかけたくないでしょう。だから、我々はこの方法を明示的に行うのです。ここに、この方法の価値があります。

ユニリーバのように一般消費財を扱う多くの会社も、非常に少ないサンプルで多くの意思決定を下しています。初期段階では、量よりも質なのです。ステージが上がると、質よりも量が重要になってきますが。

4 エコシステムの中の橋渡し役

コペルニクの活動は、貧困地域における「ラストマイル」問題を解決するための「エコシステム」を構築していると言えるが、そのアプローチのユニークさとして、営利・非営利それぞれの事業体を機能・目的ごとに併用している点、現地パートナーとの充実した関係、そして研究機関と実践組織をつないでいる点などが挙げられる。

❖ 営利・非営利の二つの「顔」

まず非営利事業として、彼らは財団や基金、企業のCSR部門、政府の開発援助部門、個人投資家など、異業種の人々とパートナーを組む必要があった。いずれかが撤退しても事業を続けられるように、パートナーの多様化に努めている。一方、営利事業では、主に大企業とクライアント関係を結ぶことを基本としている（一部にスタートアップ企業を含む）。

両者ともに最も心がけていたのは、やはり「信頼関係の確立」であり、その結果、何社もの長期的なパートナーを獲得している。例えば、エクソンモービルと大和セキュリティはコペルニクの最初の支援企業であり、両社のCSR活動の一環として以後10年にわたり資金提供を受けている。またクライアントとして多かったのは、太陽光発電機や水清浄機器のメーカーなど技術系の製造業であった。ただし、前述のとおり、コペルニクはこれらの機器の販売からは撤退しており、以前に比べて関係は間接的になっている。

そして、現地パートナーとのネットワークはコペルニクの大きな強みとなっている。彼らは、過去に活動したことのない地域でプロジェクトを実施する際、まず現地のパートナーを探す。相手はほとんどがNPOである。特に近年は実証実験が事業の多くを占めており、データを集める際に現地パートナーの協力が不可欠なのだという。

❖ 大学・研究機関との連携

さらに、大学・研究機関もまた重要なパートナーである。大学には二つの役割があると、中村氏は言う。一つは、技術の提供者としての役割である。コペルニクはジョンズホプキンス大学をはじめとする学生エンジニアと協働して、途上国で利用されるもの（例えば魚の燻製器）の開発に取り組んでいる。もちろん、彼らはエンジニアリングを学ぶ学生であり、社会問題の解決というより「作り上げる」ことに関心が向かう。そこで、コペルニクが現地の消費者と学生とを橋渡しすることで、「地域コミュニティとエンジニアとの協働」が生まれ、単なる研究プロジェクトで終わりかねない科学技術を貧困問題の解決に役立てることができるのである。

中村 彼らは地域とのコミュニケーションの大切さを理解する必要があります。プロジェクトの一部をそこに注ぎ込まなければならない。アメリカのどこか郊外へ学生を引率するのとはわけが違います。また、学生をコミュニティの中で過ごさせ、地域の人たちと話し合う機会を設けなければなりません。そして、製品をより使いやすくする方法を、対話の中で学ぶのです。しかし、彼らはそれをコストだと考えていて、不可欠なこととは感じていません。

そして、もう一つの大学の役割は調査・研究であり、コペルニクは大学などとの共同研究プロジェクトに関わっている。例えば、J-PAL(8)(the Abdul Latif Jameel Poverty Action Lab)との共同プロジェクトがある。J-PALはRCTを用いて貧困撲滅に取り組んでおり、2019年にノーベル経済学賞を受賞している。コペルニクはインドネシアのチームと共同でJ-PALの研究活動に参加している。

以上のようにコペルニクでは、国際的ネットワークと地域的ネットワーク、専門的知見と実務的な知見、そして営利・非営利という異なる立場の間を行き交い、橋渡しを行う立ち位置にあると言えるだろう。

5 インパクトをいかに生み出すか？

先述のとおり、コペルニクは現在、問題解決に向けた実証実験に活動の重点を移しつつある。「これから必要とされる分野の活動に従事する」というのがその理由であったが、その根底に一貫して流れる考え方・価値観は何だろうか。

中村 私たちにとって大切なのは、インパクトです。成長は、インパクトで測られるものであって、必ずしも収益や組織の規模ではありません。私たちにとっての「インパクト」の意味は、誰かが私たちの実験結果を手に取って「おお、これいいね。私たちのプロジェクトにもこのアプローチを使おう」と言ってくれることです。大きな団体、例えばユニセフとか、地方政府とか、セーブ・ザ・チルドレンのような国際NGOが、このソリューションを彼らのプログラムに採用してくれれば、それが私たちの求めていることなのです。

つまり、私たちにとってのインパクトは、多くの人が「いいね」と思ってくれて、その方法やモノが真似され、伝播することを意味しています。事実、コペルニクは、多くの人に支持される解決策となる「モノ」や「やり方」を「公共財」として扱い、広く多くの人へ届ける活動——例えば実証実験の結果をケースブックにまとめて公開する——をしています。

コペルニクは実証実験でもあまり扱われていない「リーンな実証実験」に取り組み、基礎技術と商品化・事業化との橋渡し的役割を担っている。それは、個別案件から得た「学び」を一般化し、適切な価格設定や新しいビジネスモデルの創出、実証実験の手法など他の事例に生かされうる一連の活動である。そして、これらこそがコペルニクの目指す「インパクト」を生み出すのである。そう考えれば、コペルニクが実証実験に活動のコアを移しつつあるのは、次の「インパクト」ある活動を探求しているプロセスだと理解されよう。

インパクトファンド（エピソード2）の事例が示すように、財務的便益でないリターン（インパクト）を計測し、指標化することは、公的機関と民間・市民社会セクターとを問わず社会課題に取り組む諸アクターに共通の関心事になりつつある。ＵＮＤＰでも、ＳＤＧｓに資する投資や事業の基準・ガイドラインを策定し、それらの基準に適合した案件を認証する「ＳＤＧｓインパクト」という取り組みを始めている。

また、インパクトの概念を企業の一般会計に導入する（Impact weighted accounting）ことがインパクトファンドの提唱者であるロナルド・コーエン卿によって推進されている。ＥＳＧ投資などによる環境考慮型の動きに続くインパクト重視の動きは、これからも大きなうねりを伴って拡大していくであろう。小規模実験により「インパクト」を簡易的に計測し、より効率的な資源配分のもとで新たな製品・サービスを生み出すコペルニクの手法は、今後ますます重要性が高まっていくだろう。

EPISODE 7

酢酸で森も畑も元気にする
——アクプランタ

■企業の概要■

アクプランタ（Ac-Planta）株式会社は、理化学研究所[1]（理研）植物系研究センターでの研究から生まれたベンチャー企業である。同社の金鍾明代表取締役は理研の研究員時代に、環境ストレス下にある植物の染色体の構造変化を研究して「酢酸が植物の高温・乾燥耐性を強化する」というメカニズムを発見し、2018年2月に同社を設立した。

その成果を基に商品化された「スキーポン」は、植物の環境ストレスへの耐性遺伝子を活性化させ身を守るメカニズムを作用させるバイオスティミュラント（生物刺激剤[2]）資材である。これを撒布すると、植物の耐性遺伝子を活性化させ、旱魃など過酷な環境下での植物体へのダメージを軽減できるほか、成長を促進することもできる。また、この資材を使うことで、より少量の水で栽培が可能となり、節水効果も期待できる。「スキーポン」の優れた性能は理研ベンチャー[3]として認定を受けたことに加え、数々の受賞歴（Aアクセラレーター優秀賞、アグリテックでグランプリ賞、TechSrius2020でK4 Venture賞、特別賞など[4]）にも示されている。

スキーポンは現在、日本国内では企業向けを中心に展開されており、顧客は農業者とスポーツ施設（芝生のメンテナンス）であるが、最近では乾燥による商品ロス削減や、水やりのための労力と水量の低減メリットを活かせるホームセンターの園芸売り場などへも展開している。市場の開拓は、製品の販売のみを代理店に委託していたが、近年、乾燥節水対策のコンサルティングとともに「ソリューション・サービス」の一環を担う製品と位置づけ、農業法人や企業の生産農場などへの直接販売に転換した。

■ケースのポイント■

アクプランタは植物に与えるだけで、乾燥と高温への耐性を高める「スキーポン」を提供している。これは原材料が酢酸という手に入りやすく、扱いが簡易であるうえに、効果が比較的早く出て、独自性が高い、水不足・食料問題への持続可能な解決策――まさしくＡＳＳＵＲＥＤイノベーション（第1章）――だと言える。その半面、バイオスティミュラントという新規性の高い製品であるがゆえに、商品カテゴリーや規制の有無が市場参入の障壁になっている。特に販売および使用が実証実験をしてからの判断となるため、市場導入に一定の期間を要する。また、スキーポンは研究によって得られた科学ベースの製品であるため、その成果の公共性（オープンサイエンス・オープンアクセス）が志向される一方、創業のための資金調達には知的所有権や専有性があることが求められるという難しさがある。

「スキーポン」のような科学をベースとした、安全・健康・環境に影響を与える可能性のあるイノベーションは規制の対象となり、デジタル技術と同様の規模やスピードで伝幡することを期待できない。このため、異なる支援を考える必要がある。すなわち、社会課題に応えうる解決策が存在しながら社会へ広範に展開できない場合、政策による介入が求められるのである。特に、国内外市場へ展開しやすい環境の整備を政府が継続的に支援することは、国家予算を投じた研究成果を有益に活用するための鍵となるのではないだろうか。

1　植物を強くして水不足を解決する

近年、気候変動による世界の環境・農業生産への悪影響が懸念されている。特に旱魃は世界の農業生産における最大の気象災害であり、過去27年間の旱魃による総生産被害額は約1660億ドルにのぼると見積もられる（国立研究開発法人農業・食品産業技術総合研究機構 2019）。また、世界人口の増加により、2050年までには世界で97億人が水不足に悩まされるとする予測もある（Kim et al. 2019）。2017年において、22億人が安全な飲み水へのアクセスがなく、7億8500万人が飲み水にアクセスしにくい場所に居住しており、そのうちの9割はサハラ以南のアフリカ、東アジア、東南アジア、南アジアに居住している。水不足は、歴史的にも紛争の大きな原因になっており、持続可能な開発に向けた重要な課題の一つである。

❖生物を刺激してキャラを変える？

アクプランタ社の「スキーポン」は「酢酸が植物の耐性遺伝子を活性化させる」というメカニズムを利用して、植物の環境ストレスへの耐性（高温・乾燥耐性）を強化する。この製品を旱魃の前に使用することで、植物の本来持っている乾燥への耐性を強化し、ダメージを軽減できる。また、少量の水で栽培できるようになるため、節水効果を期待できる。まさに、ＳＤＧｓ（飢餓、栄養・水不足、貧困、気候変動）に資する製品と言える。

金　スキーポンは酢酸が主成分で、環境ストレス耐性を増強する刺激剤ですが、植物はそれを吸収して代謝にもしているので、栄養剤的な効果もあります。しかし、肥料ではありません。使うことで乾燥への耐性が強くなるので、植物の代謝そのものの性質が変わる、つまり、栄養を与えて元気にするのではなく、刺激を与えることで、いわば植物が持っている本来の機能を最大限に活性化し、「キャラ」を変えるわけです。

この製品の効能は、さまざまな実証実験で証明されています（写真1、2、3）。

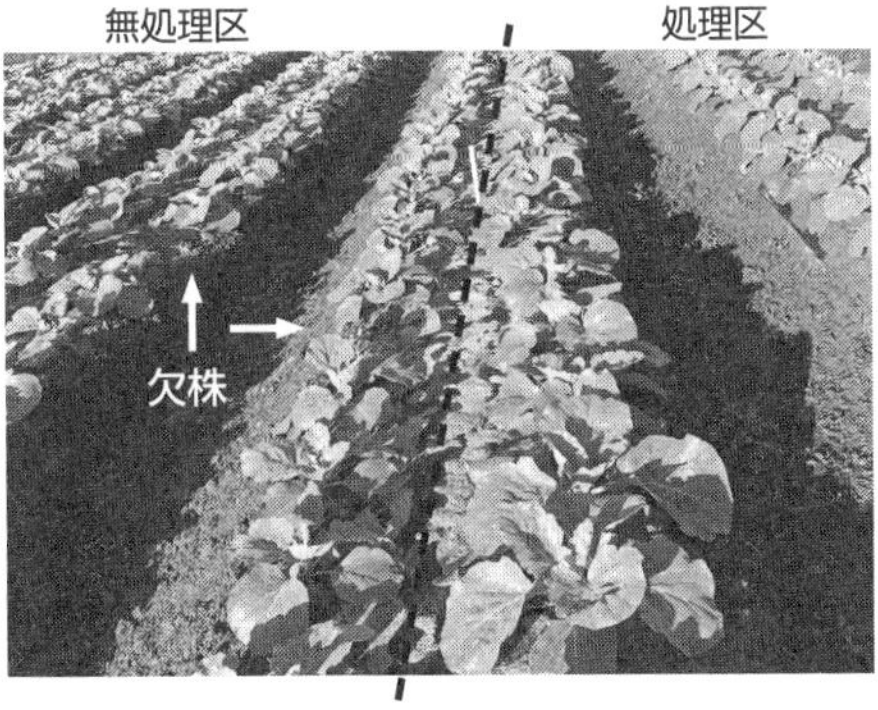

写真１　岡山の農業法人で行ったキャベツの定植実験
点線より左半分には水処理したキャベツ苗（無処理区）、右半分にはスキーポン処理したキャベツ苗（処理区）を、それぞれ圃場に直接定植した。定植３週間後に左（無処理区）では欠株が発生していることがわかる。無処理区と処理区で比較して、葉の数と大きさなどの違いからも初期の成長差が窺われる。

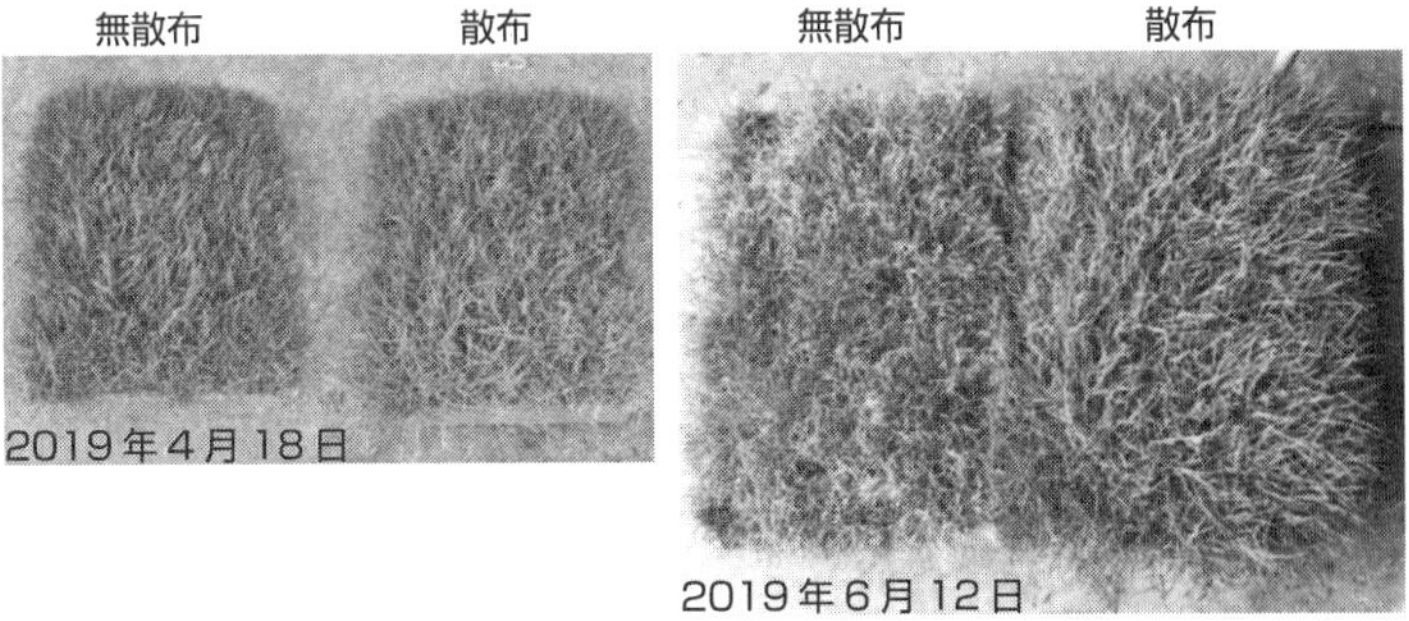

写真２　鹿児島で行った芝生の育成実験
サッカーピッチなどで使われる芝生に対し、右側のみにスキーポンを１回だけ散布し、雨がほとんどかからない軒下に放置。両者の育成度に明らかな差が観察される。

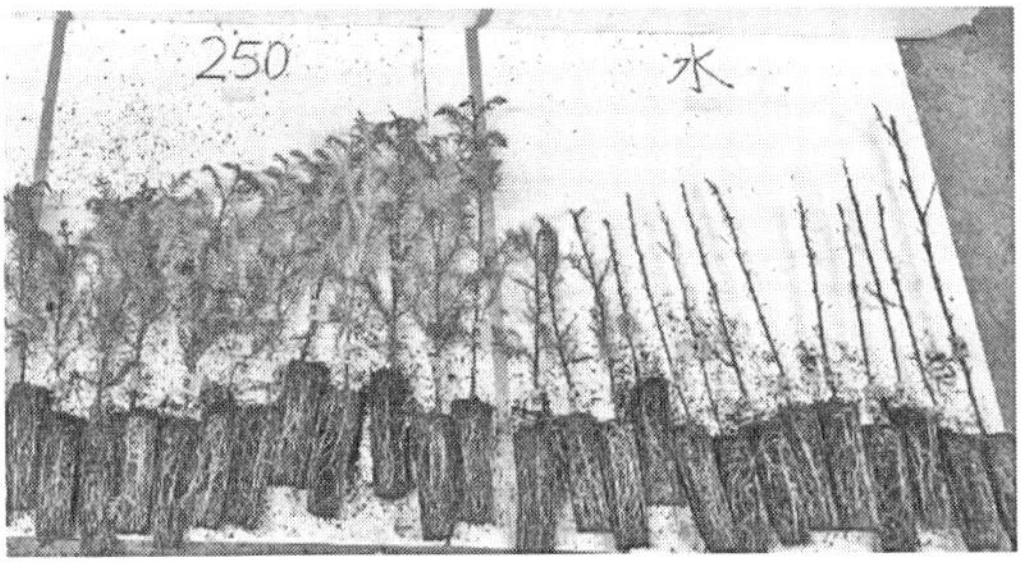

写真３　徳島県と共同で行った杉苗の保存と定植実験
水で処理した苗木（右）は放置すると乾燥のため折れてしまうが、一定濃度のスキーポンを与えた苗木（左）は枯れず、山林での定植で活着効率が向上した。

写真提供：アクプランタ株式会社

2　規制がないという参入障壁

❖規制がないのは不自由？

バイオスティミュラント市場は、2014年に世界で1400億円規模に、2021年には2900億円まで拡大すると見込まれている。研究開発も盛んで、農薬・肥料のみならず幅広い専門企業・多国籍企業の参入により新製品開発が精力的に行われており、企業間のM&Aも活発だ（日本バイオスティミュラント協議会編 2020）。しかし、市場が急成長する一方で、製品の均一性に欠け、新規性が高いため、広く市民権を得られておらず、商品の流通には困難が伴う。

例えば現在、スキーポンは「雑物（Others）」として流通している。当てはまるカテゴリーが存在しないからである。日本でも法規制の整備が求められ、2018年には関連する企業・団体を中心に日本バイオスティミュラント協会が設立されたが、まだ法制化の議論が追いついていない(5)。

金　農薬にはきっちりとした基準があって、それをクリアする必要がありますが、生物刺激剤（バイオスティミュラント）は、極端な話、例えばアミノ酸を集め、まとめて入れてしまえば出来上がりみたいなものもある。アミノ酸自体は世の中に普通にあるもので、何かの規制に当てはめようとしても、もともと使われているものの中に、すでに入っている。

昔は「バイオスティミュラント」という言葉がなく、「肥料とも言えないけれど、何となく元気にするもの」という感じで売っていたのが、近頃は「バイオスティミュラント」という名前のほうが売りやすくなり、そういう枠組みに移ってきています。

❖ 毒ではないが、肥料でもない

しかし、規制・規格がないということは、品質を保証する基準がないということでもある。安全面で問題はないのだろうか。

金 安全性に関しては、それぞれですね。当社の商品に関して言えば、バックグラウンドのメカニズムもはっきり分かっています（Kim et al. 2017）。商材の性状を肥料登録するためにFAMIC（独立行政法人農林水産消費安全技術センター）という農水省所管の機関に問い合わせたところ、「これは肥料ではない」と言われました。また、保健所などの判断では、毒劇物にも当たりません。

実は、企業にとっては「肥料」としたほうが売りやすい。それというのも、JAが各農家の作物を収集して流通させる際には、作物の安全性を保証するために肥料の種類や使用量が適正かなどをチェックする。これに対応して、各農家はどんな肥料をどれだけ使ったという生産履歴を付けなければならない。このとき、自社の商材が肥料登録されていれば、既存の流通に乗せやすい。

一方、登録されていないものは、農家の独自判断に任されるので、「それは何なの？」とはじかれてしまうこともあれば、HB-101やEM菌(6)などのように「植物を元気にする」という評判が広がって、よく流通しているものもある。ただし、「バイオスティミュラント」として効果を評価する客観的・科学的基準はない。

要するに、新規性が高いゆえに標準的な既存の商品カテゴリーに属さず、効果の科学的根拠や安全性を保証する機関・システムなどが欠如している場合、すぐれた商品であったとしても、これらが参入障壁となって既存の流通ルートに入りにくく、市場への浸透が困難となる。

❖ 差別化しにくい商品をどう売るか？

市場で生き残るには、潜在的顧客に使ってもらい、効果を実感してもらうしかない。事実、アクプランタ社の商品が国内農家で利用されるようになったのは、JAのアクセラレータープログラムに採択されたことが大きなきっかけだった。実証実験により認知度が高まり、効果を実感してもらったことで、徐々に取引が増えたという。つまり、こうした新規性の高い商材を普及させるには、実証実験で安全性や効果を利用者に理解してもらうプロセスが重要になるということだ。しかし、そのハードルは決して低くない。

金 一つは知り合いの知り合いに頼む、一つは研究者仲間のネットワークで。JAアクセラレーターから、興味を持ってくれる機関や団体を紹介してもらうこともありますね。あとは、地域の大きな農家に飛び込みで電話営業をかけて「実証実験をやらせてもらえませんか」とか。商品の使い方を説明するときには、僕が行きます。

当初、農業用の販売については商社に代理販売をお願いしていたのですが、市場ニーズや製品に関する知識などが課題になったため、総代理店契約を解除し、今は乾燥節水対策のコンサルティングと抱き合わせ販売で市場開拓を始めています。コンサルタントは株主であるコンサル会社から弊社に100％出向で連携しつつ、弊社から直接JAや大型農業法人さんとの販売ルートの確立を進めています。

第2章やエピソード6でも触れたように、イノベーションが人の手に渡るためには、さまざまな補完的資産が必要になる。ここでも販売ルートの開拓などのエコシステムの構築が見られる。ただし、先の事例ではサプライヤーや「エコシステムの構築」のみが議論されたが、この事例では、規制・ルールの未整備がスムーズな商品・サービスの普及を妨げるという点で異なっている。なぜなら、食料品に関わる商品は、環境・健康面に関する安全性・信頼性を担保するメカニズムが市場への参入に必須だからだ。つまり、市場開拓とともに政府・自治体など行政や、業界団体・機関を巻き込んだ制度・枠組み作り、および信頼性を付与できるシステムの構築がタイムリーにできるかが、新商品を市場に投入するスピードを左右する。

3　バイオスティミュラントはリープフロッグになるか？

一方、途上国・新興国では、新しい製品・サービスから得る便益がそれらに伴うリスクを凌駕するため、制度がより柔軟・迅速に運用され、製品・サービスの導入を通じて新興技術やイノベーションが先進国よりも早く広まる（飛び越える）現象が見られるようになってきた。これは「リープフロッグ（leapfrog）型発展経路」とも言われる。[7] バイオスティミュラントは、はたして先進国を飛び越え途上国で普及させることができるだろうか。

❖世界の困っている人たちのもとへ

乾燥地帯で効果を発揮するスキーポンは、国内以上に海外で市場を拡大する可能性が高かった。しかし、海外展開にも多くのハードルがある。具体的には、「市場（ニーズ）を見つけること」「規制・ルールの壁を乗り越えること」「現地の事情を把握すること」「現地関係者間のコーディネートを行うこと」「試験をし、製品の成果について現地の信頼を得ること」などである。スタートアップ企業が新市場を開拓するには、政府のさまざまなスキームを活用するのも有効な手段の一つである。ただし、既存のプログラムが自社の要望に合致することは稀であり、起業家は種々の工夫を凝らして調整することが必要となる。

アクプランタは日本より海外のほうが乾燥・旱魃・熱波など水と植物の問題に直面している国・地

域が多いことも踏まえ、海外への進出を考えた。その一つがインドである。

金　インドでは、旱魃のために過去30年間で10万人の農家が自殺しているのだそうです。そういうニュースを聞いていたので、できれば困っている地域で展開したいと思っていた矢先に、ＪＳＴ（国立研究開発法人科学技術振興機構）から声をかけていただき、ラウンドテーブルに参加しました。その際、スライド1枚のプレゼンを行ったのですが、その1枚を在日インド大使館の書記官が見ていたのです。

その書記官が、会議後のパーティーで僕のところに来て、「この技術は素晴らしいので、話を聞かせてほしい」と。そこから、日本の農水省国際部につないでくれて、在日インド大使館に呼ばれて話をしたら、「これはインドで使える。ぜひインドで活用してほしい」と。

❖ Ｊメソッド・ファーミング実証事業

ちょうどその頃、日本の農水省国際部が主催する「Ｊメソッド・ファーミング（J-Methods Farming: JMF）実証事業」がインドを対象に始まろうとしており、アクプランタもそれに参加することとなった。これは、日本企業が中心になって、農産物の生産からレストランで販売するまでのバリューチェーンを作るというプロジェクトで、日本の技術をインドで広めることを目的としていた。

金　きっかけとしては、よかったですね。調査費として補助金をいただけたので、現地で調査するにはうってつけでした。

ＪＭＦはグジャラート州のアーメダバードで行っているのですが、それとは別に、日本の農水省国際部はウッタル・プラデーシュ（ＵＰ）州のラクナウでもプロジェクトを走らせていて、そこではコンタクトパーソンを一人紹介してもらいました。

❖海外展開における政府の役割

これを契機として、アクプランタはＵＰ州でスキーポンの実証実験を行うこととなる。企業が外国市場へ展開するには、機材や種苗の輸入一つにも規制をクリアしなければならず、政府間の調整が必要になる。特に農業分野では、防疫の観点から苗木1本、種1粒の扱いにもデリケートにならざるを得ない。また相手国の自治体・企業・農業団体、さらに大学など研究機関との信頼・協力関係など、カウンターパートとの調整も不可欠である。

第2章でも「よいものは自ずとして利用者の手に届く」とは限らないことに触れたが、優れた商品でも、市場参入の「とっかかり」は政府のサポートやスキームによる信用の担保が有効なのである。

金　今、野菜で実証実験を行っています。キュウリとトマトとキャベツかな。種の輸入にはいろいろな規制があるので、日本の種子を持ち込めない場合もあります。こうした面のバックアップは国の仕事になります。

現地政府との関係ですが、一番目の問題として、日本と同じくバイオスティミュラントの規制を超えられるかどうかがあったので、農業農民福祉省でプレゼンさせてもらったら、非常にウケがよかった。そこで、まず国の研究機関で実験してもらい、性能がクリアになれば、みんなに使ってもらえるのではないかと、ＩＣＡＲ（インド農業研究委員会）の担当者に紹介されました。ところが、そこで「バイオスティミュラント、ゴミだよね」と言われて。それぐらいインドでは、バイオスティミュラントというと、ほとんど効かない、わけの分からないものというイメージがある。

それで、国ではなく州政府と交渉することになりました。インドの場合は、州が独立国家(8)のようなものなので。とりあえず、農業関係の有力者に会わせてもらい、その人の土地を使って実験することになりました。

❖ 実証実験の難しさ

スキーポンは酢酸を原料としていることから、場所を選ばず生産でき、かつ環境への負の影響がほとんどない。ただし、効果的な利用には植物の種類や土壌の水分量などによって濃度や利用頻度を調整しなければならないため、実証実験によるデータの蓄積が不可欠である。

実証実験は現地の潜在的な利用者に製品の効力を実感・理解してもらうこと、現地の環境や植物について一番効果の高い製品の使い方を導き出すのに有効である。実験は現地のコンサルタント企業のスタッフと共同で行われたが、異なる環境で現地の信頼を得るような結果を出すのは、一筋縄ではいかないという。

金　ケースバイケースですが、荒れ地に行って、自分で耕し、畝《うね》をつくり、スキーポンで処理をして、そこに現地で買ったマリーゴールドとトマトを植えたら、翌日にもう差が出ていた。それが農家の人たちの間で評判になり、品種を広げながらやろうという話になっています。
ただ、実験していた土地が大雨で水没したり、場所を移したら土壌の水分含量が高すぎて使い物にならなかったりと不運もあって、1〜2回はいい結果を出せたけれど、そこからはまだ行き詰まっていて、今「絶賛・実験仕込み中」ですね（笑）。ただし、この3月で補助金が切れる。来年度についても「続けて欲しい」という話は来ているけれど「予算はない」とも言われました。(9)

❖ ベンチャーにとっての産官連携の苦労

金 UP州の二つ目のプロジェクトは、生産にフォーカスした形で農水省国際部の管轄で継続が計画されています。省内ベンチャー的に行った取り組みを叩き台にして、国際部自体が本腰を入れて動いているという感じで、その意味では非常にポジティブです。でも、今のところ、現地で土地を借りたり人を雇ったりすることにはコンサルから現地へお金が支払われるけれども、企業にとっては持ち出しになるので、うちのようにスタートアップのベンチャー会社が参加を継続するのはそれなりに難しいですね。

進出先は、天候やインフラ、日本なら入手できる種苗や機材・サービスが期待できないことから、製品のポテンシャルを生かし切ることが困難なこともある。つまり、ここでも補完的資産を提供するエコシステムが欠如しているわけだが、ならば逆に「足りないサービス分野に日本企業が参入するチャンスだ」と認識し、スキーポンという商品と一緒にインド市場へ売り込む機材会社、サービス会社などを日本政府が支援することも可能ではないだろうか。開発援助などの枠組みも動員しつつ、日本製品がインドの社会課題の解決に貢献すると同時に、市場へ浸透するための契機とすることが望ましいと言えるだろう。

4 科学者として、起業家として

❖ 知識は私的財か公共財か?

スタートアップの成功と切り離せないのが、知的財産の取り扱いである。ここにも、農業という業種に起因する難しさがある。特に、植物の育成に関わる技術はデジタル技術よりも効果を実感するまでに時間がかかり、増産するにも土壌をはじめ環境の多様性に対処しなければならないなど、市場の拡大には特有の制約がある。さらに、デジタル部門に比べ、この部門で経験を積んだベンチャーキャピタルが日本に少ないことも、困難さを増大させてしまう。

科学者である金氏は、知的所有権によって技術の有効性を確立させることが技術・製品の伝播に必要であることをよく理解し、そのための対策を取っている。また、事業を拡大して技術をより広く普及させるには外部資金を導入する必要があり、知的所有権はその資金援助を受ける際にも切り札となる。

ただし、いくつかの問題が想定される。第1に、進出先国の政府は知的所有権違反を取り締まる（執行）能力があるか、第2に潜在的利用者の活動地域や規模は、実際に取り締まることが可能な範囲か、第3に生産過程でスキーポンが使われたかを成果物から識別できるか、である。

スキーポンは途上国でのニーズが多く見込まれ、また実証実験を行う乾燥地帯は都市ではなく遠隔地にあることから、たとえ知的所有権が認められていたとしても、違反を取り締まるのは困難なことが多い。また、製品の性格上、特定の利用方法が遵守されていたかを調べ始めるとキリがない。

さらに本ケースには、「社会課題を解決する知識は個人に属するものなのか」という科学技術の知的所有権に対する根本的な問いが内在する。いわゆる「オープン・サイエンス」につながる議論である。科学者でもある金氏が知的所有権を語る言葉の端々には、「知識」を公共財と見る科学者の立場と、投資のための資産と見る経営者の立場とが交差・葛藤していることが看取できる。この点は、他のケースで取り上げたデジタル技術の起業家とは異なる特徴である。

❖ アグリベンチャーと特許

金　日本の投資家はアグリベンチャーへの投資経験が乏しいので、何を基準

POINT　オープン・サイエンス

オープン・サイエンスとは、専門家だけでなくあらゆる人々が学術的研究や調査の成果やその他の発信される情報にアクセスしたり、参加したりできるようにする運動のこと。科学的な知へのアクセスをオープンにすることで、さまざまな利害関係者間の新たな協働による知の創出を加速し、価値を生み出すことが期待されている。

に投資すればいいかが分からない。ＩＴ企業とは、お金を儲けるスピードが違うので。しかし、一番引っかかったのは「これは簡単に真似される技術だよね」と。要するに、特許の部分でした。

それは、ある意味では正しい判断です。うちとしては、より強い特許を出してカバーしていくしかない。僕が純粋に学者として研究していたときに目指したのは「シンプルで、誰でも使えて、どこででも安く作れる」……この条件を満たした技術こそが、本当に広く普及でき、世の中の役に立つ。それを目指した結果、スキーポンになったわけです。

ところが、商売として考えると、資金を出す側からは「真似されて勝手に売られるのをどうやって食い止めるの」という話になる。……本当に困っている国は、発展途上国や旱魃・乾燥に見舞われている地域だから、そこでビジネスをしなければならない。僕としては、最終的にはオープンな技術になっていくものだと思っているのですが、お金を出す側からすると、「それって、ザルだよね」ということになってしまう。


スキーポンについては、金氏自らが「世の中の役に立つためには、どういう知的財産にすべきか」を考え、間違った方法で悪用されないように、戦略的に必要最低限の部分を知的財産権でカバーする形にしている。つまり、「酢酸を使い」、「乾燥に対し」、「植物に与える」、だけで該当するように広く設定したのである。端的に言えば、「暑くなって、植物に対して、お酢を撒く」と、知的財産権を利用したことになる。ただし、この形の特許は出願時点での理研の経費的な制限[10]によりアメリカでしか取れていない。

もう一つの工夫として、乾燥だけではなく、別のものと組み合わせて使うと新たな効果が出るといった形で、知的財産としての価値を高める方法もある。酢酸にプラスアルファすることによって、酢酸の効果をより強め、いろいろな効果が出せるという。このような戦略は、研究者という枠を越えて起業したことで可能になったという。研究機関に所属していると、とかく論文「数」が評価の対象となりがちで、知的財産の社会的価値まで評価されにくいためだ。このような努力を行いながらも、企業やベンチャーキャピタルを説得するのは一苦労だという。何が障害になっているのだろうか。

金　認識の問題が大きいと思います。酢酸プラスアルファで1・5倍や2倍ぐらい効いたとしても、そこまで求めるユーザーとなると、マーケットサイズはガクッと減るように見えるわけです。ならば、どこまでシェアを取りにいくか、とか。そのあたりの認識の折り合いがなかなかつかず、今も話は進めています。

VCなど投資家はスタートアップの日本国内市場への展開には対応するものの、海外展開、特に新興国への展開では知的所有権が侵害されるリスクや、投資に見合ったリターンが見通しにくいことから二の足を踏んで、事業展開まで進めない。僕らからすると「これだけでも十分儲かると思うけれど、企業としては「数字上これだけ儲かるはずなのに、これっぽっちしか儲からない」と既存の尺度で測り、売り方が想像できないと先見性がないと見なされる。誰も使ったことも売ったこともない技術を、すでにある何かしらの技術に無理に当てはめることでしか、その重要性を想像できない。これは本質的に技術の新規性と社会的な意義を捉えることができない（そう捉えようとする気持ちがない）ためだと思います。

❖ 科学者としての思い

「シンプルで、誰でも使えて、どこでも安く作れる」……これは、途上国とりわけ貧困層の社会課題を解決する技術に求められる、最も理想的な特性であろう。しかし、それゆえに有効なビジネスモデルを見出すのが難しい。

例えば、実証実験を重ねて成分や用法による効果の違いなどがデータとして蓄積されれば、その情報自体が商品価値を生み出す。つまり、商材とコンサルティング・サービスを一体的に提供することで「作り方（商材）は真似できても、使い方（ノウハウ）は簡単に真似できない」と言えれば、ビジネスとして成立しうるのではないだろうか。

金　今のところ、そのほうが安全に商売できます。ただ、学者としては、それではいけないと思う。「誰もが簡単に使える」技術にならないと。最後の最後は「世の中のために」と本当に思っているので、正しい使い方さえすれば誰でも良い結果を出せるようにしたい。

学者として講演したり、論文を書いたりするのは簡単です。しかし、実際に使ってもらう段になって、使い手を意識しながら技術を広めるとなるといろんな難しさがある。時間もかかる。起業して、経済活動の中に入れてしまったほうが圧倒的に速く進むし、広がる。だから、起業したわけです。正しい使い方でしっかりと結果を出したうえで、最後はオープンにして広く使ってもらいたい。それが科学者としての思いだった。

❖ 政府によるブランディングと公共政策での活用

こうした特許によるビジネス展開の難しさゆえに、金氏はむしろＳＤＧｓや社会貢献としての意義を認めてもらい、会社と商材と技術のブランディングをして、一気に市場へ投入することの重要性を強調する。例えばインドのケースでは、州政府との共同プロジェクトで実証実験を行って効果を示すことができれば、州政府の「お墨付き」のもとで商品を普及させることができる。そこで模倣品が出たとしても、「こちらが本家」というブランディングによってシェアを守ることが可能になるという。

金　つまり、「政府推奨」などの形で「この企業の、この商品を使いたい」と思わせるブランディングが重要で、そこから大規模に投入する必要があるんです。

その突破口を切り開く作業を、インドでやっているところです。現在、ＵＰ州がこの技術に関心を持ってくれているのですが、数年前に植樹のギネスに挑戦して、1日に５０００万本の植樹をしたそうです。ただ、５０００万本の苗木をボランティアの人たちと植樹したところ、40～60％が活着せずに枯れてしまった。

植物は定植してからのストレスに強くないんです。例えば、苗に水をたっぷりあげて、畑に植える。しかし、周囲の土が乾いていると、周りの土が苗の水を奪ってしまい、苗に急激な乾燥ストレスがかかる。もしくは、苗を移植するときに、根っこがむき出しになったり切れたりしてストレスがかかる。

ここで、いったんこのストレスに耐えながら起き上がってくるので、成長を始めるまでにタイムラグが生じる。そこへ、うちの商材を使うと早く成長を始めるし、その後の生育もよくなる。

現在、インドは国の12％を森林に戻そうとしています。これは日本一国に相当する面積です。今のところ、達成率は60～70％ですが、最後のところで行き詰まっている。仮に1苗当たり100ccの水処理が必要だとすると、5000万本を植えるためには5000トンの水が必要になる。この5000トンをスキーポンで減らせれば、大量に節水できるので、その水を他の目的に使えます。

5 リスクと規制とイノベーション

❖ 農業・環境分野ゆえのリスクと途上国の可能性

現在、毎日のように新しい技術が世に生まれ、それらの製品・サービスの普及は我々の生活をより快適にしている。その半面、新規性の高い技術を利用したサービスや製品、あるいは既存の技術であっても新しい使い方をする場合、利用者はこれまでとは異なるさまざまなリスクに晒されることになる。このため、特に安全・健康・環境などに関わる分野では、行政が規制・ルールに則って製品やサービスに対してリスクを管理している。新規性の高いモノは既存ルールの枠に収まりきらないがゆえに市場参入に際してさまざまな形で制約を受け、それが時としてイノベーションの阻害要因にもなりうる。こうした安全・健康・環境分野の規制・ルールがイノベーションに与える影響、逆に、新しいイノベーションが規制・ルールへ与える影響も、今後の重要な社会的論点になるだろう。

例えば、急速な技術進歩と伝播速度に規制の整備が追いつかないという問題も指摘されている。用途が急速に拡大するイノベーション（例えばデジタルアプリ）に既存の規制を適用するのは困難である。しかし、技術のリスクを測り、エビデンスに基づいて制度・規制を設計するには時間がかかる。そもそも規格自体が存在しないイノベーションの場合、まず業界団体の立ち上げから始めなければならないこともある。また、規制があってもいくつかの異なる領域にまたがる場合、関係者間で調整する必要も生まれる。

このように、安全・健康・環境分野に関わる新製品・サービスが市場へ導入されるには高いハードルがあり、時間もかかる。そして、その規制が守ろうとしている消費者・利用者もまた、利便性の高い製品を早く手に入れられないという意味では不利益を被ることになる。

さらに規制は国ごとに異なるため、企業が海外展開する際には状況がいっそう複雑になる。例えば、薬事法の厳格さが国によって異なるため、病気への特効薬や副作用の弱い薬などを入手できるタイミングにラグが生じ、治療が受けられる人と受けられない人が生まれる。

一方、前述のとおり、途上国・新興国では、新しい製品・サービスから得る便益がリスクを凌駕するため、より柔軟に製品・サービスが市場に導入され、先進国よりも早く普及する「リープフロッグ（leapfrog）型発展」現象も見られる。近年では、途上国・新興国市場のこうした特徴を利用し、製品やサービスを新興市場に先行導入して効果や知見などのエビデンスを蓄積する例や、それを先進国市場の制度設計に役立てる例も見られる（エピソード8参照）。

このような背景のもと、政府と民間組織が戦略的に連携して国際的な社会課題を解決しうる技術・製品を普及させる必要があることが理解できる。特に、新技術と途上国の社会課題には「需要と供給のミスマッチ」があるため、適切な技術の伝播が妨げられている。そこで触媒的な役割を担う存在が必要となる。例えば、政府機関である大使館やＪＩＣＡの現地オフィスがうまく現地の課題を汲み上げ、日本の持つ技術につなげることで技術の伝播を適正化できるのではないだろうか。

また、科学技術を生み出す主体と、援助によって技術を提供する主体を体系的につなげる努力が必要であろう。国家予算を科学技術に支出する以上、その成果を社会課題の解決や外交政策に生かせなければ、社会全体の損失となる。ここで、媒介役としての政府、担い手としての民間企業（大企業、中小企業、スタートアップ、またはその組み合わせ）のより善い連携方法を確立することが必須となる。

科学技術の活用事例ではないが、イギリスＤＦＩＤ（援助省）[11]は、開発援助としてボーダフォン（Vodafone）とサファリコム（Safaricom）という民間企業と協働しＭ-ＰＥＳＡ[12]を金融包摂の代名詞にした。ひとたび携帯電話による金融包摂というビジネスモデルが確立されると、それらが広範囲に模倣・拡散され、近隣諸国や他の途上国における金融包摂促進の起爆剤となった。つまり、イギリスのＯＤＡ、ボーダフォン、サファリコムが連携して行ったイノベーションはより広範な裨益者と社会的インパクトを生み出したと言える。

こうした政府と民間の新しい取り組みは、科学技術やＯＤＡの効率的な活用にも応用できるものではないだろうか。特に政府と民間が連携を組むことで、社会課題の解決策をより広範かつ迅速に普及できる可能性を示している。

❖公共性の高い科学技術をいかに普及させるか

最後に、本ケースから読み取れる課題を整理しておこう。

第1に、新規性が高く、安全・健康・環境分野に関わる製品やサービスは、流通の前にまず市場の規制・ルールを整備しなければならないこと。バイオスティミュラントは、農業つまり「食」や「環境」に密接に関わるため、多くの国で規制の対象となっていながら、既存の商品カテゴリーや規制の欠如が市場への参入障壁となっている。

第2に、市場への進出にはその国の法制度・慣行を遵守するのはもちろん、実証実験で有効性を証明し、現地の信頼を得ること、現地のネットワークへのアクセス、市場特性を理解するための投資、現地関係者との調整が必要となり、スタートアップにとってのハードルが高いこと。特に海外市場で新技術を用いた製品やサービスを展開する際、信用の担保がないことは大きな障壁となっている。

第3に、科学者がその科学的知見を基に起業した際には、知識の取り扱いに葛藤が生じること。これは社会課題を解決する知識が誰に所有されるべきかという、より大きな「問い」につながる。感染症のワクチン開発など多くの人が便益を受ける公共性の高い知識を誰がどのように創出し、どのように分配することが、社会的厚生を最大化し、公正であると言えるのか。現時点で明らかな答えはないが、これは気候変動に対応するエネルギー問題などにも共通する課題と言えよう。

こうした問題はこの事例に限ったことではない（BOX14）。将来的に、研究から実装まで、研究機関、民間企業、政府の間で切れ目のない連携が行われ、得られた研究成果が有効かつ迅速に、社会課題解決に広く活用される仕組みが構築されることが望まれる。

BOX 14

科学で農業・環境問題に挑む①
——アフリカ・ストライガ対策

ストライガとは

ストライガは熱帯から亜熱帯の半乾燥地域に分布する寄生植物であり、宿主となる植物の組織に自分の根をつなぎ、水分や栄養分を横取りするため、宿主の育成を妨げ、枯らしてしまう。主にとうもろこし、きび、ソルガムなどに寄生し、農作物の収穫量を大幅に減少させるため、甚大な被害が生じている。特にアフリカでは、確認されている被害面積が約40万km²、被害額は年1000億円にものぼると言われる（土屋 2019）。

なかでも、ストライガ・ヘルモンシカ（Striga hermonthica）はアフリカを中心に猛威を振るっており（図B14.1）、1930年頃から研究されているものの、有効な駆除方法はまだ確立されていない。

名古屋大学とケニアの挑戦

名古屋大学トランスフォーマティブ生命分子研究所（ITbM）の研究グループ②は2012年文科省の世界トップレベル研究拠点プログラム（WPI③）に採択された研究所である。同研究所では、2018年、ストライガの駆除に有効な「スフィノラクトン-7（SPL7）」と呼ばれる分子を発見した（*Science* 2018）。SPL7はストライガの発芽を誘導する化合物に人工的に似せた分子であり、それを散布することで、近くに寄生するべき植物がない状況でストライガを発芽（自殺発芽という）させ、駆除する。SPL7はストライガにのみ有効であるため、他の生物環境に対する悪影響が少ないと考えられている。加えて、SPL7はきわめて低用量でも

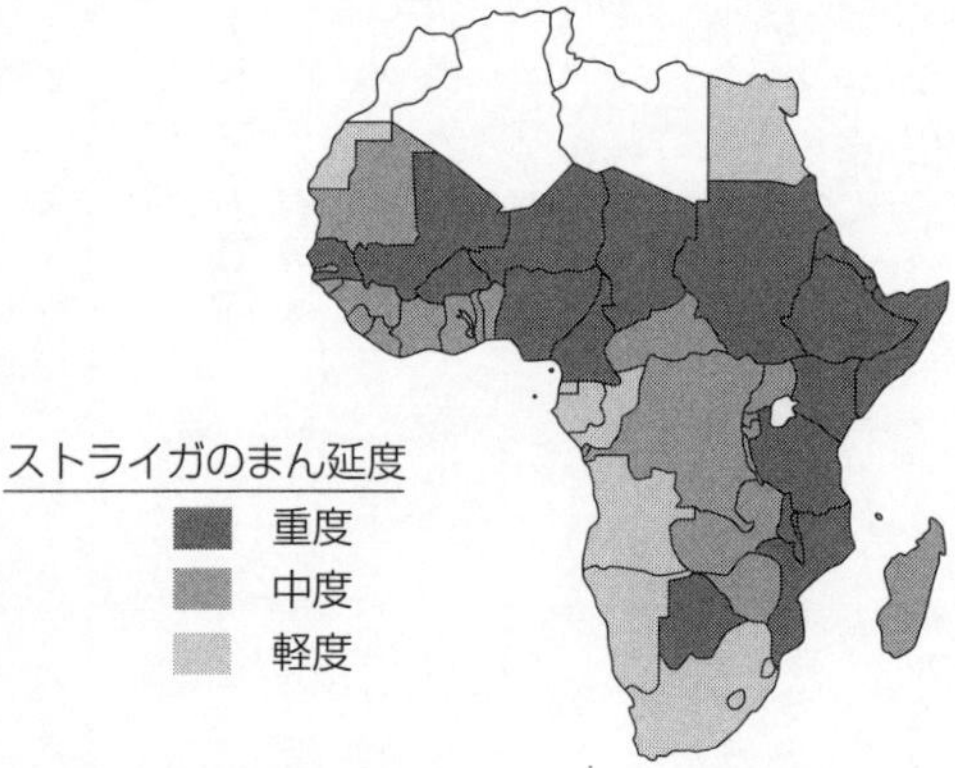

出所：土屋（2019）。原図は Ejeta（2007）。

図 B14.1　ストライガの拡散状況

高い除草効果を示すことに加え、簡単・安価に合成できるために大量生産が可能である。非常に有望な技術であるが、一般的に、研究成果が実際の問題解決につながるまでには長い厄介なプロセスが必要となる。

田圃試験への道のり

ＳＰＬ７の研究成果を受け、ＩＴｂＭのチームは２０１８年、名古屋大学農学国際研究センター（ＩＣＲＥＡ）およびケニア農畜産研究機構（ＫＡＬＲＯ）と共同でＳＰＬ７の田圃試験を行った。その結果、ＳＰＬ７の効果が確認されるとともに、毒性および環境への影響も検証された。しかし、続く田圃試験までの道のりは困難だったという[4]（土屋　２０１９）。

まず、実証実験の許可を得ることが困難であった。特に、ＳＰＬ７が分子レベルの植物ホルモンという通常の農薬とは異なる製品であったため、該当する管轄機関や認可システムが存在せず、既存の農薬輸入許可の管轄機関と行政システムをこの事例へ適用する必要があった。いずれの国でも同様だが、政府からの働きかけなしに現状のシステムを動かすことは、きわめて困難である。とりわけ、期待される効果・便益がもたらされるまでに長い時間がかかる場合はなおさらである。

さらに、承認後の実験では、現地の電力供給の不安定さ、実験設備の不足など日本との研究環境の違いにも対応しなければならなかった（ヒヤリング結果）。また、実験結果が承認され、実装につなげるためには政府から信頼されているカウンターパートが実証実験に加わる必要があった。また、現地に適応した薬剤の撒布方法には、農薬会社のノウハウが必要となる。なお、一般的に、製品の知的所有権から得られる報酬の取り扱いについては、参加企業と理解を共有する必要もある。

実装へのロードマップ

名古屋大学ＩＴｂＭのチームは、ケニアでＳＰＬ7を実装するべく以下のようなロードマップを想定している（表Ｂ14.1、図Ｂ14.2）。特筆すべきは、科学的な研究開発から市場への展開までが明記されていることである。

以上より本プロジェクトは、大学による研究開発、国際研究から生まれた成果が相手国政府企業の関心を呼び、社会実装へと歩を進めている好事例であることが分かる。しかし、日本の学術的成果が実装され、ケニアをはじめアフリカ大陸の食料問題の解決に貢献するには、さらなる実証実験と資金、多くの時間そして利害関係者との協働を要する。このためには安全・健康・環境分野に関わる技術の審査・管理をできる限り簡略化（例えばガイドライン化）しつつ、国ごとに異なる状況やニーズに適応するうえで必要となる企業や民間資金が参加しやすい仕組みを形成していくことが必要になるだろう。

	資金導入元	開発元	展開方法
プラン A	財団からの基金ないしは研究費	ITbM ないしは企業	(a) 市場への直接導出 (b) 国家プロジェクトを介した市場への導出
プラン B	企業		
プラン C	国家プロジェクト		国家プロジェクトを介した市場への導出

出所：土屋（2019）を基に一部修正。

表 B14.1　SPL7 の研究開発プラットフォーム

出所：土屋（2019）を基に一部修正。なお、2020 年以降の計画は新型コロナウイルスの感染拡大により大幅な見直しが必要となった。

図 B14.2　SPL7 実装へのロードマップ（2019 時点）

EPISODE **8**

途上国と協働するイノベーション・エコシステムの触媒として
——JICA[1]

■団体の情報■

JICA（国際協力機構）は国際協力機構法により設置された独立行政法人で、国際協力大綱（2015年閣議決定）[2]に基づき途上国支援を行う実施機関である。つまり、政府資金（ODA）を途上国の開発に役立てるという役割を担っている。JICAは主に2国間援助を対象に技術協力、有償資金協力、無償資金協力を実施している。支援の実施スキームは専門家の派遣、研修員の受け入れによる被援助国のキャパシティ・ビルディング（技術協力）と、その活動計画や政策が円滑に行われるためのインフラへの資金協力（無償・有償）である。このほかにも国際緊急援助、民間連携、市民参加協力なども行っている。

JICAの第4期中期計画（2017〜2021年度）では、持続可能な開発目標（SDGs）などの国際的な枠組みと国際協力大綱を基に、質の高い成長と格差是正、普遍的価値の共有と平和構築の推進、地球規模の課題・援助潮流への取り組み強化、戦略的パートナーシップの拡大深化、開発途上国における女性の活躍と社会進出支援を目的とするさまざまな事業を展開している。

■ケースのポイント■

ＪＩＣＡは公的機関であり、これまでに取り上げてきた事例と多くの点で異なる。ＪＩＣＡの活動は多岐にわたるが、ここではその役割の一面を、ＪＩＣＡがルワンダで行ったＩＣＴ（情報通信技術）支援の事例から理解したい。そして、ＤＩＩにおいて公的機関がどのような役割を担いうるか、また担うべきかを考えるのが、本ケースの目的である。

ルワンダは東アフリカ内陸に位置する小国で、ＩＣＴに特化した新しい産業を起こすことで、独自の開発路線を築こうとしている。ルワンダの開発戦略は、これまでアジア諸国が辿ってきたような、多国籍企業の下請け産業や輸出産業を育成することで技術移転を促す（learning by doing）、いわゆる「キャッチアップ型（Path following/skipping」（Lee and Lim 2001）の開発路線とは一線を画す。なぜなら、ＩＣＴという新興技術を活用し新しい産業の発展経路を構築する「リープフロッグ（leapfrog）型」の開発戦略だからである。これは破壊的な開発経路とも言える。

ルワンダは２０００年に「ビジョン２０２０」というＩＣＴの活用を中心に据えた国家開発戦略・計画を立て、事業を進めてきた。しかし、ルワンダに限らず、発展を目指す開発途上国を取り巻く環境は厳しい。国を「ありたい形」にするための人材・資金・インフラなどを最初から自前で揃えることは困難だからだ。そこで、資金や技術移転のための政府開発援助（ＯＤＡ）の活用や海外からの投資を呼び込むことが大きな意味を持つ。

とはいえ、長年指摘されているように、援助によって単に足りない資金や機材を提供されるだけでは、開発効果は上がらない。長期的な視野に立ち、一貫性のある計画に基づいた人材の育成、政府機関の能力開発、技術移転が必要であるからだ。ルワンダにおけるJICAのICT支援事業は、人材育成、産業振興と段階を踏みながら、ルワンダの開発プロセスの触媒として、他の利害関係者（大学、民間企業、スタートアップ）の参入しやすい持続可能なエコシステムの構築を支援している好事例と言え、将来的な国際援助の方向としても参考になる。

1　ICT立国ルワンダとJICA

❖ アフリカの奇跡：ルワンダ

東アフリカの内陸に位置するルワンダは、人口約1230万人、そのうち6割が農業に従事し、GDPは96億ドル（1人当たり約780ドル）、うちサービス業が50％、農業が25％、工業が18％で、自然資源に乏しい（World Bank 2018b）。

この国では1994年に部族間抗争が起き、わずか100日間に一説によると100万人もの命が奪われるという大虐殺（ジェノサイド）を経験した。それから27年、今日のルワンダは年平均8％の経済成長を続けて「アフリカの奇跡」と言われる復興を成し遂げ、世界銀行の「2019年ビジネスのしやすさランキング（World Bank Doing Business 2020）」（２０１９年10月発表）で１９０カ国・地域中38位（日本は29位）となり、最も成長著しい国の一つである。そして、この成長を牽引しているのがＩＣＴである。

❖国家目標「ビジョン2020」

ルワンダは前述の部族間抗争からわずか5年で国家目標「ビジョン２０２０」を策定し、その中で「ＩＣＴ立国」を標榜し、ルワンダの成長を促進する産業として、また全セクターの発展を支援する重要なツールとしてＩＣＴを位置づけた。ルワンダの人口構造は若年層が多く、人口増加率も高い。これから増え続ける人口を支えるための持続可能な経済構造を築くことは、将来に向けて大きな課題であった。このため、「ビジョン２０２０」では、

「国家を知識ベースの中所得国に変えることにより、貧困、健康問題を削減し、国の統一、民主化を促進する(3)」

ことを国家目標に掲げている。つまり、ルワンダにとって「ビジョン２０２０」は「２０２０年のあるべきルワンダ」であり、知識ベースの国家を構築するためにＩＣＴにその中心的な役割を課し、それによって①良い統治、②効率的な政府、③教育・健康・情報技術を含む熟練した人的資本、④活気のある民間セクター、⑤世界クラスのインフラストラクチャー設備、⑥農業と牧畜業の近代化を達成

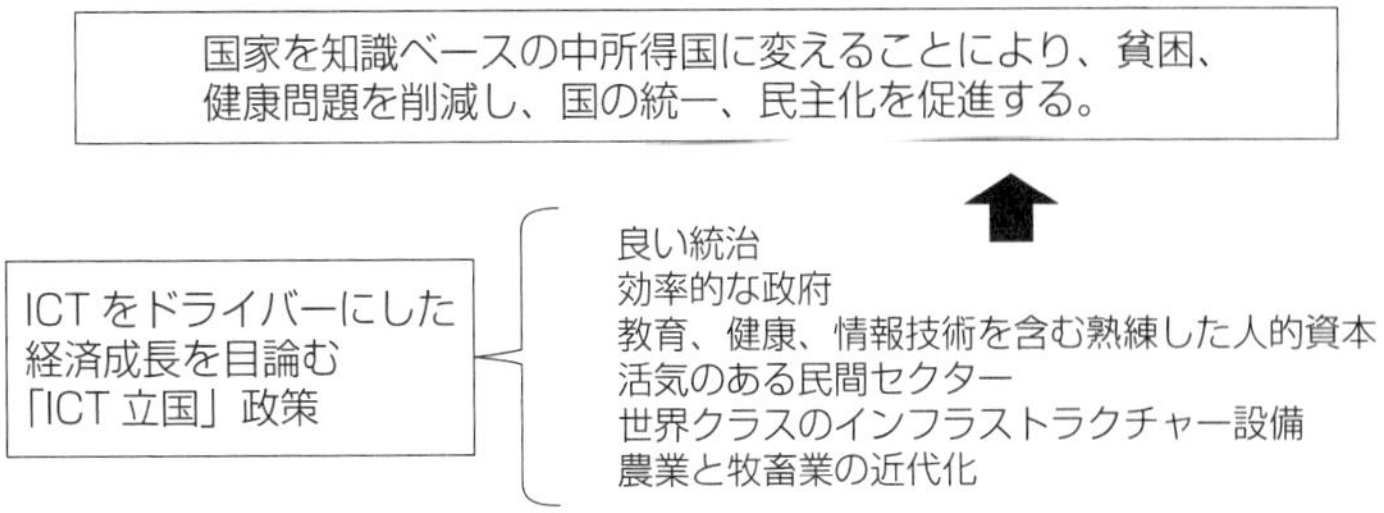

出所：内藤智之氏より入手した資料を筆者が邦訳。

図 E8.1　ルワンダの「ビジョン2020」

する、としている（図E8.1）。

また、この目標に紐付く5カ年戦略として2000年に「国家ICT戦略計画（NICI）」（2000〜2020年）（1期から4期）を策定している。このように、ルワンダ政府は20年にわたり、ICTに関する政策枠組み、インフラ整備、人材育成などの基礎固めを精力的に推し進めてきた。この結果が、今日のルワンダの「アフリカの奇跡」、「ICT立国」としての躍進である。ルワンダの成功は、他のアフリカ各国からも注目を浴びている。その中で、JICAはどのような役割を果たしたのであろうか。

❖「ビジョン2020」におけるJICAの役割

JICAの支援はルワンダのICT国家戦略計画を補う形で行われている。注目すべきは、専門家の派遣による政策・計画策定支援、ICT関連産業を担う人材の育成、それらに必要となる機材の提供、そしてICT産業の振興に向けた試験的取り組みなどの諸支援が、ICTエコシステムの構築とともに段階的に行われたことである。また、この援助にさまざまな利害関係者が参加していったことによって、両者のつながりが重層的に強化されていることも確認できる。

図Ｅ8.2にその歩みを表す。

2 日本との協力関係の構築

❖スマート・ルワンダ・マスタープランの支援へ

図Ｅ8.2の下部で分かるように、ルワンダ国家戦略計画へのＪＩＣＡの支援はＩＣＴ分野の専門家派遣から始まった。２０１０年から２０１６年までＩＣＴ政策アドバイザーとして、山中敦之氏がルワンダに派遣され、国家ＩＣＴ戦略の策定支援・実施・改善、青年ＩＣＴ省やＩＣＴ商工会議所の設立支援および政策策定・実施能力の向上支援、そしてケーラボ（KLab）[4]、ファブラボ（FabLab）[5]設立支援など、具体的プロジェクトの実現を助けた。ケーラボは、ＩＣＴを使ったサービス・製品の開発を支援するインキュベーション施設として、２０１２年にルワンダの首都キガリに設立された。

２０１６年3月には、ＩＣＴ関連分野におけるルワンダ政府の政策実施機関（Rwanda Information Society Agency: RISA）が設立された。また5月にはWorld Economic Forum on Africa（ダボス会議アフリカ地域版）が、ＩＣＴをテーマとしてキガリで開催され、ファブラボがキガリ市にオープンした。ファブラボは３Ｄプリンタやカッティングマシンなど多様なデジタル工作機械を備えたワークショップであり、起業家らが商品のプロトタイプ（試作品）などを作成する際にも活用できる。

このファブラボ、ケーラボ、およびＩＣＴ商工会議所は隣接しており、イノベーションハブを形成

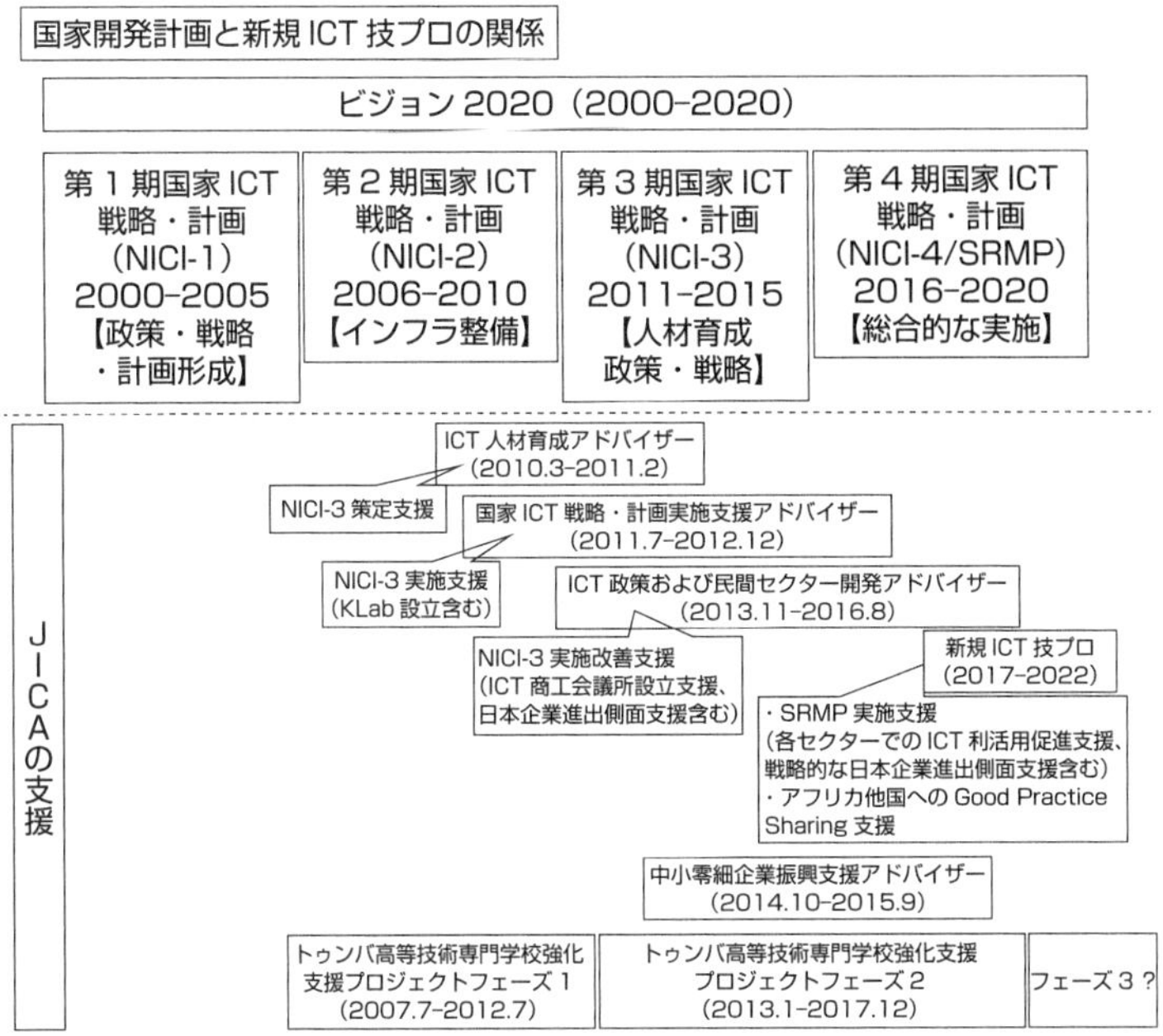

技プロ：技術協力プロジェクトの略。技プロは、JICA の専門家の派遣、研修員の受け入れ、機材の供与という三つの協力手段（協力ツール）を組み合わせ、一つのプロジェクトとして一定の期間に実施される事業。

NICI：国家 ICT 戦略計画

SRMP：スマート・ルワンダ・マスタープラン（Smart Rwanda Master Plan）

出所：Naito（2018）および 2021 年 2 月の内藤氏へのヒヤリングを基に筆者加筆(6)。

図 E8.2　ルワンダ国家開発計画と JICA の支援

するとともに、ＩＣＴ戦略を実現するための社会的インフラの役割を果たしている（第3章）。ケーラボには今や２０３３人のルワンダの若手起業家たちが登録し、ＩＣＴ商工会議所の主催するワークショップなどを通じて日本企業とのマッチングも行われている。すでにこの施設から、バス用の電子マネーシステムを提供する企業や、アプリでバイクの配車サービスを提供する企業など65社が起業し、その中には海外から投資を呼び込むなど、ビジネスが軌道に乗り始めた企業もある(7)。

なおＪＩＣＡは、ルワンダ国家戦略計画への支援とほぼ並行して人的育成支援を行っている。それが「トゥンバ高等技術専門学校強化支援プロジェクト」（２００７～２０１２、２０１３～２０１７年）と「中小零細企業振興支援アドバイサー派遣」（２０１４～２０１５年）である（図Ｅ8.2）。高等技術専門学校支援は、部族間抗争によって破壊された職業訓練校の校舎を建て直し（第1期）、太陽光パネルの製造やパソコンの修理などができる人材を育成（第2期）した。しかし、ルワンダには雇用の受け皿となる企業が乏しかった。同様に中小零細企業の育成プロジェクトも、育成した企業が活動するには、取引相手となる「産業・企業」が必要であった。こうした経験から、「スタートアップ企業による産業振興・雇用創出」こそ喫緊の課題であることが理解され、２０１７年から開始された起業プロジェクト「スマート・ルワンダ・マスタープラン（Smart Rwanda Master Plan: SRMP）」への支援につながった（後述）。

以上の支援とは別に、２０１３年6月に開催された第5回東京アフリカ開発会議（TICAD V）で、当時の安倍晋三首相より表明されたアフリカの若者のための産業人材育成イニシアティブ（African Business Education Initiative for Youth：ＡＢＥイニシアティブ(8)）も人材育成に貢献している。このイニシアティブは5年間で1000人のアフリカの若者に、日本の大学や大学院へ留学または日本企業でのインターンシップの機会を与えるというものである。このABEイニシアティブを活用し、ルワンダからもICTを学ぶため多数の留学生が来日しており、その多くが神戸情報大学院大学（KIC）で学んでいる。

❖神戸市×神戸情報大学院大学との連携

KICは、これまで「ABEイニシアティブ」を中心に40名超のルワンダ人留学生を受け入れており、修了生が帰国後にルワンダの発展に貢献するなど、人材育成と産業振興への成果が幅広い分野で見られる。また、このABEイニシアティブとの関連で、神戸市とKICによる草の根技術協力「キガリを中心とした若手ICT人材育成事業」を紹介したい。

KICは、イノベーション人材育成とICT関連産業振興をテーマとして、2014年にルワンダICT商工会議所と基本合意書（Memorandum of Understanding: MOU）を締結し、2016年から「キガリを中心とした若手ICT人材育成事業」プロジェクトを共同で開始した（2016年12月〜2019年4月）。このプロジェクトは、基本的なスキルを持つルワンダの若手ICT人材に、KICが先進的・実践的な研修を行い、ルワンダ国内の企業が求める人材を育成するもので、JICAが支援している。また、KICは2018年にルワンダICT省、ルワンダ国立大学（National University of Rwanda）およびトゥンバ高等技術専門学校（Integrated Polytechnic Regional College（IPRC）Tumba）ともMOUを締結し、ICT技術者の育成や就業支援などに特別な役割を果たしてきた。

修了生の一人は帰国後、ルワンダ政府ICT省で民間セクター開発部門長に就任し、日本企業の事業展開を支援している。さらに一人はルワンダでソフトウェア開発企業（HeHeLab）を2010年に設立した。同社は2017年にDMMグループ（DMM.HEHE Ltd）に買収されている。このほかにもメディアコンサルタントとして起業し、2018年7月にアントニオ・グテーレス国連事務総長が設けた「デジタル協力に関するハイレベルパネル」のメンバーに選ばれた修了生もいる。

特筆すべきは、KICで修士号を取得したルワンダ人5名が指導者として「先進的・実践的ICT研修」の講師陣を務めたことである。彼らはKICで高度な技術を身につけ、さらに日本企業でのインターン経験から技術をビジネスに活かす実体験を積んでいる。援助による人材教育が次世代の技術指導者の育成につながった理想的な事例と言えよう。

なお、神戸市はアフリカなど成長著しい地域との経済交流により、神戸経済の新たな成長機会を創出しようとしている。これは、いわば神戸をアフリカとのイノベーションの「ゲートウェイ」とすることを目指すもので、ビジネスセミナー、アフリカ留学生とのマッチングイベント、ビジネスミッション派遣など、ルワンダを中心とするアフリカとの交流に積極的に取り組んでいる。2016年には、さらなる経済交流に向けてキガリ市との共同宣言に署名し、2018年には、ICTでの協力のためのMOUをルワンダICT省と締結した。すでに神戸市の複数の企業がキガリを訪問しており、将来的に日本企業がルワンダに進出する際に必要となるルワンダ人高度技術者の育成も期待される。

JICAによるルワンダ国家ICT戦略計画への支援では、初期段階から専門家の派遣、人材育成、ケーラボやファブラボ設置への支援が行われた。この人材育成は多様な利害関係者（ルワンダ政府、

ＩＣＴ商工会議所、ＪＩＣＡ、ＫＩＣ、神戸市）を介して行われ、その過程の中で重層的なネットワークを築き上げていった。ＪＩＣＡは資金、機材、人材を提供するのみならず、関係者をつなぐ調整役を担っている。例えば、ルワンダでは職業訓練校は教育省（雇用開発局）、戦略計画支援を管轄するのは青年ＩＣＴ省と、担当が異なっているが、ＪＩＣＡが関わったことで人材育成・雇用創出につなげる横の連携が可能となった。

3　イノベーション・エコシステムの構築へ

❖ ルワンダICT立国への課題

スマート・ルワンダ・マスタープラン（Smart Rwanda Master Plan: SRMP（別称ルワンダ「第四次国家ＩＣＴ戦略計画（NICI-4）」）（２０１５〜２０２０年））は、デジタル経済の発展、ＩＣＴセクターの重要輸出産業への成長、およびＩＣＴ利活用を通じた他セクター開発への貢献が目標とされたが、その実現にはいくつかの課題に取り組まなければならなかった。

まずは人材の養成である。ＩＣＴの主要な推進機関であるルワンダ開発委員会（Rwanda Development Board: RDB）、ルワンダ情報化振興局（ＲＩＳＡ）、ＩＣＴイノベーション省（ＭＩＣＴＩ）、ＩＣＴ商工会議所では、十分な経験を積んだ職員が不足しており、各組織の政策実行能力の向上が求められていた。そのため、日本への留学を含め、人材養成のための協力が行われた。

次に重要な課題は、育成した人材を雇用機会および新産業創出・振興に結びつけることである。ケーラボやファブラボに代表されるインキュベーション・スペースによって女性や若年層への企業支援が浸透した一方、2016年時点では就業率の改善や新産業の勃興に十分につながっていなかったため、ルワンダの関係者間では危機意識が広がっていた（内藤 2017）。

このため、短期的にICT商工会議所への支援を通じた投資促進が、中長期的にはICT産業振興への支援が検討された。JICAはこのうち中長期なアウトプットを目指すSRMP・NICI–4の実施に向けた支援、具体的にはICT産業新興、ICT関連人材育成、スマート・ルワンダ・マスタープランへの政策形成支援を行うこととなった。

❖ ICTイノベーション・エコシステム強化プロジェクト

さらにJICAは、2017年から「ICTイノベーション・エコシステム強化プロジェクト」（2017～2020年。チーフアドバイザーは山中敦之氏）を開始した。当プロジェクトの目標は「ICTセクターによる国内総生産寄与度が現在の3％（MYICT報告より：2016年値）から一定程度上昇すること」であり、具体的には①複数のセクター（農業、教育、保健、観光、金融など）におけるICTを活用した試験的事業の実施、②雇用促進や起業支援に資する政策面における追加的な取り組み、③日本企業とルワンダ企業のさらなるマッチング促進、そして④ルワンダ国外（アフリカ諸国）へグッドプラクティスを積極展開し、起業の増加、雇用創出と拡大、およびICT産業の強化を進めた。

ルワンダ政府は2018年、アフリカ開発銀行（AfDB）(9)の支援を受け、東アフリカ全体を対象とした起業支援のための資金供給機関として、総額6860万米ドルのベンチャー支援ファンド「ルワンダ・イノベーション基金（Rwanda Innovation Fund）」を設立した。このファンドのうち約1割の資金が起業家向けの技術支援に活用されている。ルワンダ開発委員会（RDB）は、2017年からの5年間の中期戦略として、ケーラボやファブラボからの200社以上の起業を掲げ、さらに今後10年間で5000万米ドルの資本規模を持つ企業を10社育成することを目指している。

このように、この期間の協力は、人材育成やインフラ整備から民間セクターの育成へと中心が移っており、JICAはそれを補完的に支援している。以下にその一例を挙げよう。

◈ 起業家育成プログラム「250スタートアップス」

2018年にルワンダ政府が実施した「250スタートアップス（250 Startups）」は、ICT技術を活用して農業、保健、金融、エネルギー各分野の社会課題を解決しようという熱意のある若者を対象とし、6カ月にわたり、ビジネス知識を習得するための研修や、ICT技術その他の各分野に関する専門的助言、ピッチイベントの開催など、起業に必要なインキュベーション段階を支援するプログラムである。最終選考には、さまざまなイノベーション——太陽電池を使った自動灌漑システム、農家向け天気予報アプリ——が選ばれ、起業支援を受けた8組が独自の事業計画を発表した。「250スタートアップス」を修了した一期生の8企業は表E8.1のとおりである。

ここに、JICAによる人材育成支援が企業振興につながった効果を垣間見ることができる。トゥ

企業名	分野	製品・サービス	概要
レイジン Raisin Ltd.	金融	アコカニャ Akokanya	決済からチケット（QR コード）発行まで一貫してオンラインで対応できるイベント管理システム（現在ルワンダでは、イベントチケットは電子決済で購入できるものの、後日、紙のチケットを配達している）。
ハッチプラス Hatch Plus Ltd.	農業	スマート・エッグ・インキュベーター	鶏卵の自動孵化器（「ルワンダで国内消費されている鶏および鶏卵の半分以上が近隣諸国から輸入されている）。
イージョブ eJobu	雇用	イージョブ eJobu	プロ人材と企業をつなぐ人材マッチングプラットフォーム（ルワンダ国内の高い失業率を解消するため）。
エクストラ・テクノロジーズ Extra Technologies Ltd.	組織管理	アイコス AICOS	農協向けに特化したデータベース管理システム（ルワンダの多くの農協は紙の台帳で情報管理しており、メンバーの情報更新・生産量計算などの業務が煩雑なため）。
オー・ジーニアス・プライオリティ O'genious Priority Ltd.	教育	オー・ジーニアス・パンダ O'genious Panda	理科（化学、物理、生物）の各種実験をパソコン上でシミュレーションできるようにするためのプラットフォーム（ルワンダの多くの学校には実験道具がなく、生徒は教科書を読むことでしか実験を知ることができない）。
アクア AKWA Ltd.	給水	デジタル・ウォーター Digital Water	主要な水道管に設置するセンサーの情報を基に漏水箇所を早く特定できるシステム（ルワンダでは漏水により 35%の水量が損失している）。
トゥワザ・ロジスティクス Twaza Logistics Ltd.	物流	トゥワザ・ロジスティクス Twaza Logistics	荷物を送りたい個人とトラック運転手をつなぎ、配達状況を確認できるアプリ（ルワンダでは、個人間の配達は公共バスに乗せて運んでいるため、最寄りのバス停で持ち込み・引き取りをしている）。
ラーナーズ・ハブ Learners Hub Ltd.	教育	メニャ・オンライン・コース Menya Online Courses	知識を共有するためのプラットフォーム（語学学校などがオンラインで講座を提供することで、地方の顧客を獲得しやすくするため）。

出所：スマートアフリカ（2020）.

表 E8.1　250 スタートアップス 1 期生一覧

ンバ高等技術専門学校を卒業したイマニ・ボラさん（Hatch Plus Ltd.）も、「250スタートアップス」の参加者の一人である。ボラさんは、ルワンダが卵や鶏肉の大半を輸入に依存している現状を変えようと、3週間で3万個の卵を同時に孵化させる機器の開発に成功した。この機器はスマートフォンなどで遠隔操作でき、孵化のモニタリングもできる。応募全28組のうち、ボラさんら5組が最終選考を突破した。JICAはこの5組を含む若手起業家を、起業後も継続して支援している。

ボラさんは2018年7月に卵孵化器の製造・販売会社を起業し、「250スタートアップス」を通じてビジネスに必要な法務や経理、マーケット調査の手法などを学んだ。「これまでは技術しか学んでこなかったが、起業や経営について学べた。お金以上に必要な支援を受けた。鶏卵の孵化を効率的に行う手段を提供することで、ルワンダの養鶏産業や地方農業を発展させたい」と語る。

❖ 日系民間企業のルワンダ進出

「250スタートアップス」の成功の背景には、これまでの人材育成事業に参加した利害関係者がつながることで信頼のネットワークが構築され、結果として日本の民間企業が進出しやすくなったことがある。

避雷器メーカーである音羽電機工業株式会社とKICは、その好例である。2016年4月、音羽電機工業はアフリカ諸国へのビジネス展開と産業人材の育成に取り組むため、KICとの間で包括連携協定を締結した。きっかけは、ABEイニシアティブでKICに留学し音羽電機工業でインターンシップを経験したルワンダ人学生たちが、その技術に感銘し、母国への技術支援や事業展開を熱望したことであった。これを受けて、音羽電機工業は、留学生の一人の出身校であるトゥンバ高等技術専門学校の雷被害への復旧対応と、電気系エンジニア育成を支援することを決定した。その後、音羽電機工業はＪＩＣＡの支援を受けてルワンダでの事業に進出した。

また、ＫＩＣと米国の航空宇宙関連企業スウィフト・エンジニアリング（Swift Engineering）社は、共同出資によってスウィフト・エックスアイ株式会社を設立した。同社は、最先端の無人航空システムと実践的ＩＣＴ人材育成プログラムを融合し、社会課題の革新的な方法による解決を目指すベンチャー企業であり、２０１８年5月にキガリで開催された「トランスフォーム・アフリカ・サミット２０１８」でルワンダＩＣＴ省とＭＯＵを締結し、ドローン事業や研究開発などを進めることとなった。

さらに、ソフトウェア開発のレックスバート・コミュニケーションズ（Rexvirt Communications）は、２０１１年からアフリカ・ルワンダでオフショア開発事業を開始し、２０１４年に同国でソフトウェア関連合弁会社ワイヤードイン（WiredIn）社を設立した。ここでもＫＩＣの卒業生が多く勤務している。さらに、起業家支援のサムライインキュベートは、２０１８年にルワンダを含む東アフリカのベンチャーへの投資を行う子会社リープフロッグベンチャーズ[10]を設立している。このほか、日本人がルワンダで起業した、あるいは出資しているＩＣＴ関連企業は7社ほどある[11]。

これを見ると近年、日本のＯＤＡによる支援は、ＩＣＴを中心とした人材育成、インフラ構築の支援からベンチャーの育成、起業活動、民間投資の促進へと展開されている。

❖ 地域のハブとなるルワンダ

２０１４年、ルワンダが音頭をとってアフリカ地域のスマート化を推進する地域国際機関「Smart Africa」が設立され、事務局はルワンダの首都キガリに設置された（加盟国：30カ国、２０２１年）[12]。また、ルワンダを中心に、翌年には「北部回廊技術アライアンス（North Corridor Technology Alliance: NCTA）」が始動した。ＮＣＴＡは、アフリカ北部（北部回廊）の4カ国（ウガンダ、ケニア、ルワンダ、南スーダン）が、域内共通課題としてデータ通信の共通化や料金低減などＩＣＴ環境の向上を促進する取り組みである。

さらに、２０１６年には「アフリカ地域持続的開発目標センター（SDGs Center for Africa）」がキガリに開設された。同センターは、持続可能な開発ソリューションズネットワーク（Sustainable Development Solutions Network: SDSN）[13]のアフリカ地域機関として設立された独立・非営利の国際機関である。

そして２０１７年5月には、ＩＣＴに関する域内最大の国際会議である「トランスフォーム・アフリカ・サミット（Transform Africa Summit）[14]２０１７」がキガリで開催され、アフリカの13カ国の大統領を含む81カ国、官・民総勢３８００名が参加した。日本からも、主要支援団体として公式イベントを開催したＪＩＣＡのほか、総務省、神戸市、神戸情報大学院大学（ＫＩＣ）、および複数の日本企業が参加している。

翌２０１８年5月に開催された「トランスフォーム・アフリカ・サミット ２０１８」では、92カ国より４３０５名が参加、日本からはＪＩＣＡを含む前年参加組織に加え、宇宙技術関連として内閣府、東京大学（中須賀真一教授ほか）、ＮＥＣはじめ国内主要ＩＣＴ関連企業20社超が参加し、初めて「日本館（Japan Pavilion）」を出展して日本企業の先端技術展示とビジネスマッチングイベントを実施した。同サミットの主要テーマは、「Accelerating Africa's Single Digital Market」と題され、ＩｏＴなどに代表される第４次産業革命、デジタルヘルス、ブロックチェーンの活用、および女性・若年層の社会進出促進が主たる論点となった。

このように、ルワンダはきわめてイノベーティブに国づくりを進めており、さらに「STI for Africa」の牽引者として、その役割を積極的に拡大している。その意味で、日本とルワンダのＩＣＴを通した関係強化は、ルワンダの背後にあるアフリカ諸国へのゲートウエイづくりと位置づけることができる。

また、ルワンダ公共事業規制庁（ＲＵＲＡ）はスタートアップがプロジェクトを立ち上げてから最長1年後まで規制緩和する、規制のサンドボックス制度を導入している。この制度を利用して海外から数多くの企業が新技術・サービスの導入実験を行っている（総務省２０１８）。

POINT　規制のサンドボックス制度

規制のサンドボックスとは、デジタル技術を利用した新たなビジネスモデルの実施が、現行規制との関係で困難である場合に、社会実装に向け、申請に基づき規制担当機関の認定を受けて実証を行い、それにより得られた情報やデータを用いて規制やビジネスモデルの見直しにつなげるための制度である。

ルワンダでは、デジタル関係のプロジェクトに対して最長１年の実証実験を行える制度がある。この制度を活用し、実証実験をするためにルワンダに進出している企業もある。

❖ エコシステムをどう構築するか？

科学技術とイノベーションは、しばしば「ＳＴＩ（Science, Technology and Innovation）」として並列に表現されるが、イノベーションは新たな価値の創造であり、科学技術が「価値」を生むには、それを必要とする他者との間でそれが活用されなければならない。この他者との関係が「ビジネス」を生み、「エコシステム」へとつながる。

つまり、イノベーションを引き起こすには、その価値に共鳴する技術開発者、起業家、金融、行政、企業などが結びつき、新たな社会システム（エコシステム）を作り上げなければならない。

多くの途上国では、解決すべき課題が山積していながら、公共サービスを含む社会システムが未成熟であり、財政的な制約も深刻である。一方、社会課題の解決に取り組む起業家や、ソーシャル・ビジネスを志向する人々や企業も多く現れている。さらには、ＥＳＧ投資、インパクト投資など、社会課題の解決に対する資金的枠組みも増えてきている。最大の問題は、これら関係者をつなぎ合わせ、持続性の高い「エコシステム」として構成する環境や仲介者がいないことである。

❖ ＪＩＣＡの果たすべき役割

ＪＩＣＡのような政府関係機関はどのような役割を果たすべきか、あるいは果たしうるのだろうか。ルワンダの「ＩＣＴエコシステム」形成プロセスは興味深い事例を提供している。内藤智之ＪＩＣＡ国際協力専門員（当時）は、まずルワンダ政府の危機意識の強さを指摘する。彼らは、イノベーションの追求なくして新産業の創出はありえず、ルワンダを取り巻く独特の制約要件——内陸国であること、自然資源に乏しいこと、ジェノサイドの歴史、知識主導型経済の推進役となる人材の不足など――を克服しようという気概を持って国家開発戦略（NICI-4）を作成したという。この中でイノベーション・エコシステムは必然的に創出されていった。そのうえで内藤氏は、JICAの役割を次のように説明する（内藤 2017）。[15]

首都キガリに「テレコムハウス」というビルがある。同ビルには、ルワンダ情報化振興局（RISA）、カーネギーメロン大学[16]、KT（Korea Telecom）[17]、そしてJICAが支援して設立したICT商工会議所、ケーラボ、ファブラボなどが一堂に集う。ルワンダを訪問するICT関係者はほぼ例外なく同ビルを訪れ、そこから投資・進出の商談につながる例も少なくない。

この具体例と戦略を見るだけでも、JICAが果たせる役割は一部分でしかないことは、自明である。しかし、ケーラボ、ファブラボやICT商工会議所の設立・運営に直接関わってきたJICAには、ルワンダのICTセクターにおける多様な関係者が効果的・効率的につながりあって「起業の増加、実雇用の増加、ICT産業の強化」に貢献するため、「イノベーション・エコシステム」を持続的・体系的に強化する**「触媒（Catalyst）」**となることができる。これこそ、JICAがルワンダ政府および多様な関係者から強く求められている役割である。

この内藤氏の意見は、JICAのような公的機関が、特に途上国の政府とともに「あるべき未来像」に向けてさまざまな利害関係者を巻き込みながら協働する役割を示している。すなわち、政府および関係機関は、さまざまな形で民間企業や大学・研究機関（例えばＳＡＴＲＥＰＳ、エピソード3参照）との連携を図りつつ「イノベーション・エコシステム」を側面から支え、諸アクターが活動しやすい環境を持続的・体系的に強化する「触媒」としての役割を果たすことが求められているのではないだろうか。

ＪＩＣＡの触媒的な活動は、民間企業の試験的な試みを間接的に支援すること、途上国の明文化されていない需要を汲み取り、解決手段を持つ企業や団体につなぐことが含まれるであろう。さらに、ＪＩＣＡが関係を持つ各途上国や対象国の近隣諸国へと成功事例をスケールアップ（横展開）することも可能である。例えば、ルワンダは、近隣諸国に先駆けてＩＣＴ戦略を掲げ、ＩＣＴにおけるアフリカのゲートウェイになろうとしている。ＪＩＣＡや企業がルワンダを中継点として域内各国へ活動を展開することも可能である。

図Ｅ8.3に示されるように、ルワンダ政府のＩＣＴ戦略に沿って、人材育成、インフラ整備、産業振興が推進され、利害関係者を結びつける重層的なネットワークからＩＣＴのエコシステムが構築されていることがよく分かる。そしてこの中で、ＪＩＣＡが触媒として機能している。日本で育成された人材は、日本企業がルワンダを窓口としてアフリカ諸国へ展開する際にも、大きな役割を果たすと期待される。

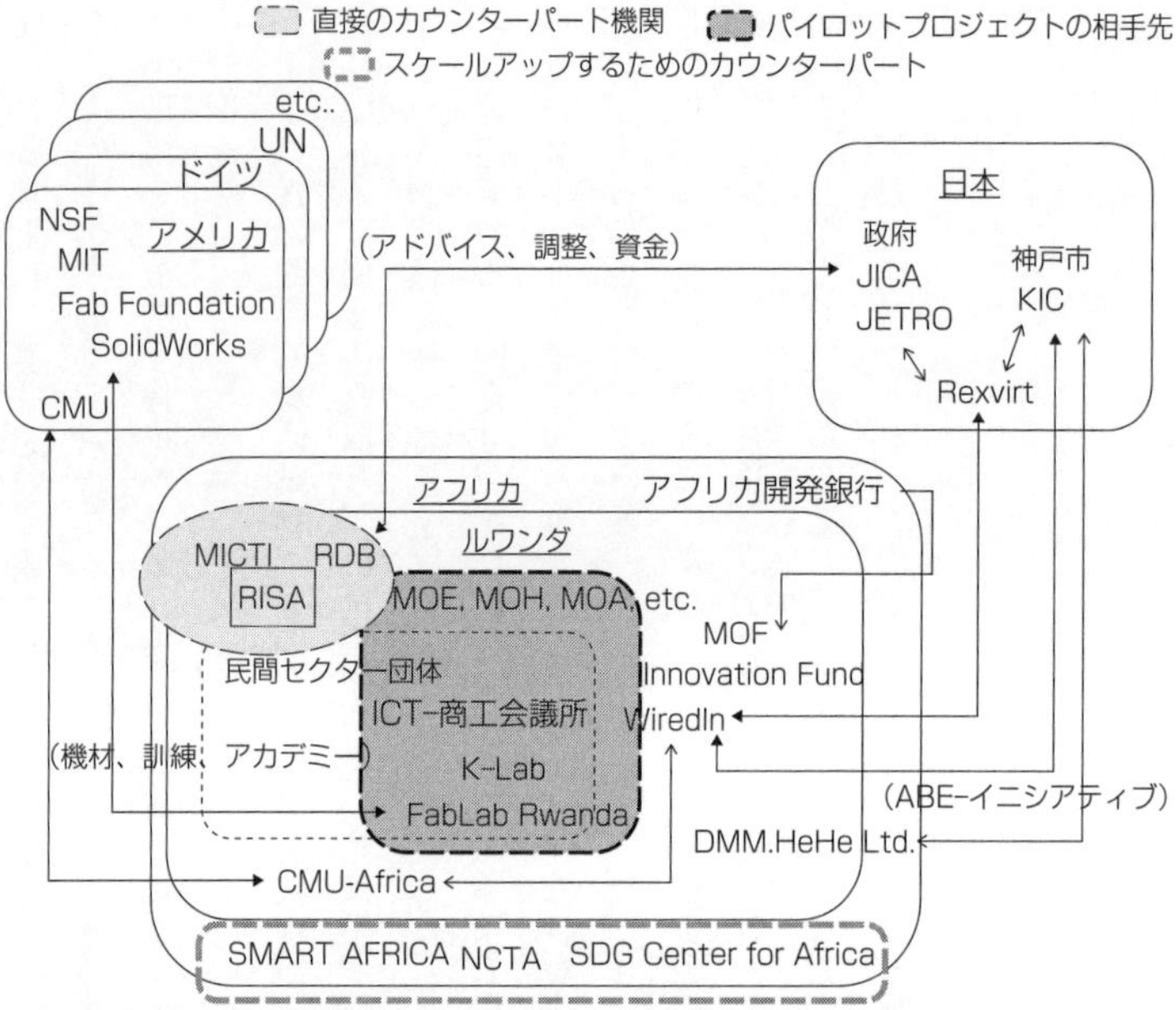

NSF：アメリカ国立科学財団 National Science Foundation
MIT: マサチューセッツ工科大学
CMU：カーネギーメロン大学
MYICT：青年 ICT 省、現在は ICT イノベーション省
MOE：経済省、MOH：保健省、MOA：農業省，MOF：財務省
RDB：ルワンダ開発委員会（Rwanda Development Board）
RISA：ルワンダ情報化振興局（RISA: Rwanda Information Society Agency）
KIC：神戸情報大学院大学
NCTA：北部回廊技術アライアンス（North Corridor Technology Alliance）
SMART AFRICA：地域国際機関「Smart Africa」
WiredIn: Rexvirt のルワンダ現地法人。多くの KIC、CMU—Africa の卒業生を雇用
Rexvirt: 日本のソフトウェア開発会社、2011 年からルワンダに進出
DMMHeHe Lab；トゥンバ高等技術専門学校卒業生が起業し、DMM が買収した企業

出所：内藤（2017）を基にヒヤリング情報を加筆。

図 E8.3　JICA の活動から見たルワンダのイノベーションエコシステム

4 途上国こそイノベーションのパートナー

❖ 途上国問題と国内課題を一体的に解決する

ＪＩＣＡは日本の海外援助実施機関として、途上国の開発課題に対する解決・改善を支援している。その際に参考にするのは主として、かつて日本で培われた技術と経験である。

現在の日本は、少子高齢化や行政の財政逼迫などにより、過疎地における社会サービスやインフラの劣化、労働力不足など多くの課題を抱えている。しかし、日本のような成熟社会は詳細な規制が現存し、新しく開発された技術やイノベーションを試験的に導入する「場」が不足している。

そこで日本と海外の開発課題を一体的に解決する「リバース・イノベーション（Reverse Innovation）」さらに「コ・イノベーション（Co-Innovation）」の可能性を考察したい。「リバース・イノベーション」とは、援助によって海外の開発「現場」で実践・発展させた日本のイノベーティブな技術・知識を日本国内の問題解決へと再活用することである。「コ・イノベーション」とは、援助国、被援助国という役割を超えて、共通課題を解決すべく双方の関係者が協力し、海外と日本で同時にイノベーションを起こすことである。これは国境を越えるとともに開発・援助と科学技術研究という二つの政策分野を越えた協働作業でもある。

例えば、１９８３年に日本のＯＤＡ（円借款）によってアフリカのコンゴ民主共和国（当時ザイール国）でマタディ橋という長大橋が建設された。その後、ここで活用された技術は、本四連絡橋（明

マタディ橋／コンゴ民主共和国
写真提供：JICA

マタディ橋での経験
が本州四国連絡橋へ

本州四国連絡橋／日本
写真提供：PIXTA

本州四国連絡橋での経験
が第２ボスポラス橋へ

第２ボスポラス橋／トルコ
写真提供：PIXTA

石海峡大橋（1998年完成）、瀬戸大橋（1988年完成）、瀬戸内しまなみ海道（1999年完成））の建設に活かされた。また、この本四連絡橋に従事した産官学の技術スタッフは、トルコの第二ボスポラス橋の建設（1988年完成）にも主力として関わった。海外援助は、国内では数少ない大型インフラ建設の経験や技術、ノウハウを企業や技術者が将来的に自国で活用できるようにするためにアップデートする機会とも捉えることができる。

コ・イノベーションの例は、インドネシアのメラピ火山の砂防対策である。この技術は技術協力によって派遣された日本の砂防技術専門家が、同国の技術者とともに開発した。なお、当技術は1991年の雲仙普賢岳噴火の後、火砕流の対策工事に活用されたことから、リバース・イノベーションの事例とも言える。

❖ 途上国こそ共創のパートナー

沖縄県内での創業や起業を支援する「スタートアップカフェコザ（Startup Cafe Koza）(18)の代表・中村まこと氏は、「今、イノベーションはアジアの新興国とアフリカで起きている」と主張する。またJICA（当時）の安達一氏は、「従来の社会システムでは、技術改良が進むものの『破壊的あるいは創造的イノベーション』が起きにくいのではないか」と指摘する。すなわち、成熟した社会ほど「公共」と「民間」の区分や、各社会の構成員の役割分担が細分化され、例外を認めにくい「既成概念」とそれを守る「規制」が充実しすぎているというのだ。しかし、途上国のリープフロッグを支援することで日本の社会課題に将来的に必要となる技術を一緒に準備することができる。

今日SDGsをはじめ、既存のアプローチのみでは達成できない社会課題は数多い。リバース・イノベーション」（さらにコ・イノベーション）を将来的に具体化し、促進する必要があろう。

このために必要なのは、開発途上国と共創するという水平方向のパートナーシップ構築という意識の変化である。すなわち技術・知識を「持てる日本から持たざる途上国へ〈移転〉する」という考え方から、「対等な関係で日本と途上国とが〈共創〉する」という姿勢の転換が問われている。

この社会課題への共創に参加する人材は、日本の将来の開発にとっても重要なパートナー、さらには日本の社会開発の一翼を担う人材としても貴重な存在となりえよう。

終 章

破壊的・包摂的イノベーションで「ありたい未来」を実現する
――持続可能な社会に向けたエコシステムの創出へ

飯塚倫子

はじめに

序章では、科学技術・イノベーションの加速度的進化、グローバルな展開と急速な伝播により、将来への不確実性が指数関数的に高まっていることを指摘した。この状況下では、「未来」は「現在」の延長線上にはなく、きわめて予測が困難だ。将来への方向を探るには、現在からの投影（フォーキャスト）ではなく、到達すべき「ありたい未来」から現在へバックキャストしなければ意味がない。

今日、気候変動や新型コロナウイルスのような感染症、海洋プラスチック問題ゴミなど「ありたい未来」を阻む地球的課題は多く、道のりは困難を極める。また、課題の背後ではさまざまな要因が複雑に絡み合っており、簡単な打開策がない。そのうえ、地球的課題はすべての人が同じ方向を向いて行動しなければ、一部の人の努力で得られた成果はいとも簡単に覆されてしまう。だが、グローバルに展開する企業や人々の活動を管理するには限界がある。

ここに、「誰一人取り残さない」ことを掲げた持続可能な開発目標（ＳＤＧｓ）が重要な意味を持つ。ＳＤＧｓの17の目標は、国連のイニシアティブによって多くの利害関係者を巻き込み、ボトムアップで決められた。つまり、包摂的な共通目標であるからこそ、世界中でさまざまな利害関係者が別々に行動しながらも同じ方向を目指すことができるはずである。もちろん、そこに辿り着くまでの道筋や速度は、スタート地点も異なれば、置かれた状況も異なるため多様である。

このＳＤＧｓ達成へのスピードや道程の選択には、科学技術イノベーション（ＳＴＩ）が大きな役割を果たすと考えられ、また企業や市民社会の役割がいっそう重要になると指摘される（UNCTAD 2014）。つまり、ＳＤＧｓ達成には、資源配分や公共サービス（教育、保健衛生、環境など）による政府の介入だけではなく、民間企業や市民との新しい連携が必須になるのである。

以下、本書の概要を簡単に振り返っておこう。

1　企業の役割とエコシステムの構築

第1章でマシェルカー氏は「企業が社会的に善い行いをすることと、ビジネスを行うこととは同じ」と唱える。同氏が紹介した企業はすべて、社会に必要とされるサービスを手頃な価格で多くの利用者に届けている（これをマシェルカー氏はＡＳＳＵＲＥＤイノベーションと呼んだ）。そして、これら企業の成功には、民間セクターと市民社会を「望ましい未来」の方向へ導く環境を形成する「政策による介入」があると指摘する。

第2章では、技術を必要な人々の手に届ける「ラストマイル」について、より深い洞察がなされた。ワトキンス氏は、社会課題への解決策がないのではなく、取り残された人々に解決策が届けられていないことが問題だと強調する。そして、この課題を克服するには、①取り残された人々の脆弱性を軽減するためのコミュニティ強化、②技術を活用する際に補完的な役割を持つ利害関係者で構成される「普及のエコシステム」の形成、③それをサポートする革新的な資金メカニズムの存在が必要だと指摘した。

第3章でミュラス氏は、都市にイノベーションをもたらすテック・スタートアップ・エコシステムを形成するには、スキル、補完的支援インフラ、投資、コミュニティに加えて社会ネットワークが重要であると主張する。この社会ネットワークは、①共同スペースの提供、②企業家ファンドの立ち上げ、③人材育成（職業訓練）への支援、④コミュニティ形成への支援、⑤以上の諸活動の評価、などの介入を経て形成されるとしている。

このように、第1章から第3章は異なる視点から、民間企業の役割とその活動を支える環境整備として「エコシステム（生態系）」構築の重要性を指摘するとともに、その背後にある政策的介入の存在にも言及している。帰納的に得られたこれらの視点に対し、次節では先行研究に基づき第4章で提示した考え方を整理したい。

2 トランスフォーメーションを引き起こす破壊的・包摂的イノベーション

❖トランスフォーメーションの原動力とは?

第4章では、SDGsの掲げる「望ましい将来」を達成するために、トランスフォーメーションが必要であることを再認識した。しかし、トランスフォーメーションは自然には起こらないため、望むべき方向に進むためには何らかの介入が必要になる。経済社会を形成するシステムには「慣性の法則」が働くため、特別の介入なしには、政府や国は従来の方法を踏襲しようとし（経路依存）、現存企業は既得権を維持しようとし、個人は今までの習慣（ルーティン）を固持しようとし、変革に抵抗するからである。特に、変革を行うことによって短期的なリスクが伴う際には、長期的な便益が約束されていても変化への反発が大きい。さらに、公共性の高い課題に対する改善効果は、行動を起こした人もそうでない人も区別なく享受できるため（非排除性によって生じるフリーライダー問題）、不公平感から行動へのインセンティブは低くなりがちである。ましてや行動にリスクが伴うのであれば、なおさらである。

このため、政策介入によって「トランスフォーメーションの失敗」を克服する必要性が唱えられている（Weber and Rohracher 2012）。彼らは、トランスフォーメーションの失敗を「方向性提示」「潜在的需要の明示」「政策間の調整」「再帰性の導入」の四つが欠如した状況と整理している。

ただし、これは決して政府がすべてを担うという意味ではない。目指す方向へと利害関係を調整し、地域性を生かした対処方法を考え、多様な利害関係者の組み合わせを試行し、エビデンスを集め、新しい行動が生まれるような環境を構築し、「望ましい未来」への長期的流れを作り出す役割が重要なのである。さらに、方向や進み方が時代や世の中のニーズから少しずつ逸れていくため、絶えず再帰性に基づいて政策をモニタリング・評価し、微調整するのも重要な役割だ。

しかし、政府がそうした間接的・補完的な役割にとどまるとすれば、トランスフォーメーションの「原動力」はどこに求めればよいのだろうか。

❖ 破壊的・包摂的なイノベーション

本書では、「民間企業による破壊的・包摂的なイノベーション（DII）がトランスフォーメーションの原動力である」という立場をとる。DIIとは、既存のやり方を破壊して新たな市場と価値ネットワークを構築する（disruption）ことによって、今まで市場からも政府からも「取り残された」潜在的利用者の需要を包摂する（inclusion）イノベーションである。

一見、「破壊的イノベーション」と「包摂的イノベーション」は、異なる概念のようだ。しかし、破壊的イノベーションは、新しい価値ネットワークを構築する過程で、新しい（潜在的な需要を持つ）利用者を包摂することで、新たな市場を形成する。一方、「誰一人取り残さない」包摂的イノベーションは、多くの潜在的な利用者を包摂する過程で、新しい価値のネットワークを構築する。つまり、

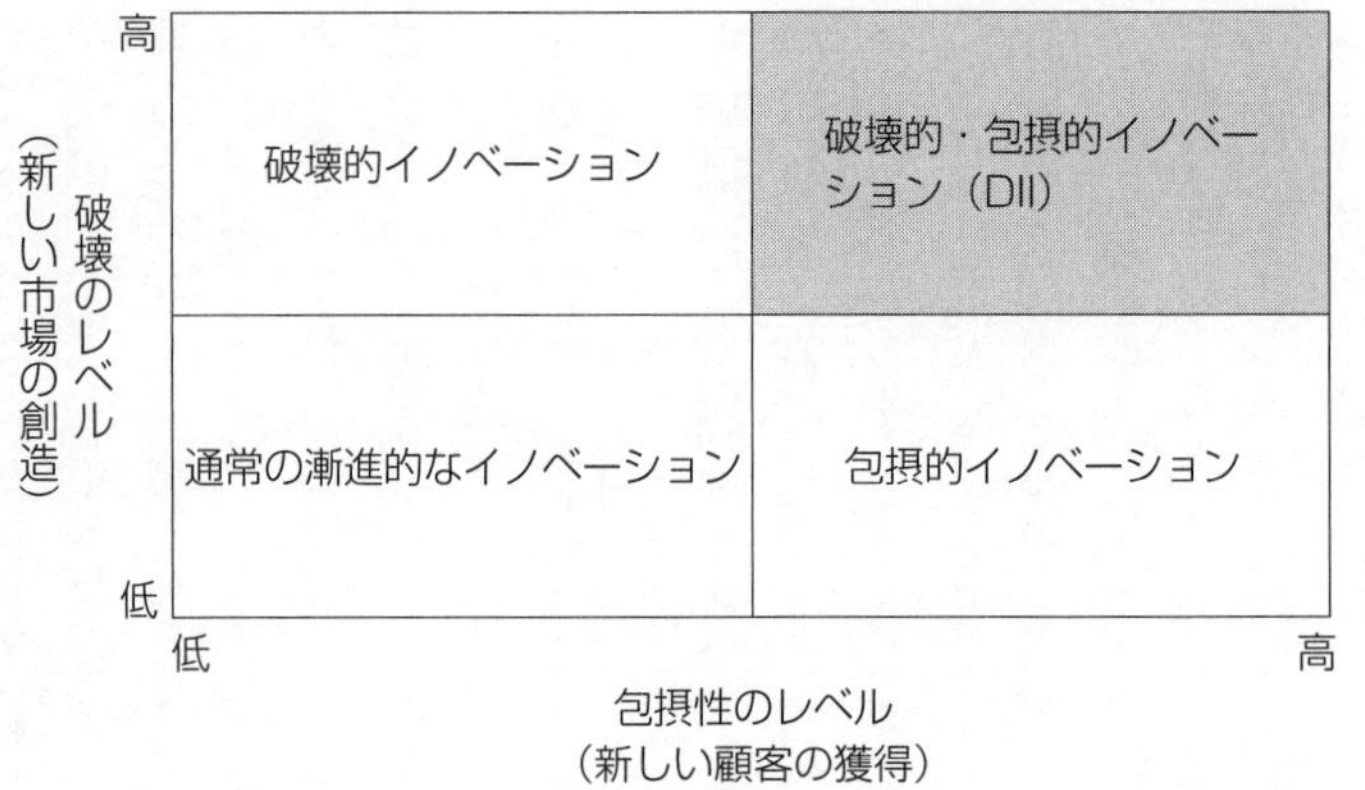

出所：筆者作成。

図 F.1　破壊的・包摂的イノベーションのコンセプト概念図（第４章、図 4.1 再掲）

多くの取り残された人々を包摂するという社会課題に取り組むことが、既存の経済社会システムから転換するための原動力になりうるのだ（図F.1）。

本書で取り上げたＤＩＩ事例は、（エピソード８のＪＩＣＡを除き）政策的に誘導されたのではなく、民間企業や事業体による社会課題への対応である。しかし、これらの成功事例は、単なる問題への対処ではなく、諸要素の新たな組み合わせから社会に善いインパクトを与える仕組みを構築し、それを横展開している。これは、新興技術がやがて汎用技術となり、社会経済の仕組みを変容させながら補完的資産を形成する過程とも合致している。つまり、技術とビジネスモデルを「新結合」させて社会を変革する担い手は民間の企業・事業体だが、そうした挑戦を促す環境づくりや方向の選択に政府が関与することで、目標に向けた取り組みが推進される。

本書の事例は、企業による社会課題への挑戦がネットワークによって広がり、外部性を発揮し、生まれた便益が広範に裨益されることで社会経済のあり方を大きく変えていく過程を示している。事例の多くは政府介入のない状況で活動しているが、本書の目的は、その可能性を次の段階へと発展させるための政策手段を考察することである。特にＤＩＩの効果は補完的資産、ネットワーク、政府による介入から成立するイノベーション・エコシステムが伴って、初めて持続的効果が発揮できるからである。

◈ イノベーション・エコシステムとDIIのダイナミクス

イノベーション・エコシステムは、ＤＩＩの核心的な役割を担う。エコシステムは需要側と供給側を結びつける場としての役割（資金調達、人材育成、ガバナンス、価値の共有、起業サポート）のほかに（第2章、第3章）、システム内のアクター間の相互作用を醸成し、活動の継続・展開を可能にする機能を持つ。これはデジタル技術を例にとると、よく分かる。デジタルプラットフォームは、異なるドメイン（例えば、家電、交通、金融）に存在するアクターを結びつけ、需要側と供給側の双方へのアクセスを円滑化し（例えば、ＩｏＴ）、多様な利害関係者を取り込む包摂的側面を持つことでネットワーク外部性を生み出し、価値創造をスケールアップし、既存業種の枠を超えた（破壊的）ビジネスの構築を可能としている（序章、表I.1）。

ネットワークの外部性は、技術の補完性（補完的資産）があることによって増幅する。特にモジュール化された技術（例えばアプリ）が、エコシステムの中で諸アクターが参加する「場：プラットフォーム」にアクセスすることで、迅速かつ広範囲に技術やモノ・サービスを伝播することができる（アプリの利用者が増える）だけでなく、他のアクターが持つ技術やモノ・サービスと組み合わされることによって新たな派生技術が生み出され、相乗効果を創出（アプリとモバイル、家電製品、ゲームコンソール、モビリティなどのデバイスを組み合わせることで用途を多様化）することができる。エコシステムの構築は、新興技術が実現技術・汎用技術へ進化し、その技術の利用が広く浸透し、社会への影響を深化・拡大させる。そして、質の高いエコシステムとＤＩＩのダイナミクスが社会を「望ましい未来」に向けて前進させるのである。

第２部で扱った８つのエピソードは、図F.1の重複部分で活動するイノベーターによるＤＩＩの好事例である。以下ではこれらを横断的に眺め、知識の一般化を試みる(1)。

❖イノベーション・エコシステムの主要素を探る

まずは、エコシステム形成過程とその構成要素について、共通のメッセージを読み解いてみよう。表F.1に、各事例の団体名と業種、本部所在地、主な活動場所を掲げる。

第４章で述べたように、イノベーション・エコシステムは、利害関係者間の調整、知識の流れ、ガバナンスの形成、および地域社会課題を通じて価値を共有し、価値ネットワークを形成するプラットフォーム機能を持つ（Gawer and Cusumano 2013 など）。

これまでの議論から、科学技術イノベーションが社会課題に貢献するために必要なイノベーション・エコシステムを構築する要素として、以下が挙げられる。

- ビジネスモデル
- 価値を生み出すネットワーク・社会資本・コミュニティ

表F.1　第2部で取り上げた事例の概要

団体名	業種	本部所在地	活動場所
アービシュカール・キャピタル	インパクト投資	インド	インド、南アジア、東南アジア、東・西アフリカ
パタマール・キャピタル	インパクト投資	シンガポール・アメリカ	東南アジア、インド
日本植物燃料（NBF）	ベンチャー企業	日本	モザンビーク、南アフリカ、東・西アフリカ
マクアケ	デジタルマーケット・プレイス	日本	日本
イーストベンチャーズ	ベンチャー・キャピタル	インドネシア	インドネシア、日本
コペルニク	NPO・民間：技術のラストマイル	インドネシア	主にインドネシア
アクプランタ	ベンチャー企業	日本	日本、インド、オーストラリア
国際協力機構（JICA）	公的機関	日本	途上国全般

出所：筆者作成。

- 資金、資源の流れ
- 科学技術イノベーション
- 能力（人的、政府）
- 市場（顧客）へのアクセス
- 社会および物理的インフラ
- 制度・政策

これらの要素が結びつくことでエコシステムが構築され、DIIを可能にするのである。

3 DIIを促進するイノベーション・エコシステムの特徴とは?

❖ エピソードから一般的理解を導くための二つの問い

「ありたい未来」へのトランスフォーメーションを前進させ、SDGsを達成するための共通項とは何だろうか。この点が明らかになれば、民間企業による動きをより効率的かつ迅速に促進する政策介入も可能になるであろう。

本書で取り上げた企業・団体は、今まで他の企業や政府が対象としていなかった「取り残された人々」の潜在的ニーズを活動の対象とし(包摂)、今までと異なる(破壊的)ビジネスを展開して価値を創造している。しかし新たな挑戦には初期リスクが伴う。このリスクをどのように低減したのだろうか。また、誰とどのように協働して、事業を持続させたのだろうか。この二つの問いから各事例を比較分析し、DIIを促進するイノベーション・エコシステムの形成に向けた政策介入について、有益な示唆を導き出してみよう。具体的な考察に向けて、問いを表F.2のように細分化する。

❖ 社会課題へのレスポンスと導入された技術

業態の異なる7事例――インパクト投資(2件)、ベンチャー企業(2件)、ベンチャーキャピタル(1件)、デジタル・マーケットプレイス(1件)、非営利・営利団体(1件)――は、すべて社会的ミッションを活動指針に掲げている(表F.3)。活動の対象は、困窮度に差があるとはいえ、今まで「取

1. DII を実現するためのエコシステムがどのように：	a. 価値を創造しているか。 b. リスクを克服しているのか。
2. 右の要素はどのように上記 1a、1b に対応しているか。	• ビジネスモデル • ネットワーク・社会資本・コミュニティ • 資金、資源の流れ • 科学技術イノベーション • 能力（人的、政府） • 市場（顧客）へのアクセス • 社会および物理的インフラ
3. エコシステム構築のため：	a. どのような協働が行われているか。 b. 誰と協働が行われているのか。

注：ここでは民間企業・団体の活動を中心に扱い、政策面については後に議論する。

表 F.2 比較分析のための着目点

り残されていた」消費者・生産者である。

これらの事例で興味深いのは、問題へ直接的な解決策を提供しているのは、サイエンス（シーズ）ベースのアクプランタのみであり、その他は他者とのつながりから潜在的なニーズを見極め、それに対応しながら解決策（価値）を提供している。インパクト投資（アービシュカール・キャピタルやパタマール・キャピタル）やベンチャーキャピタル（イーストベンチャーズ）は社会課題の解決に取り組む事業への「投資」をビジネスとしており、案件の選択基準に各々のミッションの濃淡がよく反映されている。コペルニク、マクアケ、日本植物燃料もやはり多様な支援対象との交流からニーズを探り出し、ビジネスモデルを組み合わせ、試験的に導入し、利用者との相互作用を経て解決策を提供している。これら対応型の解決策は、潜在的なニーズを具体化することが重要であるため、地域やコミュニティとの接点（ネットワーク）が成功の鍵を握る。

次に、導入された科学技術イノベーションを見ると、デジタル技術の活用がほとんどを占める。共通しているのは、

マクアケ	イーストベンチャーズ	コペルニク	アクプランタ
デジタル・マーケットプレイス	ベンチャーキャピタル	非営利・民間団体：技術のラストマイル	ベンチャー企業
2013	2008	2009	2018
消費者と生産者をつなぐ流通革命から、アイデアが生まれる生態系を創出。	地元の中小企業に力を与え、地域のエコシステムを構築することで国の成長を促進。	技術・イノベーションのラストマイルへ持続可能な改善策を提供。	植物の乾燥への耐性を高めることにより、食料、水問題を改善。
消費者の潜在的ニーズの明確化と生産者の顧客獲得ツールを提供する流通革命からアイデアが生まれる生態系へ	スタートアップ300へ投資（2019まで） GDP（2019年）の1.5%以上の貢献 850万人の零細および中小企業従事者をサポート 効果的な学習機会を提供 フリーランス23万人の雇用アクセス改善 地方の銀行口座を持たない人口へ金融包摂 都市の渋滞対策のための分散オフィス提供など	途上国で最も支援が届きにくい地域において、貧困削減につながる革新的なテクノロジーの開発、検証、普及に取り組む。現在、①技術普及、②アドバイザリーサービス、③実証実験という三つの活動を実施	環境ストレス下にある植物の染色体の構造変化を研究して「酢酸が植物の高温・乾燥耐性を強化する」というメカニズム（理研） 酢酸を用いたバイオスティミュラントにより食物の乾燥耐性強化および必要とされる水の軽減検証済み
クラウドファンディング、テストマーケティング、マルチサイド・プラットフォーム設立	デジタル技術（携帯電話とICT）による金融包摂、中小零細企業支援	適正技術を届ける。リーンな実証実験による「適切な解決策」の選択、開発をサポート	理化学研究所の研究成果を商品化。バイオスティミュラント「スキーポン」、スキーポンを使ったソリューションサービス

[redacted]

	アービシュカール・キャピタル	パタマール・キャピタル	日本植物燃料
業種	インパクト投資	インパクト投資	ベンチャー企業
設立年	2001	2011	2000/2012*
社会的ミッション	投資から社会インパクトを創出し、課題を解決。	働く貧困層の生活を改善する企業に投資。民間でできる社会サービスを提供。	新しい経済の仕組みを作ることで世の中から不条理をなくす。
根拠	投資選択基準：解決する価値のあるスケーラブルな課題 取り残されている多くの人々の生活に影響を及ぼす課題 解決に資本以外のものが必要となる課題 パラダイムシフトを起こすような課題	「マスマーケット」消費者＝アジアの 16 億人の低中所得層の消費者 「中小企業」＝新興アジア市場の経済の担い手 農業、e コマースと流通、EdTech、金融、ヘルスケア技術の５部門 成長をする南、東南アジア地域	無電化地域でバイオ燃料による電力発電 サービス提供、金融包摂 デジタルプラットフォームで市場へのアクセス改善 電子マネーによる努力の可視化マイクロファイナンス 電子 ID システム
科学、技術、イノベーションによって達成された事柄	デジタル技術、フィンテックによる金融サービスの拡充	デジタル技術：携帯電話と ICT のシナジー効果を活用した起業家への支援	ジャトロファによるバイオ発電、ソーラー・パネル、デジタルマネー（POS システム）、農業デジタルプラットフォーム設立

注：＊日本植物燃料は 2000 年に設立、モザンビーク法人 ADF は 2012 年に設立。
出所：筆者作成。

表 F.3　事例横断分析表　その 1

マクアケ	イーストベンチャーズ	コペルニク	アクプランタ
クラウド ファンディング	ベンチャーキャピタル	テクノロジー（物資）をラストマイルに届ける非営利団体	スキーポン製造・代理店経由で販売
先行販売デジタルマーケットプレイス	系列ベンチャーキャピタル・コングロマリット	適正技術を選択するためのエビデンス創出手法を提供する営利・非営利団体	乾燥水対策やカーボンリサイクルなどのソリューションサービスの一環として直接販売

提供する技術やイノベーションをダイナミックに需要に適応させていることである。マクアケのデジタル技術はプラットフォームとして活用されているが、そこでの取引はデジタルに限定されない。アクプランタは科学的研究成果から導かれた普遍的な解決策として「スキーポン」を商品化したが、社会実装に際しては異なる技術体系のものと組み合わせ、製品とサービスを提供している。なお、アクプランタはＤＩＩの中で唯一、非デジタル技術によるモノ・サービスを提供している。単純比較はできないが、医療、ワクチンなど科学技術ベースで安全性に関わる普遍的な解決策は、規制の対象となるため、上市、スケールアップの過程の参考となる。

❖ トランスフォーメーションとエコシステム

本書の各事例はすべて設立時からの活動を変化させ、環境に適応している。時間軸は事例によって異なるが、すべてがネットワーク形成を伴って展開・進化し、新しいビジネスモデルを構築し、サービスを提供するに至っている（表F.4）。このトランスフォーメーションの過程はエコシステムの形成

	アービシュカール・キャピタル	パタマール・キャピタル	日本植物燃料
設立時の活動	インパクト投資：社会起業家への投資	インパクト投資：東南アジアのデジタル産業への投資	ジャトロファの生産と発電・売電
現在の活動・方向性	アービシュカール・グループとして社会的金融の複合体を形成	フィンテックやクレジットヒストリーを活用した中小企業向けの与信供与や保険サービスへ投資	デジタル・アグロ・プラットフォームの提供、金融包摂

出所：筆者作成。

表F.4　事例活動の進化

と深く関係している。

以下、各事例を「エコシステム」というテーマに絞って振り返ろう。

❖アービシュカール・キャピタル
——グループで資金経路を形成しインパクトを与える

アービシュカール・キャピタルはインパクト投資として設立（2001年）されたが、2020年からマイクロファイナンス、中小企業を対象とした金融とフィンテックのシステム販売、経営コンサルタントからなるアービシュカール・グループとして活動している。これには二つの理由があると考えられる。一つは多様なニーズに対応した資金経路を作ること、もう一つはインドという困難なビジネス環境下で将来性のある投資案件の識別・選択をグループ内で行うことで信頼を担保し、リスクを管理することである。アービシュカール・キャピタルは、機関投資家などから資金調達を行ってファンドを形成し、一件当たり50万米ドルから1000万米ドル規模の投資を社会起業家に対して行っている。しかし、この規模に至らない少額の融資への需要を掬い上げるため、アロハン、アシブという中小規模の融資を対象とする企業を設立し、グループ内でシームレスな金融サービスを提供し、長期的な投資リスクの管理と広範なインパクトの創出を可能にしている。これは、大きな資金の流れをより人々のアクセスしやすい小さな流れにする資金経路の構築（第2章）にあたる。

❖パタマール・キャピタル──地元家族資本家ネットワークを活用し事業を展開

パタマール・キャピタルもインパクト投資だが、リスク管理とビジネス展開の手法が異なる。パタマールは成長率が高い南アジア・東南アジアで、潜在的需要が見込まれる未整備の社会的インフラ、特にデジタル化で規模の拡大が可能な（教育、保健、農業、金融、流通）案件に投資対象を絞り、リスク管理とビジネス拡大とを両立させている。さらに、活動国内の家族経営・家族資本家ネットワークと連携することで、地元投資家からの投資を呼び込み、ポートフォリオ企業が必要とする市場アクセスや規制緩和への支援を仰ぐ。

この家族経営・家族資本家ネットワークはパタマールのアジア域内の事務所ネットワークと相互作用することで成功案件の横展開を可能としている。近年はさらに、これからの成長の原動力となる中小企業や中間層を対象とし、学業融資や保険などデジタル化で得られる与信などを活用したフィンテックへ投資の重点を移行しつつある。

❖日本植物燃料――マルチネットワーク活用型新事業開拓

日本植物燃料は、①課題の認識、②解決案の提示、③解決案（ＰＯＣ）の検証、④検証された解決案の実装、⑤スケールアップというステップを踏んで、事業活動を当初のジャトロファを使った発電・売電からプラットフォームを活用したフィンテックやサービスへ展開している。

注目すべきは、③のＰＯＣに必要な資金を外部公的機関から適宜獲得している実績と、その都度に組むパートナーの多様性である。新しい課題に挑戦するたびに必要な能力を持つパートナーと連携し、活動内容をダイナミックに転換させている。また、新規事業に外部資金を活用し、試験的な導入によってリスク管理を行っている。特筆すべきは、地域状況や文化を深く理解している現地住民・スタッフのネットワークを駆使し、潜在的需要を的確に発掘し、次のビジネスにつなげている点である。

❖マクアケ――マルチ・プラットフォーム活用型新ビジネス展開

マクアケはクラウドファンディングとして創業したが、現在はデジタル・マーケットプレイスとして展開している。マクアケのデジタル・プラットフォームは、今まで満たされていなかった潜在的な消費者の需要と、リスクがあるため革新的な新商品・サービスを供給できなかった製造者が、双方の需給バランスを先行的に試験する「プラットフォーム：場」として機能している。この「場」にはサプライヤー、バイヤー、利用者、消費者、製造者など多様なアクターが参加しており、各自がマクアケのクライアントとして連携することで、マクアケのエコシステムが拡充され、ネットワークの価値を高めている。マクアケはこのネットワークを利用し、独自の新たなビジネス（Makuake Incubation

Studio、Makuake ガバメント、Makuake Global Plan）を展開している。

さらに近年では、プラットフォームから得られる「情報、シグナル（データ）」や必要とされる能力（人材・時間・技能）のやり取りを行うマーケットプレイスへの事業展開を模索している。

❖イーストベンチャーズ――ポートフォリオ（系列）企業内連携型ビジネス展開

イーストベンチャーズはインドネシアのベンチャーキャピタルの先駆者であったがため、起業時にはスタートアップに必要な環境――スキル（技術（最先端・基礎）、ビジネス、経験）、支援インフラ（アクセラレーター、インキュベーター、メンター、インフラ）、資金（シリーズB以降のVC）、コミュニティ（社会的ネットワーク、利用者コミュニティ）――が不足しており、それを自身の持つネットワークによってポートフォリオ企業を育成することで補っていった（第3章）。

この結果、現在は、ポートフォリオ企業間のネットワーク相乗効果（シナジー）を利用し、新しい分野へ事業の横展開を可能にしている。具体的にはネットワーク間で新事業への参入を協働（コラボ）し、事業展開に必要な社会インフラ（オフィススペース、ロジスティクなど）を整備し、市場を構築し、価値の創造を補完することで事業の持続性を可能にしている。最近では、ポートフォリオ企業が政府と連携し、新型コロナウイルスに対応するＰＣＲキット製造のための資金調達、市場への商品供給を短時間で実現するなど、新たな展開が見られる。

❖ コペルニク――マルチネットワーク活用型新事業展開

コペルニクは、7事例で唯一「非営利」と「営利」の法人格を合わせ持つ。主な活動は非営利団体として「ラストマイル」と呼ばれる途上国でも最も支援が届きにくい人々へ、必要とされる技術（製品）を届けることであった。しかし、その事業は徐々に①技術普及（Technology Deployment）から、②アドバイザリーサービス（Last Mile Consulting）や、③技術の実証実験（Experimentation）の実施サービスへと転換されている。事業転換を可能としているのは、アメリカ、インドネシア（営利・非営利）、日本の3カ国にある4法人の戦略的な使い分けによって獲得した多様な協働パートナー（大学、国際機関、地域NGO、民間企業、国際NGO）と活動資金源（公・民）である。加えて、創業者らの国際的なネットワークと、本部所在地であるインドネシアの地域ネットワーク（職員の約80％がインドネシア人）による情報を活用し、先人がいない隙間市場（ニッチ）の開拓と新事業の展開を可能とするエコシステムを構築している。

❖ アクプランタ――ソリューション・パッケージ型新事業展開

アクプランタは7事例で唯一、科学技術ベースの普遍的な解決策――植物に与えるだけで、乾燥への耐性を高める商品「スキーポン」――を提供している。「スキーポン」は酢酸という入手しやすい原材料から作成できること、扱いが簡易であることと、早く効果が出ることから、まさに、ASSUREDイノベーション（第1章）に該当する。しかし、健康・安全・環境に関わる農業に利用されるが肥料でも農薬でもないバイオスティミュラント（生物刺激剤）という新規性の高い商品カテゴリー

マクアケ	イーストベンチャーズ	コペルニク	アクプランタ
マルチプラットフォーム活用型ビジネス展開	ポートフォリオ企業（系列）型連携形成	マルチネットワーク活用型社会課題適応	ソリューション・パッケージ型新事業展開
情報の非対称性を利用した新しい事業展開	系列企業集団の補完性を活用した新ビジネス開発、試験的導入、新展開	情報の非対称性を利用した新しい事業展開の実験的取り組み	異なる事業と連携し、ソリューションサービスを開拓
0次市場を構築し、ビジネス（消費者と製造者のあり方）を変容	系列内で実験し、新規事業に展開して、既存のビジネスの需要を喚起し、満たされていないニーズに対処	得られた広範な知識・ノウハウを新事業へ参入・展開することで事業を継続	製品の汎用性を高め、異なる業種との連携への活用を促進。直接販売で市場ニーズを把握

であるがゆえに、規制が明確に存在せず、通常の販売ルート（農協など）に乗せにくい。デジタル技術とは異なり、農業はその地域性、土地、気候、生態系やそれらを担う人々によって営為が異なるため、急速な事業・市場拡大が困難である。設立当初、スキーポンは代理店を通じ販売されていたが、徐々に製品の性能を生かしたソリューションサービス（乾燥水対策やカーボンリサイクルなど）を提供する形に変化しつつある。科学技術ベースの事業にはデジタル技術と比べてスケールアップが容易にできないという難しさがあるが、異なる分野との組み合わせでエコシステムが構築されつつある。

表F.5に、これまで説明した各エピソードの「エコシステムの型」、「価値の創造とリスクの管理」、そして「克服した問題および達成した課題（インパクト）」についてまとめた。ほとんどの事例で、エコシステム内の情報の非対称性、ネットワークから生じる正の外部

	アービシュカール・キャピタル	パタマール・キャピタル	日本植物燃料
エコシステムの型	グループ・インパクト型資金経路形成	地元家族資本ネットワーク活用型事業展開	マルチネットワーク活用型新事業開拓
価値の創造とリスクの管理	グループ内資金経路による与信保証、有望な案件の発掘	情報の非対称性を利用した、良案件の発掘と規制などの対処	情報の非対称性を利用した新しい事業展開、導入実験の実施
克服した問題および達成した課題（インパクト）	国内の未整備な金融インフラを克服することで効率的な社会投資家への支援を実現	地元家族資本とグループネットワークを活用し、事業の横展開を実現	事業の拡大と新たな社会課題を解決する分野へ参入・展開することで事業を継続

出所：筆者作成。

表 F.5　事例横断分析表　その 2

性を活用し価値が創造され、リスク管理されている。また、エコシステムは、ビジネスを展開するにあたって欠如しているインフラ、知識、ノウハウを供給・補完することで新たな事業展開を可能としている。

異なる形ではあるが、これら事例ではエコシステムが価値創出とリスク管理に貢献し、事業の継続を可能にしているだけなく、さらに事業のインパクトを高めるという三つの機能を果たしている。これらはまさにイノベーション・エコシステムの定義「共有された価値観を実現するために相互作用を要する多面的かつ詳細な構成要素からなる調整された構造」に準じていると言える（Adner 2016: 40）。

4 構成要素から見た各エコシステムの特徴

続いて各エコシステムの特徴を構成要素別に整理してみよう（表F.6）。まず、第1の問いにあるDIIを実現するためのエコシステムがどのように価値を創造し、リスクを管理しているのか、という点を、①ビジネスモデル、②資金の流れ、③人材・能力・スキル、④ネットワークおよび顧客（市場）へのアクセス、を中心に概観する（規制については後ほど触れる）。

❖ビジネスモデル

ビジネスモデルは、大きく三つに分かれる。Aは、日本植物燃料やコペルニクのように刻一刻と変化する需要にダイナミックに対応しながら戦略的ニッチを探し出すものである。なお、少し異なるが、科学技術をベースとした汎用性の高い商品を、業態の異なるパートナーと連携して新しい分野にソリューションサービスとして提供するアクプランタも、このカテゴリーに入る。

Bはイーストベンチャーズ、アービシュカール・キャピタルのように自社のグループ（企業もしくはポートフォリオ）内の相互依存体制を強化することでビジネス環境を整備し、リスクを管理し、連携して事業を展開するものである。

そしてCはパタマール・キャピタルやマクアケのように外部ネットワークと自身のネットワークを組み合わせ、リスクを管理し、事業を横展開させるものである。特にマクアケは「0次市場」という

区分	名前	エコシステムの類型	協働先	誰と協働するのか	何のための協働か	公的資金の利用の有無
A	日本植物燃料	需要適応・展開型	外部	課題に応じて協働先を変化	顧客ニーズに対応し、新事業へ展開	ある：POC を試験的導入
A	コペルニク	需要適応・展開型	外部	ニッチに応じて協働先を変化	顧客ニーズに対応し、新事業へ展開	ある
A	アクプランタ	需要適応・展開型	外部	ソリューションビジネス形成に応じて協働先を変化	顧客の開拓、新事業へ展開	ある
B	イーストベンチャーズ	連携型	内部	ポートフォリオ企業	信頼できる企業間でビジネス環境を整え、リスク軽減：内部ニーズから試験的に事業展開することで、ネットワークの価値向上	基本的にない：目的に応じて政府と協力（例 BBBT、PCR キット開発）
B	アービシュカール・キャピタル	連携型	内部	グループ企業	現地に欠如しているサービスやインフラを補う、多様な資金ニーズに対応、全体のインパクト拡大	基本的にない：ポートフォリオ会社をあくまで間接的に支援（地方自治体など）
C	パタマール・キャピタル	地元家族資本&グループネットワーク連携型	外部 内部	地元の家族投資家 地域内の自社拠点	地勢的リスクを軽減する 事業の横展開	基本的にない
C	マクアケ	マルチプラットフォーム&グループビジネス連携型	外部 内部	プラットフォームのネットワーク自社事業	顧客の開拓 新事業を展開	基本的にない：地方活性化では、地方自治体と協働（ふるさと納税など）

出所：筆者作成。

表 F.6　エコシステムの類型と協働の種類

先行市場を活用しているのが特徴である。

❖ 資金の流れ

資金の流れは、アービシュカール・キャピタル、パタマール・キャピタル、イーストベンチャーズがVCシンジケーションによって資金を得ているのに対し、そのほかはすべて、異なる複数の資金源（政府補助金、そのほか公的資金、民間コンサルタントフィー、事業収入、個人からの寄付金など）をブレンドしている。後者は多様な源泉から資金を得ることでリスクを管理し、資金の持続性を高める努力を行っている。

❖ 人材・能力・スキル

人材・能力・スキルについては、ほとんどが地元や地域の人材を活用するか、起業家、ビジネス人材を自前で育成している。なお、マクアケはまだ活かしきれていない潜在能力をプラットフォーム上で活用する方法を模索している。アクプランタはこれまでのところ、人材のリクルートについてはCEOのネットワークに頼るところが大きいとされる。

❖ ネットワークおよび顧客（市場）へのアクセス

ビジネスモデル、ネットワーク、顧客へのアクセスの3点は相互に関係する要素である。つまり、ビジネスモデルAグループは、ニーズに基づいた新しいネットワークを形成し、そのネットワークと既存のそれを併用しながら顧客を開拓する。なお、科学技術ベースのビジネスモデルは、連携することで多様な顧客へアクセスし、新たな市場展開を図っている。Bはグループ内のネットワークでビジネスを創造し、顧客を開拓することで既存のビジネスとの相乗効果を高め、ネットワーク全体でリスクを管理している。Cは第三者のネットワークと自前のネットワークを合わせることで得られる正の外部性と、情報の非対称性を利用して、価値を生み出し、顧客を開拓している。

エコシステム内のネットワークは、単に新しいモノ・サービスの受け渡しを効率よく行うことにとどまらず、補完的資産（補完的な異なるビジネスなど）とつながることから新しいビジネスを展開し、多様性を担保し、新しい環境に柔軟かつ迅速に適応させる。また、「つながる」という相互作用で生まれたイノベーションは波及効果を持ち、インパクトの拡大をもたらす。

❖ エコシステム構築のため、誰とどのように協働するか？

続いて、2番目の質問「エコシステム構築のために誰と、どのような協働が行われているのか」について考えよう。ここでもビジネスモデルによって分けることができる。

Aグループは、需要に応じるために必要な資源を持つ外部パートナーと新しいネットワークを形成し、新規の顧客・市場を開拓する。Bグループは、信頼できるグループ内で必要な機能を補充し、パートナーとして共同で事業を構築し、市場・顧客を拡大する。Cグループは外部ネットワークと自前のネットワークを掛け合わせ、双方の持つ情報の非対称性を利用して事業展開、リスク管理、および新事業の横展開を行い、新規顧客・市場開拓を目指している。

表F.6から分かるように、ほぼすべての事例でエコシステムが事業の継続に重要な役割を果たしている。ここでのエコシステムは以下の3類型に分かれる。克服すべき問題に必要な技術・スキルなどに補完性を持つ外部アクターと協働体制を形成するパターン（A）、不足する部分をグループ内部で補い、連携を深めてリスクを軽減し、グループで事業展開を図るパターン（B）、そして外部・内部のネットワークを組み合わせ、情報の非対称性を活用することでリスク管理を行い、事業を展開するパターン（C）である。

なぜ、こうしたグループに分かれるのだろうか。アービシュカール・キャピタル、イーストベンチャーズは、途上国に特有な厳しい起業環境下でビジネスを展開する必要があった。このため、信頼できる内部ネットワークで協働関係を構築し、事業を拡大するという方法をとった。

パタマール・キャピタルとマクアケは外部ネットワーク（地元家族資本家、クラウドファンディング・プラットフォーム利用者）と内部ネットワーク（グループ内関連オフィス、企業）の二つをうまく利用し、情報やサービスの相互補完性を保っている。ただし、主目的は、パタマール・キャピタルが地勢的リスクを管理することに留意し、内部ネットワークとの事業連携を行っているのに対し、マクアケは両方のネットワークを事業展開に向けている点で異なる。

日本植物燃料、コペルニク、アクプランタは目的別に手を組むパートナーを変え、新しい市場・顧客・事業展開を行っている。さらに、これらの事業体は公的セクター（政府、国際機関）からの資金を活用し、試験的な新事業を開拓している。つまり公的資金を資金調達に組み入れることで、試験的事業に取り組むリスクを軽減しているのである。

5　規制について

❖ 規制がビジネスモデルに与える影響

「規制」は国・地域や分野による多様性が大きいため横断的比較を行わなかったが、いくつかの共通点に触れておこう。規制の影響は依然として国境内に限定されているものの、ビジネスモデルの形成に影響を及ぼしている。

インドのアービシュカール・キャピタルは、国内の所有権割合に制限が設けられていたため、当初は国外投資で規制当局の認可を得るのに苦労した(2)。インドネシアでは、イーストベンチャーズが事業を始めた当初、国内の規制が電子商取引会社に適用されていたため、最も有望なベンチャーシーズは本社を海外に置くことを余儀なくされた。また、マクアケは最近の自由化まで、クラウドファンディングによる株式投資を禁止する規制に対処する必要があった。日本植物燃料は、電子マネーを導入する際、モザンビークで銀行としてのライセンスが認可されなかったため、マイクロファイナンスの認可のもとで活動している。パタマール・キャピタルは、法のルールが必ずしも明確でない市場環境に対処すべく、家族経営・資本のネットワークで、このリスクを管理しようと試みている。アクプランタは新規性が強く、健康・環境への安全性が問われる農業に使われる製品であるため、販路開拓を規制によって阻まれる場合が多い。

❖なぜ新興国でイノベーションが生まれるのか？

先進国では規制があるため導入が阻まれる技術がある一方、新興国や途上国では規制が未整備、もしくは規制があっても施行が比較的緩やかなことを活用し、試験的な市場として新興技術を用いたイノベーションを積極的に導入するケースが見られる。例えば、内戦後のコートジボアールのように、失われた土地所有権の解決のために土地登記にブロックチェーン技術を導入する動きや、都市の防犯のために顔認識システムが導入されたコロンビアの例(3)もある。

特に、アメリカのスタートアップ企業ジップライン（ZIPLINE）が2016年からルワンダで展開した、ドローン(4)で輸血用血液製剤を運ぶサービスは成功事例として有名である。この成功によって、ジップラインは2018年からガーナにも市場を広げ、さらには本国アメリカ運輸省の無人航空機システム統合パイロットプログラム（UAS IPP）に受け入れられ、ノースカロライナ州で視界を超えた医療提供サービスの実験的導入を始めたという（Bright 2019）。いずれにせよ、試行によって蓄積されたノウハウや実験データは新しく規制を策定する際の貴重な情報となる。

途上国のように多くの社会課題を抱える国々では、新興技術の導入によって得られる便益が、導入にまつわるリスクやコスト（インフラ整備、製品）を凌ぐ。つまり、厳しい環境に置かれた国々では、困難な面がありつつも、新しい技術をより積極的に取り入れる誘因が働きやすい。翻って日本のような先進国では、政府などの積極的な介入がなければ、問題を認識していても現状を維持しようとする力が強く、変革を起こしにくい。

◈パンデミックによるビジネス環境の変化は何をもたらすか？

そのなかで、2020年からの新型コロナウイルスの感染拡大は、一面で興味深い現象をもたらした。このパンデミックが、現状維持の根拠となっていた環境を一変させたからである。行政手続きのデジタル化が遅れていること、インターネットが普及しつつも在宅勤務が定着しないこと、書類への押印手続きが廃止されないこと、医療データが機関内で共有されないことなどの不合理は、変化に伴うリスクや慣習によって固定化されていたとともに、既存のシステムから新しいシステムに移るためのハードル（コスト）が高いため、維持されてきた。しかし、パンデミックによって、変化しないことのリスクは、現状を変えることから生じるリスクを遥かに凌駕してしまった。

先進国の技術が新興国・途上国で先んじて導入されることで、利用に関するデータが蓄積され、先進国への導入を促すという動きは、パンデミック後にますます増えるだろう。これと並行して、日本国内でも新しい試みを試験的に導入する仕組みが形成されつつある。「実験的・試験的導入」という言葉は、七つのエピソードでも繰り返し言及された。これは政府、民間、市民社会が連携する契機を生み出すものであり、ＤＩＩイノベーションによって「あるべき未来」に近づくために、ますます必要とされるだろう。

6 政府の役割について

本書で取り上げたDII事例は、パンデミック前の旧態依然とした社会の水面下で進行していた変革への動きを捉えたものである。本書執筆中の2021年9月はいまだコロナ禍にあり、状況（政策のフレームワークコンディション）が大きく異なっている（ポイント）。特に、デジタル化など、今まで遅々として進んでいなかった制度改革が、加速度的に進みつつある。とはいえ、技術の導入によって人の行動をそう簡単に変えることができないのもまた事実である。振り返れば、2000年前後に起こったIT革命の際、IT化した多くの企業で生産性の向上が見られなかった（いわゆる「ソロー・パラドックス」）。つまり、「望ましい未来」に辿り着くには、技術の導入だけでなく、その他の要因が伴わねばならないのである。

ここまで民間企業・団体による独自性の高いDII事例を議論してきたが、これら事業体の活動を推進するために、政府をはじめとする公的機関は何をするべきか。最後に政府が担うべき役割について考察したい。

❖公的部門の二つの役割

SDGsのような社会的ミッションを志向する科学技術イノベーション政策（BOX2）を実施するにあたり、公的部門の役割は以下の二つだと言われる（Kattel and Mazzucato 2018）。一つは、公共

POINT　科学技術イノベーション政策を取り巻く変化

科学技術イノベーション政策は転換期にある。Schot and Steinmeuller (2018) は、2010 年頃からの時期をトランスフォーマティブ・イノベーションのフェーズと位置づけ、分野横断型・社会課題を目指したイノベーションが主流になると唱える。

日本でも、1995 年制定の科学技術イノベーション基本法が 2020 年に改正された（2021 年 4 月発効）。改正上の大きな変化は、新たに「民間事業体」のイノベーションに関わる責務が追記され、また対象とされている学術領域が科学のみから「人文社会科学」が加わったことである。

このことは、科学技術イノベーション政策が将来的に「望ましい社会の形成」に深く関わることを暗示している。つまり、科学技術（イノベーション）政策は狭義の部門別政策（例えば、高等教育、科学分野の研究：図 F.2 の網掛け部分）のみを司る政策ではなく、汎セクターに関わるインターフェース的政策に姿を変えつつあるのである。

事実、1996 年以降 5 年ごとに策定されてきた科学技術基本計画は第 6 期計画（2021 年 3 月閣議決定）において「持続可能性と強靱性を備え、国民の安全と安心を確保するとともに、一人ひとりが多様な幸せ（well-being）を実現できる社会」を目的に掲げており、その実現に向けた「総合知による社会変革」と「知・人への投資」の好循環を促進する、という政策の大きな方向を示している（内閣府 2020）。この動きは、コロナ禍を受けてさらに加速していると言われる。

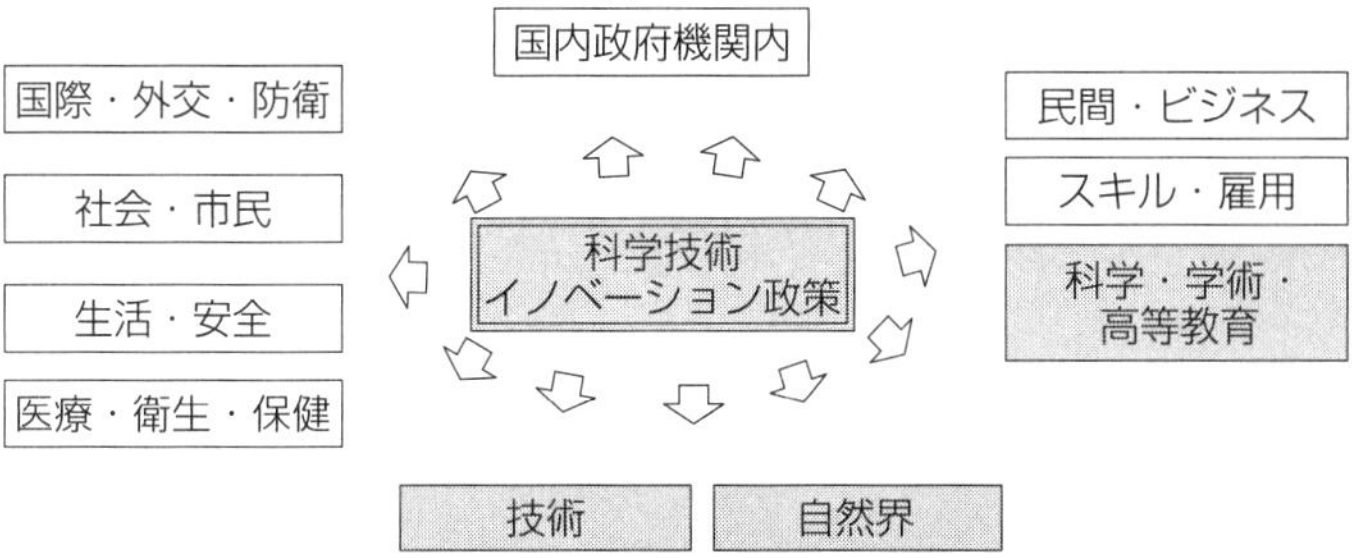

図 F.2　多面的政策ドメインのインターフェース的役割を担う科学技術イノベーション政策（概念図）

投資の目的（方向）を設定し、投資することであり、もう一つは公共部門が行った科学技術（公共財）への投資からより多くの波及効果を起こすような環境を醸成することだ。

これまで科学技術・イノベーション政策のツールは、主に供給サイド、つまり実施者（大学、研究所、企業など）へインセンティブ（資金、補助金、税額控除など）を与えることによって「市場の失敗」を補い、具体的な成果を比較的短期間で獲得することを目的としていた（表F.7）。しかし今日、この方法のみでは長期的な構造的変化をもたらすイノベーション（トランスフォーメーション）を促進することは難しく、需要サイド（市場の形成、需要の喚起、公共調達、スタートアップ促進など）へ積極的に働きかける必要がある（Edler and Georghiou 2007; Edler et al. 2016）。さらには、民間企業、市民など利害関係者との「新しい連携の形」も必要であると指摘される（Cottam 2018）。

民間企業、市民との連携を用いた政策は、実はさまざまな形ですでに導入されている。例えば、商業化前の開発段階で公共調達および企業コンソーシアムによる研究開発を促進する政策や、社会実験、特区や規制のサンドボックスなどによって、新規性のある製品やサービスを小規模で試験的に導入し、適切な規制の策定に必要なエビデンスを集め、潜在的な利用者との協議の場を本格導入の前に設けることである。特に後者の政策は需要サイドへの働きかけであるとともに、「学習し、学習内容に応じて行動を調整できる組織構造の設計」の事例であることを強調したい。この「学習し再調整できる」俊敏（agile）な組織構造は、科学技術が加速度的に変化を遂げる今日、「望ましい未来」への道筋を描くうえで必要な条件の一つとされる（WEF 2019）。そして「新しい協働の形」を政策面で模索する際、多様なエコシステムを構築した各エピソードから多くの政策アイデアを得ることができる。

供給側への政策手段の例	供給側＋需要側への政策手段の例	需要側への政策手段の例
●大学や公立研究所への資金配分 ●受託研究 ●産学官共同研究費 ●産業課題に対応した戦略研究の推進 ●施設設備の共用 ●企業の研究開発費補助、共同研究補助、ローン ●研究開発費への税制優遇措置（総額あるいは増加分の控除、研究開発者個人への税制優遇措置、社会保障費の減額） ●官製・官民共同ベンチャーキャピタルファンド ●民間ベンチャーファンド補助、マッチングファンド ●ベンチャーの税制優遇措置 ●人材育成やスキル習得研修の支援 ●アントレプレナー育成 ●セクターを超えた人材異動への助成や支援 ●学生の企業における研究活動支援 ●企業における研究者雇用の支援 ●企業間・産官学間連帯の支援やプラットフォーム（クラスター形式、協会組織等の支援、技術連帯先を探すデータベース、仲介のためのイベント） ●インキュベーション施設、インキュベーターとの連帯 ●サイエンスパーク ●公共研究機関等による技術支援、技術情報流通（アドバイスサービス、国際的な技術動向把握、ベンチマーキング、特許データベース）	●課題設定によるプライズ方式（コンテスト型）の研究開発促進 ●商業化前開発段階での公共調達（PCP） ●標準化 ●規制／規制緩和（製品の性能・安全性への規制、購入企業側への規制、温室効果ガス排出量取引のような市場形式、新技術利用のルール形式） ●フォーサイトとそれに基づく対話形式 ●ユーザーと製造者の対話のプラットフォーム形式	●イノベーションを含む製品の公共調達（PPI。既存製品では実現困難な使用設定等） ●公共調達による触媒効果（公共機関が先行利用することで民間需要を喚起） ●需要側への補助金や税制優遇措置 ●私的需要の明確表現 ●社会実験、特区、規制のサンドボックスによる先行市場の形成 ●市民の意識喚起や訓練（イノベーティブな製品の情報流通や性能や安全性の公的ラベリング）

出所：Edler and Georghiou (2007), Edler et al. (2016) を基に筆者作成。

表 F.7　科学技術イノベーション政策の政策手段の例（BOX6、表 B6.2 再掲）

❖ 各エピソードからの示唆

各エピソードを振り返ってみよう。例えば、マクアケの提供するデジタル・マーケットプレイスとキュレーターを活用し、新規性の高いプロトタイプの製品化（市場導入化）を大学や研究機関と連携することができるのではないだろうか。実装可能なプロトタイプができたなら、事業性に応じて研究機関の実施者へインパクト投資を導入することはできないか。事業によっては、金融型クラウドファンディングで市民から直接投資を募り、インパクト投資につなぐことも可能だろう。

また、普遍的で汎用性のある研究成果をベースとした製品は、ソーシャル・フランチャイズを活用し、その利用を拡大することも可能ではないか。例えば、アクプランタの「スキーポン」では、現地での臨床実験、制度的許可、製品のカスタマイゼーション（現地ニーズへの適応）までを現地のフランチャイズと協働で行い、現地顧客への普及とフォローアップサービスを委託し、使われた製品の個体当たりのライセンスフィーを得る、という手法はどうだろうか。この場合、政府は安全性の確保、制度上の認可などで「新たな需要と供給が喚起されやすい市場環境」を促進する必要がある。

さらに、国際標準の構築のための実験やデータ入手を政府が支援する形もありうる。これは、普遍的な課題解決策となる商品・サービスの市場形成、普及、品質・安全性の保証に役立つであろう。また、このようなモデルは、医療機器や薬剤などだけでなく、デジタル診療や薬局などにも応用できるのではないだろうか。ここでの課題は公的、民間、各アクター間が得意とする分野で活動を行い、相互の隙間を埋めるべくシームレスにつなぐ、規制のあり方も含めた連携の「仕組み」をいかに構築するか、ということである。

❖ DIIを引き起こす市場環境づくり

DIIを引き起こす市場環境を整えるにあたって、①イノベーションの実施者の能力、資金、自律性を発揮する機会、②市民社会、利用者による参加の機会、③試験的取り組みができる機会、を設ける必要がある（Kattel and Mazzucato 2018）。開発途上国でのDIIの実施を考えた際、これら3点でまず重要となるのは、イノベーション実施者の能力開発と資金の流れであろう。特に次世代の技術開発を担う人材の育成は必須だが、育成には長い時間と絶え間ない資金投与を要するだけでなく、優れた教育者が必要となるため、先立つものが国内に存在しない場合、外部から導入しなければならない。これは、途上国によっては厄介な問題である。

本書の事例では、人材育成を「起業家への支援」という形でスタートアップの起業家が行っていた（イーストベンチャーズ、アービシュカール・キャピタル）。また、事例の多くでは事業体自らが資金を調達していた。日本植物燃料は目的に応じてパートナーを組み替え、さまざまなルートで資金を獲得し、自律性を持って利用者の潜在的なニーズを捉えるためにPOCを試験的に導入し、新事業につなげていた。コペルニクも類似のパターンと言える。アービシュカール・キャピタルやイーストベンチャーズは必要な市場環境が整備されていなかったため、内部資源とネットワークを組み合わせることでそれらを補った。

また、社会課題への挑戦に投資が向かいつつあることは序章でも触れた。とはいえ、これらは起業家精神に富む民間事業体が奮闘した結果であり、政府はこれら先駆的事例と、その背景にあるシグナルを読み取り、環境整備の課題を確認するとともに、既存アクターとの具体的な連携の仕組みを案出する必要がある。

いずれにせよ、DIIを担う事業体は異なる状況へ臨機応変に活動を変え、必要とされる資源を獲得し、潜在的ニーズを認識する能力――動的能力（Dynamic capability）（Teece et al. 1997）――がいずれも高く、対応する政府にも同レベルの能力が必要となる。

❖ダイナミック・ケイパビリティの重要性

政府の役割を考えるうえで、JICAのルワンダICT戦略・計画への支援エピソード（エピソード8）は、シームレスな支援の仕組みの具体例として参考になる。ルワンダ政府の掲げる「ビジョン2020」（方向性）の達成に必要な「ICTイノベーション・エコシステム」を構築するにあたり、JICAは時には調整役、時にはパートナーとして、各フェーズで自身の支援スキーム（技術支援、民間連携、人材育成）を活用して臨機応変に異なる役割を担い、ルワンダが目標を達成するために必要な要素（能力、資金、インフラ）を政府の各管轄機関（教育省、ICT省）へ提供した。このような段階的・重層的な支援を、長期継続的（20年）に実施することで、厚みと広がりのある社会ネットワークの構築につながったと言える。さらに、長年の活動から累積された成果は、同時進行する活動（例えば、ルワンダ自身の政策、米国のカーネギーメロン大学による人材育成）と相乗効果を生み、目的の達成へ大きく飛躍させた。この「臨機応変」で「適切な」介入こそ、JICAとルワンダ政府との連携によるダイナミック・ケイパビリティである（Kattel and Mazzucato 2018）。この能力は、政府が俊敏で柔軟な統治を行ううえで、ますます必要とされるであろう。

おわりに

「望ましい未来」に到達するためのトランスフォーメーションの実現には「方向の明確化」「潜在的需要の明示」「政策間の調整」「再帰性の導入」といった政策介入が必要である。また、政府の介入は供給・需要の双方に働きかけることで変革を喚起する。さらに、科学技術で培った知識をイノベーションにつなげ、一人一人が生活の質の向上を実現するために、「学習し、学習内容に応じて行動を調整できる組織構造の設計」と「新しい協働の形」から、多様な連携によるエコシステムが展開される。

社会課題の解決のための「ミッション志向のイノベーション政策」は決して政府がすべてを取り仕切るという意味ではない。政府の役割は、多数かつ多様な利害関係者の参加を促し、分散的に進められる活動が目的・手段・成果において整合・相乗するよう支援することである。つまり、多くの利害関係者と連携しつつ目的への最善な道筋を見つけることが、これからの政府に求められる能力なのである。

本書では、ＤＩＩを社会課題に向けたトランスフォーメーションの原動力と位置づけた。第2部のエピソードでは、主に政策介入の乏しい状況で社会課題を解決するために活動している企業が、目的を達成するためにエコシステムを構築していく過程とその背景を明らかにすることで、必要な要素を見出そうと試みた。起業家たちが困難を乗り越えるためにとった行動は、これから必要となる制度・政策スキームを設計するうえで示唆に富む。彼らの経験と活動を活かし足並みを揃えていく能力が、政府には期待される。

今日、DIIを促進させる新たな政策的取り組みが日々紹介されている。[5] 例えば、公共調達にオープンイノベーションを用いて、社会課題の解決策をスタートアップや研究機関から募集したり、規制のサンドボックス制度[6]を活用して新規性の高い技術を試験的に導入し、利用者と協議を重ねつつ適切な規制のあり方を模索している（電動キックボード、自動運転、割り勘保険など）。また、ガイドラインやスチュワードシップなどのソフトローを活用し、公的セクターが担うべき社会性の高い事業を推進し、その遵守を市民社会や消費者団体が見守っている。このほか、金融庁と東京証券取引所は上場企業に対して気候変動に関する情報開示を求め、企業統治指針（コーポレートガバナンスコード）を改定した。[7] これもソフトローの一種である。さらに、児童労働や強制労働の排除を求める人権デューデリジェンスへの配慮が、国境を越えたサプライチェーンを伝って多くの産業に影響を及ぼし始めている。まだまだ類似の事例は枚挙に暇がない。つまり、政府が時には調整役として、また時にはパートナーとして、従来は「統治の対象」であった企業や市民などと一緒に「あるべき未来」をデザインする時代へ、すでに方向転換は始まっている。一見バラバラな現象ではあるが、一貫性のある大きな変化の兆しを確認することができるのである。

DIIは、SDGsのような長期的ビジョンを持つ社会課題に対し、新しい価値を創出し、多くの「取り残された人々」を包摂し、変革への大きな流れを生み出すだろう。それは企業活動のメインストリームとなり、社会を持続可能な未来に前進させる原動力になるであろう。これを支援する具体的な政策はまだ緒に就いたばかりだが、変化の兆しは顕著である。今後の飛躍的な進展を期待したい。

あとがき

本書を執筆するきっかけは、政策研究大学院大学の角南篤副学長（当時：現・笹川平和財団理事長）から序章の共著者である羽根ジェラルド（Gerald Hane）氏を２０１８年に紹介されたことに遡る。羽根氏は、初めてお会いした際に、イノベーションが包摂的な視点を備えることの重要性を主張され、その点で強く賛同したのだが、それまでのキャリアで日米の先進的な科学技術やイノベーションの推進に従事されてきた同氏が、なぜ途上国や包摂的イノベーションに関心を持たれるのか、よく理解できなかった。そこで理由を伺うと、この課題の重要性もさることながら、「先頃亡くなった友人のためにも何かしたい」とのこと。奇しくも彼の友人、ハーバード大学ケネディースクールのカレストゥス・ジュマ（Calestous Juma）教授[1]は、私の大先輩にあたり、過去に何度か学会でお会いしていた。

本書の中心的コンセプトである「破壊的かつ包摂的なイノベーション（Disruptive, Inclusive Innovation: DII）」は、羽根氏と議論を進める中でかなり早い段階から固まっていた。ＳＤＧｓの掲げる「ありたい未来」を達成するには、科学技術イノベーションの力によって導き出される解決策をより多くの人が享受しなければならない。さらに、解決策を伝播させる社会システム、仕組み、制度を構築する必要がある。まず、このことを広く人々に理解してもらおう、という思いが当初の動機であった。特に、当時水面下で進行していた多くの包摂的な目的を持つ破壊的な試み（イノベーション）がまだ多くの人に認識されていなかったので、それらを明らかにすることから着手しよう、という構想があった。

その後、2020年に新型コロナウイルスの感染が拡大し、世の中が目まぐるしく変わり始めた。新型コロナのように世界中でほぼ同時に大きな影響を及ぼす出来事は歴史上あまりない。不幸なことではあるが、現在、世界中の人が同じ経験を共有している。そして早2年近くにもわたって繰りひろげられた現実を目の前に、多くの人が「世の中の仕組み」を変える必要を以前よりも強く感じている。連日頻繁に行われる海外研究者とのオンライン会議では、ポストコロナに向けた各国の課題が明らかにされる。日本時間の深夜まで続くこれら会議での議論から、いくつかの共通課題が浮かび上がる。私的な見解だが、これらを大まかにまとめると次のとおりである。

- ●広がっていく格差にどう対処していくのか？
- ●国・政府のあり方、そして民間企業や市民社会を含めた、よい統治とはどうあるべきか？
- ●どのように自国の科学技術力を強化していくのか？
- ●ワクチン（環境技術も含む）など公共性の高い科学技術の知的所有権はどう扱われるべきなのか？

●危機に対応する「強靭さ（レジリエンス）」をどのようにローカルコミュニティに備えていくのか？
●物、人、知識（技術）、生産拠点のグローバル化は、今までどおり継続的に発展できるのだろうか？
●政治的対立は、これから科学技術イノベーションの展開にどう影響していくのだろうか？

すべてがまだ答えのない問いである。ただ、新型コロナの蔓延という人類共通の経験から明らかになったことがある。それは、すべての人が基本的なニーズを満たし、一人一人の多様な幸せ（Well-being）を実現できる社会にならなければ、地球規模での永続的な繁栄はありえない、ということである。これは逆に、ある一部の人々のみが恩恵が受ける不平等な社会では、安心して生活できる状況を持続させるのは非常に困難であることを意味する。実際に、新型コロナの蔓延を収束させるには、皆が同様に感染予防行動をとり、ワクチン接種、治療薬、検査薬を望む人々に行きわたらせなければならない。

つまり、科学技術イノベーションの力がますます重要になるのは言うまでもなく、その成果を多様な環境下で暮らす人々に広く分配する仕組みや制度も必要なのである。この考え方は感染症問題に限らず、気候変動問題など、多くの地球規模の課題にも当てはまる。事実、新型コロナは短い期間で事態を変化させなければならない状況を醸成し、破壊的・包摂的イノベーションの必要性を顕著化させた。ただ、「新しい世の中の仕組み」はどのようなものなのか、どのように実現できるのか、まだ明らかになってはいない。本書が、その答えを探す人々にいくつかのヒントを与えることができたなら幸いである。

❖ 本書の方法論と情報の入手経路

本書で用いた方法論と情報の入手経路について、簡単に説明したい。

序章は編著者と羽根ジェラルド氏による共同執筆、書き下ろしである。

第1章～第3章は、政策研究大学院大学（GRIPS）で2019年2月に開催されたラウンドテーブル（14日）およびシンポジウム・ワークショップ（15日）[2]の基調講演原稿、発表資料、その他関連原稿を基にしており、著者の許可を得て編著者の責任のもとで翻訳し、主張の重要点を抽出すべく編集・要約したものである。[3]詳細は表1のとおりである。

第4章は編著者による書き下ろしである。

なお、第2章のＢＯＸ3は羽根氏が執筆し、編著者が翻訳した。その他の第1部のＢＯＸ記事は各章の著者によるものである。

続く第2部では、社会課題に果敢に取り組む企業・団体をケーススタディ（Yin 2009）に類似した方法論を用い、起こりつつある現象から帰納的にパターンを読み取り、一般化を試みた。なお、第2部のＢＯＸはすべて編著者が執筆した。

章	著者	オリジナル・タイトル	備考
1章	R.A. マシェルカー インド国家研究教授。前科学産業研究評議会（CSIR）局長	Dismantling Inequality through ASSURED Innovation	シンポジウムの基調講演資料、オーストラリア国立大学基調講演（2018年4月19日）原稿。編著者が翻訳・編集
2章	A. ワトキンス 米グローバルソリューションズサミット議長	Takeaways and Policy Recommendations, Global Solutions Summit 2018	シンポジウムの基調講演資料、Global Solutions Summit, 2018で行われた議論の要旨、を基に編著者が翻訳・編集
3章	V. ミュラス 世界銀行東京開発ラーニングセンター　チームリーダー	Startup Ecosystems as Engines of New Growth and Employment	シンポジウムの基調講演資料、筆者による出版物をまとめた文書（レファレンスの出版物リスト参照）を基に編著者が翻訳・編集

表1　1章～3章の初出一覧

❖エビデンスの収集方法と分析方法

第2部のエピソードは主にインタビュー（1次情報源）を中心に、関連する著書やウェブ上に公開されている2次情報源を用い、三角測量法（Triangulation）に則り、事実関係をなるべく正確に捉える努力を行った（Yin 2009）。エピソード1、2、3、6のCEOは2019年8月から2020年10月までGRIPSで開催された「破壊的、インクルーシブなイノベーションセミナー（DIIセミナー）」にスピーカーもしくはディスカッサントとしてご登壇いただいている。エピソード7のCEOは2019年2月に行ったラウンドテーブルに、エピソード8のメインインフォーマントは、シンポジウムにご登壇いただいている。

なお、各エピソードはＣＥＯとのインタビューが中心になっているが、セミナー、シンポジウム、ラウンドテーブルなどでの講演内容、その前後に行われた個別のインタビューの他、関係者からもヒヤリング（複数回）を行い、その後に集められた書籍や資料など複数の情報源をもとに執筆されている。利用した資料・書籍は巻末の文献リストにまとめてあるが、直接関連しているインタビューのリストは表2とおりである。また、Ｅ８のＪＩＣＡは、シンポジウムでも登壇いただいた安達一ＪＩＣＡ社会基盤・平和構築部部長（当時：現・笹川平和財団理事）からお寄せいただいた原稿をご本人の許可を得て編集した。編集の際には、内藤智之ＪＩＣＡ国際協力専門員（当時：現・神戸情報大学院大学副学長・特任教授）からヒヤリングをさせていただいた。

終章は編著者による書き下ろしである。

上記インタビューに応じていただいた方々、また原稿を提供していただいた方々に厚くお礼を申し上げる。また、本書へのインプットとなるさまざまな議論の場に参加してくださった方々を以下に記す。多大なご協力に、あらためて心より感謝申し上げる（表3。前記リスト以外の方々のみを掲載、所属・肩書きはイベント当時）。さらに、紙幅の関係でお名前を挙げられないものの、それぞれのイベントで議論に参加してくださった参加者の方々にも厚くお礼申し上げる。

また、政策研究大学院大学科学技術イノベーション政策プログラムの有本建男先生、上山隆大先生、黒川清先生、黒田昌裕先生、七丈直弘先生、鈴木潤先生、角南篤先生、隅藏康一先生、永田博先生、根井寿規先生、林隆之先生（５０音順）、そのほか政策研究大学院大学の諸先生方からも多くのイン

エピソード		インタビュー日時	インタビュー対象者 （所属先はインタビュー当時）
E1	アービジュカール・キャピタル	2019年9月19日、10月21日、30日	産業革新投資機構　佐藤哲氏
		2019年11月8日	アービシュカール・キャピタル　ビニート・ライ氏
		2020年9月10日	アービシュカール・キャピタル　橋本芳樹氏
E2	パタマール・キャピタル	2019年9月19日、10月21日、30日	産業革新投資機構　佐藤哲氏
		2019年11月6日	パタマール・キャピタル　ボー・シール氏
E3	日本植物燃料	2019年11月	日本植物燃料　合田真氏
		2019年8月23日	農水省　川上　秀雄氏、安原　学氏
		2020年2月27日	日本植物燃料　合田　真氏
E4	マクアケ	2019年2月	マクアケ　中山亮太郎氏
		2019年4月8日	マクアケ　中山亮太郎氏
		2019年7月26日	マクアケ　中沢氏
E5	イーストベンチャーズ	2019年2月	イーストベンチャーズ　梅澤亮氏
		2019年8月5日	イーストベンチャーズ　衛藤バテラ氏
		2020年8月19日	日本ベンチャーキャピタル協会(JVCA)野田史恵氏
		2020年8月19日	Kepple Africa Ventures　品田諭志氏、山脇遼介氏
E6	コペルニク	2019年1月	コペルニク　中村俊裕氏
		2019年6月27日	コペルニク　天下花宏美氏
		2019年11月15日	コペルニク　中村俊裕氏、天下花宏美氏
E7	アクプランタ	2019年1月22日	アクプランタ　金鍾明氏
		2020年2月7日	アクプランタ　金鍾明氏
		2020年9月25日	名古屋大学トランスフォーマティブ生命分子研究所（ITbM）土屋雄一朗氏
		2020年11月28日	日本バイオスティムラント協会　和田哲夫氏
E8	JICA		JICA安藤一氏原稿執筆
		2021年2月8日	JICA内藤智之氏

表2　第2部のインタビューリスト

DII セミナー登壇者	アフリカ開発銀行：戸田敦子氏、Kemi Afun-Ogidan 氏、農林水産省：安原学氏、EDGEof：Daniel Goldman 氏、Todd Porter 氏、Legal.io.：Tony Lai 氏、国際協力機構：栗栖昌紀氏、Read the Air：Donald Eubank 氏
シンポジウム登壇者	University College London：Joanna Chataway 教授、ベトナム科学技術省：Ca Tran Ngoc 氏、内閣府：赤石浩一氏、文部科学省：西條正明氏、経済産業省：佐々木啓介氏、日本経済団体連合会：小川尚子氏、スタートアップカフェコザ代表：中村まこと氏
ワークショップ登壇者	Mistletoe 株式会社：中島徹氏、East Ventures：梅澤亮氏、C4：伏見崇宏氏、Samurai Incubate：榊原健太郎氏、Dream Incubator：細野恭平氏、JioGen Next Ventures：Amey Mashelkar 氏、AGREE：多賀世那氏、メビオール：森有一氏、Lily MedTech：東志保氏、ユカシカド：美濃部慎也氏、トリプル・ダブリュー・ジャパン：中西敦士氏、チャレンジ：佐々木和男氏、スマートドライブ：北川烈氏、ウミトロン：山田雅彦氏、ABEJA：加藤道子氏

表3　各セミナー、シンポジウム、ワークショップ参加者（表1・表2掲載者を除く）

プットやアイデアをいただいた。特に執筆中、明確に理解していなかったコンセプトや最近の議論の流れについて、急なお願いにもかかわらずお付き合いいただき、丁寧に解説してくださったことに、あらためて感謝を申し上げる。

DIIプロジェクトで行ったワークショップ、シンポジウム、セミナー、インタビューの実施および出版契約は、イベント開催当時に政策研究大学院大学の専門職であった鈴木和泉さんの支援なしには不可能だった。同様に、林信濃専門職、菊地乃依瑠専門職も引き継いで支援していただいた。また、インターン・大学院生として、小沼（伊藤）千晴さん、勝然大輔さん、徳江萌さん、成田葵さん、ケビン・ゴー（Kevin Go）さん、にも支援していただいた。皆様、ありがとうございました。

慶應義塾大学出版会の木内鉄也氏には大変お世話になった。編著者は、2018年に現職に着任するまで15年間を海外で過ごし、また日本語で学術書を執筆した経験が少ない。専門用語を英語から日本語に逆引きしながらの執筆は困難を極めたが、それ以上にその原稿を編集する作業は大変だったことと推察する。それでも前に進めたのは、ひとえに粘り強い木内氏の支援があったからだ。あらためて感謝したい。

本書で取り上げた事例は、その多くがワークショップ、シンポジウム、DIIセミナーを契機に発展している。これらは2018年度「非連続なイノベーションをもたらすハイリスク・ハイインパクト研究開発事業のテーマ設定手法と推進に関する探索」、サイレックス（SciREX）センター事業「政策のための科学」基盤的研究・人材育成拠点における研究プロジェクト、2019年度政策研究大学院大学政策研究センター長期学術会議支援事業、およびサイレックスセンターの基盤研究プロジェクト「破壊的・インクルーシブ・イノベーション」からの支援を受けている。記して感謝したい。

編著者　飯塚　倫子

20170905/shiryou_5.pdf）［2020.9.15］
マクアケ（2019）「海外企業の日本進出をリードする「Makuake Global Plan」の正式提供を開始～東アジアを中心に海外担当がグローバル企業を 100 社以上サポート～」.（https://www.makuake.com/pages/press/detail/174/）［2021.4.30］
――――「Makuake ガバメントとは」.（https://www.makuake.com/government/）［2021.6.25］
三菱 UFJ リサーチ＆コンサルティング（2020）「クラウドファンディング（購入型）の動向整理」.（https://www.caa.go.jp/policies/policy/consumer_policy/meeting_materials/assets/internet_committee_201013_0002.pdf）［2020.11.28］

（https://academist-cf.com/journal/?p=11710）［2020.8.27］
陶山祐司（Tokyo Zebras Unite）（2020）「世界で注目される「ゼブラ」とは～アンチ・ユニコーンから生まれた経営スタイル～」.（https://note.com/tokyozebrasunite/n/nc51fc137df55）［2020.5.16］
独立行政法人国際協力機構（JICA）（2018）「「ICT 立国」ルワンダの躍進　若手の起業や人材育成などをサポート」.（https://www.jica.go.jp/topics/2018/20181112_01.html）［2018.11.24］
———（2018）「農村で広がる電子マネー経済圏：モザンビーク」.（https://www.jica.go.jp/publication/mundi/1902/201902_05.html）［2020.9.24］
内閣官房（2021）「新技術等実証制度（プロジェクト型規制のサンドボックス制度）について」.（https://www.kantei.go.jp/jp/singi/keizaisaisei/pdf/underlyinglaw/sandboximage.pdf）［2021.9.20］
———「成長戦略会議事務局 規制のサンドボックス制度」.（https://www.kantei.go.jp/jp/singi/keizaisaisei/regulatorysandbox.html）［2020.12.20］
内閣府（2020）「科学技術・イノベーション基本計画（案）（概要）」.（https://www8.cao.go.jp/cstp/siryo/haihui053/sanko1.pdf）［2020.6.10］
中村俊裕（2019）「今年のノーベル経済学賞が、途上国支援とビジネスの双方にもたらす革命的な影響とは」ダイヤモンドオンライン.（https://diamond.jp/articles/-/218035）［2019.11.8］
日本植物燃料（2013）「モザンビーク国無電化地域の携帯電話電波塔用発電機へのバイオ燃料利用試験を開始」.（https://www.value-press.com/pressrelease/113522）［2020.9.30］
———（2015）「モザンビーク共和国の無電化地域にソーラーパネル 1 枚で運用する電子マネーシステムがスタート。NEC の電子マネー技術と NBF の地域に根ざした活動が貢献」.（https://www.value-press.com/pressrelease/143216）［2020.9.20］
———（2019）「国際機関と連携、モザンビークで電子農協を展開」.（https://www.sankeibiz.jp/business/print/190116/bsc1901160500005-c.htm）［2020.9.19］
日本ベンチャーキャピタル協会（JVCA）（2020）「ベンチャー白書説明会報告資料」.（http://www.vec.or.jp/report_statistics/vec_whitepaper_dt3）［2020.9.18］
堀内勉（2017）「新しい金融のあり方 “ソーシャルファイナンスの概要”」内閣府、2017 年 9 月 5 日.（https://www5.cao.go.jp/kyumin_yokin/shingikai/

ックコメント）を開始」2021 年 2 月 19 日.（https://www.meti.go.jp/press/2020/02/20210219003/20210219003.html）［2021.6.7］
国立研究開発法人理化学研究所「理研について」.（https://www.riken.jp/about/）［2021.2.20］
―――「理研ベンチャー」.（https://www.riken.jp/collab/ventures/）［2021.2.20］
小林賢明（2016）「ソーシャルファイナンスの世界的潮流」日本公共政策研究機構、2016 年 6 月 11 日）.（http://japan-social-innovation-forum.net/wp-content/uploads/2016/09/b8eb964dc426e5c8b8941d6bff938afe.pdf）［2020.9.15］
コペルニク.（https://kopernik.info/）［2021.2.10］
サムライインキュベート「イベントレポート：「アフリカ投資は日本企業が世界と闘える最後のチャンス」アフリカスタートアップ投資の先駆者が語るアフリカ投資の可能性【前編】」.（https://medium.com/samurai-incubate-jp/ecg2-eventrepo1-53509a436fee）［2021.5.30］
GSG 国内諮問委員会（2019）「2018 年　日本における社会的インパクト投資の現状」2019 年 3 月 31 日.（http://impactinvestment.jp/doc/gsg-2019.pdf）［2020.9.15］
シャープ「「蓄熱技術」の事業化を目指して　社内ベンチャー「TEKION LAB」のチャレンジ」.（https://corporate.jp.sharp/challenge/vol16/）［2020.3.15］
政策研究大学院大学 SciREX センター（2019）「破壊的・インクルーシブ・イノベーション～グローバル・インパクトを加速し、SDGs 達成を目指して～インクルーシブ・イノベーションの可能性に迫る」GRIPS シンポジウム.（https://scirex.grips.ac.jp/newsletter/2019winter/02.html）［2020.2.20］
世界経済フォーラム (WEF)（2019）「アジャイルガバナンス」.（https://jp.weforum.org/centre-for-the-fourth-industrial-revolution-japan/agile-governance）［2020.5.20］
総務省「ルワンダ 平成 30 年度 アフリカにおける情報通信・郵便分野の情報収集・調査結果」.（https://www.soumu.go.jp/g-ict/country/rwanda/pdf/africa-research.pdf）［2021.2.10］
武部洋子（2016）「インドネシアの伝統的「くじ引き」がオンライン化――“古くて新しい”ビジネスの形」C-NET JAPAN、2016 年 6 月 3 日.（https://japan.cnet.com/article/35083325/）［2021.10.2］
土屋雄一朗（2019）「魔女の雑草を撲滅する“自殺発芽剤”を開発！――アフリカの食糧問題の解決に向けて」『Academist Journal』2019 年 9 月 20 日.

――――（2019）Centre for the Fourth Industrial Revolution, Agile Governance.（https://www.weforum.org/centre-for-the-fourth-industrial-revolution-japan/agile-governance）［2020.5.19］

アフリカビジネス協議会 アフリカ農業ワーキンググループ（2019）「アフリカ農業イノベーション・プラットフォーム構想」TICAD 7 官民ビジネス対話 アフリカビジネス協議会農業ワーキンググループ（兼 GFVC 推進官民協議会アフリカ部会兼 JICA 食と農の協働プラットフォーム（JiPFA）アフリカ・FVC 分科会）配布資料.（https://www.maff.go.jp/j/kokusai/kokkyo/food_value_chain/attach/r1-8_haifu4.pdf）［2021.1.20］

新多可奈子（2015）「農村部のネット普及と貧困撲滅を同時解決するインドネシアの「Ruma」」C-NET JAPAN.（https://japan.cnet.com/article/35075026/）［2020.10.20］

SDGs の達成のための新たな資金を考える有識者懇談会「最終論点整理」令和 2 年 7 月 16 日.（https://www.mofa.go.jp/mofaj/press/release/press4_008595.html）［2020.9.20］

柿沼英理子（2019）「『社会的インパクト投資』とは何か――SDGs の達成に貢献する、持続可能な資金の流れを作るには」大和総研レポート、2019 年 10 月 24 日.（https://www.dir.co.jp/report/research/capital-mkt/esg/20191024_021099.pdf）［2020.9.15］

――――（2020）「VC が社会的インパクト投資において期待される理由とは」大和総研、2020 年 5 月 1 日.（https://www.dir.co.jp/report/research/capital-mkt/esg/20200501_021513.pdf）［2020.9.15］

気候関連財務情報開示タスクフォース（TCFD）.（https://tcfd-consortium.jp/about）［2021.1.15］

経済産業省（2020）「「GOVERNANCE INNOVATION Ver.2: アジャイル・ガバナンスのデザインと実装に向けて」報告書」.（https://www.meti.go.jp/press/2020/02/20210219003/20210219003.html）［2021.2.19］

――――（2020）「GOVERNANCE INNOVATION：Society5.0 の実現に向けた法とアーキテクチャのリ・デザイン（Society5.0 における新たなガバナンスモデル検討会）」.（https://www.meti.go.jp/press/2020/07/20200713001/20200713001-1.pdf）［2021.3.3］

――――（2021）「「GOVERNANCE INNOVATION Ver.2: アジャイル・ガバナンスのデザインと実装に向けて」報告書（案）の意見公募手続（パブリ

update/4609.article）［2021.1.15］
——— (UN), Principles for Responsible Investment (PRI)（2006）（http://www.unpri.org）［2020.10.25］
United Nations Conference on Trade and Development (UNCTAD)（2014）World Investment Report 2014. Investing in the SDGs: An Action Plan.（https://unctad.org/system/files/official-document/wir2014_en.pdf）［2020.11.20］
Unitus group.（https://www.unitus.com/group/UNITUS GROUP）［2020.8.2］
World Bank（2014）Global Financial Inclusion Index, World Bank Washington DC.（https://globalfindex.worldbank.org/）［2019.10.15］
———（2017a）"Coding bootcamps: Building future-proof skills through rapid skills training," World Bank, Washington, DC. World Bank.（https://openknowledge.worldbank.org/handle/10986/28218）［2019.5.1］
———（2017b）"Tech start-up ecosystem in Beirut: Findings and recommendations," Washington, DC. World Bank.（https://openknowledge.worldbank.org/handle/10986/28458）［2019.5.1］
———（2017c）"Tech start-up ecosystem in Dar es Salaam: Findings and recommendations," World Bank, Washington, DC. World Bank.（https://openknowledge.worldbank.org/handle/10986/28113）［2019.5.1］
———（2018a）"Tech startup ecosystem in West Bank and Gaza: Findings and recommendations (English)," Washington, D.C. World Bank Group.（http://documents.worldbank.org/curated/en/715581526049753145/）［2019.5.1］
———（2018b）World Bank Data: Employment in agriculture-Rwanda.（https://data.worldbank.org/indicator/SL.AGR.EMPL.ZS?locations=RW）［2021.3.21］
———（2018c）World Bank Data: Pakistan GDP per capita（https://data.worldbank.org/indicator/NY.GDP.PCAP.CD?locations=PK）［2020.5.20］
———（2019）Doing Business Report 2020, World Bank Washington D.C.（https://documents1.worldbank.org/curated/en/688761571934946384/pdf/Doing-Business-2020-Comparing-Business-Regulation-in-190-Economies.pdf）［2020.12.26］
World Economic Forum (WEF) Annual Meeting, January 20-23 2016（https://www.weforum.org/events/world-economic-forum-annual-meeting-2016）［2020.5.19］

DC. World Bank.（https://openknowledge.worldbank.org/handle/10986/30384）［2019.5.1］
Rasagam, G., and Mulas, V.（2016）“How start-ups can turbocharge global productivity growth,” World Bank Blogs.（http://blogs.worldbank.org/psd/how-start-ups-can-turbocharge-global-productivity-growth）［2019.5.1］
Smart Africa（https://smartafrica.org/who-we-are/）［2020.8.20］
Task Force on Climate-related Financial Disclosures (TCFD)（2017）Recommendations of the Task Force on Climate-related Financial Disclosures.（https://assets.bbhub.io/company/sites/60/2020/10/FINAL-2017-TCFD-Report-11052018.pdf ）［2018.9.10］
TechCrunch（2019）“Warung Pintar raises $27.5M to digitize Indonesia's street vendors, January 21, 2019.”（https://techcrunch.com/2019/01/21/warung-pintar-raises-27-5m/）［2021.9.26］
The Global Sustainable Investment Alliance (GSIA)（2019）2018 Global Sustainable Investment Review.（http://www.gsi-alliance.org/wp-content/uploads/2019/03/GSIR_Review2018.3.28.pdf）［2019.9.30］
the InterAcademy Partnership (IAP)（2019）Improving Scientific Input to Global Policymaking with a Focus on the UN Sustainable Development Goals.（https://www.interacademies.org/50429/SDGs_Report）［2020.1.15］
The Times of India（2020）“In 30 years, India tipped to double the amount of waste it generates, March 4th, 2020.”（https://timesofindia.indiatimes.com/india/in-30-years-india-tipped-to-double-the-amount-of-waste-it-generates/articleshow/74454382.cms）［2021.3.8］
The World in 2050（TWI2050）（2020）International Institute for Applied Systems Analysis (IIASA), Vienna, Austria.（https://iiasa.ac.at/web/home/research/twi/TWI2050.html）［2020.10.25］
TOI（2020）“In 30 yrs, India tipped to double the amount of waste it generates.”（https://timesofindia.indiatimes.com/india/in-30-years-india-tipped-to-double-the-amount-of-waste-it-generates/articleshow/74454382.cms）［2020.9.25］
United Nations (UN)（2015）Transforming Our World: The 2030 Agenda for Sustainable Development.（https://sdgs.un.org/2030agenda）［2020.10.25］
——— (UN), Principles for Responsible Investment (PRI) 2021 PRI update (Q2 2021)（https://www.unpri.org/signatory-resources/quarterly-signatory-

org/handle/10986/25871）［2019.5.1］
———（2018）“Which countries are better prepared to compete globally in the disruptive technology age?: A rapid, forward-looking analysis of countries' share of the global private sector,” Finance, Competitiveness and Innovation in Focus, World Bank, Washington, DC. World Bank.（https://openknowledge.worldbank.org/handle/10986/30615）［2019.5.1］
———, and Gastelu-Iturri, Mikel（2016）“New York City: Transforming a city into a tech innovation leader,” World Bank, Washington, DC. World Bank.（https://openknowledge.worldbank.org/handle/10986/25753）［2019.5.1］
———, Minges, M., and Applebaum, H.（2015）“Boosting tech innovation ecosystems in cities: A framework for growth and sustainability of urban tech innovation ecosystems,” World Bank, Washington, DC. World Bank.（https://openknowledge.worldbank.org/handle/10986/23029）［2019.5.1］
———, and Qian, K.（2018）“Are accelerators the secret to building truly great startup hubs?” Singularity Hub.（https://singularityhub.com/2018/02/05/are-accelerators-the-secret-to-building-truly-great-startup-hubs/#sm.0005sy97e1c7pek9rfx2mej5n3q3g）［2019.5.1］
Mulia, K.（2020）“East Ventures launches program to support R&D and production of 100,000 COVID-19 test kits in Indonesia,” 27th Mar 2020.（https://kr-asia.com/east-ventures-launches-program-for-rd-and-production-of-100000-covid-19-test-kits-in-indonesia）［2021.9.26］
Muskita, P.（2020）“Patamar Capital raising second fund as it looks into lending, SME enablers in Indonesia,” Tecinasia.（https://www.techinasia.com/patamar-capital-raising-fund-lending-sme-enablers-indonesia）［2021.9.26］
OECD/Eurostat.（2018）Oslo Manual 2018: Guidelines for Collecting, Reporting and Using Data on Innovation, 4th edition. The measurement of scientific, technological and innovation activities. OECD Publishing.（https://www.oecd-ilibrary.org/docserver/9789264304604-en.pdf?expires=1622610756&id=id&accname=guest&checksum=A5E13B7F2CD37BF34BF4177968BDE897）［2018.12.30］
Patamar Capital（https://www.patamar.com）［2020.5.15］
Qian, K., Mulas, V., and Lerner, M.（2018）“Supporting entrepreneurs at the local level: The effect of accelerators and mentors on early-stage firms,” Finance, Competitiveness and Innovation in Focus, World Bank, Washington,

Investor%20Survey%202020%20Executive%20Summary.pdf) [2020.12.20]
Gojek (2017) "Go-jek acquires three leading fintech businesses, cementing its leadership in Indonesia's fast growing payments markets," 15th, Dec., 2017. (https://www.gojek.com/blog/gojek/go-jek-cementing-its-leadership-in-indonesias-fast-growing-payments-market/) [2019.8.30]
Google, Temasek, Bain and Company (2019) "E-conomy SEA 2019: Swipe up and to the right: Southeast Asia's $100 billion internet economy." (https://www.bain.com/insights/e-conomy-sea-2019/) [2019.10.15]
GOV.UK, Policy Lab. (https://openpolicy.blog.gov.uk/about/) [2020.3.25]
Impact Weighted Accounts, Harvard Business School. (https://www.hbs.edu/impact-weighted-accounts/Pages/default.aspx) [2020.10.25]
Japan Times, 17th June, 2020, Re-evaluating the social aspects of ESG investment. (https://www.japantimes.co.jp/esg-consortium/2020/06/17/esg-consortium/re-evaluating-social-aspects-esg-investment/) [2020.10.9]
Katz, B., and Wagner, J. (2014) "The rise of innovation districts," Brookings Institute. (https://www.brookings.edu/essay/rise-of-innovation-districts/) [2019.5.1]
Kim, D., Chun, J.A., and Kim, S.T. (2019) "Overcoming the challenges of an uncertain future with enhanced climate information and services," Bulletin of the American Meteorological Society, 100, ES133–ES136. (https://doi.org/10.1175/BAMS-D-18-0327.1.xml) [2020.2.28]
Marzuki, Y. (2017) "Mapan Uses Traditional Financing Method to Aid Rural Communities," Digital News Asia. (https://www.digitalnewsasia.com/startups/mapan-uses-traditional-financing-method-aid-rural-communities) [2020.10.20]
Mazuccato, M. (2018) Mission-oriented Research & Innovation in the European Union: A Problem-solving Approach to Fuel Innovation-led Growth, European Commission, Brussels. (https://ec.europa.eu/info/sites/default/files/mazzucato_report_2018.pdf) [2020.5.30]
Mulas, V. (2015) "Four ways start-ups can transform a city," World Bank Blog. (http://blogs.worldbank.org/psd/four-ways-start-ups-can-transform-city) [2019.5.1]
——— (2016) "Adapting to the new transformation of the economy," World Bank, Washington, DC. World Bank. (https://openknowledge.worldbank.

文部科学省科学技術・学術政策研究所（NISTEP）科学技術動向研究センター（2015）「ホライズン・スキャニングに向けて～ 海外での実施事例と科学技術・学術政策研究所における取組の方向性」『STI Horizon』Vol. 1, No. 1.

ウェブサイト　［　］内は最終閲覧日

Bright, J.（2019）“Drone delivery startup Zipline launches UAV medical program in Ghana,” Techcrunch.com, April 24 2019.（https://techcrunch.com/2019/04/24/drone-delivery-startup-zipline-launches-uav-medical-program-in-ghana/）［2020.8.25］

Business Roundtable（2019）Business Roundtable Redefines the Purpose of a Corporation to Promote 'An Economy That Serves All Americans' August 19, 2019.（https://www.businessroundtable.org/business-roundtable-redefines-the-purpose-of-a-corporation-to-promote-an-economy-that-serves-all-americans）［2020.8.20］

CB Insights database on Unicorn（2019）The Complete List of Unicorn Companies.（https://www.cbinsights.com/research-unicorn-companies）［2019.1.30］

CB Insights database on Unicorn（2020）The Complete List of Unicorn Companies.（https://www.cbinsights.com/research-unicorn-companies）［2020.6.20］

Dawson, A., Hirt, M., and Scanlan, J.（2016）“The economic essentials of digital strategy,” McKinsey Quaterly.（https://www.mckinsey.com/business-functions/strategy-and-corporate-finance/our-insights/the-economic-essentials-of-digital-strategy）［2019.5.1］

Drew, Ilona, et al.,（2017）“Local Owners Driving Lasting Solutions,”Carsey Perspective, University of New Hampshire, December 21, 2017.（https://scholars.unh.edu/carsey/332/）［2019.10.20］

Florida, R., and Hathaway, I.（2018）“Rise of the global startup city. The new map of entrepreneurship and venture capital,” Center for American Entrepreneurship.（http://startupsusa.org/global-startup-cities/）［2019.5.1］

Global Impact Investing Network（GIIN）（2020）Annual Impact Investor Survey 2020.（https://thegiin.org/assets/GIIN%20Annual%20Impact%20

合田真（2018）『20億人の未来銀行――ニッポンの起業家、電気のないアフリカの村で「電子マネー経済圏」を作る』日経BP社.

澤口聡子（2007）「ソフトローの取り扱いに関する問題点――異状死とSIDSに関連して」『法学研究』（慶應義塾大学）80(12), 463-480.

七丈直弘（2020）科学技術イノベーション政策立案演習、GRIPS「科学技術イノベーション政策・経営人材養成短期プログラム」講義スライド.

隅藏康一（2009）「バイオ分野の標準と特許発明：アクセス性の向上に向けて」『知財管理』59(3), 323-338.

総務省（2018）「ルワンダ 平成30年度 アフリカにおける情報通信・郵便分野の情報収集・調査結果」.

土屋雄一朗（2019）「アフリカで猛威を振るう 寄生植物ストライガの撲滅に向けて――分子の力でアフリカのピンクの畑を緑に戻し、食糧問題の解決に貢献を目指す」名古屋大学 トランスフォーマティブ生命分子研究所（WPI-ITbM）TICADプレゼンテーション資料.

独立行政法人国際協力機構（2015）「農村開発部地球規模課題対応国際科学技術協力　スーダン共和国：根寄生雑草克服によるスーダン乾燥地農業開発プロジェクト　終了時評価調査報告書」農村JR 14-093.

内藤智之（2017）「ルワンダICTイノベーション・エコシステム強化プロジェクト詳細計画調査報告」内部資料.

中林優介・小宮昌人（2018）「ASEANにおけるスタートアップの成長・イノベーションをいかに取り込むか」『知的資産創造』6月号.

中村俊裕（2014）『世界を巻き込む。――誰も思いつかなかった「しくみ」で問題を解決するコペルニクの挑戦』ダイヤモンド社.

中村俊裕コペルニク（2021）「コペルニクの活動とLean Experimentationについて」GRIPS科学技術イノベーション政策・経営人材養成短期プログラム」「公的機関からのイノベーション創出」講義資料.

中山亮太郎（2017）『クラウドファンディング革命――面白いアイデアに1億円集まる時代』PHP研究所.

日本経済新聞（2021）「企業に気候リスク開示迫る　金融庁・東証が新統治指針」2021年3月27日.

日本バイオスティムラント協議会編（2020）『バイオスティムラントガイドブック』.

長谷川世一（2015）「日本におけるクリエイティブ・コモンズ・ライセンスの実際」『情報管理』58(5), 343–352.

Scott, W.R.（1995）*Institutions and Organizations*, SAGE.
Sidney, A.S., and Glicksman, R.L.（2002）*Risk Regulation at Risk: Restoring a Pragmatic*, Stanford Law and Politics.
Stiglitz, J.（2019）*People, Power, and Profits: Progressive Capitalism for an Age of Discontent*, W. W. Norton & Company.
Teece, D.J.（2018）"Profiting from innovation in the digital economy: Enabling technologies, standards and licensing models in the wireless world," *Research Policy* 47(8), 1367–1387.
———, Pisano, G., and Shuen, A.（1997）"Dynamic capabilities and strategic management," *Strategic Management Journal* 18(7), 509–533.
Tiwari, R., and Herstatt, C.（2012）"Frugal innovation: A global networks' perspective," *Die Unternehmung* 66(3), 245–274.
United Nations Population Division（2019）*World Population Prospects: 2019 Revision*.
von Hippel, E.（1998）*The Sources of Innovation*, Oxford University Press.
———（2018）*Free Innovation*, Oxford University Press.
Weber, K.M., and Rohracher, H.（2012）"Legitimizing research, technology and innovation policies for transformative change, combining insights from innovation systems and multi-level perspective in a comprehensive 'failures' framework," *Research Policy* 41(6), 1037–1047.
Woodson, T., Alcantara, J.T., and do Nacimiento, M.S.（2019）"Is 3D printing an inclusive innovation? An examination of 3D printing in Brazil," *Technovation* 80–81, 54–62.

足立英一郎（2020）「ESG投資とインパクト投資の関係性」GSG国内諮問委員会「日本における社会的インパクト投資の現状2019年」2020年3月31日.
粟田恵吾（2020）「バックキャストによる政策立案～VUCA時代に求められる未来洞察力～」講義2020年8月9日.
一般財団法人ベンチャーエンタープライズセンター（VEC）（2020）「ベンチャー白書2020」.
上山隆大（2020）「日本の科学技術政策：第6期科学技術基本計画を中心に」政策研究大学院大学「科学技術イノベーション政策・経営人材養成短期プログラム」講義.

Marchant, G.E., Allenby, B.R., and Herkert, J.R. (eds.) (2011) *The Growing Gap between Emerging Technologies and Legal-ethical Oversight: The Pacing Problem*, Springer.

Markides, C. (2006) "Disruptive innovation: In need of better theory," *The Journal of Product Innovation Management* 23, 19–25.

Mashelkar, R., and Pandit, R. (2018) *Leapfrogging to Pole-Vaulting: Creating the Magic of Radical Yet Sustainable Transformation*, India Viking.

Mayer, C. (2019) *Prosperity: Better Business Makes the Greater Good*, Oxford University Press.

Mazzucato. M. (2013) *The Entrepreneurial State: Debunking Public vs. Private Myths in Risk and Innovation*, Anthem Press.

Moore, G. (1965) "Cramming more components onto integrated circuits," *Electronics Magazine* 38(8), 114–117.

Naito, T. (2018) "Current state and development potential of ICT sector in Africa," *New Breeze* 30, 7–12.

Nicholls, A., and Murdock, A. (eds.) (2012) *Social Innovation: Blurring Boundaries to Reconfigure Markets*, Palgrave Macmillan.

North, D. (1990) *Institutions, Institutional Change, and Economic Performance*, Cambridge University Press.

Pol, E., and Ville, S. (2009) "Social innovation: Buzzword or enduring term?" *The Journal of Socio-Economics* 38(6), 878–885.

Prahalad, C.K. (2004) *The Fortune at the Bottom of the Pyramid: Eradicating Poverty through Profits*, Wharton School Publishing.

———, and Hart, S.L. (2002) "The fortune at the bottom of the pyramid," *Strategy and Business* 26, 2–14.

———, and Mashelkar, R.A. (2010) "Innovation's holy grail," *Harvard Business Review* 88(7-8), 132–141.

Radjou, N., Prabhu, J., and Ahuja, S. (2012) *Jugaad Innovation: Think Frugal, Be Flexible, Generate Breakthrough Growth*, Jossey-Bass.

Rotolo, D., Hicks, D., and Martin, B.R. (2015) "What is an emerging technology?" *Research Policy* 44(10), 1827–1843.

Schot, J., and Steinmueller, W.E. (2018) "Three frames for innovation policy: R&D, systems of innovation and transformative change," *Research Policy* 47(9), 1554–1567.

Gupta, A.K., Sinha, R., Koradia, D., Patel, R., Parmar, M., Rohit, P., Patel, H., Patel, K., Chand, V.S., James, T.J., Chandan, A., Patel, M., Prakash, T.N., and Vivekanandan, P.（2003）“Mobilizing grassroots' technological innovations and traditional knowledge, values and institutions: Articulating social and ethical capital,” *Futures* 35 (9), 975–987.

Heeks, R., Foster, C., and Nugroho, Y.（2014）“New models of inclusive innovation for development,” *Innovation and Development* 4(2), 175–185.

Iansiti, M., and Levien, R.（2004）“Strategy as ecology,” *Harvard Business Review* 82(3), 68–78, 126.

Jacobides, M.G., Cennamo, C., and Gawer, A.（2018）“Towards a theory of ecosystems,” *Strategic Management Journal* 39(8), 2255–2276.

Kappos, D.J., and Wichtowski, R.J.（2020）「Intellectual property and innovation: The key to sustainable economic growth」『日本知財学会誌』16(3), 54–61.

Kattel, R., and Mazzucato, M.（2018）“Mission-oriented innovation policy and dynamic capabilities in the public sector,” *Industrial and Corporate Change* 27(5), 787–801.

Kilkki, K., Mantylaa, M., Karhua, K., Hammainena, H., and Ailistob, H.（2018）“A disruption framework,” *Technological Forecasting and Social Change* 129, 275–284.

Kim, J.-M., Taiko K.T., and Motoaki S. (2017) “Acetate-mediated novel survival strategy against drought in plants,” *Nature Plants* 3, 17097

Kivimaa, P., and Kern, F.（2016）“Creative destruction or mere niche support? Innovation policy mixes for sustainability transitions,” *Research Policy* 45(1), 205–217.

Laurell, C., Sandström, C., and Suseno, Y.（2019）“Assessing the interplay between crowdfunding and sustainability in social media,” *Technological Forecasting and Social Change* 141, 117–127.

Lee, K., and Lim, C.（2001）“Technological regimes, catching-up and leapfrogging: Findings from the Korean industries,” *Research Policy* 30(3), 459–483.

London, T., and Hart, S.（2004）“Reinventing strategies for emerging markets: Beyond the transnational model,” *Journal of International Business Studies* 35(5), 350–370.

Mahoney, J., and Thelen, K.（2009）*A Theory of Gradual Institutional Change*, Cambridge University Press.

Harvard Business Review 93, 44–53.
Cottam, H. (2018) *Radical Help: How We Can Remake the Relationships between Us and Revolutionize the Welfare State*, Virago.
Diercks, G., Larsen, H., and Steward, F. (2019) "Transformative innovation policy: Addressing variety in an emerging policy paradigm," *Research Policy* 48(4), 880–894.
East Ventures (2020) *Insight Report East Ventures Digital Competitiveness Index 2020*.
Edler, J., and Georghiou, L. (2007) "Public procurement and innovation: Resurrecting the demand side," *Research Policy* 36(7), 949–963.
Edler, J., Gok, A., Cuttingham, P., and Shapira, P. (2016) "Introduction: Making sense of innovation policy," in Edler, J. et al. (eds.), *Handbook of Innovation Policy Impact*, Edwards Elgar, 1–17.
Edwards-Schachater, M., and Wallace, M. (2017) " 'Shaken, but not stirred': Sixty years of defining social innovation," *Technological Forecasting and Social Change* 119, 64–79.
European Commission (2009) "Preparing for our future: Developing a common strategy for key enabling technologies in the EU - Current situation of key enabling technologies in Europe," SEC (2009) 1257 final, Brussels.
Fessoli, M., Around, E., Abrol, D., Smith, A., Ely, A., and Dias, R. (2014) "When grassroots innovation movements encounter mainstream institutions: Implications for models of inclusive innovation," *Innovation and Development* 4(2), 277–292.
Garret, B. (2015) *Technology Will Keep Changing Everything - and Will do It Faster*, Atlantic Council.
Gawer, A., and Cusumano, M.A. (2008) "How companies become platform leaders," *MIT Sloan Management Review* 49(2), 28–35.
———, and ——— (2013) "Industry platforms and ecosystem innovation," *Journal of Product Innovation Management* 31(3), 417–433.
George, G., McGahan, A.M., and Prabhu, J. (2012) "Innovation for inclusive growth: Towards a theoretical framework and a research agenda," *Journal of Management Studies* 49(4), 661–683.
Gershenfeld, N., Gershenfeld, A., and Gershenfeld, J.C. (2017) *Designing Reality: How to Survive and Thrive in the third Digital Revolution*, MIT Press.

参考文献

書籍・雑誌等

Aavishkaar Group（2018）*Aavishkaar Imapct Report 2018*, Aavishkaar Venture Management Services, Mumbai, India.

Adner, R.（2016）"Ecosystem as structure: An actionable construct for strategy," *Journal of Management* 43(1), 39–58.

———, and Kapoor, R.（2010）"Value creation in innovation eco systems: How the structure of technological interdependence affect firms performance in new technology generation," *Strategic Management Journal* 31(3), 306–333.

Bower, J.L., and Christensen, C.M.（1995）"Disruptive technologies: Catching the wave," *Harvard Business Review* 73(1), 43–53.

Bresnahan, T., and Trajtenberg, B.（1995）"General purpose technologies 'engines of growth'?" *Journal of Econometrics* 65(1), 83–108.

Campagna, A., Mishra, S., and Spellman, G.K.（2020）ESG Matters, Harvard Law School Forum on Corporate Governance, January14th, 2020.

Chesbrough, H., and Di Minin, A.（2014）"Open social innovation," in Chesbrough, H., Vanhaverbeke, W., and West, J. (eds.), *New Frontiers in Open Innovation*, Oxford University Press, 167–188.

Christensen, C.M.（1997）*The Innovators' Dilemma: When New Technologies Cause Great Firms to Fail*, Harvard Business School Press.

———, Baumann, H., Ruggles, R., and Sadtler, T.M.（2006）"Disruptive innovation for social change," *Harvard Business Review* 84(12), 94–101, 163.

———, McDonald, R., Altman, E.J., and Palmer, J.E.（2018）"Disruptive innovation: An intellectual history and directions for future research," *Journal of Management Studies* 55(7), 1043–1078.

———, Ojomo, E., and Dillon, K.（2019）*Prosperity Paradox*, Harvard University Press.

———, and Raynor, M.（2003）*The Innovator's Solution: Creating and Sustaining Successful Growth*, Harvard University Press.

———, Raynor, M., and McDonald, R.（2015）"What is disruptive innovation,"

関リポジトリに収められている。（https://grips.repo.nii.ac.jp/index.php?action=pages_view_main&active_action=repository_view_main_item_snippet&index_id=69&pn=1&count=20&order=18&lang=japanese&page_id=13&block_id=24）

終章

(1) なお、1件は公的セクターであるJICAによる取り組みであったため、後で取り上げる。

(2) なお、この点については、すでにいくつかの改善がなされていると報告されている。

(3) 先進国では、個人情報保護の侵害などがしばしば問題となる。

(4) ドローンの飛行には多分野に関わる法改正が必要であった。

(5) 経産省GOVERNANCE INNOVATION：Society5.0の実現に向けた法とアーキテクチャのリ・デザイン参照。(https://www.meti.go.jp/press/2020/07/20200713001/20200713001.html)

(6) 新技術等実証制度（プロジェクト型サンドボックス）のように、新製品やサービスを「まずやってみる」形で規制を緩和し、試験的に導入し、実証を行い、データを集め、それに基づいて必要な規制改革を行うやり方。(https://www.kantei.go.jp/jp/singi/keizaisaisei/pdf/underlyinglaw/sandboximage.pdf)

(7) 「企業に気候リスク開示迫る　金融庁・東証が新統治指針」『日本経済新聞』2021年3月27日。改定は6月に施行予定であり、序章で触れた気候関連財務情報開示タスクフォース（TCFD）の提言に沿った形となる。

あとがき

(1) ジュマ教授はアフリカの発展における科学技術イノベーション政策の重要性を早い段階から提唱し、洞察力のある研究を行うとともに、母国ケニアにAfrican Center for Technology Studies（ACTS）を設立（1988年）するなど実践を伴った研究者だった。今日、ACTSは科学技術イノベーションと政策の分野で非常に多くの研究成果を上げている。詳細は、英『エコノミスト』誌の追悼文を参照。“Seeds of change: Calestous Juma died on December 15th, The ardent advocate for innovation in Africa was 64,” *Economist*, Jan. 11th, 2018. (https://www.economist.com/obituary/2018/01/11/calestous-juma-died-on-december-15th)

(2) 詳細は政策研究大学院大学ホームページを参照。(https://gist.grips.ac.jp/research/iizukla/dii.html)

(3) なお、1章から3章各稿のオリジナル原稿は、SciREX Working Papersシリーズの一部としてオンラインで閲覧可能である。また、各事例を説明するための補完的なBOXなど、書籍に掲載できなかったものも同大学の学術機

(9)　アフリカ開発銀行は同ファンド設立を支援するため、3000万米ドルを限度としてルワンダ政府への融資を開始した。

(10)　2019年6月28日よりサムライインキュベートアフリカに改名。2021年2月1日にサムライインキュベートに吸収合併される。（https://www.samurai-incubate.asia/information/）［2021. 5. 30］

(11)　在ルワンダ日本大使館資料、2018年6月。

(12)　Smart Africa https://smartafrica.org/who-we-are/

(13)　SDSNは、国連事務総長の発案により、SDGs事業の準備・実施のための実務的な課題解決の促進、世界的な科学技術の専門知識の動員を目的として、国および地域レベルでの大学・研究機関を中心としたネットワークを構築している。ジェフリー・サックス氏（コロンビア大学教授）が事務局長を務め、ニューヨークおよびパリに事務局が設置されている。

(14)　アフリカ連合加盟国の強いオーナーシップにより2013年に開始され、隔年開催されている域内最大のICT国際会議であり、かつ域内開発を促進するための最重要戦略会議の一つでもある。近年、アフリカでも高速インターネットの普及と携帯電話端末および通信費の低廉化により、ICTを利活用することで経済成長と貧困削減を効率的・革新的に進めるための議論が活発化している。

(15)　出張報告を一部修正。注記・強調は筆者による。

(16)　米国カーネギーメロン大学コンピュータエンジニアリング学部のアフリカ分校がルワンダに設置されている。科目内容はアメリカのプログラムと同レベルであり、アフリカにおけるICT人材の育成を目的として設立された。

(17)　韓国のICT企業。この企業が150億円を費やし、ルワンダにブロードバンドインフラ整備を行った結果、人口の90%が4Gのアクセスを得られるようになった。

(18)　2018年よりスタートアップラボラグーンコザ（Startup Lab Lagoon KOZA）に名称変更。

文中の中村まこと氏、安藤一氏の発言は政策研究大学院大学で2019年2月15日に行った「破壊的・インクルーシブ・イノベーション～グローバル・インパクトを加速し、SDGs達成を目指して～」でのものである。シンポジウムについての詳細は https://scirex.grips.ac.jp/newsletter/2019winter/02.html を参照のこと。

保障の推進」「自助努力支援と日本の経験と知見を踏まえた対話・協働による自立的発展に向けた協力」の三つを開発協力の基本方針としている（外務省ウェブサイト）。

(3) "Transforming the country into a knowledge-based middle-income country, thereby reducing poverty, health problems and making the nation united and democratic."

(4) ケーラボ（KLab）の「K」はKIGALIやKNOWLEDGEのイニシャルである。現在ではルワンダで新しい価値を生み出すイノベーション・ホットスポットとなっており、多くの起業実績がある。なお、ケーラボが設立された2012年当時、資源ブーム下にあったため、資源の乏しいルワンダを支援していた援助機関は多くない。JICAは10年にわたり継続して支援している数少ない援助機関である（内藤、ヒヤリング、2021年）。

(5) ファブラボ（FabLab: Fabrication Laboratory）は、「ほぼあらゆるもの（"Almost Anything"）」をつくることを目標として、MITのニール・ガーシェンフェルド教授によって考案された、デジタルとアナログをつなぐ工房である。3Dプリンタやレーザーカッター、電子工作ツールなどを備えた工房（ラボ）であり、世界89カ国603カ所（2016年1月時点）に存在する。基本的に市民が自由に利用し、国際規模のネットワーク間で技術を教え合い、生み出されたイノベーションを共有することを目的としている。キガリのファブラボの設立にはJICAの他に米国（NSF-MIT-SolidWorks）、ドイツが機材供与などの支援を行った。

(6) なお、この図は2017年11月に描かれたものを基に、内藤智之氏からのヒヤリング（2021年2月）を踏まえて現状に合わせて加筆した。特に、2017年から開始したICT技術プロジェクト型技術協力は新型コロナの影響で中断されたため、2022年3月まで延長されている。

(7) JICA独立行政法人国際協力機構（2018）「「ICT立国」ルワンダの躍進　若手の起業や人材育成などをサポート」。(https://www.jica.go.jp/topics/2018/20181112_01.html)［2018. 11. 24］

(8) 2016年に開催された第6回アフリカ開発会議（TICAD VI）において、日本政府はABEイニシアティブをさらに3年間継続することを表明した。このイニシアティブでは、研修員一人あたりの来日期間は最長3年とし、研究生（科目等履修生）として半年間、修士課程正規生として2年間（1年間コースの受け入れもあり）、修了後の企業でのインターンシップ期間として最長で半年間滞在することが想定されている。

「社会にとって何を無駄と考えて社会を方向づけるか」という政治の本質的な問題が背景にある。

(11) 2020年、開発省は、外務・英連邦省に統合され、外務および英連邦・開発省（Foreign, Commonwealth and Development Office）の一部となっている。

(12) M-PESAは、ケニアで携帯電話による送金サービスを実現した。M-PESAにより、銀行口座を持たない多くの人々が金融サービスを利用できるようになった。M-PESAは現在アフリカ大陸のみならず広く先進国にも伝播している。

BOX 14

(1) 名古屋大学トランスフォーマティブ生命分子研究所（ITbM）研究グループ土屋雄一朗博士へのヒヤリング（2020年9月25日）をベースに執筆した。

(2) 大阪府立大学、トロント大学との共同研究成果。

(3) WPI（World Premier International Research Center Initiative）は、優れた研究環境ときわめて高い研究水準を誇る、「世界から目に見える研究拠点」の形成を目指して政府が集中的な支援を行う、2007年度に文部科学省が開始した事業である。ITbMは2012年10月にWPIに採択され、2013年4月に正式に発足した、科学と生物学の融合研究を行う研究拠点である。詳しくは「名古屋大学トランスフォーマティブ生命分子研究所：分子で世界を変える」（ttps://www.itbm.nagoya-u.ac.jp/ja/2018_ITbM_Brochure_JP.pdf）を参照。

(4) このストライガの問題に取り組んでいる研究チームは他にもあるが、やはりこの実証実験への道程は困難である。神戸大学とスーダン科学技術大学（Sudan University of Science and Technology: SUST）が2010年から2015年にかけて行った共同プロジェクトでは、田圃試験で効果を確認できたものの、続く圃場実験に進むことはできなかった（JSTヒヤリング結果）。

EPISODE 8

(1) 本エピソードは、安達一JICA社会基盤・平和構築部長（当時。現在は笹川平和財団理事）の執筆された原稿を基に、飯塚が加筆・修正したものである。なお、ルワンダでのICT政策・支援については内藤智之JICA国際協力専門員（当時。現在は神戸情報大学院大学副学長・特任教授）からもヒヤリングを行った。

(2) 開発協力大綱は「非軍事的協力による平和と繁栄への貢献」「人間の安全

態および貯蔵などについて植物に有効な影響を与える（日本バイオスティミュラント協議会編 2020)。なお、このカテゴリーに類する製品の境界はまだ明確にされていない。

(3) 理研ベンチャーとは、研究所から生じた研究成果の社会実装を主たる目的として設立された企業であって、研究成果を中核技術とした事業化を企業自らが迅速に行い、研究成果の普及とその活用に有意義であるとして理研から認定を受けた企業群。一定期間、理研が認定・支援を行うことにより、会社として成長し、将来的にOB/OGとして他の認定中ベンチャーの良き目標や支援者となることを想定。理研では、認定した理研ベンチャーに対して一定期間「理研ベンチャー」の名称・ロゴの使用を認め、さまざまな支援を行う「理研ベンチャー認定・支援制度」を1998年より始め、2021年5月現在、16社認定中（累計53社)。詳しくは「理研ベンチャー」(https://www.riken.jp/collab/ventures/）を参照。

(4) 上記のほか、以下の競争的資金を取得し、活動を展開している。2019年三菱UFJ科学育成財団研究助成金、2020年文京区大学発ベンチャー助成金、2021年NEDOカーボンリサイクル実現を加速するバイオ由来製品生産技術の開発に関する実証事業。

(5) 最も進んでいるのはヨーロッパで、市場規模で約2500億ドル、商品の種類も豊富である。そのヨーロッパでも、ようやく2022年にバイオスティミュラントの規制が確立されるという段階である。ヨーロッパでは、実際に取引しながらルールを決め、それを標準化しながら、段階的に規制を策定することを目指している。

(6) HB-101とEM菌はともに、成分・製法が公開されていない。EM菌とはEffective Microorganismの略。

(7) 「リープフロッグ」は字義的にはカエルのように飛び跳ねる様を示すが、日本における「馬跳び」遊びを指す。「リープフロッグ型発展」の具体例としては、携帯電話で送金が可能になったM-PESA（ケニア）の例や、ドローンによる血液輸送（ルワンダ）の例などが該当し、いずれも先進国での本格導入に先んじていた。

(8) インドは連邦制（Federal System）という統一的な主権のもとに中央（連邦）政府と州（支邦）政府が明確に権限を分かち、国民国家を形成している。

(9) 2021年現在、自社負担で実証実験を展開しているとのことである。

(10) その当時、民主党政権下で理研が行政刷新会議にかけられ、理研の予算が大きく削減されたことが影響している。この点はここで取り上げないが、く、新しい技術などの迅速な実証を可能とする。また得られた情報・資料を基に利用者・市場との合意を形成し、規制改革・政策策定に反映させることも期待されている。この制度は2018年6月6日に施行された生産性向上特別措置法に基づく。

(8) J-PALは、RCTを用いて、貧困削減のための政策策定に科学的証拠を提示し活動している世界的な研究センターで、2003年にアビジット・バナジー教授、エスター・デュフロ教授、センディル・ムライナサン教授によって"Poverty Action Lab"として設立された。活動は、影響評価、政策アウトリーチ、能力開発の三つの分野である。政府、NGO、ドナーなどとパートナーシップを構築するほか、現在までに170人を超えるJ-PAL加盟教授のネットワークが、81カ国で948を超える評価を実施し、J-PALは1500人を超える人々に影響評価のトレーニングを行っている。

EPISODE 7

(1) 理化学研究所は、1917年（大正6年）に財団法人として創設され、戦後、株式会社科学研究所、特殊法人時代を経て、2003年（平成15年）10月に文部科学省所轄の独立行政法人理化学研究所として再発足し、2015年（平成27年）4月には国立研究開発法人理化学研究所となった。日本で唯一の自然科学の総合研究所として、物理学、工学、化学、数理・情報科学、計算科学、生物学、医科学などに及ぶ広い分野で研究を実施。研究成果を社会に普及させるため、大学や企業との連携による共同研究、受託研究などを実施しているほか、知的財産などの産業界への技術移転を積極的に進めている。（理研についてはhttps://www.riken.jp/about/）

(2) バイオスティミュラントとは、直訳すると「生物刺激剤」であり、新しい農業資材カテゴリーである。農薬との違いは、農薬が害虫、病気、雑草、成長調節など「生物的ストレス」に起因する問題を解決するのに対し、バイオスティミュラントは干害、高温障害、塩害、冷害、霜害、酸化的ストレス(活性酸素によるダメージ)、物理的障害、農薬による薬害など「非生物的ストレス」を緩和する（日本バイオスティミュラント協議会編 2020)。これらの多くが気候変動に起因する問題とも深くつながっている。

バイオスティミュラントは、植物あるいは土壌に処理し、より良い生理状態を植物体にもたらすさまざまな物質や微生物、あるいはそれらの混在する資材である。これら資材は植物やその周辺環境が本来持つ自然な力を活用することにより、植物の健全さ、ストレスへの耐性、収量と品質、収穫後の状

コペルニク・ジャパンは、日本の「一般社団法人及び一般財団法人に関する法律（平成18年法律第48号)」に基づき登録している一般社団法人である。革新的な技術やサービスを提供する日本の企業に対し、コンサルティングにより途上国への進出を支援し、企業・財団・基金および個人の寄付により資金を調達している。

(2)　ファーストペンギンとは、集団で行動するペンギンの群れの中で最初に海に飛び込む1羽のこと。敵に襲われるリスクが最も大きい半面、最も多くの餌を得る可能性も高い。転じて、リスクを恐れず先頭を切って挑戦する起業家などを指すようになった。

(3)　主に中近東などで伝統的に作られる蒸留酒。インドネシアでは主にヤシを原料にして作られる。

(4)　コペルニクのウェブサイトより。[2021. 2. 10]

(5)　RCTは、統計的手法を用いて政策介入の効果を測定するための手法の一つである。従来は主に医学・疫学分野で用いられてきたが、開発援助の分野でも使われ始め、その提唱者であり途上国での導入を進めてきた米マサチューセッツ工科大学（MIT）のエスター・デュフロ教授、アビジッド・バナジー教授とハーバード大学のマイケル・クレーマー教授が2019年にノーベル経済学賞を受賞したことで広く知られることとなった。

その主たる特徴は、研究の対象となる母集団から無作為にデータを抽出し、「介入する／介入しない」の2グループに分け、結果の差異によって介入の効果を測定する点にある。無作為で抽出してグループに分けることで、各グループを構成する人員の年齢や性別、職業、生活習慣などの属性が均等になりバイアスが取り除かれ、結果に及ぶ影響を抑制することができると考えられている。

ただし、多くのサンプル数による長期間の分析が必要となるため費用がかかり、また政策介入以外の要因による影響を排除し切れないため精緻な効果測定ができないなどの欠点がある。

(6)　詳細は、中村俊裕「今年のノーベル経済学賞が、途上国支援とビジネスの双方にもたらす革命的な影響とは」ダイヤモンドオンライン（https://diamond.jp/articles/-/218035）を参照。

(7)　規制のサンドボックス制度は、新しい技術やビジネスモデルを用いた事業活動を促進するための新技術などの実証制度である。例えば車の自動運転、ドローン、電動キックボードなど不確定要素の高い技術の社会実装に向けて、期間や参加者を限定することなどにより、既存の規制の適用を受けることな

(9) 中林・小宮（2018）。

(10) 2014年の段階で36%がフォーマルな金融サービスへのアクセスを持つ(World Bank 2014)。

BOX 13

(1) 一般に、パッケージ食品、飲料、駄菓子、化粧品、市販薬品、乾物、その他の消耗品などの非耐久消費財が売られている。

(2) 一番最近のラウンドはシリーズBであり、既存の支援者であるSMDV、Vertex、Pavilion Capital、Line Ventures、Digital Garage、Agaeti、Triputra、Jerry Ng、およびEV Growth（East VenturesとYahooの共同基金）に加え、インドネシアのメガコングロマリットであるリッポーグループが共同所有する決済会社である、フィンテックユニコーンのOVOが加わった。

(3) インドネシアのキオスクは通常5層の中間業者を通して商品を入手しており、中間業者は商品価値の20～25%を占めていたとされる。(https://www.dealstreetasia.com/partner-content/warung-pintar-end-to-end-digital-solution-retail/)

EPISODE 6

(1) コペルニク・ソリューションズは米国ニューヨークにおいて、内国歳入法典第501条C項3号の規定に基づき、非営利公益法人として登録（米国法人番号：27-0962978）された。同法人はコペルニク全体の戦略の方向性を定め、世界各地で行うコペルニクの活動予算を管理している。また、インドネシア以外でのプロジェクト、アドバイザリーサービスを実施、コペルニクの活動を促進するための資金を企業・公的機関・財団および個人の寄付者から調達する。

ヤヤサン・コペルニクは、インドネシア国法務人権省の規定に基づき、インドネシアの非営利公益法人（Yayasan）として登録された。主な業務は、インドネシアでの貧困削減につながるテクノロジーの実証実験、企業パートナーのCSR活動および公的機関と提携した開発プロジェクトの実施である。ヤヤサン・コペルニクの活動は、企業・公的機関・財団および個人の寄付者で支えられている。

PTコペルニクは、インドネシアで外資法人（PT PMA）として登録された。同社は、コペルニクのアドバイザリーサービスの活動を支え、コンサルティング収入を得ている。

BOX 12

(1)　この BOX 記事は、中山亮太郎（2017）『クラウドファンディング革命』PHP 研究所より抜粋し、筆者により一部加筆したものである。この際（株）ツカダホームページにある情報も参考にした。(http://www.t-k-d.co.jp)

EPISODE 5

(1)　East Ventures (2020).

(2)　East Ventures (2020).

(3)　Google, TEMASEK, Bain and Company (2019) "E-Conomy SEA 2019: Swipe up and to the right: Southeast Asia's $100 billion Internet Economy" https://www.bain.com/insights/e-conomy-sea-2019/

(4) ウィルソン・クアカ氏は、2019 年のインタビュー記事の中で、Tokopedia Traveloka への投資は直感で決め、48 時間内に資金提供した、と述べている。また、スタートアップへの投資を決める際は、創立者の①誠実さ (Integrity)、②自分の長所・短所を把握する自己認識力、③状況に柔軟に対応しつつも、ビジョンを変えない頑固さ、という少し矛盾した性格、を持ち合わせているかどうかが重要だとも述べている（Muskita 2019)。

(5)　筆者による関係者へのヒヤリングに基づく。特に近年、アフリカ市場は 10 年前の東南アジア市場との類似性があるとされ、イーストベンチャーズの経験が成功事例として参照されている。

(6)　トコペディアもまた「テクノロジーを通じた商取引の民主化を広め、国内の経済格差問題に取り組む」という事業ミッションを掲げており、アーリーシードスタートアップへの支援はそれに沿ったものと考えられた。

(7)　インドネシアなど ASEAN 諸国で多くのユニコーン企業が誕生している一方、日本ではユニコーンがなかなか生まれない。その理由として、①起業家に資金を提供できる VC の欠如、②文化的にリスクをとりにくいため起業家の数が少ない、③国内のリスクマネーの規模が小さい（アメリカの 37 分の 1）(2020 年 8 月 19 日、日本ベンチャーキャピタル協会ヒヤリングによる）などが指摘される。同時に、日本からの海外ユニコーンへの投資は、キャピタルゲインや M & A、連携先の模索がその主目的とされており、投資を通じて自社事業へのリターンを追求する（シナジー効果）戦略がとられていないという（中林・小宮 2018)。

(8)　日本ベンチャーキャピタル協会への筆者によるヒヤリング（2020 年 8 月 19 日)。

EPISODE 4

(1)　Makuake Incubation Studio は、企業向け新製品開発サポートプログラム「Makuake Enterprise」として 2016 年から提供開始。Makuake のプラットフォーム上でのテストマーケティングを行う前に、企業内のまだ活用されていない技術をブランディング、プロデュースすることで商品化を支援する。同時に事業化のために必要な人材育成も行う。(https://mis.makuake.com/works)

(2)　Makuake Global Plan とは、海外企業が日本で新製品を展開する際、マクアケのキュレーターが日本市場への進出を支援するサービスであり、2019 年より提供を開始した。このサービスは、通常のキュレーターサービスに加えて、日本市場および日本のユーザーに合わせたコミュニケーション方法を指南し、必要に応じて事業全般のサポートを行う。(https://mis.makuake.com/works)

(3)　Makuake ガバメントは、地方自治体が実行者としてプロジェクトを立ち上げ、インターネット上で不特定多数の人からプロジェクトへの寄付を募る。2018 年からふるさと納税型プロジェクト「Makuake ガバメント」として提供開始。マクアケのプラットフォームとキュレーターが、ふるさと納税を活用して地方自治体のプロジェクトを支援する。(https://www.makuake.com/government/)

(4)　中山亮太郎（2017）『クラウドファンディング革命』PHP 研究所（p.202）

(5)　キュレーターは、マクアケでのプロジェクトの準備段階から実行者をサポートする同社の担当者である。1 プロジェクトごとに 1 名担当キュレーターがつき、成功に向けて実行者に伴走する。全体設計やページ制作のノウハウを伝え、実施中の運用相談や購入者とのコミュニケーション、終了後の配送対応や購入者へのフォローまで、一連の流れをアドバイスし、実行者と二人三脚で動いている。同社 HP（https://www.makuake.com/pages/press/detail/174/）より。

BOX 11

(1)　この BOX 記事は、中山亮太郎（2017）『クラウドファンディング革命』PHP 研究所より抜粋し、筆者により一部加筆したものである。この際、詳しい技術についての記載はシャープ（株）「「蓄熱技術」の事業化を目指して社内ベンチャー「TEKION LAB」のチャレンジ」Vol 16 Challenge for Challaenge も参考にした。(https://corporate.jp.sharp/challenge//vol16)

場志向型農業アプローチと呼ばれるもので、2006年にケニアで始まったJICAのプロジェクトである。

ケニア農業省とJICAの技術協力プロジェクトで開発された小規模園芸農家支援アプローチを用い、野菜や果物を生産する農家に対して「作って売る」から「売るために作る」への意識変革を起こし、営農スキルや栽培スキル向上によって農家の所得向上を目指す。

農家と市場関係者が有しているお互いの情報を共有することでWin-Winの関係を築き、農家を中心としたプロジェクト関係者がモチベーションを高める。例えば、農家による市場調査とその後の作物選定は、農家と市場関係者との情報の非対称性を緩和するとともに、自分たちで市場を調査できるようになりたいというコンピテンス欲求と、自分たちで対象作物を決めたいという自律性の欲求が満たされることになる。ケニアでは、わずか2年で2500の小規模農家の所得向上を実現させた。ケニアでの成功を受けて、第5回のTICADにおいてSHEPは「『食べるため』から『稼ぐため』の農業」、「市場に行って何が売れ筋か農家自身が確かめ、付加価値の高い園芸品を効率よく作る方法」として高く評価された。現在、このプロジェクトはアフリカにおける農村振興の一つの柱となり、アフリカ23カ国に拡大して取り組まれている。(https://www.jica.go.jp/activities/issues/agricul/approach/shep/about/index.html)

(22) 実際の貸付には、民間金融機関が直接行う方法と、現地の政府系金融機関などを経由する2ステップローンとがある。例えば、農業金融に積極的に進出しているアリババは、信用度を1000満点で採点し、800点以上であれば2ステップローンを提供する方式をとっている。

(23) キャパシティ・ビルディングとは、個人や組織が目的を達成するために必要な能力を形成・向上させること、およびそのための諸施策を指す。キャパシティ・ディベロップメント(capacity development)とも呼ばれる。

(24) PPP(public private partnership)とは、公共サービスの提供に民間が参画する手法であり、政府・自治体と民間企業・団体が契約を締結して業務・費用分担などを取り決め、連携して事業を実施する。公共事業にビジネス手法を取り入れ、効率的で良質なサービスを提供することが追求される。

(25) 現在、FAOの事務局長は中国人の屈冬玉氏である(任期:2019年8月1日～2023年7月31日)。

プロジェクトを環境・エネルギー／生物資源／防災／感染症の分野で実施している。（https://www.jst.go.jp/global/）

(7)　これは、農家の余っている土地にジャトロファの苗木を植え育ててもらうもので、2015年までに80万本を配布した。

(8)　詳しくは、合田真（2018）『20億人の未来銀行』日経BP社。

(9)　JICA「農村で広がる電子マネー経済圏：モザンビーク」（https://www.jica.go.jp/publication/mundi/1902/201902_05.html）

(10)　Movitelは、モザンビーク国内の携帯電話会社の中で、農村部のエリアカバー率と顧客数で他社より優位に立っていた（日本植物燃料プレスリリース、6月24日）。

(11)　日本植物燃料プレスリリース、2013年7月16日。

(12)　NECから技術支援を受け、NFC（IC）カードをキオスクに導入した、SUICAのようなカード。

(13)　合田（2018）、JICA「農村で広がる電子マネー経済圏：モザンビーク」（https://www.jica.go.jp/publication/mundi/1902/201902_05.html）

(14)　日本植物燃料株式会社プレスリリース、2015年6月24日。

(15)　なお、このFAOの電子マネーの導入ケースは国連で初めての試みであった。

(16)　条件付き現金給付は、一般的に受給者の行動に条件をつけ、その見返りに現金を支払うことで、貧困を削減することを目的とする、貧困対策支援方法の一つ。

(17)「日本植物燃料、国際機関と連携、モザンビークで電子農協を展開」SankeiBiz, 2019年1月16日。（https://www.sankeibiz.jp/business/print/190116/bsc1901160500005-c.htm）

(18)　なお、支払いは電子マネーに加え、モザンビークの携帯大手3社のモバイルマネーや銀行口座とも連携している。首都マプト郊外とインドでの実証実験の結果をモザンビーク内陸部でも本格稼働させ、北東部にも広げようとしている。

(19)　以下の内容は、筆者らが実施した合田真氏に対するインタビュー（2020年2月27日）を中心にまとめたものである。

(20)　手続き上は、その後にビジネス協議会の農業ワーキンググループで承認を受け、同WGの提案構想になる。この構想はTICADの横浜行動計画にも入っており、実施責任者は日本政府である。

(21)　SHEP（Smallholder Horticulture Empowerment & Promotion）とは、市

事業を手がける同国の新興企業3社の買収を発表し、オンライン決済を強化した。これらは、貯蓄と融資のローカルコミュニティグループ大手「マパン」のほか、決済事業者大手「カルトゥク（Kartuku）」、同国最大のオンライン・ペイメント・ゲートウェイを運営する「ミッドトランス（Midtrans）」が対象であった。（https://www.gojek.com/blog/gojek/go-jek-cementing-its-leadership-in-indonesias-fast-growing-payments-market/）

EPISODE 3

(1)　ジェトロファ、もしくはナンヨウアブラギリとも呼ばれるトウダイグサ科の植物。高温多湿の熱帯湿地で育ち、油脂を多く含む果実がなる。痩せた土壌でも早く成長するため、バイオ燃料の原料として注目を集める。とうもろこしや砂糖きびなどと異なり食物ではないため、利用が食料問題につながらない点は利点である。

(2)　本節の記述は同社のプレスリリース、CEO合田真氏の著書、各種インターネット情報、および合田氏へのインタビューから筆者が作成している。

(3)　遺伝子の研究を行う公益財団法人かずさDNA研究所らと全ゲノム解析を行い、分子育種の基盤を確立した（同社プレスリリース2014年）。

(4)　飼料化については出光興産株式会社と共同特許を取得している（同社プレスリリース2014年）。

(5)「平成23年度成果報告書　モザンビーク国の無電化地域におけるバイオディーゼル発電及び太陽光発電のハイブリッドシステムによる電化プロジェクトの案件発掘調査」（https://www.nedo.go.jp/library/seika/shosai_201212/20120000000901.html）および「平成24年度成果報告書　地球温暖化対策技術普及等推進事業 モザンビーク国の無電化地域におけるバイオディーゼル発電及び太陽光発電のハイブリッドシステムによる電化プロジェクトの案件組成調査」（https://www.nedo.go.jp/library/seika/shosai_201305/20130000000316.html）参照。

(6)　SATREPSとは日本と開発途上国の研究者が地球規模の社会課題解決につながる共同研究を3～5年間で行うプログラムであり、国立研究開発法人科学技術振興機構（JST）、国立研究開発法人日本医療研究開発機構（AMED）と独立行政法人国際協力機構（JICA）が共同で実施している。

その目的は人材育成、科学技術力向上、課題解決に向けて持続的な活動を推進する体制の構築であり、近年はさらに研究成果を現地で社会実装するための支援が強化されつつある。2008年から2021年まで世界53カ国で168

ープは組織編成の最中であった。この情報はインテレキャップ、アービシュカール・グループの橋本芳樹氏への追加インタビュー（2020年9月）を基にしている。

(8) カスタマーフォーカス（customer focus）とは、顧客の要望を探り、それを満たすことに焦点を当てた経営のことであり、顧客重視、顧客焦点、あるいは顧客本位などと訳される。

BOX 8

(1) 「In 30 years, India tipped to double the amount of waste it generates, March 4th, 2020」.（https://timesofindia.indiatimes.com/india/in-30-years-india-tipped-to-double-the-amount-of-waste-it-generates/articleshow/74454382.cms）

(2) Swatch Bharat Mission は、2014～2019年にかけてインド全土で行われた野外排泄の撲滅とゴミ処理の改善を目的とした政府のキャンペーンで、健康と衛生の向上を目的としている。野外排泄に対しては、トイレを設置するなどの対策が掲げられた。

EPISODE 2

(1) パタマール・キャピタルはユナイタス・ラボ（Unitus Lab）という途上国のマイクロファイナンス育成を支援している米国の非営利団体の一部であり、マイクロファイナンス支援事業を通じた低所得者層の稼得基盤の構築を目的に2011年に設立された。「ユナイタス・グループ」（https://www.unitus.com/group/UNITUS GROUP）

(2) ユナイタス・ラボ（Unitus Lab）は、マイクロファイナンスの他に、ユナイタス・エクイティファンド（2005年設立）、ユナイタス・キャピタル（2007年設立）がある。パタマールは当初ユナイタス・インパクトとして2011年に設立された。「ユナイタス・グループ」（https://www.unitus.com/group/UNITUS GROUP）

(3) インパクト投資についてはBOX7参照。

(4) パタマールⅡファンドの投資先としてインドネシアでは、特定のセクターを対象としたオンライン融資（例えば、Dana Cita（学業）、Kinara Capital (中小企業) など）や保険を特に重視している（Muskita 2020）。

(5) マパン（MAPAN）はPT RUMAとして設立されたが、現在のMAPANに名称変更された。

(6) インドネシアの配車大手ゴジェックは2017年12月15日、フィンテック収（MBO：マネジメント・バイアウト）などがある。

(2) ケニア、ウガンダ、ルワンダ、タンザニア、エチオピア、ナイジェリア、ガーナなどが対象国。すでに現地での活動は2013年頃から始めており、アービシュカール・キャピタルの投資チームは2018年からナイロビに駐在し投資案件の発掘や現地でのエコシステム作りを進め、アービシュカール・アフリカファンドを設立している。

(3) アービシュカールが毎年発行しているインパクトレポートや、社会的インパクト評価の手法として提案しているPRISMなどは、現在のインパクト投資の議論を牽引している。

(4) この資金は、アービシュカール・キャピタルからと、Circular Capitalから得ている。Circular Capitalは、PepsiCo, Procter & Gamble, Dow, Danone, CHANEL, Unilever, The Coca-Cola Company and Chevron Phillips Chemical Company LLCなど名だたる大企業からの資金を管理している投資会社である。（https://www.vccircle.com/waste-management-firm-nepra-raises-series-c-funding-from-aavishkaar-circulate-capital/）

(5) 2006年にマイクロファイナンス（MFI）の産みの親であるムハマド・ユヌス氏がノーベル平和賞を受賞すると、インドでは多くの闇金融業者がMFIを名乗って無分別な融資を行い、返済不能に陥った農民が自殺するなど社会問題化した。この事態を受けて、インドのMFIの4分の1が集中するアンドラプラデシュ州政府で債務者救済のための「2010年MFI法」が制定されたものの、事実上の徳政令であったため、今度は多くのMFIが倒産して貧困層の金融アクセスが急激に悪化した。

そこでインド政府はMFIをインド準備銀行（中央銀行）の管理下で統一的な枠組みの中で監視し、MFI融資条件の透明性、政府管理の原則を策定、これを境にMFI融資の不良債権化を防止するための仕組みが整備された。この2010年から11年にかけての一連の出来事は「マイクロファイナンス危機」と呼ばれる。

(6) 基本的にアロハンの融資は無担保、融資決定はオンラインで行う。まず融資申請者は、個人のスマートフォンに専用のアプリをダウンロードし、所定のフォームに必要事項を登録する。すると、融資実施機関の方で申請者の電話料金の支払い履歴などのキャッシュフローを見ることができる。これらの情報を独自のアルゴリズムで評価する。デジタル技術を駆使することで信用の低い人たちにも融資を受ける機会を提供している。

(7) ライ氏へのインタビュー当時（2019年11月）、アービシュカール・グル

BOX 6

(1)　各フェーズのモデルは代替されるわけではなく、併用されつつ徐々に転換していく（Diercks et al. 2019）。

(2)　熟議とは、多くの当事者による「熟慮」と「討議」を重ねながら政策を形成していくことである。政策を形成する際、①多くの利害関係者が集まって、②課題について学習・熟慮し、討議をすることにより、③互いの立場や果たすべき役割への理解が深まるとともに、④解決策が洗練され、⑤個々人が納得して自分の役割を果たすようになる、というプロセスのことを言う。文部科学省資料「熟議とは」。（https://www.mext.go.jp/b_menu/shingi/chukyo/chukyo5/gijiroku/__icsFiles/afieldfile/2010/08/30/1296702_2_1.pdf）

(3)　「未来予測」は、現在把握している要因やデータに基づいて構築したモデルから、何が、いつ、どの程度起こりうるのかを予測する。しかし、①ほとんどの現象はモデルによって説明がつかない、②モデルそのものが変化する、③モデルを特定するパラメータが不可知であるうえ、そもそも④社会現象を記述する統一モデルが不在であるため、予測できる範囲と精度には限界があるという批判もある（七丈 2020）。

(4)　「ロードマップ」は、プロジェクトマネジメントにおいて用いられる思考ツールの一つであり、未来予想図の提示、合意形成、目的管理、計画が主な用途である（七丈 2020）。

(5)　「ホライズン・スキャニング」は将来を展望するため、将来大きなインパクトをもたらす可能性のある変化の兆候をいち早く捉え、政策立案に資するエビデンスを基に分析・解釈を行う説明的な手法である。科学計量学や特許分析などと異なり、分析・解釈の対象とする情報の範囲が定まっておらず、網羅的なデータベースも存在しない。このため、この手法によるインパクトの可能性評価は主観的・創造的・探索的な作業である（NISTEP 2015: 13）。

(6)　「未来洞察」は、将来の変化に関する複数の可能性を提示し、それらが実現する条件と、状況と条件の相互関係について説明したものである。未来に起こる確率（probability）ではなく、確信（plausibility）が洞察の背景にある（七丈 2020）。

EPISODE 1

(1)　イグジットとは、ベンチャービジネスにおいて、創業者やファンド（ベンチャーキャピタルや再生ファンドなど）が株式を売却し、企業価値を実現すること。主な方法としては、株式公開、株式譲渡、経営陣による会社の買力にインパクトを与えると思われる、関連あるその他具体的な取り組みなどについても聞いている。

(3) それぞれ、以下を参照。ダルエスサラーム（World Bank 2017b)、ベイルート（World Bank 2017a)、ヨルダン川西岸およびガザ地区（World Bank 2018)。

BOX 4

(1) 企業評価額が10億ドルを超えるテック・スタートアップ。

(2) CB Insights database on Unicorn（2019）The Complete List Of Unicorn Companies.（https://www.cbinsights.com/research-unicorn-companies）

第4章

(1) バックキャスティングについては、序章参照。

(2) 例えば、MITのファブラボ活動では「ほぼあらゆるもの」をつくることを目標としている。この背後には、大量生産や規模の経済といった市場原理に制約され、今までつくり出されなかったものを暗示している。

(3) クラウドファンディングは、潜在的な消費者が生産者とともに創造の過程に参加する場を提供している、分かりやすい例だと言えるだろう。

(4) この新興技術には5つの特徴があるとされる（Rotolo et al. 2015)。これらは、①斬新性、②比較的速い成長率、③一貫性、④顕著なインパクト、⑤不確実性と曖昧さ、である。

(5) このようなGPTの例としては、印刷、蒸気機関、鉄道、電力、電子工学、マテリアルハンドリング、機械化、制御理論（ファクトリーオートメーション)、自動車、コンピュータ、インターネットなどがある。

(6) 欧州委員会は、ナノテクノロジー、産業用バイオテクノロジー、先端材料などを実現技術に分類している。これらの技術は、多岐にわたる製品のイノベーションを支え、社会課題に対処するために重要とされる（EC 2009)。実現技術の事例として貨物輸送のコンテナ化、フェイスブック（Facebook）のようなソーシャルメディア、グーグルマップ（Google Map）のようなロケーション・センシティブ・マッピングやユーチューブ（YouTube）のようなストリーミングメディアなどの普及を可能にした3G / 4Gが挙げられる。

(7) 科学技術においても、専門性の細分化（および同じ専門の科学者間における意見の相違)、エビデンスの収集、分析、解釈の方法によって、課題の解決策にはたくさんの「真実」が提示される（例：新型コロナの解決策)。

(9)　ケビン・スター（Kevin Star）氏とグレッグ・コウサ（Greg Coussa）氏はこう語っている。「もし（成功した社会的企業が）本気で規模拡大を望むならば、自身の活動が再現されるよう積極的に支援する必要がある。直接自分で手を下し単独で作業する立場から、部分的にでも指導者や支援者としての役割に移行しなければならない。自分が作ったモデルを体系的かつ実行可能な活動（それを実行可能にするシステムも含め）としてまとめ、大きな規模で再現できる能力を最も備えた相手に『売る』必要がある。そして、そのモデルが成功するように――多くの場合重点的に――支援する必要もある」。これらを要約すると①「規模の拡大」計画の初期の段階で策定、②成功に必要な要素と戦略の特定、③計画の実施となる。

(10)　ジブ事例についてはニューハンプシャー大学（University of New Hampshire）の社会変革・事業センター（Center for Social Innovation and Enterprise）がまとめている。

(11)　例えば、Charles Weiss and Niccolas Jequier (1984) *Technology, Finance and Development: An Analysis of the World Bank as a Technological Institution,* Lexington Books を参照。

(12)　ファミリーオフィスは、資産家一族の資産管理を担う運用会社のことである。

(13)　NRECA インターナショナルの開発協力プログラムの詳細は「協同開発ガイド：農村の電力開発のための協同組合の設立（Cooperative Development Guide: Establishing Cooperatives for Rural Electrification）」を参照。ここでは農村での電力普及プロジェクトの設計・実施および電力開発協力における組織、法律、技術、財務といった各側面に対応した自己完結型モジュールを 20 件紹介している。

第３章

(1)　ニューヨーク、カイロ、メデジン、ボゴタ、シンガポール、サンチアゴ、ベイルート、ダルエスサラーム、ヨルダン川西岸およびガザ地区。

(2)　分析にあたっては、これらのエコシステム内にある 2800 以上のスタートアップ企業を対象にして詳細なアンケートを実施し、スタートアップ企業の全生涯にわたる有意義な社会的つながりに関するデータを集めた。つながりに関する質問を記載した質問票を創業者に送付し、あわせてメンタリング、資金調達、共同資金調達、雇用、およびスタートアップ企業の創業と成長にとって決定的に重要な知識その他のリソースにアクセスする資金提供者の能

ービスも受けられるようになる政策である。すべての世帯のための少なくとも一つの基本的な銀行口座、金融関連の識字、信用貸しの利用、保険、年金の便宜を備える銀行機関への普遍的アクセスの実現を目指している。

第2章

(1) この文書はワトキンス氏が毎年主催しているグローバル・ソリューションズ・サミット2018年のサマリードキュメント「Takeaways and Policy Recommendations Global Solutions Summit 2018」を、本人の許可を得て編者が翻訳・編集したものである。

(2) ローマの国連食糧農業機関（UN Food and Agricultural Organization）で行ったスピーチ。

(3) 19世紀アメリカの教育者・哲学者・文筆家のラルフ・ウォルドー・エマソン（Ralph Waldo Emerson）の言葉。

(4) バヌ・ボース博士の発言（『MIT テクノロジーレビュー』掲載）。(https://www.technologyreview.com/s/609009/the-unfinished- work-of-vanu-bose/)

(5) 例えばワールドビジョン（World Vision）のジョナサン・パプリディス（Jonathan Papoulidis）氏は「グローバルラストマイル」の重要性を唱えている。彼によると、グローバルラストマイルはグリッドにどれだけ近いかという地理的な概念ではなく、グリッド対オフグリッドという技術的・エンジニアリング的概念でもなく、脆弱な背景の中でSDGsを実現するという課題を意味している。

(6) 例えばヘイファー・インターナショナル（Heifer International）（農業）のヒラリー・ハディガン（Hilary Haddigan）氏、NRECAインターナショナル（NRECA International）（電力）のパトリナ・アイファート（Patrina Eiffert）氏、ウィコネックス（Weconnex）（水）のラーズ・ウィリ（Lars Willi）氏である。

(7) マーシー・コーのクリス・ウォーカー（Chris Walker）氏や彼のイノベーション・インベストメント・アライアンス（Innovation Investment Alliance）およびデューク大学（Duke University）はボンディング、ブリッジング、リンキングを行い、プログラムを展開している。

(8) より詳しくは、Larry Cooley and Johannes F. Linn (2014) *Taking Innovations to Scale: Methods, Applications and Lessons*（https://2012-2017.usaid.gov/sites/default/files/documents/1865/v5web_R4D_MSI-BrookingsSynthPaper0914-3.pdf）を参照。

る基準適合マーク。正しいCEマーキングのある製品は、EU域内の自由な販売・流通が保証される。大半は製品の安全性に関わるものだが、近年では、環境性能基準への適合をCEマーキングによって宣言することが求められるようになった。

(15) アメリカの企業で、世界最大のコングロマリット企業ゼネラル・エレクトリック社の構成企業の1社。GEヘルスケア社の製品は医療画像処理、情報技術、医療診断、患者監視システム、創薬、バイオ医薬品製造技術など多岐にわたる。日本企業の横河電機とはGE横河メディカルシステムを立ち上げている。

(16) デングウイルスが原因の感染症であり、熱帯病の一つである。蚊の吸血活動を通じて、ウイルスが人から人へ移り、高熱に達することで知られる一過性の熱性疾患であり、症状には、発熱・頭痛・筋肉痛・関節痛、はしかの症状に似た特徴的な皮膚発疹を含む。インドのデング熱感染者数は世界一である。2015年に年間5万人を超える過去最多の感染者数を更新する大流行が見られた。背景には、インドの急激な人口増や無秩序な都市化など、感染拡大の条件がそろっている点とされる。

(17) 1999年11月に設立されたNPO、シンピュータ基金が設計。Simputerとは “simple, inexpensive and multilingual people's computer”（「シンプルで低価格な、いろいろな言葉の人のためのコンピュータ」）の略である。

(18) アメリカ、テキサス州出身の小説家、SF作家、ジャーナリスト。幼少期はインドで暮らした経験を持つ。

(19) 1988年からインド政府によって進められた教育改革。インド国民全員が読み書きできるようになる、という目標のもとで実行された。識字キャンペーンは8000万人に及ぶ15～35歳の非識字人口を対象に、機能的（Functional）識字の教育機会を与える主要な戦略モデルであった。達成目標を2段階に分け、1990年までに3000万人、1995年までにはさらに5000万人が識字者となるよう目標設定した。

(20) 1924年ペシャワール（現パキスタン）生まれ。タタ・コンサルタンシー・サービシズ（TCS）の創立者および初代CEO。インド初のソフトウェア産業を立ち上げて牽引。「インドIT産業の父」として知られる。

(21) インド政府財務省金融業務庁が推進するフィナンシャル・インクルージョンの国家ミッションで、同国すべての世帯に包括的なフィナンシャル・インクルージョンをもたらすための総合的なアプローチ。簡単な身分証明により銀行口座を開設でき、さらに口座を通じた保険や当座貸越といった金融サ以上という要件のうち、少なくとも一つを満たす企業で上場・非上場は問わない。対象企業は、直近3会計年度の純利益の平均2%以上をCSR活動に支出することが、2015年度から義務づけられている。

(6) リライアンス・インダストリーズ傘下のインドの携帯電話会社。同社は、通話やデータ通信を無料にするキャンペーンを展開し、その後の料金設定も割安にして契約者を獲得。実質無料の端末で契約者の裾野を広げた。財閥傘下の資金力を背景とした低料金戦略が奏功し、ジオは参入から1年強でシェアを14%にまで伸ばした。契約者数は2017年時点で1億6000万人を突破している。

(7) グリーンフィールドとは、ブラウンフィールドと対比される表現であり、何も整備されていない状態を指す。本文では、まっさらな状態からLTEネットワークを作るということを意味する。

(8) 携帯電話に利用されるデータ通信技術、および通信技術規格の名称。第3世代（3G）携帯電話のデータ通信を高速化したLTE方式で、音声通話をデータ通信（パケット通信）として提供する技術。周波数を効率的に利用できるため、一度に多くの通信ができるなどの特長がある。

(9) インドで2010年から始めた独自のマイナンバー制度。アダールはヒンディー語で「基礎」を意味する。政府が身分を保証しているため、個人にとっては銀行口座や携帯電話を持つことが容易になるというメリットがある。認証は生体認証（指紋と虹彩など）を利用。システムにはNECが採用されている。

(10) KYCとは、「Know Your Customer（顧客確認）」の略であり、オンラインで本人確認を完結するサービスを指す。

(11) この賞は革新の促進・推進を意図しており、インドの恵まれない人々が直面する問題に取り組み、独自の実行可能な解決策（アイデア、試作品、または商品化された製品、サービス、およびビジネスモデル）を提供した個人あるいは組織に年間10万ルピーの賞金が授与される。

(12) 乳がん検診の画期的な診断装置。数分間で放射線を用いずに、触診不可能なしこりを識別する世界初の装置である。痛みも生じないことから、12カ国で20万人を超える女性がこれまでに利用した。

(13) アメリカ合衆国保健福祉省（Department of Health and Human Services: HHS）下の政府機関。連邦食品・医薬品・化粧品法を根拠とし、医療品規制、食の安全を責務とする。

(14) 商品がすべてのEU（欧州連合）加盟国の基準を満たすものに付けられ

めの政策的試み。イギリスで公務員改革計画の一環として、2014年に設立。デザイン、データ、デジタルツールを使用し、政府全体の政策革新の試験の場として機能する。詳しくは、Policy Lab（https://openpolicy.blog.gov.uk/about/）を参照。

(19)　アジャイルガバナンス：第4次産業革命を背景に急速な技術発展と社会構造の変化のスピードに適応した規制やガバナンスができる、新しい仕組みや政策策定、規制手段。

(20)　新興技術の発展のスピードと規制のスピードのペースを合わせる必要性について言及。

(21)　ビッグデータ、IoT、AIなどデジタル技術が社会を急激に変えていくなかで、「イノベーションの促進」と「社会的価値の実現」を両立する、新たなガバナンスモデルについて議論されている。

(22)　1980年代から2000年代に生まれた世代。デジタルネイティブとも言われる。

第1章

(1)　企業が社会や環境と共存し、持続可能な成長を図るため、その活動の影響について責任をとる企業行動であり、企業を取り巻くさまざまなステークホルダーからの信頼を得るための企業のあり方を指す。

(2)　自動車やIT、鉄鋼、食品など7業種・100社超で構成されているインド最大の財閥。2017年3月期の売上高は1000億ドル（約11兆2000億円）に及んだ。本拠地はムンバイ。1868年ジャムシェトジー・タタが貿易会社として設立。

(3)　タタ財団（Tata Trusts）の創始者。インド・グジャラート州に生まれ、「インド産業の父」とも呼ばれ、科学教育のための財団も設立した。

(4)　インドの実業家。インドの財閥の一つであるタタ・グループの経営者。会社の多角経営化に乗り出し、化学肥料、洗剤などの製造業、鉄道、トラック事業、ホテル業、保険会社などあらゆる事業に手を伸ばし、そのほとんどで成功を収める。1932年にはインドでは初となる航空事業に取り組み、タタ航空（後のエア・インディア）を設立。

(5)　インドでは2014年度の新会社法施行により企業のCSR活動に対する委員会新設や支出義務が規定された。CSR活動の義務化は世界初の取り組みである。対象企業は、①純資産50億ルピー（約86億円）以上、②総売上高100億ルピー（約173億円）以上、③純利益5000万ルピー（約8600万円）

へ　金融庁検討」『日本経済新聞』2021 年 7 月 26 日）。

（12）　Impact Weighted Accounts, Mission statement 参照。（https://www.hbs.edu/impact-weighted-accounts/Pages/default.aspx）

（13）　特許においては、関連した特許をパッケージ化し一括ライセンスを提供することで研究開発の促進を促す「パテントプール」という方法や、管理機関が一括管理することで利用者のアクセスを簡易化する「パテント・クリアリングハウス」という方法も使われている（隅藏 2009）。近年、こうしたイニシアティブが、民間企業において地球規模の課題に活用され始めている。例えば、IBM など民間企業のイニシアティブで始められた「エコ・パテント・コモンズ」という環境に有益な技術のパテントプールは 2008 年に設立されている（Kappos and Wichtowski 2020）。

（14）　これは、2008 年に発表された人権と多国籍企業およびその他の企業の問題に関する国連（UN）の「保護、尊重、救済」の枠組みに基づき、31 の実施すべき原則を「ビジネスと人権に関する指導原則」としており、2011 年 6 月 16 日、国連人権理事会に承認された。国連の人権デューデリジェンスに基づき、イギリス、フランス、オーストラリア、オランダ、ドイツなど OECD 諸国では、サプライチェーンを含む企業の活動における人権についての調査、報告を企業に義務づける法律が施行されている。なお、日本では 2020 年企業の人権対応を定めた「行動計画」が策定されたが、これに法的強制力はない。

（15）　メーカースペース、ファブラボはどちらも利用者自らがモノ作りを行う施設である。通常、これら施設には 3D プリンターや、レーザーカッターなどが設置されている。いずれも、これまで大量生産や規模の経済といった市場原理に制約されて生産できなかったものを独自で作成することができる。ファブラボは MIT メディアラボのニール・ガーシェンフェルド教授が始めたラボである。

（16）　例えば、AI の利用から生じるであろう、所得配分への影響、気候変動への影響など。

（17）　規制のサンドボックス：もともとフィンテックに利用された製品を試験的に限定された場所と期間（サンドボックス）で試してから規制を緩和・作成する政策ツール。日本ではフィンテック以外の分野にも適用されている。詳しくは内閣官房「規制のサンドボックス制度」（https://www.kantei.go.jp/jp/singi/keizaisaisei/regulatorysandbox.html）を参照。

（18）　Policy Lab は、政策立案に人を中心とした設計アプローチをもたらすた

(7)　CSR は段階的にその目的が変化している。当初、CSR の主流は慈善活動であったが、次にはリスク管理、そして近年は共有の価値創造へと変わってきたと言われる。

(8)　PRI は国連グローバルコンパクト、国連環境計画が推進している。この責任投資原則は 6 つの原則からなり、35 の行動が示されている。6 原則は以下のとおりである。

1.ESG（環境、社会、コーポレートガバナンス）課題を投資の意思決定と分析に組み込む。
2. 積極的な株主となり、ESG 課題を株主としての方針と活動に組み込む。
3. 投資先企業による ESG 課題に関する適切な情報開示を求める。
4. 投資業界がこれらの原則を受け入れ、実践するよう、促す。
5. これらの原則の実施にあたって効果が高まるよう相互に協力する。
6. これらの原則の実施に関する活動と進捗について報告する。

出所：PRI（2006）Principles for Responsible Investment を基に翻訳。（www.unpri.org）

(9)　金融安定理事会（FSB）は、各国の金融関連省庁および中央銀行から構成され、国際金融に関する監督業務を行う機関である。また TCFD は、気候関連の情報開示および金融機関の対応を検討する組織として金融安定理事会（FSB）により設立され、委員長にはマイケル・ブルームバーグ（Michael Rubens Bloomberg）氏が任命された。（https://tcfd-consortium.jp/about）

(10)　推奨される開示 4 項目の具体的内容は、次のとおりである。

- ガバナンス（Governance）：どのような体制で検討し、企業経営に反映しているか。
- 戦略（Strategy）：短期・中期・長期にわたり、企業経営にどのように影響を与えるか。またそれについてどう考えたか。
- リスク管理（Risk Management）：気候変動のリスクについて、どのように特定、評価し、またそれを低減しようとしているか。
- 指標と目標（Metrics and Targets）：リスクと機会の評価について、どのような指標を用いて判断し、目標への進捗度を評価しているか。

(11)　日本でも金融庁が企業の気候変動リスクに関する開示を義務づけることを念頭に、有識者、企業関係者、投資家などが参加する検討会議を金融審議会の中に立ち上げた。早ければ、2022 年 3 月期の有価証券報告書から開示が義務づけられる可能性がある（「企業の気候変動リスク、開示を義務づけ

注

序章

(1) ここでイノベーションは「新しい製品、生産方法を潜在的な利用者に届けること」を意味する（OECD/Eurostat 2018）。

(2) GAFA：Google、Apple、Facebook、Amazon の頭文字を集めた呼称。

(3) なお、SDGs はその前の 15 年間（2000－14 年）に実施されていたミレニアム開発目標（MDGs: Millennium Development Goals）を継承しているが、以下の点で大きく異なる。第 1 に全世界を対象としていること、第 2 に多様性を尊重していること、そして第 3 に「誰一人取り残さない」ことを重要な課題としていることである。この 3 点は、MDGs の経験から示唆を得たものである。MDGs は、①途上国のみを対象とした先進国目線での開発目標であったこと、②画一的な開発目標を設定したため、多くの国で適用が難しかったこと、③目標（貧困人口を半減する）は早期に達成されたものの、効果はいくつかの国（主に中国）に限られてしまった。このことを踏まえ、SDGs では① 17 目標の選定段階から多くの利害関係者との対話を重視すること、②開発目標の測定基準の選定も各国の判断に委ねることで多様性とオーナーシップに対応すること、最後に③「誰一人取り残さない」という点を重要視している。

(4) 2020 年から試験的に以下の 5 カ国（ケニア、インド、エチオピア、ガーナ、セルビア）および日本と EU がパイロット事業に参加し、得られたノウハウを他国と共有し始めている。2021 年には対象国の拡大について議論されている。

(5) 外的環境が急速に変わる場面（新型コロナウイルスの蔓延、第 2 次世界大戦の勃発など）では、その変化に適応しようとして人々の変化への抵抗は急速に弱まる。もっとも、それが経済社会システムの転換を促進するほど長期的に継続し、広範に影響を及ぼした事例は必ずしも多くはない。

(6) 特に地球的課題は、一人一人の行動変容が目に見える結果に結びつくまでに時間がかかり、それによってもたらされる効果や影響は（良い・悪い双方とも）その行動にかかわらず無差別に降りかかるため、行動を変えるインセンティブがうまく働かない。いわゆるフリーライダー問題である。

https://www.coderepublic.jp/2020/12/08/interview3/

中村俊裕（なかむら　としひろ）
コペルニク共同創設者兼 CEO
ラストマイルの人々にシンプルで革新的なテクノロジーを届けるため、2010 年コペルニクを共同創設。過去 10 年間は国連に勤務し、東ティモール、インドネシア、シエラレオネ、アメリカ、スイスを拠点としてガバナンス改革、平和構築、自然災害後の復興などに従事。国連の前職はマッキンゼー東京支社で経営コンサルタントとして活躍。京都大学法学部学士、ロンドン・スクール・オブ・エコノミクス（LSE）比較政治学修士。2018 年より大阪大学 CO デザインセンター招聘教授。2012 年、世界経済会議（ダボス会議）のヤング・グローバル・リーダーに選出。「グローバル・アジェンダ委員会 2014-2016」における「持続可能な開発」委員。
参照 URL：https://www.grips.ac.jp/jp/seminars/20191112-6170/

金鍾明（きむ　じょんみょん）
アクプランタ株式会社代表取締役社長
「酢酸の力で、植物を乾燥・高温・水不足から守る技術」を駆使し、世界の安定した食料生産と緑地拡大を目指す理研初のアグリベンチャー。サウジアラビアやオーストラリアをはじめ、国内外 20 箇所以上で実証実験を展開中。国立奈良先端科学技術大学院大学学位取得退学博士（バイオサイエンス）、カルフォルニア大学ロサンゼルス校分子生物学研究所研究員、理化学研究所植物科学研究センター研究員。東京大学大学院農学生命科学研究科特任准教授（兼任）。
参照 URL：https://scirex.grips.ac.jp/newsletter/2019winter/01.html
https://startup-db.com/officers/KxdpYApT0jlmZO8k

安達一（あだち　いつ）
笹川平和財団理事、前 JICA 社会基盤・平和構築部部長
国際協力機構（JICA）タイ事務所、カンボジア国開発委員会援助調整アドバイザー、社会開発調査部社会開発調査 2 課長、地球環境部水資源・防災グループ長、総務部参事役、地球環境部次長、東南アジア・大洋州部審議役兼計画調整・ASEAN 連携担当次長、カンボジア事務所所長を歴任。上智大学文学部哲学科学士。
参照 URL：https://docsplayer.net/155039230-%E7%99%BB%E5%A3%87%E8%80%85%E7%B4%B9%E4%BB%8B.html
http://www.ritsumei.ac.jp/file.jsp?id=95720

て投資を行う。パタマールは、これまでにインド、インドネシア、フィリピン、スリランカ、ベトナムへの投資の実績があり、バングラディッシュ、ミャンマー、パキスタン、タイなどへの可能性も検討している。パタマールが投資する Kalibrr や mClinica の役員を務める。各事業、投資戦略において、ジェンダー平等、エンパワメント、ジェンダーリスクに配慮したジェンダー投資に尽力。
参照 URL：https://scirex.grips.ac.jp/events/archive/191018_1717.html

合田真（ごうだ　まこと）
日本植物燃料株式会社代表取締役社長
アジアを主なフィールドに、植物燃料を製造・販売する事業を展開する。その後、アフリカのモザンビークに拠点を拡大し、2012 年に現地法人 ADM を設立。同国の無電化村で、地産地消型の再生可能エネルギーおよび食糧生産を支援するとともに、農村で使える FinTech や AgriTech 事業にも取り組んでいる。
参照 URL：https://scirex.grips.ac.jp/newsletter/2019winter/01.html
https://miraisozo.mizuhobank.co.jp/people/80132

中山亮太郎（なかやま　りょうたろう）
株式会社 Makuake 代表取締役社長
2006 年サイバーエージェントに入社。社長アシスタント、メディア事業の立ち上げを経て、2010 年ベトナムにベンチャーキャピタリストとして赴任。現地のネット系スタートアップ企業への投資を担当。2013 年に株式会社サイバーエージェント・クラウドファンディング（現 株式会社マクアケ）を設立し、現職。「世界をつなぎ、アタラシイを創る」をビジョンに掲げる Makuake は、1 億円以上の調達で国内記録を樹立したバイクのプロジェクトや、ガジェット、ファッション、飲食店、日本酒、映画等様々なジャンルで国内記録を樹立する国内最大のクラウドファンディングサービスになった。現在はマクアケを先行販売マーケットプレイスとして展開させることに尽力。
参照 URL：https://scirex.grips.ac.jp/newsletter/2019winter/01.html
https://www.jscore.co.jp/column/interview/2019/nakayama01/

衛藤バタラ（えとう　ばたら）
Code Republic アドバイザー、East Ventures マネージングパートナー
拓殖大学工学部に在学中、1999 年からインターンとしてイー・マーキュリー（後に mixi）に入り、2004 年に入社。海外の SNS に着想を得て SNS 開発を提案し、2006 年に同社の最高技術責任者（CTO）に就任。mixi の企画から開発まで担当し mixi を日本最大の SNS へと成長させた。2008 年に CTO を退任した後は 2009 年に East Ventures を設立しマネージングパートナーとして活躍。
参照 URL：https://note.com/cocoreview/n/n511bc7899cc0

V. ミュラス（Victor Mulas）
世界銀行東京開発ラーニングセンターチームリーダー
前職においては「開発のための破壊的技術プログラム」を率いる。イノベーション、破壊的テクノロジー、アントレプレナーシップを専門とする。イノベーションと起業家の力を活用し、経済的な混乱を乗り越え、直面する社会課題を解決する方法について政府と企業に助言を行っている。世界銀行でイノベーション促進プログラムを立ち上げ、技術の混乱と新興するエコシステムに関する最先端の研究を執筆した。ジョージタウン大学経営学修士号、Universidad de Comillas 電気通信法 LLM、Universidad Autonoma de Madrid 法律学位。大手コンサルティング会社や法律事務所にて勤務、政府や多国籍企業の技術規制戦略を担当した。
参照 URL：https://docsplayer.net/155039230-%E7%99%BB%E5%A3%87%E8%80%85%E7%B4%B9%E4%BB%8B.html

◆第２部　メインインフォーマント紹介

ビニート・ライ（Vineet Rai）
アービシュカール・グループ創設者／マネージングディレクター
アービシュカール・グループは、10 億ドルを超える資金運用を行い、アジアおよびアフリカの多くの人々に影響を与えるインパクト投資のプラットフォーム。ライ氏の理念は、インパクト投資のエコシステムを構築し、「新興国の 30 億人のための機会の架橋となる」とするアービシュカール・グループのビジョンを実現すること。インパクト投資が世界の資金調達の仕組みを変える可能性があり、SDGs 達成のための重要な役割を果たすために活動。上記理念のもと、アービシュカール・グループは、2025 年までにアジア、アフリカ全土を対象に 70 億ドルの資金運用を目指す。G20-SME Innovation in Finance Award 2010、UNDP-IBLF -ICC World Business Award、Lemelson Award for Social Venture Investing など、数々の賞を受賞。持続可能な開発のためのビジネス委員会の委員、OECD のブレンデッド・ファイナンス・ワーキンググループのシニア・アドバイザー、国連アジア太平洋経済社会委員会の科学技術・イノベーション諮問委員会のアドバイザー。
参照 URL：https://scirex.grips.ac.jp/events/archive/191018_1717.html
https://thebhaf.com/speakers/vineet-rai/

ボー・シール（Beau Seil）
パタマール・キャピタル共同創設者／パートナー
パタマール・キャピタルは、アーリーステージのベンチャーキャピタルであり、南アジア、東南アジアの「マス・マーケット」にサービス提供する金融サービスやテクノロジーによって可能になるプラットフォームに対し

◆序章・第1部　執筆者紹介

羽根ジェラルド（Gerald Hane）

日立アジアシニア・エグゼクティブ、政策研究大学院大学客員研究員

スタンフォード大学大学院機械工学修士、ハーバード大学大学院で政治経済学および政治学専攻（博士）。1992年米国下院の科学、宇宙および技術に関する委員会の専門職員、1995年米国政府のホワイトハウス科学技術政策局にて国際戦略および総務責任者かつ国家安全保障理事会理事を務める。2008年までBattelle Memorial Instituteと三菱商事の合弁会社であるBattelle - Japanの社長兼CEOを経て、現職。

R. A. マシェルカー（R. A. Mashelkar）

インド国家研究教授、前科学産業研究評議会（CSIR）局長

Reliance Innovation Council、KPIT Technologies Innovation Council、Marico基金の運営委員会の議長、Microsoftの外部調査諮問委員会、VTT（フィンランド）の諮問委員会、ミシュランの企業 革新委員会等の委員を兼任。タタモーターズ、リライアンスなど、インドの大手企業の社外取締役を務める。ロンドン、プレトリア、デリーなど世界中の39の大学名誉博士号を保持。1998年、世界最先端の科学者を表彰する英国王立協会最優秀フェローを受賞。インド国立科学アカデミー会長（2004-2006）、英国化学技術者協会の会長（2007）などを歴任。インドのイノベーション運動と深く関わり、インド・イノベーション元会長（2000-2018）をはじめ、自動車燃料政策、医薬品規制制度の見直し、偽薬の脅威への対処、農業研究制度の改革など12の委員会の議長を務めた。これまでにSS Bhatnagar賞、Pandit Jawaharlal Nehru技術賞、GDビルラ科学研究賞、第三国科学アカデミーレノボ賞を含む50以上の賞およびメダルを授与される。

参照URL：https://docsplayer.net/155039230-%E7%99%BB%E5%A3%87%E8%80%85%E7%B4%B9%E4%BB%8B.html

A. ワトキンス（Alfred Watkins）

米グローバルソリューションズサミット議長

飲料水、再生可能エネルギー、wifiアクセスなどの商業的・経済的に持続可能な開発ソリューションの大規模展開を支援する委員会を指揮。New School for Social Research博士号（経済学）。2005年より世界銀行の科学技術プログラム・コーディネーター兼科学技術イノベーショングローバルエキスパートチームのリーダーを務め、キャパシティビルディングプログラムの開発および実施を支援した。2016年国連後発開発途上国技術銀行（LDC）理事会委員、2017年アフリカ開発銀行のシニアコンサルタントなどを歴任。

参照URL：https://docsplayer.net/155039230-%E7%99%BB%E5%A3%87%E8%80%85%E7%B4%B9%E4%BB%8B.html

【編著者紹介】

飯塚 倫子（いいづか　みちこ）
政策研究大学院大学教授

上智大学比較文化学部卒（教養学士）、英国ロンドン大学インペリアルカレッジ環境管理ディプロマ（Post graduate diploma）、英国サセックス大学開発学研究所（IDS）開発学修士号（MPhil）、同大学科学政策研究所（SPRU）科学技術政策博士号（DPhil）。

財団法人国際開発センター調査部研究員（1993–96、2000–03）、国連ラテンアメリカ・カリブ経済環境委員会（チリ：UNECLAC）環境政策官（1997–2000）、国連大学マーストリヒト技術革新・経済社会研究所（オランダ：UNU-MERIT）研究員（2008–18）などを歴任。現在、サセックス大学科学政策研究ユニット（SPRU）アソシエート・フェロー、国連大学マーストリヒト技術革新・経済社会研究所（UNU-MERIT）アフィリエイト・フェローを兼任。

専門は、発展途上国や新興国における持続可能な開発、天然資源、農業分野における開発および科学技術イノベーション政策。

主要業績に、“Towards attaining the SDGs: Cases of disruptive and inclusive innovations,” *Innovation and Development* (with G. Hane, 2021), “Regulation and Innovation under the 4th Industrial revolution: The case of a healthcare robot, HAL by Cyberdyne,” *Technovation*, vol. 108 (with Y. Ikeda, 2021), “‘Discovery’ of non-traditional agricultural exports in Latin America: Diverging pathways through learning and innovation,” in A.-D. Andersen and A. Marin, eds., *Learning and Innovation in Natural Resource Based Industries* (with M. Gebreeyesus, Routledge, 2020), *Chile's Salmon Industry: Policy Challenges in Managing Public Goods* (with A. Hosono and J. Katz, Springer, 2016),「ネオ・シュンペタリアンとイノベーション」小池洋一・岡本哲史編者『経済学のパラレルワールド入門・異端派総合アプローチ』（新評論、2019年）など。

〈善い〉ビジネスが成長を生む
——破壊と包摂のイノベーション

2021年11月25日　初版第1刷刊行

編著者————飯塚倫子
発行者————依田俊之
発行所————慶應義塾大学出版会株式会社
〒108-8346　東京都港区三田2-19-30
TEL〔編集部〕03-3451-0931
〔営業部〕03-3451-3584〈ご注文〉
〔　〃　〕03-3451-6926
FAX〔営業部〕03-3451-3122
振替　00190-8-155497
https://www.keio-up.co.jp/
装　丁————後藤トシノブ
印刷・製本——萩原印刷株式会社
カバー印刷——株式会社太平印刷社

Printed in Japan ISBN978-4-7664-2767-7